改变千百万男孩命运的家庭教育宝典
让男孩走上未来精英之路的教育心法

好妈妈不打不骂培养男孩300个细节

没有教不好的男孩，只有不会教的父母

张晓萍◎编著

南海出版公司
2015·海口

图书在版编目（CIP）数据

好妈妈不打不骂培养男孩300个细节 /张晓萍编著.—海口：南海出版公司，2015.2

ISBN 978-7-5442-5731-2

Ⅰ.①好…　Ⅱ.①张…　Ⅲ.①家庭教育　Ⅳ.①G78

中国版本图书馆CIP数据核字(2014)第000846号

HAO MAMA BU DA BU MA PEIYANG NANHAI 300 GE XIJIE

好妈妈不打不骂培养男孩300个细节

作　　者　张晓萍

责任编辑　张　媛　王雅竹

装帧设计　久品轩

出版发行　南海出版公司 电话：（0898）66568511（出版）　（0898）65350227（发行）

社　　址　海南省海口市海秀中路51号星华大厦五楼 邮编：570206

电子信箱　nhpublishing@163.com

经　　销　新华书店

印　　刷　固安县保利达印刷有限公司

开　　本　787毫米×1092毫米 1/16

印　　张　24.5

字　　数　466千

版　　次　2015年 2 月第1版 2015年 2 月第1次印刷

书　　号　ISBN 978-7-5442-5731-2

定　　价　29.00元

前 言

打骂孩子可能会解决眼前的一个小问题，却给孩子的成长留下大隐患，心理创痕会伴随孩子一生。

暴力教育能让孩子变得顺从，不会让孩子变得聪明和懂事；能让他们变得听话，不会让他们变得自觉和上进——暴力教育能得到一些暂时的、表面的效果，但它是以儿童整体的堕落和消沉为代价的。

通过打骂来促成孩子学业进步，结果只能让孩子对学业产生厌恶；用打骂来让孩子听话，孩子只会变得更加逆反固执；用打骂让孩子做个好人，孩子只会在责难下心理扭曲变态。

——引自尹建莉《好妈妈胜过好老师》

高尔基说：“爱孩子，这是连母鸡都会的。”大家都知道，“母爱”是无私的，是一种奉献。但在这儿，“无私奉献”并不是“崇高”的代名词，因为“母爱”是任何动物都具备的一种本能。人和动物的区别在于人有意识，因此，人在爱自己的孩子时头脑一定要清醒，要有原则地、理智地去爱。

男孩与女孩相比，天生精力旺盛，好奇心强，破坏性强。所以，在教育孩子方面，打骂男孩的现象比较多。而且很多父母在打骂男孩的时候，都是打着爱的名义，口口声声说“我都是为你好！”即便真的如此，打骂男孩也是不对的。

调查显示，有12%~18%的父母在教育男孩时，常常使用“打一顿”的方法。相信“打一顿”管用的观点，农村高于城市，爸爸高于妈妈。

那么，为什么打男孩的现象具有一定的普遍性呢？概括起来大致有以下几种原因。

一是受传统教育观念的影响。传统的教育观念认为“棍棒之下出孝子”，“不打不成才”，“打是疼，骂是爱”，“三天不打，上房揭瓦”，等等。在传统观念中，父母打男孩是天经地义的。

二是有些父母自己小时候有过被父母打骂的经历，在教育下一代时，无形中继承了上一辈的“光荣”传统。

三是有些父母觉得男孩太不听话，打骂的方法简单、见效快。男孩回来晚了，把水弄地上了，作业做晚了，考试考砸了，都可能被父母打骂一顿。特别是脾气暴躁的父母更会容易这样做。

四是父母自身原因。当生活、工作不如意的时候，他们就会把这些压力转嫁到男孩身上，比如要求男孩一定要出人头地，一定要有出息，如果有所违背，就开始恨铁不成钢了。

不管出于何种原因，以打骂的方式教育男孩总是不对的。

首先，打骂男孩，虽然能使男孩一时表面服从，但也会令其产生怨恨、逆反、畏惧等心理。打骂的结果是男孩与父母之间的亲情日渐淡漠，隔阂越来越深，个别男孩甚至会产生报复心理。另外，这也教会了男孩“以暴力解决问题”，很可能使男孩将来走上犯罪的道路。

其次，打骂男孩会让其失去自尊、自信。父母本是男孩最亲近的人，每个男孩都希望得到父母的爱与认可。如果父母对其非打即骂，其自尊心和自信心就会受到伤害，会自感低人一等，会怀疑自身能力，会自暴自弃，甚至会感到人世间缺少温暖，变得性格孤僻，悲观厌世，不愿意与人交流，也不愿意和朋友一起玩。

再次，经常挨打的男孩会变得脾气暴躁，产生对父母、对学校、对社会不满的情绪。比如，因为英语没考好而挨打，他便会憎恨英语知识、英语老师，甚至憎恨学校。慢慢地，他就会厌倦上学，开始迟到早退，开始旷课逃课。

最后，为了逃避打骂，男孩往往违心地说谎，能骗得过就骗，因为骗过一次，就可减少一次责骂，甚至少受一次皮肉之苦。为了避免再被父母暴打，男孩会一次次地说谎，其品行可能就会日渐变差。

可见，父母打骂男孩绝对是不可取的，因为那样只会压抑男孩的个性，甚至会造成男孩人格的畸形。

所以，希望天下为男孩父母者，不要再打骂男孩了。多一分了解，就少一分误解。父母一定要抽时间读一下相关的书，探究一下男孩与女孩的生理区别，找出男孩比女孩更加淘气的原因。只有真正把这些问题清楚了，才能以理智的心态对待男孩的各种表现。

哪个父母不盼望自己的儿子能成才？但历数古今中外的栋梁之才，没有一个是

在父母的打骂中成才的。打骂可能会起作用，但只是暂时的，不会持久。另外，打骂男孩是对男孩正当权利的侵犯。

其实，不打不骂一样可以教出优秀的男孩。尊重男孩的独立人格是家庭教育的重要原则。为了使男孩能够健康地成长，父母必须改变非打即骂的粗暴教育方式，对男孩循循善诱，以理服人，给男孩创造一个良好的成长环境和一片快乐的天空。

本书从了解男孩的特征和走进男孩的内心世界开始，阐述现代父母应如何培养精英男孩，做个合格的好父母。其中包括怎样与男孩沟通，怎样夸奖批评男孩，怎样培养男孩的品格，怎样提高男孩的情商、智商、财商，等等。本书旨在帮助父母改变打骂男孩的恶习，与男孩建立健康的亲子关系，以科学的方式引导男孩健康成长，为男孩美好的未来打下坚实的基础！

目录

第一篇　教育男孩——请先走进男孩的世界

第二篇　不打不骂——运用现代教育智慧

第三篇　不打不骂——培养杰出精英男孩

第四篇 不打不骂——做合格好父母

第一篇

教育男孩

——请先走进男孩的世界

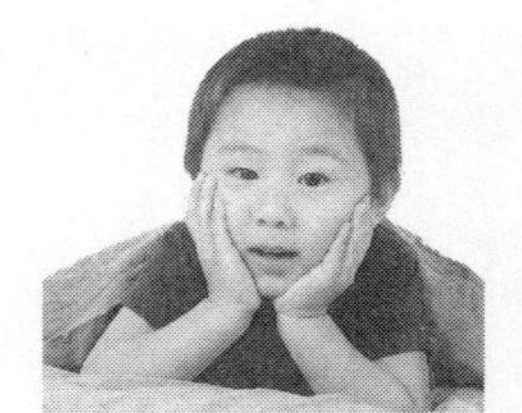

第1章 男孩与女孩天生不一样

日本松田道雄在《育儿百科》里说：如果可以，最好生两个以上的孩子，如果有两个孩子，最好是一儿一女，因为男孩跟女孩不一样。男孩有他独特的生理特点，只有了解了关于Y染色体、睾丸素、男性大脑结构等相关知识，才不会对男孩的冒险精神、精力旺盛、喜欢打斗、喜欢探索等问题感到不解。

说一说男孩独有的“Y”染色体

提起染色体，人们并不陌生。人体的每个细胞内都有23对染色体，也就是46条染色体，包括22对常染色体和1对性染色体。男孩与女孩的常染色体都是一样的，但是性染色体却不一样，正是不一样的性染色体决定了孩子的性别。

性染色体分为X染色体和Y染色体，男孩的性染色体是由X和Y组成，而女孩的则是X和X组成。也就是说，Y染色体是男孩独有的，决定了孩子的性别为男性。

根据研究表明，Y染色体上的基因只能由亲代中的雄性传递给子代中的雄性，也就是由父亲传递给儿子。因此，在一个家族里，所有男性的Y染色体都是一样的。

千万不要小看了男孩所携带的Y染色体，它不仅决定了男孩之所以为男孩，而且正是由于它的存在，男孩才会表现出很多与女孩完全不同的特性，例如，更具有冒险性、攻击性和竞争性。

对于大多数有男孩的家长来说，男孩的成长历程就像是一部惊险的探险电影，说不定哪个时刻，他们就会因为探险而受伤；也说不定哪个时刻，他们就会惹出或大或小的麻烦……

父母了解男孩的染色体情况对教育有什么帮助？

其一，通过“生长基因”鼓励男孩。据英国的一项统计数据显示，男人的平均身高在174.4厘米，女人的平均身高则是162.2厘米。男人的平均身高比女人要多12.2厘米。也就是说，Y染色体上面包含着增加身高的“生长基因”。

由此可见，通常情况下，男孩注定比女孩长得高大，所以要比女孩承载起更多的家庭责任和社会责任。如果你想让男孩做一些力所能及的家务，你可以这样说：“你是男孩，你的力气大，就应该为妈妈分担一些家务，妈妈是女人，需要你的帮助。”你这样说，他会很愿意参与其中。

其二，帮助男孩提高抗病能力。科学研究发现，到目前为止，能够保证免疫系统正常发挥作用的基因全部是X染色体，由于男孩比女孩少一条X染色体，相比之下，男孩的免疫力就弱一些，患传染病的概率就高一些。

因此，父母在生活中要帮男孩提高抗病能力，平时让他多喝水，多吃蔬菜水果，多参加体育锻炼，保证充足的睡眠……采取这些措施可以弥补男孩少一条X染色体的不足。

其三，能够理解男孩的那份脆弱。通过观察，你会发现，男人总有特别脆弱的一面。大量科学研究表明，Y染色体在长达约3亿年的进化中一直在变小，所含基因也在逐渐减少。因此，从这个角度看，男孩比较容易受到伤害，看上去也有不同程度的恋母情结。男孩看似勇敢坚强，实则非常脆弱。因而，男孩特别需要得到关爱。

所以，父母除了让男孩吃饱穿暖之外，一定要重视他的精神需要。多与他沟通，多关心他、理解他，让脆弱的男孩感受到爱和温暖。

其四，不要忽视对男孩进行性别教育。既然Y染色体决定了孩子的性别，那么，父母就要通过教育让男孩对自己的性别有所认识。一般来说，男孩在一岁半左右就知道了自己的性别，他能通过观察周围人的发型、外观、长相等特点分辨他人的性别。光他自己知道了还不够，父母一定要注意强化孩子的性别。不要把男孩当女孩养，比如，给他穿裙子、扎辫子、涂口红等。在穿戴上一定要把男孩当作男孩去打扮。平时要让男孩玩坦克、手枪等带有男性化特征的玩具，不建议引导他们玩布娃娃或者毛毛熊等东西。

Y染色体已经决定了他是个男孩，在教育方式上，就不要过度保护，而应该在相对安全的情况下，鼓励他去探索、去冒险、去奋斗。这样才会让男孩所携带的Y染色体发挥作用。

查一查男孩调皮捣蛋的“祸首”

心理学家将男孩称为“有攻击性的小机器”。在运动能力、爆发力等方面，男孩要远远胜过女孩。同时，男孩的动作速度和猛烈程度也会远远超过女孩。男孩天生在这些方面具有优势，这取决于体内的睾丸激素。

当男孩还在妈妈肚子里时，他体内的睾丸素就开始形成了。由于这种雄性激素的存在，男性特征便开始显现。比如，他们的睾丸和阴茎开始发育。

当男孩出生后，体内的睾丸素几乎相当于一个12岁男孩体内的睾丸素的含量，睾丸素不仅促使男孩的身体发育，而且促使男孩具备更多的男性特征。比如，刚出生男婴的阴茎偶尔会出现轻微的勃起。

男孩出生几个月后，男孩体内的睾丸素含量会下降到出生时的1/15。

在男孩蹒跚学步的整个阶段，体内的睾丸素含量一直比较低。因此，蹒跚学步的男孩和女孩在行为上表现得特别相似。

当男孩长到4周岁左右，他体内的睾丸素激增，甚至达到之前的2倍。

当男孩长到5周岁左右，小男孩会对战斗、英雄行为、冒险以及需要花费极大精力的游戏产生越来越浓厚的兴趣。

在11~13岁这一阶段，男孩体内的睾丸素含量再次开始急剧上升，甚至达到蹒跚学步时的8倍。这时，男孩的四肢快速生长，身高会猛增，而且男性特征会表现得越来越明显。例如，长出胡须、出现喉结，等等。越来越喜欢主宰、控制环境，并善于根据自己的实力来估计自己在所处集体中的地位。男孩喜欢竞争，竞争的环境可以使他变得更加兴奋，男孩也更愿意接受挑战以及喜欢没有任何理由的冒险。

一位男孩的妈妈对她的好友这样评价自己的儿子：

我儿子从学会走路开始，就不断地给我制造麻烦：小的时候爬桌子把牙都磕坏了；上了幼儿园也常常与别的小朋友打架；上了小学，仍然是麻烦不断，我常常会因为他的某些捣乱行为而被老师“请”到学校……因此我为了他可真是忙翻了天。

几乎在每个男孩小的时候，都会得到很多“昵称”，例如，“捣乱鬼”“破坏王”“麻烦制造机器”等。其实，男孩之所以会得到这些称号，都是因为他体内的睾丸素。睾丸素的力量真的会超乎一些家长的想象。

既然睾丸素的力量如此巨大，那男孩表现出的好动、破坏行为、制造麻烦等，就不足为奇了。因为睾丸素的存在，所以在很多时候，男孩总是通过“制造麻烦”

表现出自己的男性特征。

男孩喜欢玩冲锋枪、坦克、飞机等，喜欢捉弄小猫、小狗，喜欢拎起它们的小耳朵让它们叫唤。

男孩喜欢玩火、喜欢扔石头、喜欢耍棍子，他们会在游戏中粗鲁地推倒小伙伴。

男孩有时还会故意激怒比自己小的孩子，从中取乐。

男孩在做事的时候注意力很集中，但是耐久性很差，表现得很毛躁。他们经常没有听清指令就会盲目行动。

男孩喜欢张扬的做事风格，并且会对自己的所作所为产生自豪感。他们的行事风格看上去果断、大气，富于斗志和进取心。

男孩天生好动，喜欢拆卸，会出于好奇把家里的闹钟拆掉，为了听听清脆的响声而把杯子摔在地上。

面对不断制造麻烦的男孩，很多家长为此感到“头痛”，总是感慨地说：“要是个女孩，就好了。”当然，有很多家长也会试图通过“骂”和“打”的方式，让男孩听话一些。

但教育专家明确地指出：如果父母总是试图通过打骂让男孩“屈服”，那他将来就很容易成为一个胆小怕事的人；如果父母能够巧妙地引导男孩做正确的事情，使他们的潜力得到最大限度的发挥，这些男孩往往就会表现得非常出色。

男孩与女孩谁更聪明大脑说了算

很多家长都有这样的感觉：男孩没有女孩聪明。比如，当大多数的女孩都能够滔滔不绝地讲故事时，同龄的男孩往往才会说最简单的几句话；当大多数的女孩都拿着小剪刀学习剪纸时，同龄的男孩往往不能灵活地拿剪刀或握笔……

为什么会这样呢？这是因为男孩与女孩大脑结构不一样。

当胎儿还在妈妈身体中孕育时，男女胎儿在大脑结构上的差别就已经形成了。第一个差别是男孩大脑的发育速度明显慢于女孩大脑的发育速度。第二个差别是男孩大脑的左右半球之间的联系少于女孩。

人类的大脑由左右两个半球组成。人类大脑的两个半球各司其职：右脑主管形象思维（视觉的、绘画的、几何学的、综合的、图像、直观感觉等）；左脑主管语言逻辑思维（算术的、伦理的、分析的、理论和解析等）。这两个大脑半球依靠神

经纤维束相互联系，男孩脑内这种纤维束的体积要远小于女孩脑内纤维束的体积，因此，男孩左右脑之间的联系相对比较少。

因此，男孩常常对猜字谜、组词等很反感，但女孩却很感兴趣。这是因为男孩在进行这些活动时，一般只用一侧脑半球思考，而女孩却可以同时用两侧脑半球思考。因此，男孩的思维没有女孩那样周全、细致。

经过科学研究发现，男孩的大脑右边皮质较厚，而女孩的大脑左边皮质较厚。因此，几乎每个男孩在数学方面都要比女孩好，而女孩在语言方面却要比男孩好。男孩天生就马马虎虎，不善于认真思考，而女孩天生学理就差一些。

明白了这些，家长在教育男孩的时候就要注意了，如果他总是马马虎虎，不愿意思考，也不要打骂他，这可能不是他的本意，而是天生如此。当然作为家长，也不要忽略了教育的主动性。事实上，家长的期望、教导等，都会影响到孩子技能的发展和能力的培养。

家长的教育态度和教育方法会对男孩的大脑发育产生影响，比如，与女孩相比，虽然男孩大脑的左右半球之间的联结少，但如果家长坚持给孩子读书，并耐心地与他们沟通，也就是说，经过后天的训练，男孩大脑的那些缺陷是可以得到弥补的。

一位家长这样分享自己的育儿经验：

孩子没出生的时候，我就读了很多关于孩子的书，知道男孩与女孩的显著区别。2008年3月，我儿子出生了。儿子刚满1岁时，我每天都抽出一定的时间来给他读书。当我这样做时，妈妈还总对我说："孩子还不会说话，他能听得懂你在说什么吗？你这不是在做无用功吗？"

我没有因为妈妈的质疑而放弃，还是坚持每天继续给儿子读书。虽然儿子并没有因为我的读书而过早地学会说话，但有一个情况引起了我的注意，每当我拿着书要给他读时，他就高兴得手舞足蹈起来。

后来，随着儿子月龄的增长，他已经渐渐地能跟我一起读那些简单的句子了。如果他喜欢上某个故事，就会听得非常入神。为了培养他的语言能力，我常常会问他："宝贝，你说接下来会怎样？"他会很认真地去想，然后把自己的想法说出来。

总之，家长还可以利用男孩与女孩大脑的差异性，有重点地去开发他们的智力。例如，引导并锻炼他们建立科学的思维方式，培养并锻炼他们的语言表达能力，培养并锻炼他们的学习能力，等等。

第2章 探秘男孩成长的三个阶段

男孩成长可以划分为三个阶段——0~6岁、6~13岁以及14岁~成年。每个阶段男孩的表现都不相同，父母所遇到的教育难题自然也不相同。只有清楚地了解每个阶段男孩的心理特征和生理特征，才能找到最好的解决方法。

0~6岁——喜欢腻在母亲的怀抱里

上幼儿园中班的果果又“闯祸”了。在幼儿园里跟别的小朋友打架了，脸上还被抓伤了。老师告诉果果的妈妈，说果果很调皮。果果妈妈无奈地摇摇头，对于孩子的顽皮，她经常领教。

面对喜欢调皮捣蛋、打架的小男孩，妈妈们都比较苦恼。不管怎么说，孩子都是一天一天长大的，需要一个过程，没有任何捷径可走。妈妈们能够做的就是尽可能多地了解孩子，掌握他们的特点，给予正确的引导。

0~6岁，这是男孩成长的第一阶段。在这个阶段里，男孩性别特征并不是那么明显，一般来说男孩是属于母亲的，因为他们很脆弱，需要妈妈温柔的关爱。

处于这个阶段的男孩喜欢让妈妈抱着，喜欢妈妈跟他玩，喜欢妈妈的关爱和抚摸。因为妈妈为男孩提供母乳，妈妈慈祥可亲，所以能给男孩最大的抚慰。

可以说从出生到6岁期间，妈妈的爱和教育会影响男孩的一生。如果妈妈与男孩经常交流、精心培养，又给予孩子足够的关爱和安全感，那么就会使男孩的大脑得到很好的发育及完善，使他获得更多的讲话技巧，孩子以后就会更好地适应社会，大踏步地前进。反之，如果妈妈总是情绪低落或者是喜怒无常，经常打骂男孩，那么男孩的大脑就会发生变化，慢慢变成一个或胆小怕事、或脾气不好的男

孩。

因此，在这一阶段，妈妈需要了解男孩对应的特点，然后对症下药，用心培养。

(1) 理解力有限，说太多无益

4岁的果果哭着闹着要找妈妈，爸爸对他说："儿子，别闹了，妈妈跟同学去聚会了，过几个小时就回来了。"爸爸越是安慰，果果哭得越凶。

其实，果果爸爸不知道，根据男孩现在的理解能力，他根本不明白"跟同学去聚会""过几个小时"是什么意思，男孩唯一知道的就是妈妈没在自己身边。

妈妈千万不要跟这一阶段的男孩讲太多的道理，动不动就向他们解释为什么不能朝地上洒水，为什么不可以爬到柜子上去，为什么见了人应该礼貌地向人打招呼，等等。其实，在很多情况下，这些说教都是徒劳的。偏偏有的脾气不好的妈妈因为多次教男孩，男孩总是记不住，为了让他们长点儿记性，便打骂男孩。这种做法是完全错误的，因为这一时期的男孩根本没有理性思维以及逻辑思维的能力，向他们解释太多、给他们讲太多道理，只能让他们觉得烦躁。

(2) 需要妈妈更多的耐心与关注

这一阶段的男孩，他们在生理上和情绪上要比女孩脆弱。比如，同样是刚出生的婴儿，男孩比女孩对疼痛更加敏感，当他们感觉潮湿或不舒服的时候，男孩更容易哭闹。即使到了6个月大时，男孩仍然需要妈妈的照看，女孩则会通过吮吸手指和玩玩具等寻求安慰。

这一阶段的男孩更渴望被关注，如果妈妈没有给自己足够的关注，他们甚至会通过一些不良行为来吸引妈妈的眼球，如果这个时候妈妈不正确地引导，而是打骂，对男孩的一生都会产生很多不良影响。因此，妈妈千万不要被固有的性别观念束缚住头脑，认为男孩天生就该坚强。其实在0~6岁这段时期，男孩是脆弱的，是需要妈妈更多的耐心与关注的。

(3) 男孩需要的是引导，而不是选择

"儿子，你喜欢红色，还是喜欢蓝色?"

"儿子，周末我们是去公园呢，还是去游乐场呢?"

"儿子，你今天是想吃馒头，还是想吃面条呢?"

在生活中，我们经常听到妈妈这样问男孩，而处于这个阶段的小男孩往往不知该怎样选择。心理学研究表明，如果总是让6岁以下的小男孩在很多的可能中自己去选择，那这个男孩长大后不会是有主见的人。因为处于这个阶段的男孩需要的是引导，而不是让他选择。

所以，妈妈要为这一阶段的男孩制定好每天的生活。例如，今天吃什么，今天

穿什么衣服，今天去什么地方玩。有了妈妈的安排，男孩就会清楚地参与其中，并获得很大的安全感。

（4）会迷恋自己的身体

这一阶段的男孩总是喜欢拉扯或揉搓自己的生殖器，甚至是当着众人的面把手伸进裤子里。这让很多妈妈感到烦恼。其实，妈妈只要了解这一阶段男孩的特性，就能理解男孩了。

男孩天生好奇心就很强，这一点从小就表现得很突出。他们会“研究”见到的每一样东西，包括自己的身体。他们对自己身体的早期迷恋是很正常的，因为拨弄、搓揉自己的生殖器会给他们带来快乐和舒服的感觉，仅此而已。

所以，妈妈不要对这一阶段的男孩的这种行为大惊小怪，只需引导孩子。可以让他搓揉自己的生殖器，但这是一件只能私下做的事情，如果他偏不这样做，那也就随他好了，等大一点儿，即使你不说他，他也不会这样做了。

总之，0~6岁属于男孩的纯真时代，这个阶段是男孩身体发育、智力发展、情感发育和性格形成的最重要阶段。妈妈一定要给他们足够的关爱、呵护和引导，不要以打骂的方式去纠正一些看似他做得过分的事情。

6~13岁——想成为爸爸那样的男子汉

6~13岁，这是男孩成长的第二阶段。在这一阶段，男孩进入了自身成长的转变期，不再像前一阶段那样依赖妈妈，而是喜欢和爸爸交流，开始向爸爸学习，模仿爸爸的行为，并希望自己成为一个男子汉。

因此，在这个时期，爸爸对男孩的影响非常大，如果爸爸并没有给男孩足够的关爱和引导，男孩就可能会制造麻烦，希望引起爸爸的注意。如果男孩没有如愿，那么他在未来的日子里就可能会和爸爸对立起来，成为一个不听爸爸话的“男人”。因此，爸爸一定明白这一点，要常与男孩互动，做好男孩的引路人。

进入这一阶段的男孩，会出现很大的变化，他们逐渐觉得自己是“男人”了，要做一个爸爸那样的人。甚至那些平时很安静的男孩，到了这个年龄也整天舞刀弄枪，证明自己能力高强。即便在大人们看来这是很可笑的事情，但男孩还是要通过各种行为来表明自己的“男子气”。

有的男孩为了证明自己是男子汉，还希望自己快点儿长大，幻想身体突然变得很强壮，有很大的力量做各种事情，甚至希望像爸爸那样长出胡子来。于是他们通

过各种行为来表明自己的身份，比如，男孩会争着当警察，因为警察在他们眼中是英雄，是男子汉；男孩喜欢舞刀弄枪，希望自己成为武林高手；男孩总是梦想着自己有一天能去拯救地球；甚至会做各种危险的事情，以证明自己的勇敢。

在6~13岁这个阶段，男孩的思维也会发生变化，理解他人情感的能力逐渐开始具备，自尊心开始增强。心理学家认为，在这一阶段，男孩自尊心的发展会出现两种倾向，他们对自己的看法也会截然不同：要么认为自己很能干，能积极地面对一切事情；要么认为自己很无能，什么事情也做不好。因此，在这一阶段，家长一定要注意引导男孩正确地认识自己。另外，6~13岁的男孩除了要努力表现自己是男子汉之外，还会表现出以下几种特征。

（1）处于这一阶段的男孩会对规则的破坏产生不安全感。男孩是讲究“规则”的动物，而他们最关注的也是“规则”。进入一个新环境或者接触一个新事物之后，如果父母告诉男孩规则是什么，违反规则会有什么样的后果，会令男孩更有安全感。如果父母首先打破了“规则”，就会令男孩非常失望和痛苦。因此，父母一定要特别注意这一点，不要去打破男孩的“规则”。

（2）处于这一阶段的男孩总会出口伤人。在一般情况下，男孩出口伤人，其实并没有恶意，只是他们的表达方式太过直接。如果男孩说自己不喜欢穿这件衣服，那是因为他感觉自己穿上像垃圾一样。父母此时不能直接反驳男孩：你怎么回事啊，我觉得它好看。父母的这种反驳向男孩传达了这样一种信息：你不能相信自己的感觉和眼光。这会使男孩陷入一种不安全和糊涂的状态。其实，遇到这种情况，最好的解决办法是，家长可以引导孩子练习这样的表达方式：“小男孩不要穿得太艳丽，你穿上这件土黄色的外套帅极了！”这种练习做得久了，男孩那种直率的表达方式一般都会发生改变。

（3）处于这一阶段的男孩的金钱观开始受到外界的影响。从6岁开始，男孩就有了攀比的意识。父母需要有意识地为男孩灌输科学的金钱观。当然，父母首先需要做的是，让孩子了解关于家庭收支的一些情况。即使家庭条件比较好，父母也不要因此而使男孩产生优势感，因为不正确的金钱观只会引导孩子走向岐途。所以，家庭条件比较好的父母，不妨在男孩面前适当地装“贫穷”。

（4）处于这一阶段的男孩进入了性潜伏期。在生物学上，8~12岁这个阶段被称为男孩的性潜伏期。也就是说，在这一时期，男孩不太关注“性”，因为“性”被疏导到其他活动中去了。比如，探索外面的世界，与小伙伴们在一起玩耍，忙着证明自己是男子汉……

在这一时期，需要爸爸特别的帮助和指导。

（1）爸爸要多费点儿精力跟男孩亲近。6~13岁的男孩特别需要爸爸的爱，他们

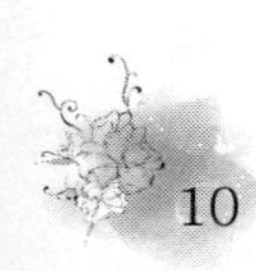

喜欢爸爸拥抱他、逗他，和他打闹，也喜欢和爸爸做一些比较文雅、安静的事，比如让爸爸给他讲故事、唱歌或者放音乐等。爸爸一定要告诉男孩他是多么出色、帅气、聪明的一个孩子，以增强男孩的自豪感。

(2) 爸爸要多花些时间陪陪男孩。现代社会，人人都很忙碌，特别是作为一家之主的爸爸，因为社会角色的关系，与孩子在一起的时间非常有限。但即使再忙，也别忘了多抽点儿时间陪陪孩子。

陪伴男孩是做爸爸的责任，爸爸忙完了单位的事情，要及时回家，与儿子一起玩耍嬉闹，这样会教会他很多东西。爸爸要用尽可能多的时间陪伴男孩，陪伴家人。如果升职加薪，那意味着工作时间更长，那么做父亲的一定要认真考虑：孩子的童年只有一次，他现在需要你，你努力工作的目的是什么？不就是让孩子幸福快乐地成长吗？现在你陪他的时间太少了，他觉得不幸福，已经影响到他的成长了。这样一想，也许做爸爸的就能挤出更多时间陪男孩。

(3) 爸爸要和妈妈分担照顾孩子的工作。有一些大男子主义的爸爸认为教育男孩是妈妈的事情，于是他们把照顾男孩的重任都推给妈妈。为了孩子的健康成长，爸爸应该和妈妈一起，为怎样教育男孩出谋划策。比如，协助男孩完成作业，教男孩做力所能及的家务，制定出明确的规则让男孩遵守。遇到大事时，爸爸要和妈妈商量，一起教育男孩会进一步加深夫妻间的关系，也会让男孩更健康、更快乐地成长。

另外，爸爸一定要尊重男孩，不管男孩多么淘气，也不能对男孩乱发脾气。要耐心听男孩的倾诉，重视他的感受。

总之，6~13岁的这段时间，爸爸对男孩来说，至关重要。这是爸爸对男孩产生影响，同时也是在男孩心中树立英雄形象的关键时期。当男孩很想和爸爸待在一起时，爸爸要好好珍惜这段时光，并对男孩进行相关的教育。男孩会随时准备向爸爸学习，会留意爸爸的一举一动，会聆听爸爸的教诲。当然，妈妈的爱也不能忽视，还有很多东西男孩要跟妈妈学。

14岁~成年——进入盎然的青春时代

从男孩变成男人的关键期就是14岁到成年这段时间。

一般情况下，这段时期的男孩进入了快速发育期，身体内发生了显著的变化——睾丸激素大幅增加，含量几乎是以前的8倍！男孩变得更加喜欢争辩，更加

喜怒无常，有时候又焦虑孤独。这当然不是他们变“坏”了，而是他们的身体和心理都发生了彻底的变化，他们已经和以前不一样了。

这个变化过程充满了“斗争”，男孩们不但经常与父母的观点相左，而且不时地挑战长辈的权威，甚至也在和自己作各种各样的斗争。他们需要解开成长道路上遇到的疑惑，需要开始新的征程。他们会变得愤世嫉俗，动不动就会批判周围的人和事；说同龄人才听得懂的话；他们会穿奇装异服，甚至把头发染得五颜六色；他们脾气变得暴躁起来；常常埋怨家长不理解他们，家长想靠近的时候他们又会躲开……

在很多人看来，这个年龄阶段的男孩是让父母“失望”的，很多人感叹，要是当初生个女孩就好了。这个阶段的父母会害怕，会担心，因为年轻气盛男孩可能会卷入各种纠纷，惹出很大的麻烦。不管怎样，作为男孩的父母，一定要知道，这是男孩必经的阶段，一定要花时间，有耐心地去引导男孩。教他们怎样像男人一样去做事，要让他们知道自己应担负起的职责，在哪里找到力量的源泉以及前进的方向。

要想把男孩培养成一个有能力、有思想、有智慧、有责任心的男子汉，并不是一件简单的事情，需要家长的共同努力。

(1) 给予男孩正确的引导。14岁到成年的男孩爱扮酷，喜欢追求个性、时尚和潮流。他们只是随波逐流，其实自己都不知道自己到底喜欢哪种风格。不光外表，他们的内心也是非常混乱的，有时他们很自信，有时又表现得很自卑。面对自己的未来，他们带着“初生牛犊不怕虎”的精神会说：“将来我一定要成为百万富翁！”但一想到具体怎么去做就泄气了，觉得自己根本什么都做不了。所以，父母要给予这个阶段的男孩正确的引导。如果父母多一些肯定、鼓励，那么男孩的思维就会越来越清晰；如果父母总是否定、批判男孩，男孩的思维就会越来越混乱。即使男孩有不当的地方，也不要通过打骂的方式予以纠正，要运用智慧，选择男孩最容易接受的方式去引导。

(2) 不要封闭男孩的成长环境。十几岁的男孩很容易产生孤独感，他们会觉得没有人能理解他们，所以又难免会产生强烈的归属诉求。他们希望自己归属于某个团体，渴望被他人认同，因此会主动与同龄人交往，甚至会跟与自己年龄有些差距的人交往。这样一来，男孩不可避免地会接触到各种各样的人，包括父母不喜欢和不认可的“坏人”。

在男孩交友这件事情上，有些父母给男孩很多限制，不准跟这样的人玩，不准跟那样的人在一起，企图把男孩放在一个“纯净”的圈子里。实际上，这样做不是纯净了男孩交往的圈子，是让他与人隔绝了，他的朋友越来越少，交往能力越来越

差，逐渐变得胆小，觉得随时都可能遇见坏人。

其实，对于男孩交友这件事情，父母不用太过紧张，男孩也有自己的判断能力了，如果他们的判断真的有所偏差，父母只要及时发现并正确引导就可以了，千万不要采取封闭的措施。

(3) 侧面迂回了解男孩的想法。14岁以后，男孩基本上初中了，待在父母身边的时间越来越少了。在14岁到成人的这段时间，男孩会有自己的生活，与家庭生活越来越远，父母对男孩的了解也越来越少，这不免会让父母忧心忡忡。其实父母完全可以换个方式去了解，比如通过老师、亲戚、好友等，这些人也会真心关怀孩子。长大的男孩也许不喜欢向父母敞开心扉，但是他们也需要倾诉的窗口，他们经常会把自己的想法告诉父母以外比较亲近的人，也许会在关爱他的长辈家中对父母进行“控告”。如果父母了解到这些，就会找到自己与孩子之间的隔阂，然后想办法弥补和改正。

(4) 用父亲的角色影响男孩。在男孩的成长过程中，爸爸对他的影响非常大，在男孩向男人转变的这段时间，爸爸的影响更是不可缺少。爸爸是男孩接触最多的男人，潜移默化的影响非常大。

爸爸平时可以向男孩讲述自己的经历，让男孩有“与爸爸之间是男人与男人之间的对话”的感觉。这样既能控制男孩的消极行为、引导男孩的积极行为，又能增强父子间的感情。如果爸爸在男孩心中是有影响力的男人，那么男孩就会以爸爸为榜样，同时也能从爸爸那里感受到一种安全感。

总之，14岁之后的男孩逐渐进入了生机盎然的青春时代。这一时间段里，男孩的身心都发生了巨大的变化。父母一定要做好引导工作，让男孩坦然面对自己的身心状况。这一时间段里，男孩特别需要有经验的人的指引，指引方式与最终的结果息息相关。如果家长总是对男孩大呼小叫，即使家长说得有理，男孩也不愿意接受，他们就会变得越来越“坏”。

所以，在这个时期，家长不仅要把正确的人生观告诉男孩，让他学会辨别善恶美丑和是非黑白，还要像朋友一样和他沟通，在他迷茫时给他建议，在他孤独时多多陪伴，让他平稳过渡成为男人。

第3章 男孩是最难“控制”的

古希腊大哲学家柏拉图早在2300多年前就这样写过：“在所有的动物中，男孩是最难控制对付的。”本章将从男孩的行为上解析男孩为什么难控制。

男孩天生就是“冒险王”

越是难做到的事情，男孩越希望自己能够尝试，哪怕为此付出惨重代价，这就是男孩冒险心理的表现。敢于冒险让男孩的生命总是充满跌宕起伏。

5岁的兵兵总喜欢跳上跳下，妈妈教训过他很多次，他总是听不进去。这天，他突然萌生了一个想法，要从写字台上往下跳，看看自己敢不敢。这个高度将近一米，是他从未尝试过的。

兵兵想到这里，激动地马上行动起来。他借助凳子、爬上了写字台，就像爬山一样。他站在写字台上，用力向下跳了下来，只听“咔嚓”一声，他没有受伤，把桌子上的一个杯子带了下来，摔了个粉碎。

妈妈听到后，“啊”的一声尖叫，赶紧跑了过来。兵兵知道自己闯了祸，赶紧跑进卧室关上门，躲进被子里。妈妈气坏了，在门外大声责骂他，兵兵紧紧锁着门不敢出声。

以上的例子现实生活中屡见不鲜。男孩出于冒险心理，常常会做出一些不可思议的事情。于是，总会有妈妈叹息：有了儿子之后，我一刻都不敢让他离开我的视线，整天活在担惊受怕里。

其实，每一个男孩基本都是在各种外伤中度过的，没有受过一点伤害，那是不可能的事。男孩喜欢冲动、激烈、刺激的事情，越是能激起他们情绪的事，他们越

喜欢尝试。

男孩喜欢冒险是由于他们体内的睾丸激素在“捣乱”，就是睾丸激素在让男孩要选择一种冒险的行为来释放体内的能量。

于是，几乎每个男孩都爱冒险、冲动自负，喜欢与人争吵、斗殴，喜欢出风头。在这些方面，男孩与女孩的这种行为区别非常明显。

男孩喜欢冒险并不是坏事，有很多正面的意义。男孩的冒险行为除了睾丸激素的作用外，也源于男孩的好奇心理，而许多科学知识、生存技能、劳动技能，都可以在好奇心的推动下获取。世界上很多科学发明家、机械制造者在青少年时期都满怀好奇心，而轮船、飞机等人类物质成果的发明，大多是好奇男孩长大后的杰作。

总之，男孩天生就爱冒险，他们对这个世界充满未知，充满好奇，于是很自然地有了探索、冒险的行动。既然是冒险，那么可能存在危险性，所以，如果父母有时间，要陪男孩一起去冒险，一方面可以起到保护男孩的作用，另一方面男孩有了父母的陪伴会玩得更尽兴，更欢快。

每个男孩都有“英雄情结”

男孩从小就有英雄情结，这种情结将伴随男孩一生。男孩英雄情结的表现是爱打抱不平，爱管闲事，见不得人欺负弱小等。每一个男孩都想做英雄，都希望被人崇拜。

刘伟回家后，妈妈发现他的脸有一道伤痕，以为他在外面受欺负了，于是问道：“谁干的啊，你的脸怎么受伤了？”

刘伟低着头不说话，妈妈只好把声音放柔些说：“没事，跟妈妈说，妈妈想知道是怎么回事。”于是，刘伟便详细跟妈妈讲了事情的经过。

原来，是刘伟的同学张彪下课时欺负低年级的小朋友，还把低年级小朋友的玩具扔在了地上。张彪平时就很凶，这时吓得低年级的小朋友直哭，老师又不在。刘伟看不过去了，就走过去帮助低年级的小朋友。刘伟与张彪理论时，脸被张彪抓伤了。

妈妈了解了事情的经过，想了想说：“原来你在帮助人啊，这是好事，是个小英雄的行为。不过你以后遇到这样的事情，不要贸然上前去理论，最好去找老师或请同学们评理，相信大家都会站在你这边的。”刘伟听后，认真地点了点头，同时脸上满是自豪的表情。

对于男孩的英雄情结，父母应该给予充分理解，因为男孩独有的Y染色体和大量分泌的睾丸激素激发着他的英雄情结，这是男孩区别于女孩的重要心理特征之一。如果你足够细心就能够发现，绝大多数男孩从小就爱玩坦克、手枪等玩具，也爱看带有英雄情节的故事或影片，并立志成为“警察叔叔”……

男孩的英雄情结经常会倾注到对某些偶像的崇拜上，它们可能来自男孩平时看的动画片，如奥特曼、蜘蛛侠、蝙蝠侠、黑猫警长等等，这类英雄偶像正义、勇敢、智慧、仗义，具备一种积极向上的精神，圆了男孩的英雄梦。

男孩心中的英雄形象，是伟大、神圣、没有缺点的。父母正好可以利用男孩的这种英雄崇拜情结，培养男孩勇敢、坚毅、正义等优良品质。

每个男孩都有英雄主义情结，这几乎是一种本能反应。只要男孩的天性没有过分被压抑，在任何场合下，他们路见不平时，都有拔刀相助的冲动。男孩总是幻想自己是“奥特曼”，身怀一身绝技，能够帮助弱小、扶危济困，与恶势力作斗争，甚至拯救地球，成为人心目中的大英雄。

在现实中，男孩的英雄梦却是难以实现的。由于年龄和阅历的缘故，男孩无论在身体还是心理上，都不能如愿施展自己的英雄抱负。他们常常觉得自己很弱小，希望得到安慰和激励，并希望有一些勇敢的举动被认可，于是在别人危难之际，总喜欢挺身而出。

孩子喜欢当英雄、想当英雄没有错，重点在于父母要帮助他建立正确的“英雄观”。当他打抱不平的时候，我们要提醒他那样会受伤，但不能用打骂的方式制止他，而是应该进行合理的引导。只要父母引导得当，英雄情结不仅能够促进他男性气质的培养，也能使他成长为真正的男子汉。

男孩多是精力旺盛的“淘气包”

很多家有男孩的家长感叹自己的儿子太淘气，为什么男孩就那么淘气呢？这是因为精力旺盛的缘故。大多数男孩从会走路起就不断展现出过人的能量。他们只要不睡觉，就一刻不停地到处攀爬、跑跳、追逐、打闹，即使上学后，课堂上也有做不完的小动作，男孩好像总有使不完的力气，用之不竭的精力。

为什么男孩的精力如此旺盛呢？从中医学角度讲，男孩是纯阳体制，生性好动，用一句古语说：“憨嘻跳跃是其本性，拘坐则伤脊骨，尤损天柱。”男孩阳气足，才会显得生机勃勃，如果要把男孩拘束住，强迫他们老老实实坐着，就是在抑制他们的天性。

男孩比女孩更好动还有一个重要的原因，那就是男孩的体内能分泌出大量的睾丸素，睾丸素致使男孩成了一个“淘气包”，只能通过不停活动来消耗能量。

父母清楚了男孩精力旺盛的原因，就不要在他“释放能量”的时候大声责骂，或者制止他，而应该想个办法让男孩把过剩的精力用到该用的地方。

父母不应该把自己的喜好作为评判男孩行为的标准，更不能因自己喜欢安静而强迫男孩不许跑跳。父母应该转变自己的心态，接纳这个体内分泌大量睾丸素的小“淘气包”。在保证安全的前提下，允许他们去释放能量。这样，男孩的身心才不会受到压抑，男孩的成长才会健康。

既然男孩精力旺盛，那么父母就应该利用男孩的这个特点，引导他去做一些有益于身体发育、身心健康的事情。比如，每天抽一些时间出来，和孩子们一起跑跑步、打打球等等，做些体育运动不但能消耗男孩多余的精力，还能够增强男孩体魄，促进身心发育。对于男孩精力旺盛的最好应对办法，就是选用运动的方式，与他们一起“消耗能量”。

此外，一个有着旺盛精力的男孩，他不仅可以将能量用在肢体运动上，也大可将其用在脑力劳动中。因此，练习书法、读诵经典、画画、下棋等，都不失为锻炼男孩的耐力和注意力的好活动。

每个男孩都想当“大王”

男人的天性之一是喜欢竞争，一位研究行为哲学的专家曾说：“一场比赛结束后，你看到一个被打败的男人在真诚地向对手祝贺，其实在这背后，这个男人想的是下一次如何把他打败。”

性别赋予男人巨大的能量，这在他们的幼小阶段就已经表现出来。在男孩的世界里，他们就已经有了“大王”的意识，在和小伙伴们一起玩耍时，也更在乎谁是“大王”，“大王”是男孩的行为标准，是男孩内心的竞争对手。每一个男孩都希望能够做一个“大王”，这种竞争心理促使男孩总想争第一。

魏东上初中了，他是一个仗义勇为的男孩，平时结交了不少好朋友，因此很赢得大家的拥护，小伙伴们都爱围着他转，这种众星捧月的感觉让他很骄傲。

新一届的班委竞选开始了，魏东想竞选班长，就鼓动他的朋友们为他拉票。魏东最大的竞争对手是刘新。刘新是个帅小伙，在人际关系上比魏东稍差一点儿，其

他各方面都更胜一筹。

班上许多女同学都很欣赏刘新，把他当作白马王子。魏东怕自己竞选失利，就开始四处散播刘新的坏话，说他是假清高，自私自利，从来都是只关心自己，不关心同学。

在竞选演讲时，刘新发言说，如果自己当选班长，会为大家做哪些事。他的真诚态度赢得了全班同学的赞赏和支持，因而获得了很高的票数。结果，刘新因品学兼优，愿意为大家服务，当选班长。

魏东很生气，他约了一帮朋友趁刘新独自回家的时候“教训”了他一顿。虽然受到老师的严肃批评，但魏东觉得很解气。从此，他在学校里处处和刘新作对。

其实魏东之所以跟刘新过不去，主要是源自想做“大王”的心。几乎没有一个男孩不想做“大王”，他们每到一个新环境，比如新班级、新学校，最关心的问题就是，谁是班级里的班长？谁是学校里的“大王”？通过观察和了解“大王”在学校和班级里的行为，男孩们会渐渐明白，在这里做“大王”要具备什么样的条件和“资格”，他们还会暗暗下决心，希望自己有一天也能够做“大王”。

男孩喜欢当“大王”的竞争心理本身没有错的。如果父母能够加以合理的教导和应用，可以促使男孩不断进步，激励他们积极向上。但是，如果男孩存在过激和偏执心理，把正当竞争变成了恶意攻击，甚至采取一些不公正、不正当的手段对付竞争对手，就会发生暴力事件。因为“大王”只有一个，而想当“大王”的男孩却有很多。那些没有当上“大王”的男孩容易扭曲竞争心理，在处理同学关系上也容易树敌。所以，在如何看待同学间的竞争上，父母不要忽视，理所当然地认为男孩就应该这样。

年纪较小的男孩还不具备准确的判断力和成熟的人生观，他们会为了争第一、做“大王”而展开“斗争”，甚至打架、引发暴力事件。一些发生在男孩身上的行为，比如违反规定、触犯法律都是不正常的竞争心理所致。如果发现男孩的正当竞争心理发生扭曲，父母一定要及时做好引路人，千万不要让男孩对竞争产生误解。

受到父母良好心理教导的男孩，心理和行为上都显得比较成熟，他们会把做“大王”的心理变成积极追求进步的力量，靠自己的实力去战胜别人，真正地做“大王”。而那种为了做“大王”图一时之快，不计后果的行为，只能给他人造成伤害。男孩有竞争心理是可以理解的，父母应该引导他们走向健康的竞争之路，真正实现“大王”梦。

一旦男孩当了“大王”，他们会成长得更快，做起事来会更全心全力。这有利于男孩的身心成长，能提高他们的责任心和领导力。平时，父母要利用男孩的这种心理，在生活中可以处处满足他们当“大王”的愿望。比如，抽出一个星期的时

间，让男孩体验一下“当家”的感觉，或者做一做亲子角色互换的游戏，让孩子做回“男主人”，相信在他们小小的心里肯定能产生一种“当家做主”的成就感；如果是比较调皮、有坏习惯的男孩，父母可以让他来当习惯监督员，负责纠正全家人的坏习惯，这样他在纠正别人坏习惯的同时也一定会偷偷地改掉自己的坏习惯。

另外，父母还可以在平时与男孩的对话中满足他们当“大王”的欲望。比如可以问问儿子：“小当家的，我有哪些地方做得不好吗？”“小当家的，你对这个事情怎么看，你有什么意见？”……虽然有时男孩的意见未必合理，大人也不一定采纳，但是这样的问话往往会让他们感到高兴，会觉得自己被尊重和重视。这种做“大王”的美差会让男孩满怀对生活的热情和积极性。

让父母苦恼不已的“破坏王”

好奇心强是男孩的天性，他们喜欢探索，对未知的世界充满了渴望。所以，在男孩的成长阶段，探索和发现是一项非常重要的过程。在男孩的世界里，他们不仅仅用眼睛看，用耳朵听，更多的时候是动手探索。所以，男孩喜欢的游戏活动通常是探险、寻找、挖宝等。而在寻找、探索和发现过程中，男孩们免不了要破坏掉一些物品，比如爬墙穿洞、踩坏屋顶、弄坏机器等。在做实验或者玩玩具时，由于知识经验的缺乏，男孩们往往喜欢通过拆卸的方式去研究物品的构造和功能，因此在父母眼里，男孩很普遍地被贴上“破坏王”的标签。

面对家里的小小“破坏王”，许多父母苦恼不已，为什么男孩那么具有破坏性？

据心理学研究，男孩的“破坏性”行为与他的生理和心理发育密切相关。男孩由于身心还未成熟，还没有具备责任感和义务感的意识，同时他们的自我控制能力比较差，在好奇心的驱使下，男孩会不顾后果地去探索，也想不到要为破坏行为负责。

当然，家里有一个喜欢弄坏东西的“破坏王”，很令父母大伤脑筋。但是，如果这种探索欲望能够得到理智的引导，无疑会提升男孩的动手能力、观察能力、思考能力和创新能力。通过“破坏性”的探索，男孩会对物品的结构和其工作原理有一定的了解和认识，他的身心也将得到良好的发展。

浩浩特别喜欢拆卸东西。一天，趁妈妈不在家，他居然研究起妈妈心爱的手表。费了好大的劲儿他把手表的外壳拆掉，然后反复观察手表的工作原理……正在他研究得津津有味时，妈妈回来了。

妈妈一看，忍不住大叫道："你在拆什么？"等看清浩浩拆的是自己心爱的手表时，气愤地说："谁让你拆手表的？你怎么不是拆这个就是拆那个？"看着满地的零件，妈妈气得不断训斥浩浩。

很多父母难以容忍男孩的破坏行为，通常是出于对物品的爱惜，比如家里的贵重物件、一些小电器等。但是，如果仅靠训斥和禁止的方法遏制男孩的探索欲望，很难奏效，甚至适得其反。父母越是阻止男孩搞破坏，他们破坏得越欢。与其冲着男孩大喊大叫，不如鼓励他们把东西重新装好，或者坐下来与他们一起探索和组装。这样令人烦恼头疼的破坏活动就变成了有意义的实验活动。当然，对于家里特别贵重或心爱的物品，父母应该提前告诉男孩不要碰坏它们，更不能私自拆卸。对于一些电器类物品，更要严格阻止孩子们进行拆装活动，并且有必要对他们讲清楚日常生活中的安全隐患。一些结构精密的物件应该保存好，最好放在孩子找不到的地方。如果是特别喜欢动手实验的男孩，父母可以选择一些不重要、安全性较高的小物品让他拆卸，这样既不用严厉斥责管教，孩子的探索欲望也得到了满足。

对于不是特别贵重的物品，如果父母有兴趣，不妨可以与孩子一起体验"破坏"的乐趣，一起探索机械的原理，与孩子在"破坏"中一起成长。

如果男孩喜欢拆卸一些构造比较复杂的大型物件，如机械用具、家具、车子等，这时父母请一些有机械方面专长的朋友给孩子做"指导老师"，是一个不错的引导方法。通过专业老师现场指教和操作，孩子会将"破坏"活动变得像学习一样认真和投入。即使没有这方面的朋友，父母也可以通过看书或上网提前了解和学习相关常识，然后把基本的机械拆装原理告诉孩子，这样既满足了"破坏"欲望，也达到了学习的目的。

与孩子体验拆装的乐趣，进行"破坏"活动，爸爸要比妈妈更适合参与。因为对于机械类问题，男士会显得比较专业和内行一些。在指导和参与过程中，父子之间也更容易配合默契。

父母千万不要小看孩子的每一项实践活动，在男孩的任何一种"破坏"中，说不定都会潜藏着莫大的惊喜和发现。随着男孩在"破坏"中学习和掌握了一定的专业知识，动手实践能力会不断地提高，这样他很可能就会从一个令人头疼的"破坏王"变成相当专业的"工程师"呢。

所以，对于酷爱拆装器械的男孩，父母完全用不着大费脑筋，与其呵斥加棍棒教育不如让他们发挥"破坏"特长，借着拆装的机会让他成为家庭的"维修工"。比如，让男孩安装家里的门把手，拧紧某个物件上的螺丝，或者给闹钟安装个新零件，给断腿的椅子修补完整。这些维修任务都可以交给男孩，让他们体验动手实践的乐趣和成功的满足感。父母不用喊叫，轻松让孩子自己学会变废为宝，只需在必

要时提供一些指导即可。

当然，对于煤气管道、电器、水管之类的物件，父母最好不要让男孩参与拆装。因为这些物品的拆装只有通过专业人员才能完成，否则会给人身安全造成威胁。所以，父母要视情况安排男孩参与维修，让他的探索欲望得到进一步发挥。

总之，对待男孩的“破坏”行为，父母应该学会因势利导，采取积极的态度和方法让“破坏王”变成“工程师”。父母在和孩子一起参与的“破坏”活动中，帮助孩子改掉只拆不装的习惯，让他们学会废物利用，变废为宝，体验组装和发明的乐趣。这样不但能促进孩子的成长，提高他们的思维能力和创造力，也培养了孩子的责任心和认真做事的态度。在“破坏”活动中，父母看到的应该是孩子的成长和探索中的惊喜，发现孩子潜在的天赋，而不是破坏后让人头疼的“残局”。要知道，男孩喜欢搞“破坏”，并不意味着成长之路的扭曲，而是发现孩子潜力与天赋的另一扇窗口。

第4章 棍棒之下难出孝子多出逆子

“威信”不是教训出来的

有些家长认为，对男孩要严厉，不要多给他们笑脸，要让他们害怕，这样才能在男孩面前树立起威信，便于管教。可这种想法真的正确吗？这种方法真的奏效吗？

临近中考，小刚却迷上了电视剧《我是特种兵2》。不管作业是否完成，每天晚上必须先看两集再学习。小刚的爸爸看着儿子把大量的时间都花费在了看电视剧上，非常生气，屡次劝他要抓紧时间学习，可是小刚不听。小刚振振有词地说：

“还有几集就演完了，等看完《我是特种兵2》就专心学习，以后有再好看的电视剧也不看了。”

爸爸生气地说：“《我是特种兵2》不看又能怎样，是学习重要还是看电视剧重要？你怎么这么不听话？”

小刚听了不耐烦，大声地对父亲喊道：“还有几集就看完了，刚开始看的时候你怎么不管？”

“你还敢跟我顶嘴！看电视能提高学习成绩吗？这都马上中考了，还没完没了地看这种电视剧。”生气的爸爸上前一把拔掉了电源。

“你为什么这么霸道，凭什么不让我看电视剧？”小刚生气地喊起来。

“我不让你看，你就不许看！越来越不听话，等哪天我好好收拾你！”

儿子看电视剧的权利被剥夺了，愤怒地回了自己的房间，一晚上也没有学习。小刚的父亲也气得没休息好。第二天小刚放学后，像往常一样坐在电视机前照看不误。小刚的父亲见状，抡起巴掌将小刚撵进屋子学习去了。

可见，一味严厉地管束男孩，容易引起男孩的逆反心理，难以收到理想的效

果。那么，面对“不听话”的男孩，家长该如何在他们面前树立起威信呢?

首先，在男孩面前树立威信，不能急于求成，而应水到渠成。它是父母运用恰当的教育方法，建立在与子女彼此尊重和信任的基础上，并在不知不觉中自然而然地产生的。

其次，在教育男孩的过程中，父母无须刻意树立威信，尤其要避免以教训赢得威信，否则只能事与愿违。这类父母通常无视男孩是否愿意听，也不管自己的语言是否恰当，在任何场合下都没完没了地指责男孩并要求男孩服从。在这种环境中成长的男孩，会对这种说教产生厌倦情绪。久而久之，他们对正确的教育也会产生反感。

再次，要想成为有威信的父母，在日常生活中应该以身作则。正所谓“其身正，不令而行，其身不正，虽令不从”。父母必须品行端正，身体力行，言传身教，切不可表面一套，背后一套；在外面一副面孔，在家里却又是另外一副面孔。要求男孩做到的，父母应首先做到。

再者，对男孩要管得严，哪怕是小错也不应轻易放过。但每次批评男孩之后，家长一定要想办法去安抚他，开导他，使他感受到父母的爱，不会对父母产生畏惧、抵抗心理。严与爱相结合的教育，最能建立真正的威信。

最后，父母不要管得太多，管得太琐碎，事无巨细都唠叨几句，这样就容易使男孩产生厌烦心理，反而不听父母的。而平时很少教训男孩，但抓住一些主要的东西一管到底，这样反而更有效。

别让打骂男孩成为一种习惯

“望子成龙”是天下父母的心愿，并且现在中国提倡“一对夫妇只生一个孩子”。孩子，尤其是男孩，自然成了家中的宝贝。可为什么仍有一些父母采用打骂的方式来教育男孩呢?

究其原因，主要有以下几点：

一是受传统教子观念的影响。如有“棍棒之下出孝子”“不打不成人，不打不成材”“打是疼，骂是爱，气极了，拿脚踹”等观念的大有人在。

二是有些家长小时候常被父母打骂，于是在教育自己男孩时也不自觉地继承了上一辈的教育方式。虽然他们深知被父母打骂的滋味不好受，心中会产生怨恨、反抗等，但毕竟自己早已迈过了那道坎，已经没有了切肤之痛，便糊里糊涂地以打骂

的方式来教育孩子。

三是有些父母感觉教育男孩相当辛苦，再加上工作繁忙或其他原因，懒得动脑想其他方法来教育男孩，觉得打骂教育最直接有效。因此，一旦男孩犯了错误，就直接打骂——脾气暴躁的父母最有可能这么做。

四是取决于父母本身的生活状态。一些父母自己不成功，社会地位较低，往往会把操控男孩当成一种逃避和满足，甚至将自己在社会中的压力转嫁到男孩身上，比如要求男孩一定要出类拔萃，等等。

以上几个原因就是某些父母打骂男孩的主要原因，如果你也有打骂男孩的毛病，不妨对照一下。当然，也有的父母打骂男孩只是出于一时冲动，却可能酿成触目惊心的家庭悲剧。

有一对工作和家境都比较普通的夫妇，却有一个明显比同龄男孩更聪明、更活泼的不普通的儿子。

为了把这个好苗子培养成才，夫妇俩省吃俭用，为男孩报了各种辅导班，为孩子买电子琴并请了家庭教师。男孩也非常争气，学习很好，电子琴弹得也不错，特别讨人喜欢。

然而，就是这样一个好苗子，却不能让他的父亲满意，经常因一些小事被父亲训斥。邻居时常能够听到父亲训斥儿子的声音。在男孩还小的时候，父亲的训斥很管用。不过，随着男孩的日渐成长，父亲的训斥越来越不见效了，男孩有时甚至会顶撞几句。于是，父亲便将“骂”改为“打”。

邻居过来劝解，男孩的父亲却说：“这没啥大不了的！官打民不羞，父打子不羞，男孩不打难成器……”就这样，在父亲粗暴的打骂之下，男孩开始逃学、打架、不思进取。当然，这样做的后果，自然是被父亲更加野蛮地暴打。

有一次，男孩因为顶嘴而被父亲用绳子吊起来毒打。母亲怕儿子被打残或打死，就向110求救。不过，那天之后他们就没了儿子的消息。等他们再次听到儿子的消息时，儿子已经进了监狱。他们夫妇去看儿子的时候，儿子怎么也不愿见自己的父亲。

因为这件事，妻子一直不能原谅丈夫，两人也以离婚收场。

本应该其乐融融的家庭，就这样支离破碎了。父母爱男孩，对孩子严格要求本身并没有错，错的是不恰当的教育方法。现在确有一些家长在教育男孩时非打即骂，而不是用尊重、说服或沟通的方式。“棍棒之下出孝子”的教育观念已经过时，动不动就打骂、训斥的教育方法后果严重。

有关教育研究指出：男孩生活在批评之中，他就学会了谴责；生活在敌意之中，他就学会了争斗；生活在讽刺之中，他就学会了害羞；生活在暴力之中，他就

会成为魔鬼！心理学家也指出，杀人犯大多是在暴力的、缺乏爱的环境里成长起来的。

总之，打骂不是教育男孩的好方法，也别让打骂男孩成为一种习惯。打骂男孩，只会造成严重的亲子隔阂；会让男孩失去自信，悲观厌世；会让男孩会变得脾气暴躁，心惊胆战；会让男孩对父母、对学校、对社会产生不满的情绪；会导致男孩说谎的行为；会促使男孩陷入孤独的深渊；会使男孩学习错误的解决问题的方式；会造成男孩人格畸形……

一句话：棍棒下难出孝子，多出逆子。

以“骂”代“教”不可行

男孩的确不易管教，把男孩管教好不仅是一门技术，而且是一门艺术。不要批评男孩的人格，而应批评他的行为。如果男孩做错了事，只需指出这样做是错的，并告诉他如何做是对的就可以了。要对男孩强调应该做什么，而非不该做什么，这样教育男孩才更能收到积极的效果。

遗憾的是，有些家长在教育男孩时，总喜欢边责备边辱骂。比如，“你真笨！”“跟猪似的”“天哪，你怎么就那么不开窍！”如果男孩不懂事，成绩不好，有的父母就会骂：“笨蛋！你看人家×××考了多少分，你看你，长大捡破烂去吧！”“到学校干什么去了，就吃饱了等放学啊？”男孩犯了错误，就会说：“你还不如死了，活着有什么劲！”

大多数父母对男孩比对女孩要求更严格，对待错误和缺点也十分严苛，发现错误也会及时地加以批评。在教育男孩的问题上，这种不袒护、不放任的负责态度并没有错，这可以说是父母对男孩爱的体现。但是这种批评式教育或许可以起到短时的效果，长期使用就不见得十分理想了。偶尔的批评可以激发男孩的进取心，让他们听话，变得乖巧些，但是如果一遇到孩子犯错就批评，对男孩的身心发展是极为不利的。根据心理学研究，批评教育的方式并不符合男孩的心理发展特点。每一个孩子都有上进心，即使是缺点很多、毛病一大堆的男孩，他们也是希望得到大人的表扬和肯定的。当孩子得到大人尤其是父母的肯定和表扬，会表现出积极、热情、开心和愉快的情绪。对于容易淘气和不听话的男孩，经常夸奖会让他们变得坚强、勇敢和自信，无论在精神、情绪上，还是在思想上，都会获得激励。这种积极的正能量逐步丰富和加深，男孩的自信心、自尊心和上进心也会随之增强，产生“我要

做得更好”或者“我会继续努力的”的良性循环。反之，如果男孩经常遭受大人或老师的批评、数落，心里郁郁寡欢，他们就会越来越觉得自己一无是处，情绪消沉，逐步丧失自信心、自尊心和上进心，变得懦弱甚至会产生逆反心理。特别是那些成绩平平、表现得不突出或者“惹人烦”的男孩，如果平时就很少听到肯定、赞扬的话，听到的多是批评和数落，那么他们很容易产生自暴自弃的念头，觉得自己反正是一个坏孩子、不讨人喜欢的孩子或者笨孩子，从而将批评和指责当作耳旁风，对任何管教都会觉得“无所谓”，这种教育态度是危险的。虽然说批评教育在中国家庭很普遍，几乎成了家常便饭，但是对于成长中的孩子来说，一次小小的批评也很可能成为他们幼小心灵上的“创伤”。不能肯定自己，觉得自己没用、不可救药等想法，其源头也大多来自不当的批评方式。男孩一旦被管教得精神“麻木”了，想改变和进步也会变得非常困难。而许多父母觉得男孩对他们说的话听不进去而头疼，是因为不知道过度地批评孩子会适得其反。所以，父母要想让孩子重新变得听话懂事，就先改变不良的教育方式，对每一个男孩不要抱有成见和偏见，无论他有多么优秀还是平凡。古人说的“数子十过，不如奖子一长”，就是这个道理。

长期在大人的责备、批评甚至辱骂下长大的男孩，在情感上也会显得比较生疏。比如不愿意亲近大人甚至疏远父母，学会撒谎，阳奉阴违，性格孤僻，沉默自卑，内心敏感、自尊心容易受到伤害等。一旦在男孩的心目中形成父母只有威严而没有威信的形象，那么他们对待父母也只有可畏，而不会表现出可亲可敬。所以，父母教育男孩，要以理服人，以气势压服并不能赢得孩子的心。

在日常生活中，男孩一般比较淘气，经常会犯错误，做事莽撞、缺少经验、思维不够缜密等，这些问题都是难免的。孩子的判断力是有限的，他们往往搞不清什么是对，什么是错。而很多父母都会这样想，只要男孩犯了错，用训斥、打骂、恐吓是最有效的方法。做得不对要挨打，做得不好要挨骂，不做更要遭受数落，其实，这样并不能使男孩知道自己为什么做错了事情，错在什么地方，反而增加对大人的反感和怨恨。据调查显示，那些以“批评”为主的家庭里，孩子一般对父母的意见常常持否定态度。在孩子的眼里，认为“父母不信任自己”和“为什么总是遭到斥责”是自己最大的烦恼。

每个孩子都有自己的特点，父母应根据自己家孩子的实际情况对症下药，用恰当的方式来教育孩子。对于有男孩的家庭，男孩的错误和不听话决不是能用激烈的暴风骤雨方式解决的。尤其是作为年轻父母，应该明白，批评是伤害孩子自尊心和自信心的最大敌人，而培养自尊心和自信心才是教育的重要责任。

不要羞辱男孩。无论哪一年龄段的男孩，都不喜欢受到大人的训斥和羞辱，对男孩来说，训斥就是一种耻辱。因为男孩更在乎别人对他们的看法，特别是

他们的朋友。即使有必要进行指责的话，也应该私下善意地告诉给孩子，哪些事能做，哪些事不能做。千万不要在别人或者在小伙伴面前揭孩子的短处和批评孩子。

父母要与孩子坦诚相待。在教育过程中难免遇到一些麻烦，尤其是当男孩的行为明显有错误甚至十分严重时，父母可能会因生气和感到受了伤害而大发雷霆，但最好的办法是与孩子真诚地交谈，从而迅速帮助孩子走出误区。

没有一个孩子愿意承认自己是个坏小孩，那样自信心、自尊心就会受到严重损害，甚至形成“破罐破摔”的不良心态。心理学认为，常常用非良性的心理暗示会影响孩子的发展。很多男孩的心理障碍，都是起因于家长一些不正确的说法。另外，对男孩进行不适当的比较会使男孩逐渐远离他的兄弟姐妹或伙伴。对男孩的一些小毛病、小缺点反复指责，会影响孩子的心灵健康。

总之，父母粗暴打骂或体罚孩子，与过分溺爱与放任一样，都会明显增加儿童品性障碍的发生，容易使孩子形成自我否定意识，产生抑郁、退缩、胆小等心理，使孩子不能很好地适应社会环境。另一方面，由于男孩比女孩的模仿能力强，长期的责骂和指责会使男孩产生顶撞、反抗等攻击行为，严重的可导致违法犯罪。

在教育男孩方面，父母应当既是严格审慎的长者，又是诚挚可亲近的朋友。

以“打”代“教”不可取

如今把“打”作为教育手段的家长不在少数。越是文化水平低的父母，越经常用此方法“教育”男孩。结果不仅将男孩的学习热情“打”消了，也将男孩的探索精神“打”没了，给男孩身心两方面都造成了巨大创伤。

几位家长在交流教育男孩的“经验”。其中一个说：“对男孩别舍不得下手，狠不下心来可不行，不打不成器，该打就得打，‘三天不打，上房揭瓦’这话没错。我每周至少得打儿子一顿。”另一个也接着说：“对，对，对！男孩皮实，打一顿没什么事，还能让他长记性。”又有人附和道：“在单位里当个领导，管几十人不简单，管自己的儿子能有多难？不听话，调皮捣蛋，随手抄起木棒、笤帚往身上抡一通，看他以后还敢不敢！”

简单而粗暴的方式教育男孩，会给男孩带来极大的伤害。

一位身材高大、打扮入时的父亲抱着孩子在站台上等车。孩子看上去是个2岁左右的小男孩，为了轻松些，他把男孩从怀里放了下来，让孩子蹲在站台上玩。不

一会儿，小男孩看到地上有个烟头，十分好奇，于是捡起烟头，然后把包裹烟卷的纸撕开，想看看里面有什么。这时父亲低下头，他看到孩子正在费劲儿地撕烟卷，满手都沾满了烟灰末。他弯下身子，从小男孩手中迅速地拿走了烟头，接着狠狠地打了两下小男孩的小手，边打边生气地问："还捡不捡了？"小男孩哭着说："不捡了，不捡了。"

对幼小的孩子抡巴掌或打手心的行为是可怕的，更是不可取的。每个孩子都具有强烈的好奇心，喜欢对各种没见过的东西感兴趣或者探究。如果用抡巴掌的方式阻止孩子的探索欲望，或者用打手心的办法惩罚孩子的好奇心，那么孩子以后对新事物的感知能力就会降低，变得胆小害羞。生活中有很多这样的父母，认为很多的东西孩子是不能碰的，地上的脏垃圾、碎纸片、硬币或者食物，更不能去捡，否则就要挨打。因为吸烟本身是坏习惯，小男孩更不该对烟头感兴趣，因此用打手心的方法让他记住，不要随便捡地上的东西。可是，这位父亲忽略了孩子都有好奇的天性，这是儿童幼小心灵对新事物本能的感知行为。孩子的好奇欲望还没有实现，就被父亲的打手心打了回去，而打手心的行为所带来的后果就是：小男孩从此可能就会记住，没见过的东西不许捡，不能看见什么东西都感到好奇，探索未知是不对的，长期下去的结果就是孩子对自然中的事物渐渐失去热情和兴趣。

观察发现，男孩挨打后，心灵也同时受伤，会变得胆小畏缩，不敢去探求、去尝试。而且为了逃避挨打，往往会被迫违心地说谎，隐瞒过失。而这种办法一旦奏效，男孩便会一再使用，变成了谎话连篇的人。再者，经常被打的男孩会变得脾气急躁，心惊胆战，对父母、对学校、对社会都会产生不满情绪。比如，因为历史没考好而挨打，他会憎恨历史知识、历史教师，甚至憎恨学校。一旦有机会，男孩可能会做出让人意想不到的事情。

总之，简单粗暴地打男孩是绝对不可取的教育方式，家有男孩的父母要谨记。

第二篇

不打不骂

——运用现代教育智慧

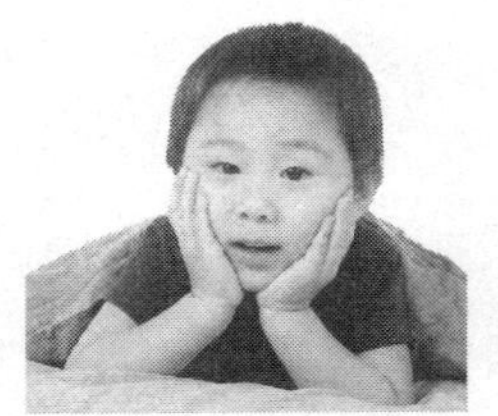

第 5 章
学会倾听，走进男孩的内心世界

男孩天生活泼好动，其实内心世界充满矛盾，他们渴望与别人建立联系的同时却也力图与别人保持距离。他们在需要联系和渴望独立之间挣扎，在他们的成长轨迹中我们可以看到这种挣扎的各种表现。但是，不论他们处于哪一年龄阶段，作为男孩的父母你们要切实地走进男孩的内心世界。

男孩的内心世界你懂吗

经常有父母会这样抱怨：“我那儿子，什么事都不和我讲。”而男孩对自己信任的人却经常这样诉苦：“爸爸妈妈从来都不理解我，他们想说什么就会说个没完，而我说什么的时候他们却心不在焉，甚至直接打断我的话，觉得我说的都是没用的。”生活中，这种情况比比皆是。

其实男孩有许多事情、感受是很想跟父母说的。他们的欢乐、苦恼都想找个人倾诉，但是往往得不到及时的交流，多是因为做父母的不够重视，没有认真地或不善于倾听孩子的意见和感受。

不愿听男孩讲话、不和男孩谈心，怎么能了解男孩呢？不了解男孩，又怎么能帮助教育男孩呢？孩子是发展变化的，家有男孩，父母要排除主观偏见，耐心倾听男孩的心声。

对于男孩的话，作为父母应拿出热情和兴趣，并从心底里愿意和他们沟通。孩子讲话时尽量不打断、不批评，并能站在男孩的立场和角度去理解他说话的内容，使男孩感到他被理解、重视和接纳。

如果你足够细心，你会发现，男孩是很容易表现自己的内心世界的：沮丧和生

气时会发脾气，害怕时会出汗和发抖，伤心时会大哭大叫。能得到父母倾听的男孩身心成长比较健康，因为在成长的过程中紧张与困惑逐渐被消除。男孩的恐惧和悲伤就好比他们身上多余的负担，分散他们的注意力。如果男孩能充分地甩掉它们，就能建立他们那有爱心、有信心的生活态度。

当男孩觉得不公平、不合理的时候，就会哭闹或发脾气，这个时候父母要和蔼持续地倾听，亲切地留在孩子身边，温和地抚摩或搂住他，讲几句关心的话。但注意不要说得太多，那样的话会适得其反。例如，“发生这样的事妈妈也很难过”。假如家长在此时说得太多，就会凌驾于男孩之上，变成了自己说，而不是听男孩说了。如果家长能够只是听听男孩的想法，而不是企图“纠正”他的思想，而是日后想办法引导，那么男孩会深深地感受到父母的关心。男孩把自己的情绪通过发火或哭喊发泄出来后，心情会好很多，会感到轻松和精神焕发。

当男孩感到紧张或孤独时，就会“制造”一种状况，目的是让父母关注他们。一旦父母发现并管制他的时候，男孩就会乘机哭闹发脾气，从而想得到更多的关注。如果这个时候，父母觉得男孩是无理取闹，忍无可忍甚至打骂男孩，最后势必伤害孩子的心灵。遇到这样的情况，如果父母能给男孩几句使他安心的话，并耐心倾听他的话，男孩很快就能摆脱恶劣的心境，情绪放松、明白事理，接受父母的意见。

观察发现，倾听男孩的心声，实际上要比试图控制并转移他的注意力或强迫他循规蹈矩更容易，也更有益处。男孩哭泣和发脾气的时候会感到自己的世界已经崩溃，此时父母静下心来好好听一听他们就会好很多。有些时候，只是听就好了，不提任何要求，相信他会慢慢修整好自己的世界。

父母可以定出专门的倾诉时间。对于说惯了的父母，开始倾听可能是很困难的，但是为了男孩的健康成长，必须要试着去倾听，男孩的反应就是倾听结果的向导。在倾听男孩的心声的时候，要把握好以下几点：

(1) 倾听时要有耐心。家长不要因孩子说话不够流畅，或者吐字不清而流露出不耐烦的情绪，同时还要管理好自己的情绪，不生气，少批评，耐心地听孩子把话讲完，不轻易打断孩子说话。特别是男孩发表见解或不高兴的时候，更要耐心倾听，给孩子提供一个表达情感的机会，这样更有助于解决问题。

(2) 倾听时要专心。每个孩子都希望自己受到重视，有被尊重的心理需要，讲话的时候也不例外。因此，父母在倾听时要精力集中、态度认真，不敷衍孩子的问题，更不要误导孩子。与孩子交流问题尽量看着孩子的眼睛，不要一边谈话一边看手表、抠耳朵、打哈欠等，也不要一边跟孩子说话一边忙着做其他事情，否则会让孩子觉得你心不在焉，对他的话不感兴趣。父母或大人不愿意跟孩子交流，孩子当

然有话也不想跟家长和大人们说。

(3) 倾听时要有诚心。家长要尊重孩子的发言权，并坦诚地与他们交流。对于孩子来说，父母坦率、真诚地倾听并做出回答是令他们高兴的事。否则会产生一种距离感，影响沟通效果。即使不同意孩子的看法也不要轻易否定，或者嘲讽，并适当地站在孩子的立场或角度来看问题。如果确有必要纠正不妥的观点，也要等孩子把话讲完后再阐明自己的观点。

总之，家长在倾听孩子心声的过程中，还要学会透过现象看本质。有时候孩子会运用身体语言和情态来表达自己的内心世界，作为父母不要忽视这一点。把握孩子的内心世界，有的放矢地引导孩子说话，鼓励孩子表达自己的见解，才能促进问题的顺利解决，帮助孩子顺利走上成长之路。

与男孩交流要少说多听

很多男孩会这样抱怨："父母根本不听我说话，只是他们在不停地说，凭什么啊？"倾听男孩说话，重要的是少说多听。一个称职的父母，一定要学会聆听男孩说话，用自己对男孩的信任、尊重去促使男孩多说话，让男孩把自己的所思所想都表达出来，这样才能与男孩进行良好的交流和沟通。

王霞有一个上初中的儿子，母子两人的感情很好，总是无话不谈，这让身边的邻居朋友羡慕不已。可是，只有王霞自己知道，为此她做了多少努力。

儿子刚上初中的时候，因为工作原因，王霞的精神非常紧张，跟儿子说话总是没有耐心，稍有不合适就大呼小叫，甚至伸出手来就拍孩子几下。一天，儿子放学回家，比平时晚了一点儿，王霞便劈头盖脸地呵斥："你死哪儿去了？怎么比平时晚？"儿子说："我和小刚一起在小区游乐场玩了一会儿。"王霞依然不依不饶地说："你这样很让人担心知不知道？你知不知道？以后放学就要回家做功课，不许到别处玩。你知道不知道，我为了能让你生活得快乐，我有多辛苦？你知不知道你这样不听话我有多伤心？"本来是一件小事儿，王霞却上纲上线，儿子听了没说话，也没有悔改之意，一转身回自己的房间去了。剩下王霞在客厅里继续唠唠叨叨。

久而久之，王霞发现，儿子的话越来越少了。这个时候王霞意识到自己的说话语气和说话方式出现了问题。但觉得也没什么大不了，自己的儿子嘛，总会理解的。后来王霞发现，儿子愈来愈不听话，经常很晚回家，但是问什么都不说，每天回来就做作业，做完作业就睡觉。她担心儿子出了什么问题，于是去咨询家庭教育

专家。专家听了这种情况之后，给王霞开了一个“药方”：与男孩交流时最好多听少说，并教给了她许多倾听孩子心声的技巧。

从此王霞转变了自己的态度，不再对儿子大呼小叫了，很快母子俩的关系又回到了从前。

期中考试后，儿子对王霞说：“妈！我这次没考好，觉得很难受。”王霞正在看书，听了之后放下书，坐下来温和地对儿子说：“那你愿意跟妈妈说说吗?”儿子看了看王霞，点点头，然后说了很多。说前一段日子太贪玩，而且总跟妈妈赌气，情绪非常差，上课也不能集中精神。王霞听后，先是跟儿子道歉，说自己之前的做法不对，然后先安慰儿子，接着和儿子一起制定了相应的补救措施。和儿子分析完情况，已经是深夜了。儿子感激地看着妈妈，说：“妈妈你真好!”那一刻，王霞也感觉很幸福。

倾听男孩的心声，让男孩把内心的真实想法说出来，体会孩子的感受，不但可以增进父母与孩子之间的感情，也可以让男孩明白，不管有什么困难和烦恼，都会得到父母的体谅和支持。这会让男孩有安全感，而这种安全感可使男孩的创造力和理解力得到全面的发挥。

父母与男孩交流，在少说多听的同时，要注意以下几个问题：

(1) 给男孩留下倾诉的机会。在男孩获得成功或者喜悦时，他们很想让父母分享他们的好消息或者愉快的心情；当男孩内心经历着恐慌、创伤或失望时，他们也需要父母温情的安慰。所以，父母不论多忙，都要留些时间给男孩，不要让男孩觉得父母由于着急做其他的事，没工夫听他们说话。总之，要给男孩倾诉表达的机会。

(2) 对男孩的话题感兴趣。在父母眼里，也许男孩所说的话都很幼稚，但是要明白，这是他们成长的过程。父母在聆听男孩说话时，一定要对男孩说的话表现出浓厚的兴趣，这样男孩才能感觉到被尊重，才会感到自己是重要的，才愿意打开心扉与父母交谈。

(3) 集中注意力听男孩说话。父母和男孩交流时要选择合适的时间和地点，应该选一个安静的地点，一个不忙的时间，这样才能够做到专心听男孩说话。在这个时间，不要想其他的事，只关心与男孩的交流，哪怕只是短短的几分钟，只要认真倾听了，也能收到良好的沟通效果。

(4) 利用自己的行为语言表达热情。父母要善于利用自己的行为语言向男孩表示“我在听着呢”“你说的我很感兴趣”“你说的真有意思”。另外，下面几种身体语言也可以起到恰到好处的作用：一是正面面对男孩，这样能够更好地观察男孩的表情；二是用慈爱的目光注视着男孩，让男孩没有心理压力；三是与男孩的距离

不要太远，给男孩以安全感。

(5) 让男孩把想说的话都说出来。在听男孩说话的过程中，要善用一些鼓励的词，如“不错”“好棒”“真棒”等简短的字词，也可以适时地提一些简单的问题引导男孩。切忌不要随便打断男孩的话，让男孩尽情地把想说的话都说出来。

(6) 一定要弄清楚男孩所表达的意思。在聆听男孩说话的过程中，有不明白的地方，让男孩解释或说明一下，尽量不要替男孩解释，这样更有助于弄清楚男孩所表达的意思。在解释时，尽可能帮助男孩把自己想说的话准确、清楚地表达出来。

总之，父母在倾听男孩说话的时候要肯花时间、有耐性，做个有修养的听众，用心倾听男孩的心声，用心走进男孩的世界，积极发现男孩的优点，发自内心地表扬男孩，鼓励男孩，尝试着不去批评男孩。只要父母能耐心地这样做，多了解、多关怀男孩，男孩就会很乐意和父母在一起。如此，拥有一个心理健康的男孩并非梦想，男孩也能顺利地迈向成功之路。

掌握沟通艺术，与男孩心有灵犀

沟通，是指通过谈话或其他方式进行相互了解。但是在现实生活中，常听到一些做父母的感叹：“儿子长大了，越来越不听话了。”其实，这主要是父母与男孩缺少沟通所致。在我国，不少家庭受传统家庭教育模式的深远影响，在对待男孩教育的问题上普遍采取的方式是：批评多于表扬，禁止多于提倡，指责多于鼓励，贬低多于欣赏，威胁多于启发，命令多于商量。这样的教育观念和方法，会让孩子觉得自己被忽视、不重要和不被尊重，因此亲子之间不可能产生真正的心灵沟通。

家长与男孩的沟通对男孩的成长是非常重要的。

首先，父母与男孩不能进行有效的沟通，教育效果必定大打折扣。

如今的家庭教育一般有三种表现：一是无的放矢，表现为家长不了解自己的孩子需要什么，只是一厢情愿地向男孩唠叨；二是误解想法，表现为家长对孩子的问题习惯做出主观判断，没有完全了解孩子的心思就开始教育；三是空洞说教，表现为家长不顾孩子的接受水平，将成人的想法和做事方式强加给孩子，给孩子灌输大道理，或采取教条主义去启发。

其次，父母与男孩不能进行有效的沟通，教育权力可能会完全丧失。

许多家长不明白甚至完全不理解，为什么有的男孩受到侮辱之后宁可选择自杀，也不愿意把自己的委屈说给父母听。其实很多时候，这些男孩受到欺负不敢向

家长述说，而是选择了自杀，主要原因之一就是因为缺少沟通。男孩犯了错或者受到欺负，他们会觉得如果对父母说，除了会受到嘲笑、辱骂、打击外，更多的是被惩罚或被暴打，与其让自己难堪不如选择轻生了之。如果年幼的孩子出现如此想法和行为，可以说是教育的悲哀，也是教育权力的完全丧失。可见，父母与男孩之间如果做不到有效沟通，后果是极其严重的。

再次，沟通是减缓压力的良方。

为什么男孩不爱学习？男孩喜欢逃学、逃课，出现厌学情绪？很大一部分原因是来自课业的压力和考试的竞争。在竞争日趋激烈的今天，每个家庭的孩子的生活条件和学习环境都得到了很大的改善和提高，可是为什么孩子们却很难开心和快乐？因为繁重的课业，学习负担过重，作业过多，导致小小年纪就开始承受过大的精神压力。于是一些男孩开始厌学，产生考试恐慌症。在这种情况下，如果家长还进一步地给男孩施压，往往难以奏效，如果换一种方式，增强家长与孩子之间的理解和良好的沟通，则能够大大缓解孩子的精神压力。

父母与子女之间需要沟通，需要相互间的了解和谅解，这样才能更融洽地生活。可以说，沟通是做父母的都应学会的一门艺术，掌握好这门艺术要做好以下几点：

(1) 全神贯注地倾听。很多时候父母抱怨自己不了解孩子的想法，对孩子说的话感到诧异，其实原因很简单，没把孩子说的话当回事儿。所以，当男孩向你谈他感兴趣的问题时，父母要集中注意力，不要似听非听，或者用其他的理由阻止孩子表达意见。如果正在做十分紧急的事，不妨跟孩子说明，因为得到孩子的谅解也是尊重孩子的表现。

(2) 耐心听完。或许父母并不主张孩子做某件事，甚至觉得孩子的想法很古怪、可笑或莫名其妙，也不要阻止孩子的表述，让孩子把内心的想法说出来，把话说完。即使一开始就不同意孩子的意见，也要耐心听完，充分了解他的看法。对父母来说，以交换意见的方式发表自己的看法，更容易沟通。避免唠叨说教，更不可以不考虑孩子的意见而妄加论断。

(3) 用尊重的语气说话。用尊重的语气而不是教训的语气发言。尊重男孩会使男孩也尊重你，教训男孩常常带来他们的反感和对立，只会产生相反的效果。

(4) 试着让男孩“参政”。家有男孩，不妨让他主动参与家政会议，可以征求他的意见，如果他的意见有很高的参考价值，很合理，或与大人的意见一致，就以他的意见做决定，这样做可以培养男孩的“参政感”和责任感，培养他的领导能力和自豪感。

(5) 让孩子学会认识自己，是教育男孩过程中的重要方面。随着男孩年龄的增

长，父母有必要给他灌输认识自己、肯定自己的自我意识，提高男孩自我认知的能力，这样能培养健全的人格和强大的内心，有利于男孩成长。此外，父母还要指导、帮助他们正确认识自己所处年龄阶段的生理、心理特点，正确看待男孩做过的一些幼稚行为、对大人的依赖和认知能力的不足。

总之，父母要设身处地地为男孩着想，努力达到与男孩的相互理解，用经验和成熟的思考引导男孩，但不能一味将自己的喜好强加给男孩。

关注心声，解开男孩的心结

随着社会的高速发展，人们所承受的压力很大，就连孩子们也有着很大的压力。父母应该尽可能地做出努力，每天给男孩多一分关注，让男孩远离因缺乏关注而造成的孤独情绪，别让他们在孤独中成长。

父母在关注男孩的成长过程中，不仅要善于与孩子做好语言沟通，还要学会领悟和理解孩子的内心，用心倾听孩子的心理感受。通过男孩的身体语言、情态，弄清话中之话，把握男孩的真实想法，从而进行积极的教育和引导，保证孩子的心灵健康。

上小学一年级的东东跟妈妈抱怨说："我们班上的同学太不听话了，不遵守课堂纪律，老师让我当班长，我不愿意。"妈妈见东东对老师安排的工作表现出抵触情绪，于是就这样开导说："老师选你当班长，这是老师对你的信任呀，老师信任你，说明你有能力做老师的小帮手，当班长还可以锻炼自己，你不应该让老师失望，妈妈相信你能当好班长的，你是最棒的。"

男孩有什么要求，遇到了什么情况，父母都要做到了如指掌。因此，父母有必要时常听一听男孩的心声，帮男孩解开心结。

教育家经常说，教育要"抓住时机"。孩子的成长历程就像一本书，从童年到少年，从少年到青年，随着书页的增加，孩子也渐渐成长起来。但是父母在一页页往后翻的过程中，不一定能够读懂某一阶段的孩子，包括他的心思、想法和愿望等。尤其是在养育男孩时，大人们常常感叹"育儿不易"。父母往往会觉得：男孩越大，反而越不了解他了。所以说，教育男孩不要忽视思想教育，也不能忽视心理教育。

孩子的心中装满了大大小小的各种理想和愿望，每一个孩子的愿望都与别的孩子有所不同。在这些意愿中，有宏大的理想，有小的目标，有短期的计划，也有长

远的安排，有的孩子喜欢当富翁，有的孩子想当歌星。孩子的愿望有的是合理的，也有的则是异想天开。所以，在看待孩子的愿望时，尤其是对于男孩的未来规划，父母要深思熟虑。他们的每一个诉求不一定都是有理有据，每一个愿望也很可能只是个美好的幻想，但是大人们不能阻止孩子的这种憧憬和想象。当向孩子问到“你长大了想干什么”之类的问题时，要真诚地去关心孩子的成长，看看男孩的心里是怎么想的。通过与孩子的心灵交流，父母可以帮助他们做一个理想规划，认真梳理、科学分析，看看孩子的想法是否合理，能不能得到满足和实现。再和男孩沟通时，父母要尽量引导他们朝着积极向上、求真务实的方向去努力，避免不切实际的幻想。

关注男孩成长的每一个环节、每一个细节、每一个动态，及时做出应对：或支持鼓励，或耐心开导，或坚决制止。父母关注男孩的心声，要做到以下几点：

（1）站在平等的地位上与男孩沟通。我们在生活中经常可以看到这样的场景：小男孩正神采飞扬地向父母认真地诉说着某件事，或者高兴地讲着小笑话，他仰着头看着父母，脸上带着专注的表情，期待着父母的倾听和答复。可是在一边的父母们又是什么反应呢？他们不是在忙着这个，就是在忙那个，爸爸看报纸，妈妈忙做饭，没有一个静下心来听孩子讲话。这种漫不经心的态度，又怎么会让孩子开心地说下去呢？更让人失望的是，孩子可能觉得非常有趣或者极其重要的事在大人眼里却变得完全“不值一提”，大人们甚至会在孩子正讲到兴高采烈时冷嘲热讽：“有那么有趣吗？”“这有什么好笑的！”孩子如果听到这样的评价，当然会选择沉默或离开，他们会觉得，大人们一点儿也不懂自己。所以，与男孩沟通，首先要站在男孩的立场上，把自己变成孩子，设身处地体验男孩的真实感受，这样才能多一分对男孩的理解，少一分对男孩的训斥。父母只有做到用孩子的方式和孩子沟通，才能拉近亲子之间的距离，与孩子一起轻松畅谈，营造成长的宽松氛围。走进男孩的心灵世界，成为男孩的心灵导师，才是合格的父母。

（2）多种方式与男孩沟通。与男孩沟通其实并不难，父母可以当面与孩子进行对话，但是一定不要用说教的口气去斥责、质疑和命令孩子，不当的沟通方式和“说教”只会让孩子厌烦。所以，给孩子讲故事、陪孩子看电视、和男孩一起看球赛，或者谈论变形金刚，是个好方法，通过生动的生活场景让孩子接受潜移默化中的影响，从而改变和培养他们的思想和人生观、价值观，这远远要比空洞的理论说教更有效。另外，还可以跟男孩共同读一本书，然后在笔记本上记下读后感，让孩子当一回“书评”，这种互相学习的方式对成长是非常好的。有心的父母还可以将所有的读书笔记装订成册，不仅是一种宝贵的学习积累，也是很美好的回忆。

（3）父母也要有一颗童心。如果想和男孩玩在一起，打成一片，父母就应该忘

掉大人的身份，做一回孩子，在活泼幽默中与孩子亲近。在男孩面前，父母应该放下严肃的脸色，像孩子的玩伴一样融入到他的群体中，无拘无束地玩闹，让男孩把你当成无话不说的朋友。很多男孩喜欢一些外教老师，就是因为他们的幽默感和童心未泯的心态征服了孩子的心，让孩子觉得和一个像自己的大孩子一起玩会很开心。

总之，男孩们的意愿，随着年龄的增长而日新月异；成长的烦恼，也会随着成长而与时俱增。“十年树木，百年树人”，倾听男孩的声音，了解男孩的心愿，打开男孩的心结，有助于让父母与孩子沟通零距离。

再忙也要给男孩诉说的机会

据美国青年发展研究所的一项调查研究发现，大多数孩子都对父母有一定的依赖心理。11~14岁的孩子希望与父母有更为紧密的联系，喜欢与父母一起做事。他们会说：“我们喜欢与爸爸妈妈在一起。最大的愿望是让爸爸妈妈永远陪在自己身边。”

然而，在现实生活中，很多父母为了生活把孩子独自一人留在老家，经常命令孩子做这做那，而从不问他们的感受。其实，十四五岁的男孩正是需要爱来浇灌的幼苗。

在一个偏远的小镇，一个叫小林的14岁男孩用水果刀抵住一位妇女的脖子，喊着抢劫，等到警察来后，小林乖乖地放下了刀。面对民警的讯问，小林小声地说：“我已经很长时间没有见到爸爸妈妈了，他们在外地打工，只有逢年过节才回来。我很想他们，他们也很久没有听我说话了。我这样做，就是想引起他们的注意，让他们回来。”

小林的父母外出打工多年，很少与小林在一起，小林的脑子里在想些什么，他们根本不知道。小林出于思念，才想到了这个办法。

这个故事听起来有些骇人听闻，但却由此反映了一个问题，父母如果忽视了与孩子的交流，关系变得疏远，长期下去就会产生不良的影响。对于年龄稍大一点儿的孩子来说，心理正处于敏感期，他们已经有了自我主张和做事的能力，不再像幼年时那样乖乖地“听话”了，一旦情绪和内心感到不满意或痛苦，他们会表现出反抗甚至做出极端的行为。在很多时候，男孩要比女孩更需要父母的关注和认同。关注男孩的心理健康，倾听男孩的诉说，诚恳地回答男孩的问题，对加深亲子关系是大有裨益的，有助于加强男孩的自信心和安全感。

在当今家庭教育中，有些父母忽视了与孩子的沟通，认识不到倾听孩子心声的重要性。当男孩一旦犯错误，他们总爱以成人的思维方式去管教，或者把自己的意愿强加给男孩，不给男孩表达和解释的机会，轻则呵斥，重则打骂。如果长期下去，男孩就会认为是父母剥夺了自己说话的权利，或者父母根本不重视自己的想法，导致委屈和不满累积埋藏在心里，再也不愿意对父母敞开心扉。而父母也很难知道男孩的所思所想。所以，在对男孩的教育问题上，父母应该尊重和给予男孩发言权，给孩子一个说话机会，有利于男孩语言表达能力的提高，对孩子的人格发展也有好处。反之，与孩子沟通过少，容易使男孩产生自卑情绪。如果家有男孩，长期得不到与父母的沟通，就会产生对抗情绪，以致双方相互不信任，产生代沟，甚至还会造成心理的扭曲。

那么，当孩子想要倾诉时，父母要怎样聆听呢？不妨尝试以下几种方法：

(1) 接受和尊重男孩的所有感受。当男孩有了向父母倾诉的愿望时，父母可以先不必管男孩的行为是对是错，而先了解或询问他为什么会有如此想法以及孩子有着怎样的感受。例如，男孩告诉父母，他的小伙伴让他很生气，或者和小伙伴打架，这时父母要理解男孩的委屈和不满的内心感受，可以用语言来安慰一下男孩，但要教育男孩，不可以通过嘲弄或打对方“还手”来给自己解气。

(2) 给男孩一个发言权。重视男孩的倾诉，充分尊重男孩说话的权利，这是一种家教艺术。当然，让孩子说话，并不是让他东拉西扯或狡辩。让孩子参与会谈，充分表达自己的见解，一方面有利于亲子间的交流。只有对孩子表示充分的尊重，男孩才会信任父母，愿意跟父母分享自己的真心话和小心事。在和男孩的沟通中，父母也能够通过孩子的讲述和回答来了解他的想法，有的放矢，从而帮助男孩端正思想。另一方面，有利于帮助男孩建立一个健康的心理环境，促进身心的良好发展。适当地给男孩向父母倾诉内心感受的机会，孩子就不会感到压抑和自卑，从而增强自信心，对锻炼男孩以后的社交能力也是个极好的方式。

(3) 让男孩感受到父母是认真在听。父母要把所听到的以及想法都告诉孩子，或重述孩子说的话，给孩子一个“父母在听我说话”的印象。所以，当男孩说话时，无论父母有多忙也要认真倾听，同时多给孩子投以赞许或疑惑的目光，表示“是”或“否”。不要随意插嘴，尽量表现出对孩子的话很有兴趣。让男孩自由轻松地畅谈，直到说完，如果孩子的观点和想法触碰到了某一重要原则，表示不同意，应告诉他这个想法不赞同并说出理由。在提出反对意见时，不要过于武断和否定一切。即使男孩是在信口胡说，也要控制情绪，不要妄下定论或打骂。

父母一定要注意，不要对男孩进行无端的批评和责骂。因为孩子最容易感受到委屈，很少会反省自己有什么过错，在生气的时候，批评和责骂只会增强孩子的逆

反心理和抗拒行为。所以，批评打骂不如以理服人，用情感化，当孩子被感动时，就会不由自主地反省自己，对自己的错误感到愧疚。感动还有助于孩子增加内心的勇气、自信和自制力。

(4) 让男孩投入父母的谈话之中。与男孩的沟通，最好是让他参与到家庭讨论中，共同营造和谐轻松的家庭氛围。让男孩与大人一样有同等的“参政”机会，这样孩子会觉得自己是家庭中的重要一员而感受到被尊重。在家里和孩子谈话或让孩子加入到成年人的讨论中，话题应该是轻松自由、积极向上的，可以让孩子发挥想象，畅所欲言。不要进行刻板的仪式安排，或要求谈话一定要达到怎样的预期效果，这样都不利于孩子进行充分的发挥。倾听男孩的诉说，是一把开启男孩心灵窗户的金钥匙。

总之，父母一定要重视孩子的语言表达，在培养男孩的口才表达能力方面，要鼓励男孩多阐述自己的看法。一味地指责和粗暴地说教，是解决不了问题的。当然，如果面对的是幼小的孩子，父母最好是蹲下来和孩子处在同一高度上聊天、问话，倾听孩子诉说原委。当孩子有值得称赞的观点，父母应该给予鼓励和支持，当孩子在认识上存在误区时，要循循善诱，多启发多开导，而不是嘲讽和斥责。

注意疏导男孩的心理压力

倾听男孩的心声，就要了解男孩的心理压力。研究表明，现在的男孩普遍存在厌学、考试焦虑、作弊以及青春期烦恼等问题，有不少男孩出现性格狭隘、孤僻、懒惰和任性等问题。

彬彬是个很用功的孩子，一直学习很努力，成绩也不错。在他上小学的时候，妈妈一天到晚地说：“好好学习，一定要考上重点初中，考不上重点初中就没有出路。”在妈妈的督促和自己的努力下，彬彬考上了理想的初中。

彬彬上初中后，妈妈又开始一天到晚地说：“你在班里的成绩要进入前十名，否则考高中就没有什么希望。”彬彬经过不懈的努力进入了前十名，也顺利考上了高中。

彬彬上了高中后，妈妈又一天到晚地说：“你得争第一，这是考上大学必须要做的。”

彬彬就在妈妈无休止的要求中艰难地成长。于是在日记中写道：“妈妈的严格要求，压得我实在喘不过气来……每当我实现了妈妈的愿望，妈妈就非常高兴，把

我当成天上的太阳、耀眼的明星一样捧着；每当我没达到妈妈的要求的时候，就会遭受妈妈无休止的数落，我在众人眼里就变成了地上的笨狗熊……从上学开始到高中，在我的心中只有两个字“第一”，必须“第一”，否则就会变成笨蛋，没有希望，考不上重点大学……我整天都被“第一”追赶着，真的好累好累。”

在这个充满竞争、快速发展的社会里，不仅大人会觉得生活累，连孩子也会叫苦连天。而身为男孩，似乎要承担着更多的压力，因为属于他的梦想和责任感还在等待着他去实现，未来等待着他去开拓，去拼搏。现在，孩子们的课业负担重，学习时间长，再加上在家里被父母严格管教，在学校被老师处处要求，没有自己的自由空间，也没有玩游戏的时间。所以，常常会听到孩子们感叹说学习累、作业多，压力自然而然地就增加了。如果考试不及格，竞赛不入围，升不上重点学校，考不上名牌大学，和同学、老师关系相处不好，等等，更犹如雪上加霜，给男孩带来心理压力，影响男孩个性的发展。据心理学调查研究发现，一些性格内向的男孩，学习成绩差的男孩，单亲家庭的男孩，智商低或生理有缺陷的男孩，调皮的男孩或失足、有过错的男孩，他们面临的精神压力要比普通的男孩更大。这些男孩由于得不到或很少得到父母的正确对待，在遇到不愉快的事情时就会选择沉默，即使有话也不敢对大人说，这样经常把心事憋在心里得不到疏散，久而久之就形成了孤僻、沉默寡言、冷漠、自卑的不良性格，表现出注意力不集中、行为迟钝、精神不振、人际关系紧张等情况。

父母要从关心男孩出发，有爱心、有耐心地与男孩多谈心，做男孩的知心朋友。只有这样，才能使男孩的郁闷得到疏散，使男孩每天都有个好心情。具体可采取以下做法：

(1) 认真地倾听男孩的心声，了解孩子的压力源。要帮助男孩克服压力，首先要了解男孩心理上有什么压力、压力从何而来，所以，要抽时间和男孩面对面地交谈，认真地倾听男孩的述说，让他畅所欲言，说出真话。只有了解男孩的心理压力的真实来源，并真诚友好地看待他，才能够针对问题帮助他摆脱压力，重新唤回快乐的童年。

(2) 不要用不切实际的、过高的奋斗目标来给男孩施加压力，更不要想办法去约束男孩的行为。在教育男孩上，要根据个人的发展条件去帮助孩子成长，如果不了解男孩的天赋、特点和特长，只要求男孩处处争取第一，否则就会挨皮鞭，那么就会给男孩造成巨大的压力。还有的父母只要求男孩学习好，其他的事情从来不让孩子尝试，让孩子觉得生活没乐趣，感到压抑。

(3) 适当地给予积极鼓励，有助于减轻男孩的心理压力。父母如果不时地鼓励孩子，赞赏孩子，能大大减轻男孩的学习压力。反之对男孩的表现经常不满，则会

增加男孩的学习压力。比如父母如果这样说："某某得了满分，而你只有90分，真笨！""如果下次考试再进不了前十名，就别上学了！"那么男孩也会带着巨大的学习压力和恐惧感而疲惫地学习，结果效果更不尽如人意。聪明的父母会持积极鼓励的态度安慰男孩："虽然你这次比他考得差些，但只要你像他那样努力，一定可以做得更好。"结果男孩表现得确实很好。所以，要想减轻男孩的压力，应该理解男孩、多与男孩交流；尊重男孩，对男孩表示信任；在男孩失败的时候，积极鼓励男孩。

(4) 教育男孩做个勇士。生活中常常见到这样的情况：很多男孩会因为自己不听从别人而感到恐惧。比如，有的淘气的孩子怂恿着比较听话的孩子一起逃学、旷课，考试作弊、抽烟、抄作业等。如果不跟这些孩子"为伍"就会受到嘲笑、孤立，甚至有被挨打的"惩罚"。每当这时男孩就会感到恐惧、不知所措。这时，父母应当教导男孩要坚持原则，不正确的事情坚决不能做，要让男孩知道，面对威胁和恐惧，勇敢和正直可以战胜一切，不要随波逐流，这是男孩成长为男人成熟勇敢的表现。

(5) 和男孩一起分享自己童年时的经验。父母可以跟男孩多讲讲自己小时候的故事，包括趣事、糗事，当男孩发生类似的事情的时候，就会感同身受，回忆起自己儿时的经历。比如，当男孩遇到困难时，告诉他自己小时候遇到类似问题是怎样解决的。将自己的童年故事和男孩一起分享，可以让男孩记忆犹深。男孩一般都比较崇拜爸爸，将爸爸视为无所不能的英雄，所以爸爸可以多跟孩子讲一些自己童年的经历和故事。让男孩知道父母像自己这么大的时候，也会有压力和烦恼，也会因为算不出数学题而急哭，当然也会因为获得登山冠军而心生自豪之情。当孩子看到父母和自己的经历一样时，就会把自己的故事讲给父母听，而对父母所说的话也比较感兴趣了，也容易听进去。父母以自己的童年故事作为教育孩子的参考，帮助男孩应付压力，实际上是为男孩树立了一个很好的榜样，也增强了男孩克服压力的勇气和信心。

(6) 培养男孩的自尊心和自强精神。男孩更需要自尊，培养男孩的自尊心，加强他们抗拒不良诱惑的能力，对男孩人格的发展至关重要。让男孩发表建议，尝试着独立去完成某一项任务或解决问题，重视男孩的想法和言行，这些都是培养男孩自尊的好方法。"男儿当自强"，男孩有较强的自尊，就会有勇气、有胆量以及明辨是非的能力。

(7) 鼓励男孩培养广泛的爱好、多参加一些学校组织的课外活动，有利于缓解男孩的心理压力。让孩子有一个乐观开朗的好性格，可以从培养孩子的兴趣爱好开始，鼓励他参加课内外组织的活动，帮助男孩建立良好的同学和师生关系，而不是

强迫男孩去报各种辅导班。在每学习新的爱好和学习内容时，可以多听听男孩自己的意愿。只要能够及早发现男孩的天赋和喜好，并且加以恰当的引导，男孩就会朝着积极阳光的方向去发展，享受学习的乐趣，对各种才能培训活动也不会产生沉重的心理压力了，从而轻松愉快地度过美好的童年时光。

(8) 要让男孩有足够的休息和娱乐时间。孩子的学习能力和承受力毕竟有限。如果对孩子抱有太高的期望和要求，就仿佛给孩子的身上压上了千斤担，不仅孩子超负荷前行，大人也会觉得紧张和疲惫的。所以，学习很重要，但是休息和放松更重要。在提倡给孩子减负的时代，应该还给孩子快乐和轻松。保证足够的睡眠，只有休息好，才不会感到身心疲劳，只有精力充沛，才可以集中精力学习。让男孩紧张的情绪得到放松，帮助男孩减压，和男孩一起玩要是较好的途径。陪着男孩做一做亲子游戏，与男孩一起来一场“丛林探险”，都很适合男孩的健康成长。男孩沉浸在快乐中，压力自然就会被抛到九霄云外。

第6章 尊重男孩，不要伤害了他的自尊心

鲁迅先生讲过："小的时候不把他当人，大了以后，也做不了人。"如果父母经常打骂男孩，必然会伤害男孩的童心。不顾情况地对男孩恶语相加，实际上是一种对男孩的摧残，这对男孩的一生将造成很大的影响。

再小的男孩，也有被尊重的权利

现代家庭提倡自由平等和民主，不能忽视孩子作为家庭中重要成员的重要性。尊重孩子的权利，是营造和谐家庭的重要条件。父母们都讲"民主"，有彼此尊重的意识。但在家庭中，对待孩子时，父母却忘记了民主和权利。孩子也是需要平等对待的，也渴望获得尊重和重视，无论是男孩还是女孩。在大多数情况下，男孩更需要被重视和被尊重。然而，有些父母时常对待男孩采取棍棒教育，轻则辱骂，重则大打出手，完全不顾孩子的自尊。在潜在的家长意识里，男孩们是年幼无知的，只有靠骂的方式来提醒他们做了错事，靠打来让孩子长记性。对孩子负有完全的责任让父母们有了权利来指挥他们，命令他们变得听话懂事。虽然教育子女是父母的责任和权利，但是不能无原则无限度地管教，独断专行、主观片面，站在成年人的立场说教，都是不可取的。父母应该转变传统的教育观念，不能过分看重和滥施自己的权利而忽略了男孩的权利。每一个孩子来到世间都是用来疼爱的，他的权利应该得到尊重和呵护。即使年龄再小的男孩，父母也不能忽视他的权利，随意呵斥和打骂孩子。

有一天，妈妈发现儿子在自己的屋子里不停地走来走去，垂头丧气，非常替他着急。

她觉得儿子一定遇到了什么难以解决的问题，或是受到了什么挫折，于是想帮助儿子渡过这个难关，但是又不好直接问儿子发生了什么事。

过了不大会儿，儿子出门了。妈妈再也坐不住了，立马想方设法打开了儿子的抽屉，拿出了儿子的日记。可是，当她把日记翻开时，手却抖了一下——原来儿子的日记中夹着一张纸条，上面写着："妈妈，我想您会来偷看我的日记！如果你尊重我，以后请不要这么做！"

父母是否尊重男孩，将对男孩一生的发展起重要作用，值得父母予以特别的重视。孩子再小，也有人权，但在很多父母那里，孩子的诸多权利却常常被忽视。我们常常以那种君臣的心态面对孩子，父母、老师是"皇帝"，孩子是"臣民"，成人永远没有错，孩子却总是错得离谱。男孩在成长的过程里，不应该只是被保护、被限制、被约束、被处罚，应该有被尊重的权利。

按照联合国《儿童权利公约》所说，尊重孩子，就是要尊重孩子的平等权、分享权、体验权以及探索权、独立权。根据《未成年人保护法》规定，这些权利一概受到法律的保护，当然还包括孩子的隐私权。以下几个权利，是每个孩子（当然也包括男孩）都拥有的，但却常常被忽视。

（1）平等权。孩子是世界和平的象征，在孩子的世界里，没有国界、阶级观念、种族歧视，没有职业等级、性别偏见、贫富差距等之分，孩子的世界纯洁无瑕，很多对世界和社会的不平等观往往来自成人。在教育孩子时，父母不应该将这种不平等观念灌输给孩子，应该传授他们真正的平等观，告诉孩子，成绩的好坏并不是衡量孩子好坏的唯一标准。长相的美丑、家庭出身、个人身份以及生活的贫富等，都不会影响和阻碍个人的成长。每一个孩子生下来都是平等的，没有贵贱之分，同样拥有快乐、学习和成长的权利。在教育男孩时，父母要告诉他们，不要与别人攀比财富。即使有的孩子天生聪颖，有的孩子显得笨拙，智商稍差，但在人格上是平等的，都应该被尊重和享有爱。有的孩子兴趣广泛，多才多艺，有的孩子平凡无奇，貌不惊人，但这些差异是可以通过后天的培养得到改变和弥补的，个人的差异不代表孩子的全部。在生活中可以有这样的感受：即使赛跑没有赢得冠军，也同样可以享受与人竞逐的快乐；即使不具备绘画的天赋，依然可以拥有描绘心中的梦的热情。所以，父母不要让轻易的否定与拒绝改变孩子的未来甚至一生。唯有平等地对待孩子，孩子才会乐观地面对人生的挫折，才会真正地享受学习、生活的乐趣。只有平等地看待孩子，孩子才能平等地看待父母。

（2）分享权。孩子之所以可爱，是因为他们懂得分享的意义和快乐。他们会把在学习中的所见所闻、所思所想，完全不落地讲给父母听，让父母也像自己一样快乐。所有的一切对孩子来说都是新奇的，包括宇宙的变化、天地的迷惑、世界的困

境、自然的神奇，凡是能够发现和探索到的，孩子是很善于与他人分享的。可事实是，每当孩子想要高兴地给大人们讲解某个新发现或者新体验时，大人们往往会说："小孩子懂什么？上一边玩去，别捣乱！"孩子的分享权被剥夺了，久而久之，当父母想听听孩子的新鲜事的时候，孩子却怎么也不肯说了。分享应该是双向的，大人们快乐的事可以和孩子说一说，孩子就愿意把自己快乐的事告诉大人们听。不要以为只有成年人之间才可以交流心得，分享心情。其实孩子更渴望被理解，他们会因为与父母一起分享快乐而感到非常自豪和愉快，只要父母给他们分享权，孩子就会乐于诉说。

(3) 体验权。体验是孩子汲取智慧源泉的重要方式，是促进孩子心智发展的花园。但有些父母却认为小孩子不需要体验，只要告诉他们怎么做或者按照自己的想法教给他们做就可以了，这是不正确的。也有的父母会认为让孩子自己体验是一件冒险的事，从而会不由自主地剥夺孩子体验世界的权利。当孩子想在深夜看看北斗星，却被告知"天黑不许出门"；当孩子抓一把泥土想闻闻是什么味道时，却被父母一手将泥土打掉；当孩子对刚出生的小猫充满了好奇时，却被父母拉走并告知"不许靠近它们"；等等。孩子与日月星辰、山川泥土肌肤相亲的体验权被剥夺了，孩子体验自然、感知生命的权利被剥夺了，孩子体验发现和探索的乐趣被剥夺了。所有的体验都被阻止，那么孩子的兴趣当然也就越来越少。尽管学校、书本、网络给孩子们提供了各种各样的知识和乐园，对身边和遥远的世界有着最详细的介绍和资料，大量的图像充满着迷幻和绚丽，高科技展现的是前所未有的新奇和刺激，然而这些都比不上亲自体验带来的感受更能让孩子记住、领悟、进步。现代教育手段越来越先进，可是距离自然界却越来越远。没有亲身体会，就没有对世界的充分认识和感知，所以，父母要把体验权还给孩子，和孩子一起到大自然中去，让他们切身感受，让孩子自己学会探索，享受发现的过程和成就。

(4) 探索权。每个孩子都喜欢"探索"，也正是在一个个的探索中，他们逐渐长大，变得聪明、学识渊博。在各式各样的探索中，孩子会逐渐发现自己的兴趣爱好，从而找到自己喜欢和擅长的"领域"。然而，每当孩子想要探索时，父母都会充满了担忧，然后用一些禁忌和命令阻止孩子进行活动，而孩子的探索欲和求知欲被禁止，那么想象力和潜藏在孩子身上的天赋也可能随之磨灭。所以，当孩子向父母提出"十万个为什么"时，父母不应该找理由搪塞，或者不耐烦地回答"不知道"，甚至呵斥孩子"少问问题"。鱼睡觉闭不闭眼睛？家里的灰尘为什么特别多？蜜蜂是如何采蜜、筑巢、做蜂蜜的？茶是怎么种的？孩子的问题是无止境的，所以永远都有着探索的欲望。父母不要给予太多的限制，因为这些与他们的学习密切相关。对待孩子的提问，父母应该耐心地解答和容忍；如果孩子喜欢冒险，喜欢到大

自然中去，甚至对危险的地方感兴趣，父母应该给予安全指导，必要时可以陪着孩子一起体验。喜欢探索的男孩大多比较聪明，见识广泛，学识丰富。而凡事都听家长话的乖男孩，并不利于性格的塑造，当然在探索能力和成长锻炼上也会稍逊一等。所以，父母不要给男孩太多的限制，那样只会毁灭孩子的智慧，妨碍他们的成长。

(5) 独立权。独立是男孩的必备品质，父母应该让男孩从小就具备独立的意识。独立的孩子比较有主见、生活能力强，内心强大，不畏困难和挫折。独立的孩子喜欢争论、性格会表现得固执任性、常常特立独行，不喜欢被拘束和既有的成规的限制，他们更不想听从天命、墨守成规。思想独立、有主见的孩子往往凡事自己做主，不听从父母的劝告和教诲，所以父母都会觉得太独立的孩子很难管，特别是男孩，一旦不听话、倔强甚至和父母唱反调，父母就会十分头疼。在管教这类孩子上，他们会剥夺孩子的独立权，不愿放开手让孩子自由成长。其实，父母是可以给孩子独立权的，让孩子自己学会“飞翔”。这有助于培养孩子的自立和自理能力。一个人的成长需要思想独立、人格独立、个性独立、兴趣独立、品位独立、说话独立（有自己的表达方式）、欣赏角度独立。当孩子尝试独立时，父母需要极大的雅量与容忍。包括容许孩子发表自己的见解，容许孩子犯错误，容许孩子失败等。孩子在练习独立的过程中难免会跌跌撞撞，表现出迷茫、脆弱和失败，但是这都没有关系。每一个孩子从年幼到成熟，都要经历独立的历练。只有做到独立，才可以充分地认识世界、感知生活，才可以变得强大和勇敢。这正是培养男孩所需要的。

除此之外，孩子还拥有很多其他权利。因此，教育男孩要真正从人性出发，尊重男孩一切的天赋人权。男孩有权决定自己的事务，在受尊重的环境里成长，才有机会慢慢变得气质非凡。

尊重男孩的人格，保护他们的自尊心

自尊心是指不甘落后、相信自己不比别人差，并能超过他人的一种情感体验。做父母的一定要尊重男孩的自尊心。要保护男孩的自尊心，切忌在众人面前用命令和训斥的口吻和他们说话，对男孩采取冷漠和粗暴的方法都是错误的。

冰冰是个腼腆的小男孩，从小在爷爷奶奶的呵护下长大，过多的保护使得他养成了内向、胆怯的性格。10岁以后来到了父母的身边，为了让冰冰学习能够跟得

上，父母想尽办法督促冰冰学习。一天，冰冰在做数学作业的时候，被一道很简单的题给难住了。妈妈启发了好几次，冰冰还是不会，爸爸又讲了一遍，冰冰还是不会。爸爸生气地骂道：“笨得跟猪似的！”生性敏感的冰冰当场羞愧得无地自容。当天晚上，他做了一个噩梦，看见爸爸恶狠狠地指着他的鼻子，用手指着他的脸骂他。从此之后，一做数学作业，冰冰就紧张，越紧张越不会做。每次父母都毫不留情地加以训斥，冰冰每天晚上做噩梦，最后发展为死活也不学习了，父母只得让他在家休学。

即使年龄再小的男孩，也都有自尊心。当孩子的自尊心受到伤害，就可能要脾气、任性，不听老师和父母的话，这样的事情在生活中常常发生。而当孩子的自尊心得到了满足，就会高兴、情绪稳定，愿意听从老师和父母，变得爱学习。所以，要满足孩子的自尊心，在平时可以多表扬和鼓励，善于发现男孩的进步，要细心观察男孩的优点，对男孩每一阶段的提高要给予赞赏。

尊重男孩就是爱男孩。包括尊重男孩的感受、人格和潜能等。然而，在生活中很多父母不太懂得尊重男孩的重要性，常常忽视男孩的感受，或者强行按照自己的想法给男孩“约法三章”，除了学习，什么活动都不让男孩参加，结果当然适得其反。另外，过度溺爱也不是尊重男孩的表现，有很多父母对男孩呵护备至，把他们当小皇帝一样供着，言听计从，这实际上也是对男孩的不尊重，会妨碍男孩的健康成长。父母应该给男孩多一点儿自信和自立，让男孩学会面对现实，学会适应环境，这样才能充分发挥潜能，完善自身。相反，父母的过度保护，凡事都为男孩包办，不利于男孩成熟成长。

要尊重男孩，就不要贬低、嘲讽和挖苦。一定千万不能对男孩恶语相加，“傻瓜”“废物”“白痴”“弱智”等带侮辱性的语言坚决禁止。同时也不要用偏激或绝对的语言去评价孩子，比如“狗改不了吃屎”或“你也就这样了，不会有出息了”等。另外，强迫和命令孩子的话最好少说，如“我说不行就是不行！”“闭嘴，这没有你说话的地方！”等。对男孩进行威胁的语言很可能会让亲子关系变冷淡，如“躲开，我没有你这样的儿子”“一辈子不回来才好呢”，等等，这些话会让男孩觉得很伤心，严重的则酿成离家出走的后果。

当男孩逐渐长大，接近成年，父母更应该尊重男孩。以平等的态度对待男孩。把男孩当成朋友，家庭的氛围就会多一些民主和和谐。当男孩认为自己已经长大了，有获得尊重的渴望和需要，他就能主动地与父母和谐相处。当自尊心受到伤害的时候，他就会表现出反感甚至抵触情绪。《傅雷家书》里写到的傅雷先生与儿子朋友式的相处方式给很多家庭树立了教育榜样。有的男孩有话不愿意对父母说，多数是由于父母没有或忽视了尊重男孩的意识。因此，父母要学会尊重男孩，不轻易

去触碰男孩的隐私。比如，成人之间通电话时，一般都不希望孩子在一旁听，反之，孩子打电话时，也不愿意受到成人的“干扰”。所以，父母不要总是不断地质疑孩子“给谁打电话呢”“谁来的电话，男同学还是女同学”，等等，男孩需要亲切的关怀，但不需要过度的“关怀”。

父母要像尊重成人一样尊重男孩。尊老爱幼是我们提倡的一种社会公德，实际上，不但要爱幼，而且要尊幼。孩子再小也是独立的人，他也有相对独立的人格，渴望得到别人的尊重。所以，父母在教育男孩时，不妨先和他做朋友，参与到他的游戏中，与男孩建立起一种亲密无间的关系。这样更容易达到预期的效果。

尊重男孩，让他学会独立面对问题，学会管理自己。随着年龄的增长，男孩具备了一定的判断力和自主选择的能力，这时父母应该学会适当放手，让他们独自去锻炼成长。比如独立地处理有关个人的问题；管理情绪，允许孩子发展多方面的兴趣，尊重他们的喜好；给孩子发言权，让他们说出自己的见解和观点，等等。父母教育孩子，是为了让孩子变得成熟，变得独立，要循循善诱，给予适度的指导，而不是进行粗暴地干涉。

尊重男孩，先从遵守承诺开始。父母与男孩之间的互相承诺，也应该遵守社交规则，做到诚信认真。对男孩信守诺言，可以促进与男孩的良好沟通，也有助于培养男孩健康的人格。同时，培养男孩遵守承诺的习惯，有利于性格的塑造。在教育男孩时，尤其要告诉他，对待别人要讲承诺，做一个诚实守信的好孩子。平时注意有意识地培养和引导，加上针对性的训练，就可以逐渐培养男孩对承诺的意识。当男孩认识到承诺的重要性，明白了“答应别人的事就要办到”的道理，也就有了责任感。所以，父母千万不能漠视对男孩的承诺，要亲切地接纳，平等对待，合理地向他提出要求。同时，当男孩向父母诉说自己的需求时，只要合理可行，就要尽量满足孩子的愿望。对待男孩的许诺，父母不要轻视，而应该鼓励他做好，让男孩学会承担责任，养成诚信待人和做事讲信用的良好行为习惯。

总之，每一个男孩都具有很强的可塑性，通过后天的培养和教育，挖掘和发展男孩自身的优势，克服不良习惯，尊重男孩的人格，呵护他的自尊心。父母做到这一点，就不用担心与男孩产生代沟，当男孩觉得父母尊重自己的时候，就会很愉快地自愿接受父母的教诲，变得听话。当父母给予男孩足够的自尊，在对其进行教育和培养时，就会感觉轻松得多。

别强迫男孩，尊重男孩的选择

父母想必在男孩出生的那一刻起就想到了一个问题：给男孩一个快乐的人生，还是给男孩一个成功的未来？男孩长大后，是快乐重要，还是成功重要？实际上，当父母给男孩设定未来的方向和做人生规划的时候，他们的想法和意愿反映的是男孩自己的观点。也就是说，男孩的快乐和成功，是掌握在父母手中的。

有的父母认为让孩子过得快乐比实现成功重要。快乐是人生的真谛，没有快乐的成功是毫无意义的，只要孩子生活得快乐，就是最大的成功。或许成功应该是男孩的追求目标，但获得成功并不一定拥有快乐。

有的父母则认为，男孩的人生，成功应是第一位的。人生就是要追求成功，没有成功就谈不上快乐，为了成功，宁愿让男孩多一些“痛苦”，少一些享乐。

其实，快乐与成功二者既是矛盾的，又是相容的。

在生活中，我们常常可以见到，有很多优秀的男孩不但学习成绩好，而且多才多艺，各方面都出类拔萃，在性格上也乐观向上，开朗活泼，生活非常快乐，这样的男孩可谓成功和快乐同时具备。这样的男孩不会因为失败而沮丧，也不会因为烦恼而停止继续追求成功的脚步。所以，这类优秀的精英式男孩，是让众多父母所羡慕和欣赏的，对男孩自己来说，是选择成功还是选择快乐都可以由自己做主。而对于大多数的孩子来说，成功和快乐就像跷跷板一样左右着他们的心情和生活。有时候学习成绩提高了，获得小小的成功，但是玩的时间变少了，快乐也跟着减少；有时候玩的时间充裕，快乐多了起来，可是学习成绩平平，在才艺上也并不出色。有的男孩可能弹琴很棒，或者画画很好，看来很成功，但是却并不感到快乐。因为这种成功是完全在父母的“施压”下获得的，一旦表现不好，就有可能遭到打骂，这种成功又怎能让男孩快乐起来呢？所以，对这种男孩，最好不要强加给他们“必须考第一”“必须超过某某”等意识，不快乐的成功只能给男孩造成精神压力。

还有的男孩很有成功的天赋和潜力，头脑也比较聪明，但整天贪玩，不用心学习，和同学打打闹闹。对待这样的男孩，父母可以用一些成功者的榜样和例子来强化他的成功意识，可以让他踏实地学习，成功而不失快乐。

有的男孩天性活泼，每天无忧无虑，单纯乐观，似乎不知道什么是成功，什么是失败。在学习上，他们可能不会与别的同学那样力争第一，挤破脑袋往明星班、

才艺班里钻。他们会觉得，80分和100分没什么区别，别人唱歌再好也不能阻挡我画画的快乐。这样的男孩学习上同样努力，对老师和父母的要求也会用心完成，但不是最出色的那一种，他们对待学习成绩和表现结果常常很淡定和超然。可是，很多父母却不这样想，别人家的孩子出色让他们觉得要让孩子知道“拼命”的重要性，于是命令孩子放下玩具枪开始学钢琴。久而久之，孩子即使获得了成功，也难以露出快乐的笑容。如果没有按照成人的愿望去做，则有可能改变男孩原本天真快乐的性格，变成心灰意冷的失败者。

所以，有的男孩在成功中享受快乐，比如考试考得好会非常高兴，考试落后几名就会心情沮丧；有的男孩无论成功还是不成功都可以得到快乐，正如淡然地对待进步、微笑地面对失败一样；有的男孩只有快乐才能成功，比如当听到表扬的话才能把事情做好，只有在开心的状态下才会主动学习读书等；还有的男孩皱着眉头也能得到成功，也就是在逆境中成才。每一个孩子都是不同的，都有属于他们各自的性格特点和优势，所以在教育男孩上没有固定的统一的标准，成功也没有固定的公式可以借用。应该根据男孩的个人发展条件去塑造和培养人格、素质、才能和品德等。那种“快乐大于成功”和“成功比快乐重要”的观点都是片面的，教育男孩要因人施教。

在中国，大部分父母让男孩从小学这学那，其实并不了解孩子，更多的是为了在男孩身上实现自己曾经没有实现的梦。这种管教男孩、鞭策男孩的方式实际上是爱孩子的一种误区。这样做往往并没有尊重男孩的选择，而是父母本身强烈的占有欲的表现，父母都会觉得，男孩是自己的，就得服从，我让你学什么就得学什么，我要求的目标非达到不可。在国外，家庭的教育方式就和中国存在着很大的差异。外国的父母和孩子之间，在成长路上多为朋友关系，尤其是男孩18岁之后，就完全“放养”，让男孩自己独立生活，去寻找属于自己的天空。男孩回来看望父母，到餐厅一起用餐时，也常各付各的花费。而在中国父母的眼里，男孩即使长大成人也永远是男孩，像风筝一样，飞得再高再远，父母都不会放开手中的线。其实，不强迫男孩，尊重男孩的选择，适度放手管理，更有利于男孩的成长。在认识上，父母应该做到以下几点：

(1) 认识到“成长”不等于“成才”。很多父母将男孩的成长与成才相等同，往往忽视成长的过程而直奔成才的目标，甚至认为成才就是考大学。所以，当男孩还很小的时候，父母就把眼睛盯在了重点小学、重点中学、名牌大学、国外名校等，恨不能一步而跃成为高才生。其实，三百六十行，行行出状元。人也并非只有通过上大学这一条途径，现代社会需要的是多方面、多层次的人才，要做到人尽其才，而不是学历至上。对于男孩来说，在社会上历练成长要更重要得多。如

果孩子学习成绩并不出色，也不要苦苦相逼，高中毕业后未能升入理想的大学，走上社会参加工作自食其力，也同样可以成为优秀的劳动者和创业者，成为方方面面的人才、模范。在工作之余自学深造或参加技能培训，同样可以实现自己的人生价值。

(2) 要调整自己的期望值。对有能力考取大学的男孩，要鼓励其刻苦学习。在这一过程中应时刻告诫男孩：人首先要学会做人，然后才能成为人才。而对于因各种因素导致无法考取大学的男孩，父母应该静心分析一下，根据自己男孩的实际情况选择就业，不可鲁莽心急、草率地放任自流，也不能怨天尤人。父母要根据男孩的实际能力调整其期望值，要客观地评价和看待男孩，对于学习力差的男孩，要想有效地帮助男孩提升，一定要先仔细分析其学业成绩差的原因。比如由智力因素造成的成绩不理想，表现为基础差、接受能力差，或由于课文内容深、难，难以理解、消化吸收，因非智力因素的影响而导致的辍学等。

(3) 要与老师配合一致。父母应多与老师交流，尤其是与男孩的班主任老师配合好，绝不能以为把男孩送入学校就万事大吉。男孩进入学校后，父母切不可只关注男孩的学业成绩，也要重视思想品德的教育及言行举止。男孩在学生时代可塑性极大，加上现代社会复杂多变，男孩的心理承受能力并不是很强，遇到挫折和失误如何面对，这些与父母的影响和引导密切相关。

老舍先生曾写过一篇题为《文艺与木匠》的文章，其中有这么一段："我有三个小孩。除非他们自己愿意，而且极肯努力，做文艺写家，我决不鼓励他们，因为我看他们做木匠、瓦匠，或做写家，是同样有意义的，没有高低贵贱之别。"男孩的父母，反复品味一下这段话吧。

尊重男孩的理想和追求

可怜天下父母心，父母都希望自己的儿子将来能有出息，因此有的父母从男孩咿呀学语时就为他设计了一幅理想的蓝图，甚至男孩以后要上哪所大学的哪个专业都考虑到了。父母为了实现这一目的，不顾男孩的爱好和理想，强迫男孩按他们设计的轨道发展，如果他有一点儿没有符合他们的意愿，就对男孩的所有努力和成绩加以全盘否定，甚至打骂男孩。

韩冰是个想象力丰富的男孩，平时喜欢写作，他的理想是成为一个大作家。他每天做的最多的事情就是写日记，把生活中所见、所闻、所想都认真地记下来。临

近中考的时候，学习生活越来越紧张，可是韩冰依然每天坚持写自己的文章，记录自己喜欢的文字，就这样他的学习成绩在不知不觉之中下降了。

期中考试过后，韩冰的妈妈到学校开家长会，得知韩冰的成绩已经由原来的中上下降到了班里的中下，妈妈很生气。回到家里，她直接奔入韩冰的房间，看到桌子上摆着一摞手写稿，气不打一处来，二话不说就把这些稿子扔在了地上。韩冰看到自己辛辛苦苦写出来的文稿被随便丢到地上，伤心地对妈妈说："你为什么要扔掉我的文稿?"

妈妈愤怒地大骂道："你这个浑小子，每天就知道写文章，写文章能考上重点高中吗？能考上大学吗？你这样下去，一辈子都没有出息!"

韩冰一下子蒙了，没想到自己的理想和追求在妈妈的眼里是这么一文不值。

确实，现代社会竞争越来越激烈，父母这种望子成才、追求上进的良好愿望，本来无可厚非。但是为了男孩能有一个好的前途，否定男孩的理想和追求，而给男孩过大的压力，只能让男孩不堪重负，透不过气来。

很多父母认为，孩子现在还小，很多事情他都不懂，为他们选择好未来之路对他们有好处。殊不知，虽然男孩年龄小，但是他也有着属于自己的思想，内心有着丰富的情感，有自己的兴趣、志向和理想。如果男孩自己选择的目标，会自觉自愿、积极主动地去努力，因此会学得又快又好，同时还能享受到学习的乐趣。如果父母替男孩做出了人生选择，把自己的意愿强加给男孩，让男孩担负起父母的愿望，那么男孩就会被压力压得不堪重负。带着压力的学习是痛苦的。父母时时处处替孩子包办，会使男孩失去自己的成长空间和独立意识，导致抵触、反叛与对抗的情绪，出现与父母关系紧张、厌学等现象，甚至走上歧路。也有些男孩在父母的指点下变得反而迷茫，无所适从，精神萎靡，对生活、学习失去信心等，这些都对男孩的心理健康极其不利，甚至可能引发心理障碍与心理疾病。

所以，父母千万不要为男孩设计发展的模式，不要让男孩去实现祖辈的理想。其实，每个人都有自己的理想和追求，男孩也不例外。那么，父母又该如何尊重男孩的理想和追求呢？

(1) 给男孩多点儿时间和空间。父母要给男孩足够的成长空间，让他为自己的理想和愿望多做点事儿，让男孩有自己的思想和独立思考的权利，不要让男孩成为按照他人意愿做事的盲从的人，更不要让男孩成为代替父母实现未尽理想的工具。父母可以根据男孩的具体情况和兴趣，给男孩提出建议，引导男孩找到正确的努力方向。

(2) 尊重男孩的独立性。随着男孩一天天长大，他会逐渐形成独立的意识，所以父母要尊重男孩的独立性，让男孩充分地发展，而不是把他限制在自己已为他设计好的框子里。否则，他也会像自己一样，在弥补父母遗憾的同时，留下自己的

遗憾。

(3) 真正地支持男孩的理想。建立在对男孩的充分理解和尊重的基础上，真正地支持男孩的理想，才是父母明智的选择。了解男孩的心理准备和接受能力，根据个性进行适当的启发和引导，对待男孩要精心呵护，而不是说教和命令，更不是提条件和强迫。如果男孩的理想与父母的意愿产生了很大的偏差，要平静地与男孩沟通，在尊重男孩理想和追求的基础上诚恳商讨，让男孩先理解父母的想法，然后再自己做决定。

(4) 对男孩的要求不可过高。父母在尊重男孩理想和追求的时候，还要注意一些问题：不要在男孩刚刚建立理想时就去打击他，不要施加压力和过多警告，否则会降低男孩的积极性，自暴自弃。

(5) 细心浇灌男孩的“理想之苗”。对男孩的理想，父母采取不理不睬的态度也是错误的。如果父母用这样的态度来对待男孩的“理想之苗”，那么男孩或许永远也不可能树立起稳固的理想。对待男孩的“理想之苗”，父母应当要一点点地培养扶持，要细心浇灌、滋润，鼓励男孩树立理想并为理想而努力。

总之，男孩的父母要多站在男孩的角度考虑问题，从精神上给男孩以关爱，让他们按照自己的愿望发展，而不要一味地强行让男孩按照自己设计的轨道生活。

从感情上遗弃男孩更甚于伤害其肉体

父母爱孩子，这是天经地义的事情。因而当有些父母看到或听到有关孩子被其父母虐待或遗弃的新闻后，往往会非常诧异。其实现实生活中，好多父母都在做这样的事，只是自己浑然不知。当然这种遗弃是在感情上的遗弃，容易被人忽略。

有很多的父母在对待孩子上虽然尽心尽力，付出全部的爱，但是言语中却流露出贬低、斥责之意，让亲子间的感情日渐疏远。父母在感情上虐待、遗弃孩子的现象比比皆是。例如，有的父母经常斥责男孩说，“你真是个胆小鬼”“你真是个大笨蛋”“别拿你的事来烦我”。这样的斥责，就是对男孩感情上的虐待、遗弃，久而久之，孩子会觉得“父母不爱我了”。

一个缺少家庭温暖、缺乏父母关爱的男孩，容易滋生仇恨的心理。这样的男孩内心冷漠，会嫉妒比自己幸福的人，除了会做出一些叛逆行为、对他人心存敌意之外，还会折磨自己、折磨别人甚至残害小动物，他用这种方式是为了解除自己深藏内心的愤怒和失落。所以，父母应该仔细品味亲情和爱对男孩来说胜于一切的道

理，不要从感情上遗弃孩子。

父母对孩子的感情遗弃有很多原因，其中最主要的是父母的自私。极端的个人主义让许多父母只顾追求自己的享受，置孩子于不顾，甚至把孩子当作累赘和负担。也有的父母长期在外面工作，把孩子留给年迈的爷爷奶奶照看，时间长了孩子自然对父母显得不那么亲了。更多的父母是埋头挣钱，对孩子的学习、吃穿不闻不问，或者给孩子买食品、买衣服，或者给孩子留下一笔零花钱，认为这样做就是爱孩子，实际上是错误的。物质生活丰富了，亲子间的感情疏远了。疏远亲子距离，也是一种对孩子感情的遗弃。

当父母情绪好时，抱着孩子使劲儿亲，拼命夸，孩子犯了错误也不会斥责，大事化小，小事化无；一旦情绪不好，或者把孩子打发一边以图“心净”，或者拿孩子出气不是打男孩就是骂男孩，孩子成了可怜的替罪羊，造成孩子一见父母脸色不好就担惊受怕，溜之大吉，所以，父母的情绪会影响和孩子的亲疏远近，整个家庭的气氛也深受影响。是不是说虐待孩子的父母肯定不喜欢孩子，对孩子的行为充满了憎恨，其实并非如此。一般来讲，虐待孩子的父母同时在情绪上也难以管理自己，不能控制感情，爱冲动，走极端，只要一不顺心，就会对孩子爆粗口和拳打脚踢。虐待男孩的父母从来不知道应该抑制自己的愤怒，学会温柔地呵护孩子。孩子是需要关爱的，男孩更需要自尊和独立，父母并不一定要求男孩一定要言听计从。每个人都有自己的喜怒哀乐，男孩也是一样，父母没有权利限制孩子的情感表达，男孩也无须跟父母的情绪保持一致。有些父母很自私，不喜欢管孩子，或以工作忙没时间为借口把孩子送进幼儿园和学校，然后几天不闻不问，对孩子漠不关心，这是极其不负责的表现，也是对男孩的遗弃。

一般来说，父母对男孩感情的虐待、遗弃，有三种类型：

(1) 时不时贬低男孩。在有的家庭里，父母联合起来贬低男孩，总是不停地责难男孩。拿男孩的成绩不当成一回事，对男孩所犯的每一点儿小错误都横加指责，甚至打骂。例如，男孩在学习上得了个“良”而不是“优”，父母就要给予惩罚，大骂男孩“不争气”“没出息”。这会使男孩受到极大的伤害，从此以后，就可能变得情绪低落、沉默寡言。

(2) 动不动就威胁男孩。有的父母试图控制男孩的行为，用威胁的方式来阻止男孩不许这样，不许那样，只能这样做等。一旦男孩不听话或任性，就大声呵斥、威胁。例如，有一个男孩很孤僻，从来不和任何人说话。原因是他母亲曾经命令他：“再和陌生人说话，就别进家门了。”可以想象，男孩听了这样的话，心灵上一定加上了重担，同时对人际交往变得懦弱胆小甚至完全封闭自己。这样男孩的感情和对亲情的依赖就会变淡，变疏远。

(3) 剥夺、冷漠、疏远男孩。作为父母，不要剥夺男孩享有爱的权利，更不能疏远男孩，冷漠地对待男孩。在充满爱和温馨的家庭中，男孩的任何一点儿进步，对父母来说都是一份幸福；而在感情冷漠的家庭里，男孩的进步、成绩、喜好等都会被熟视无睹，置若罔闻。即使男孩有意想讨父母的欢心，换来的也是冷漠的目光和不耐烦的态度。因此，家庭中缺少什么都不能缺少爱，在对待男孩的方式上，没有什么比爱和关心更重要。在享有爱和父母的呵护下长大的男孩，一切变化、进步、成长哪怕是细微的改变，都会收获应有的感情报偿，从而使亲子之情更亲密，关系更紧密；反之，孩子就会疏远、躲避家长；即使父母偶尔有亲密的表示，男孩也表现冷漠，因为父母长久的忽视已经让男孩习惯于被冷落。

心理学家认为，受感情虐待、遗弃的男孩所承受的精神压力和在肉体上受虐待的男孩一样，在成长的过程中，随着年龄的增长，受到感情虐待的男孩在大脑和心理的发展方面更易衰退。所以，感情上的虐待、遗弃远比肉体上的打骂更值得注意，对男孩自尊心的故意伤害，容易造成男孩的不良行为和心理，父母千万不能忽视这一点。

男孩不仅有物质方面的需要，诸如好的食物、睡眠、锻炼及新鲜空气等，也有感情上的需要。父母要了解男孩在感情上有哪些需要，并尽量给予满足。不在情感上遗弃孩子，父母要善于控制自己的情绪，不可喜怒无常，不要迁怒于孩子。创造良好的家庭气氛，对孩子的成长至关重要。如果家中常常笑语欢歌，父母与孩子之间相处融洽，相互尊重、关怀，与其他亲属之间相互爱护、和睦相处，那么孩子一定会感到无比幸福和快乐的。感情得到满足，孩子在情感上有了依赖，爱父母，爱家人，心理和性格也必然会健康发展。

讽刺是扼杀男孩自尊心的杀手

不管大人还是小孩，其实都一样，当受到表扬时就心情舒畅，比平时更能发挥才能。若没有受到表扬，受到了讽刺，就很难鼓起干劲儿。教育男孩也是一样，要多表扬，少讽刺。

在教育男孩方面，表扬的效果是非常大的。这是因为男孩积极努力多是为了得到可信赖的人的表扬。不用说，这个可信赖的人就是指自己的父母。一旦想得到表扬的愿望没有实现，男孩那种失魂落魄的情绪，也是大人所始料不及的。

一名做部门主管的父亲，平时工作总是很忙。一天傍晚，他正准备外出应酬，上小学的儿子从学校回来，手里拿着一张考试卷，父亲拿过来一看，是60分，于

是，嘲讽道："我花那么多钱，你就考这样的成绩，闭着眼睛答的题吧？"这位父亲着急赶时间，说完就走了。自那次以后，这个男孩开始疏远父亲，态度冷漠，对学习也不十分用功了。

讽刺是扼杀男孩自尊心的杀手。考虑到男孩的承受能力，父母绝对不要使用讽刺性的语言教育男孩，即便是开玩笑。不管是什么原因使男孩发奋向上了，至少男孩表现积极的时候，父母应采取肯定的态度，说些鼓励的话。反之，将极大地刺伤男孩的自尊心。

遗憾的是，有的父母却故意说些带污辱性的话，以激励自己的儿子。如"像你这么笨将来怎么能有出息""看你那德行，我都替你害臊"等。这些讽刺是不能起好作用的，只能把男孩的自尊心一点一点地蚕食掉。每一个男孩都有成长的欲望，"想成为大人"，"想快快长大"。换言之，男孩在大人、比自己优秀的伙伴面前，有一种自愧不如的感觉，感到个儿小、力气弱、知识少……

如果父母无视男孩的这种欲望，说他智商低，指责他比实际年龄更幼稚，只能增加他的自愧不如的感觉，只会使男孩感到悲观失望，使他无法从自卑之中摆脱出来。

假如父母给自己的男孩贴标签，那么只能使男孩失去自尊和干劲儿，受到很大的打击，以至于无立足之地。

讽刺声中带着轻蔑的成分，无论年纪大小，都能够感受得到。意识到自己成为嘲讽的对象时，都会变得难堪。如果讽刺情况持续下去，男孩很容易变得畏缩、胆怯。即使只是为了别人的一句讽刺，也会让一些男孩倾向于内向，变得沉默。而一旦男孩变得过分谨慎，则不利于良好性格的塑造。事实上，越是害羞自卑的孩子，越容易遭受别的小伙伴的取笑。如果是害羞自卑的小男孩，面对这种处境是很尴尬的，同时也会因为自己笨而深感痛苦，甚至为此付出很大的代价。

男孩如果常常遭受讽刺和数落，会觉得相当难堪，即使叫来父母也很难抚平这种"不是滋味"的情绪，因此，男孩一旦受到小伙伴的嘲笑和排挤，总是默默地疏远，也不会把自己的处境告诉父母。甚至会觉得不但得不到安慰，反而会惹来一顿骂，让情况越来越糟。但是，父母可以通过以下几点鼓励男孩战胜自卑，重拾信心。

(1) 耐心倾听男孩的诉说。如果男孩在外面受到了讽刺，父母要认真地听男孩讲述事情的整个过程。听完男孩的诉说，父母可以说："儿子，是不是觉得心里有些难受？"父母不要做任何判断，先直接把男孩的感受说出来，这样可以让男孩感觉找到心理依托，进而会对父母产生信任，从而让男孩能够毫无顾虑地说出自己的感受，说出自己的感受之后，男孩就会感觉好了很多。

(2) 和男孩商讨对策。如果男孩在外面受到了讽刺，父母可以开导男孩，比如："我小时候也遇见过这样的事。"因为孩子受了委屈，遭到别人戏弄、讽刺，心里一定非常难受，而当他听说父母小时候也有过同样的经历，就会让他有一种找到知音的感觉，觉得自己并不孤单，同时他也会愿意继续听父母说下去。当然，父母先不要急于告诉他应该怎么做，最好鼓励男孩自己解决，必要时可以适当引导，比如，"下次再遇到这种情况，我们该怎么办呢?"男孩成功地解决问题后，失落感变成了成就感，自尊心自然也就恢复了。

(3) 给男孩心理上的支持。父母也可以试着站在戏弄者的角度，告诉男孩："儿子，也许你很难相信，其实那个小朋友这样说可能是考虑太不周全，或者有什么不开心的，你不要放在心上。"为什么要这么和男孩说呢？因为这可以使男孩认识到那个小朋友自身也是有缺陷的，也会犯错误。切记，不要诋毁对方，不要让男孩敌视对方。

(4) 问问男孩接下来该怎么办。如果经过安抚和引导，孩子的情绪稳定下来了，父母可以问男孩："你需要爸爸妈妈为你做什么呢?"多数会说不需要，因为他们觉得事情已经过去，自己不太难受了，父母的介入反而会把事情弄得很复杂。

相反，如果男孩讽刺别人，父母也要有所察觉。当然，打骂绝对是不对的，简单地警告一声"别那么说"或者"那样不礼貌"也不够，应当引导男孩"换位思考"。当自己家的孩子喜欢挖苦和嘲笑别的小孩时，父母可以这样对孩子说："想想如果是他嘲笑你是个大笨蛋，你会怎么样"或者"你这样说人家，看看人家多不好意思呀"，只有让男孩学会体谅，学会善待别人，以后他就不会随便嘲讽别人了。事实证明，那些由父母陪伴并且让他们知道"我就在你身边，我能理解你"的孩子，往往更具备同情和善良的品质。如果男孩自己体会到这种情感上的相通，就会明白什么是推己及人和与人为善。

别动不动就跟别家的男孩比

有些父母喜欢拿自家的男孩与别家的男孩比，他们总以艳羡的口吻对孩子说"你看看某某……"称赞别家的孩子却贬低自家的孩子，这是不少父母常陷入的一个教子误区。

强强与龙龙是同班同学，两个男孩从小一起长大，学习成绩都很优秀，可是两

位妈妈却经常在私下进行比较。

在6月底的期末考试中，强强考了年级第一，而龙龙却成绩一般。龙龙的妈妈心里很不是滋味，就整天在孩子面前摆出一张冷冰冰的面孔，还趁着假期给龙龙报了英语、数学、物理补习班，让孩子提前学习初三的课程。在学习期间，妈妈不断告诫儿子："龙龙，你必须努力学习，争取下一次考试超过强强！"

从那以后，龙龙被超过强强的命令弄得苦不堪言，学习上稍微一放松就被妈妈劈头盖脸地骂一顿，每次争吵，妈妈的第一句话一定是："你看看人家强强多刻苦。"有时候，妈妈为了让龙龙长记性，不但不让吃晚饭，还把他关在小卧室里"闭门思过"。龙龙觉得很委屈，自尊心严重受到了伤害，不但跟妈妈说话越来越少，学习成绩不见起色，还让本来亲密无间的好朋友强强变成了陌路人。

在现实生活中，大部分父母都会随意选择评价标准，盲目比较，对男孩求全责备，导致男孩在变乖听话的同时，也伤了自尊，丧失了个性，丧失了自我。

人生在世，没有两个人完全相同，每个孩子都有各自的天赋、性格，当然每个孩子的能力也千差万别。如果父母一味地拿自家的孩子与别家的孩子做比较的话，就容易看不到自家男孩的长处，眼睛里都是男孩的短处，这样教育男孩自然收效甚微。

可以说，爱做比较的父母都抱着望子成龙、望女成凤的心态，但是一面做着比较一面批评打击的做法，从根本上说，并不能增强男孩的积极性，反而会慢慢毁掉男孩的自尊心和自信心。要知道，要想让男孩在成长之路上动力十足，父母就要不断地肯定孩子，而不是拿孩子的短处去比别家孩子的长处。否则会让男孩失去自信，导致一生碌碌无为。

研究发现，4岁以下的男孩，如果总听父母说自己不如邻居及同事的某个小孩，就会觉得自己是个笨小孩，不讨父母喜欢，他们会觉得父母不爱自己了，会害怕被抛弃。而当男孩渐渐长大成人，意识到自己尽管不合父母的意，也不用担心会被抛弃，这时积极向上的动力会降低，男孩的行为和习惯上也会变得疲沓，对任何批评和管教都"无所谓"了。

父母要尊重男孩，就不要总拿男孩跟别的男孩进行比较，要做好以下几点：

(1) 父母在对待孩子时要保持一颗平常心。每一个男孩都是平等的，父母应该从内心深处打消拿自家男孩与别家的男孩比较的想法，也不要用别的孩子做例子来给自己的孩子施压。用一颗平常心来对待男孩的优秀和不足，男孩获得进步则多一些鼓励，表现退步则多一些赏识，让男孩的自信和热情保持下去。

(2) 父母要承认男孩间的差异。父母喜欢在孩子之间做比较，比学习，比条件，比才艺，比能力，总拿自己孩子的短处跟别人家的孩子的长处相比。这样做是愚蠢的。实际上，男孩之间是存在差异的，有的男孩聪明淘气，有的男孩天性敦

厚，父母应当接受并承认男孩之间的差异，学会取长补短，放大孩子的优点，缩小孩子的差距。当父母看到自己的孩子不如别人的孩子聪明、懂事、讨人喜欢时，不要着急，也不要打骂孩子不争气，而是要采取正确的态度，根据自己家孩子的特点进行教育。每个孩子都有闪光点，父母应该多看到孩子好的方面。

(3) 父母要看到男孩的进步。男孩的父母应该学会全面地看问题。比较有两种，一种是横向比，一种是纵向比。作为父母，不仅要横向地看到男孩和别人的差距，更要纵向地看男孩与从前相比取得了哪些进步。另外，父母也不能用学习上的进步来牺牲男孩的成长，盲目地比较学习成绩的结果是会使男孩的自尊心受到伤害，甚至是扭曲。

(4) 父母要尊重男孩的天性。父母要尊重男孩的天性，不要盲目跟风，别人家的男孩学什么，就让自己的男孩也学什么，别人家的男孩考上北大，回家就逼迫着孩子非清华不考，这样的做法都是偏激的。其实，自己家的男孩表现得如何，具备什么样的条件，父母最清楚不过，只有选择适合男孩的发展道路，按照男孩的天性去培养他，才是真正地了解孩子。

(5) 父母要注意培养男孩的个性。男孩的父母应该认识到，每个孩子都有自己独特的个性，所以不要盲目地和其他孩子进行攀比。别人的优点固然值得借鉴，但更重要的是培养男孩的个性。喜欢拿自己家孩子与别家孩子做比较，实际上是对自己家孩子的不自信。而孩子不仅需要自信，更需要来自父母的信任、赞赏和支持。相信男孩，就是尊重男孩。现在许多父母在教育男孩的问题上是盲目的，应该多用赏识的目光去看待男孩的优点，而不是用挑剔的眼光去看待男孩。更可悲的是，用别人家孩子的长处来比较自己孩子的短处，结果就是越比较，越觉得自己的男孩不如别人家的男孩优秀。

总之，无论自家的孩子如何，父母都应该用欣赏的眼光来看待，要鼓励男孩在生命的交响乐中演奏出属于自己的乐章，让男孩的潜能得到充分的发挥，父母的支持和赞赏是男孩自信最大的动力和源泉，也有助于男孩把握好自己的人生方向，从而顺利实现人生价值。

尊重男孩隐私，拉近亲子距离

隐私，是每个人藏在心里，不愿意告诉他人的秘密。成年人都会有自己的隐私，孩子也会有自己的隐私。女孩有自己的小心事小秘密，男孩也会有。随着男孩

年龄的增长，他们的生活领域逐渐变宽，知识增多，情感逐渐丰富起来，第一次有了自我意识，有了强烈的自尊心，对观点和见解有了自己的认识和想法，对问题有了自己的思考。原先无所顾忌敞开心扉的男孩，此时会突然关闭心扉，不让别人涉足，就连自己的父母也不能偷窥。但是，在很多家庭中，父母却忽略了正在逐渐长大变成熟的男孩，根本无视孩子的秘密，更别说有什么隐私。在父母的眼里，孩子的一举一动、做的什么事情、吃了哪些东西，都应该事无巨细地严格汇报，否则就是撒谎或欺瞒父母。父母还会觉得，自己是一家之主，管教孩子是理所当然的，可以无所顾忌地进入男孩的房间、随意闯入男孩的“隐私地带”，甚至粗暴干涉，私拆男孩的信件、监听电话、偷看日记等。

强强已经上初二了。有一天，他在上学的路上走着走着，突然想起忘带了一本练习册，于是就急忙往家跑。当他一头闯进屋时，正巧看到妈妈从自己的书房里出来，流露一副不自然的神色。强强走进书房去拿练习册，可是眼前的一幕让他惊呆了：只见书桌的抽屉全部敞开着，日记本、同学们送的生日礼物及贺卡等全都胡乱地堆在桌子上。

强强非常生气，他转身质问妈妈：“你为什么翻我的抽屉，随便动我的东西?”

谁知妈妈更生气，反问道：“看你日记怎么了？你看你都记的什么？还喜欢那个谁谁谁，你这么大的小屁孩，知道什么叫喜欢!”

强强愤怒地看着妈妈，头也不回地夺门而出。

很多父母都和故事中的强强妈妈一样，与自己家的孩子进行着“隐私”保卫战。面对孩子的隐私问题，处理得当，则家庭关系融洽；反之，进行激烈的交锋，很可能就会导致亲子关系破裂。男孩逐渐长大，会在日记本中记下心中的真实想法、感受、悄悄话等，而父母也很想知道孩子每天都在想些什么，写什么，希望能够从孩子的日记中了解他们。可是，父母越想了解的，孩子越是藏得严实，小秘密三缄其口，让父母也没辙。好不容易接到孩子的一个电话，父母刚想听听里面说些什么，却被孩子发现了。这些事情在生活中很常见，孩子的日记让父母兴趣大增，孩子的电话、短信更要例行检查……父母所有这些关心的行为，在男孩看来都是在侵犯隐私权。

男孩成长到了一定年龄，会有独立的强烈愿望，想拥有自己的隐私，渴望被尊重，这是所有男孩在成长阶段都会形成的一个心理过程，他们渴望独立和自尊。随着年龄的增长，男孩对父母的依赖逐渐减少，增强独立意识、自主意识。同时，随着对社会的深入了解，生活领域的扩大，知识信息的增多，他们的内心会变得敏感，感情变得细腻，内心会产生许多想法，而这些想法又愿意深藏内心，不愿意对别人敞开心扉，这样就形成了男孩独有的隐私。即使他们想把自己的看法和见解对

父母说，但出于与成年人间的代沟，或者欲言又止，也只好将自己的秘密和内心的感受都写进日记里。

当男孩有了自己的小秘密时，如果父母采取强硬和蛮横的手段，想方设法去查看男孩的日记、偷听男孩的电话等，而对男孩的感受置之不理，不顾男孩的隐私和自尊，就会带来许多负面的影响，甚至严重阻碍家庭的和谐。而男孩得知自己的隐私受到侵犯，自己的小秘密被公布于众，很容易做出极端的行为，并且把自己的心紧紧锁闭起来，拒绝一切交流。一旦发展到这种程度，父母再想了解男孩，就会变得非常棘手。

尊重男孩的隐私权，给男孩一个自由的空间，这样做并非放任自流，而是对男孩的尊重，对男孩的隐私给予充分的保护和积极的引导。

为人父母者，如果想把自己的男孩培养成为高素质的人，那么首先要做一个尊重男孩的人。

父母应该如何尊重男孩的隐私，在家庭教育中通常采取的是契约式、民主协商式。比如，父母进入男孩房间时应该先敲门；收拾男孩的房间、摆放男孩的物品应该得到他的允许；对一些重大的决定，尤其是与男孩相关的决定，要和孩子协商，不要替男孩自作主张；不要随意翻看男孩的日记或隐私；尊重男孩的所有权利。

父母要经常与男孩沟通，试着了解男孩的想法，要相信男孩、理解男孩，宽容男孩，在成长过程中，男孩难免会有各种稚嫩的想法和做法，这时不要嘲笑他，而应该和男孩一起商量，或者帮助男孩完成他的计划。要注意培养男孩独立的人格和明辨是非的能力，尽量以平等的身份多与男孩交流，多倾听和多让男孩表达自己的意见和建议。作为父母，如果真的想知道男孩在日记里所写的内容，以便更好地了解男孩，一定要征得男孩的同意，让男孩信任自己，这样他就会主动、自愿地把心中的隐私告诉父母。

对于一个处在叛逆期的并不成熟的男孩，父母应该多宽容他，不要从大人的思维角度去约束和要求他。在处理这一类男孩的隐私信息时，父母首先要控制好情绪，如果发现男孩有些越轨和不良因素，不必大惊失色，甚至对男孩辱骂殴打，可以坐下来单独与男孩一起讨论，包括理想、事业、道德、人生观、价值观等问题，可以通过讲故事、做游戏等途径积极地引导男孩，让男孩学会自省，悟出为人处世的真理。通过这种面对面的内心交流，男孩就会变得顺从听话，自愿按规范要求调整自己的行为。当男孩拥有了自我教育能力的时候，那些潜藏在一些隐私中的危险倾向，就可能不治自愈。

当父母经常对男孩投去赞赏的目光或说一些表扬的话，那么男孩同样也会对父母表示尊重，把父母当成他的好朋友。在父母愿意和男孩分享故事的同时，他遇到

什么事情或者心中有秘密的时候，也就主动向父母敞开心扉了。

总之，男孩长大了，有心事了，有主见了，内心里有话不愿告诉别人，也是正常现象。这是男孩成长的一个显著标志，父母对此应该给予充分的尊重。在生活中，父母要想了解自己的孩子，可以密切注意男孩在态度和行为上的细微变化，而不是粗暴地干涉让男孩感到难堪。当男孩希望自己的房间没有人打扰时，父母就不要随便进入；当男孩希望拥有记录自己秘密的日记本时，父母就不要偷看，更不能采取打骂体罚的方式强迫男孩。保护男孩的隐私就是保护男孩的自尊，也等于保护父母自己的自尊。当男孩对隐私产生强烈的保护欲时，父母应当为男孩的成长感到欣慰。

请记住，父母越尊重男孩的隐私，与男孩的距离也就越近。

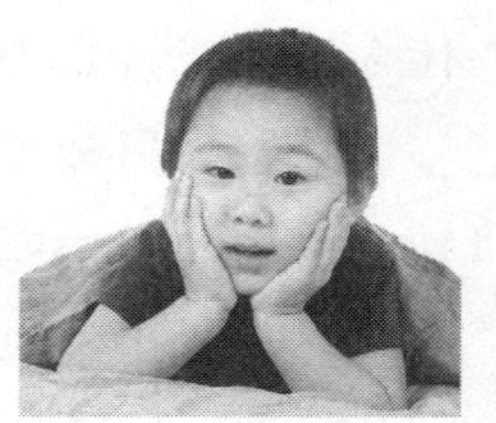

第7章 放下架子，跨越代沟与男孩做朋友

在有些父母的心目中，孩子就是孩子，父母要维护自己的权威，如果跟孩子嬉笑打闹就会失去权威，丢掉面子，在这种心态下，父母的意志代替了孩子的意愿，如果出现分歧，父母就用权威进行压制。久而久之，冲突就会越来越多。其实男孩的父母，完全可以放下架子，跨越代沟，跟男孩做朋友。

信任男孩，做男孩信赖的朋友

如果孩子信任父母，一定会把心中的秘密告诉父母；若是两代人之间存在所谓的“代沟”，男孩当然就会形成“自我保护”的心理防御机制，必然要设法隐藏自己的内心。

有些父母一旦出了问题，就急于纠正，甚至打骂男孩。无论内心多么关心男孩，其实都是失职的父母，因为他既没有做到相信自己的孩子，也没能让孩子相信自己。

父母与男孩的相互信任是成功进行家庭教育的重要因素。有关教育专家的家庭调查表明，男孩对父母有特殊的信任，他们往往把父母看成是自己学习上的启蒙老师，德行上的模范和榜样，生活上的参谋，感情上的好朋友、知音。同时，男孩也特别希望能获得父母的信任，他们认为，只有来自父母的信任，才让自己觉得最踏实、最可靠。父母的信任意味着动力、重视和鼓励，这是真正促进男孩心灵成长的动力。

父母充分信任男孩，才能感染男孩、激励男孩；充分信任男孩，才能使男孩的潜能得到最充分的展现。父母对男孩的信任，能够激发出男孩内心的动力，让男孩

体会到成功的快乐和失败的忧伤。父母充满信任的目光和言语，可以让男孩重振旗鼓，奋勇拼搏，脚踏实地地走向成功，实现他心中的理想。

许多普通的、不为老师和家长看好的男孩，他们的潜能表现在日常生活的细微之处，做父母的一定要对他们充满信心，坚信只要是生命就能绽放灿烂的花朵，并耐心地帮助男孩挖掘出那闪烁着独特光芒的潜质，让它成为打开男孩生命潜能的金钥匙。

父母怎样做才能信任男孩，与之做朋友呢？以下几点一定要记住：

(1) 信任男孩，培养男孩的自信心。你相信男孩，男孩就相信自己。有位哲人说："自信心是每个人事业成功的支点，一个人若没有自信心，就不可能有所作为。有了自信心，就能把阻力化为动力，战胜各种困难，敢于夺取胜利。"因此，父母要信任男孩，注重培养男孩的自信心，要引导男孩尊重别人但不迷信别人，要用科学的态度对待别人的成功与失败。要告诉男孩，正确看待自己的进步，要有成功的自信心。

(2) 当男孩犯了错误，也要一如既往地信任。当男孩犯了错误时，父母禁止言辞和行为偏激，更不能无原则地去斥责和批评男孩，正确的做法是要循循善诱，晓之以理，动之以情，和男孩共同面对问题，一起解决困难，指出男孩犯错误的原因以及造成的危害，然后帮助男孩改正错误。在人的一生中，完全不犯错误的人是不存在的，尤其是男孩在初步建立人生观和道德观的阶段，最容易犯错误。做父母的要充分理解他们、信任他们，引导他们走上正确的道路。

(3) 信任男孩就要和男孩一起面对挫折。在日常生活中，父母对男孩的一切，切忌热心包办和冷淡蔑视。凡是男孩能做的事，只要是有益的，父母就应支持他自己去做。男孩缺乏经验和技术，有时失败了，或者有什么失误，这是正常现象。当男孩遇到挫折和失败时，父母应多进行安慰和鼓励，帮助他找出原因，把事情做好，不丧失自信心。

(4) 对男孩宽严相济，信任表现在心动上。要做男孩的朋友，既要对男孩严格要求，善于从日常生活中发现问题，随时给男孩进行引导，又要把男孩作为平等的伙伴，与男孩一起学习一起玩，尊重男孩的一切。还要给男孩确实到位的帮助，让男孩心里踏实，健康成长。信任男孩，不能只在嘴上对男孩表示信任，还要表现在行动上，尤其是那些学习成绩不理想的男孩的父母，要特别注意这个问题。

总之，父母和男孩之间应该建立起朋友关系，像挚友一样相互信任、相互平等、相互尊重。在生活上，男孩要依靠父母来抚养自己，更需要阅历丰富、愿意倾听并能够给予自己忠告和帮助的朋友帮助自己。如果父母现在还没有和自己家的男孩建立起平等信任的朋友关系，那么从现在起，双方坐到一起，进行一场开诚布

公、推心置腹的沟通和交流。在亲子沟通中，父母和男孩间就可以把彼此的想法告诉对方，这样就会使亲子关系更近一步，有利于消除隔阂、跨越代沟。其实，父母应该同男孩做朋友，与孩子交往其实是一件乐趣无穷、非常开心的事。

放下权威，向男孩敞开心扉

有些父母在男孩面前总是高高在上，摆出一副绝对权威的姿态和气势，用家长的尊严来让孩子变得听话。这样做只会让父母与男孩心灵之间的距离越来越远，亲子之间的关系疏远了，一方面父母不能及时了解男孩的心理，另一方面男孩也不能从父母那里学习到更多的知识和人生经验，只是在害怕父母的打骂和谨小慎微中胆怯地成长。

父母不向男孩透露自己的内心世界，却要求男孩能够向父母吐露一切，这种不平等的关系，更是亲子沟通的一道屏障。

要想和男孩交朋友，就要放下父母的权威，向男孩敞开心扉。只有向男孩敞开自己的心扉，才能得到男孩的认同，从而促进亲子关系的发展，建立良好的亲子沟通关系。有些父母却坚持自己的权威不容侵犯。若男孩"不听话""不乖"，就是漠视他们的命令或者是忤逆他们的权威。这会使他们感觉权威地位的动摇，因而他们就会采取非常手段以巩固自己的地位。即使他们自己做错事，也不愿向男孩道歉。

当男孩关切地问"妈妈，你为什么不高兴啊？是不是工作上有了麻烦"的时候，就应该认真地考虑一下，是否应该敞开心扉跟男孩谈一谈。如果只是搪塞敷衍地说"没什么，很好"或"不关你的事，别烦我了"，那就等于是将男孩对自己的关心推开。

父母真诚地向男孩敞开心扉，表现了对男孩的尊重和信赖。为人父母者，若能在男孩面前以一种轻松的方式让男孩接受自己的不完美，承认自己的错误，不仅会让男孩觉得自己与父母更亲近，从而加深亲子之间的感情，而且能把一种坦然、放松的处世态度传达给男孩。

不打不骂教育男孩，就要向男孩敞开心扉，父母如何向男孩敞开自己的心扉呢？

(1) 要和男孩分享自己的喜怒哀乐。分享快乐，快乐就会加倍；分担痛苦，痛苦就会减半。父母和男孩的关系是世界上最亲密的关系，更应该一起分享喜怒哀乐。父母向男孩敞开自己的心扉，分享喜怒哀乐，那么男孩就能感觉到父母对他的信任和尊重，就会更加尊敬父母，向父母敞开心扉。

(2) 让男孩了解自己的状况。很多父母埋怨现在的男孩花钱大手大脚、不知道量入为出、自私自利等，但是父母却从来不会把工作、生活的艰辛告知男孩，因为男孩不知道父母是如何辛勤工作的，所以就不会把金钱与工作紧密地联系起来。父母若能挤出一点儿时间来陪陪男孩，和男孩聊聊工作中的酸甜苦辣，谈谈成功与失败的体验，对男孩是很有益的。

(3) 告诉男孩一点儿你的小秘密。要想拉近与男孩的距离，就要讲究沟通的技巧。将自己的隐私或秘密告诉男孩一点儿，这不是一件很丢面子的事情，而是一件拉近彼此距离的好事。男孩如果觉得自己的父母愿意跟自己分享隐私和秘密，便会更加信任父母，父母也就能更容易地走进男孩的内心。

(4) 让男孩知道你对他的期望。父母对男孩的期望不能过高，过高了会对男孩造成压力和伤害。应该从男孩的实际情况出发，对男孩确立合理的期待。父母应该让男孩知道对他的具体期待是什么，最好能够让男孩理解这种期待，明白这些期待并不过分。父母如果能够做到这些，那么男孩定能从父母的期待中获得前进的动力，定能不让父母失望。

(5) 父母要多找一些机会和男孩一起活动。比如和男孩一起打篮球、一起去郊游，在这些活动中和男孩沟通交流。如果你以“儿子，让我们来谈谈”开始你们的谈话，那么结果往往是说话的只有你一个人，交流不会很好地进行下去。而如果在一些合适机会的活动中在不经意间说出自己的看法，沟通就会更加顺畅。

(6) 控制自己的反应。在向男孩敞开心扉的过程中，可能不是那么顺利，有很多令父母不高兴或失望的事情发生，父母必须很好地控制自己的情绪。直接提出问题，男孩可能会反感，间接婉转的做法也许会收到更好的效果。

总之，父母只有真诚地向男孩敞开自己的心扉，才能引起男孩感情上的共鸣，从而与男孩建立起一种相互信任的关系，使亲子关系融洽起来。

以平等的姿态多与男孩谈谈心

父母要有意识地给自己的心灵留出一块空间，去容纳男孩的喜怒哀乐。不仅应该在学习和生活上关心男孩，更应该悉心地去体味男孩那一颗渴望得到理解的心。

上了一天班的英子急忙赶往学校接儿子宇翔放学，到家后刚打开家门，宇翔小

声地说："妈妈，我差点儿忘了，老师让买一盒橡皮泥。"英子不耐烦地说："早干吗去了，刚才路上怎么不说，现在说还得返回去，真受不了你，长得是猪脑子吗?!"正打算带着孩子返回文具店时，儿子竟然气鼓鼓地说："不买就不买，你发什么火啊?!"说完，一摔门进了自己的房间。英子意识到自己的话说重了，悄悄推开儿子的房门，打算安慰一下。儿子还在气头上，吼着说："妈妈，你们父母心烦的时候，可以冲我们发火；我们心烦的时候，找谁发火呢？你知不知道……"哽咽声淹没了儿子后面的话。

男孩时刻背负着望子成龙的殷殷期望和繁重的学习压力，又缺乏兄弟姐妹的亲情沟通……他们太需要心的交流和沟通了。许多父母往往忽视了这一点，而只关注男孩的学习，只看重每次考试的分数，却不知道不了解男孩的内心世界，更加不利于男孩心理的健康成长。所以，这也是许多的男孩变得不愿和父母说话的原因。如果长期受到不良的心理因素的影响，在缺少亲子沟通环境下成长起来的男孩，和父母产生代沟，心生隔膜等问题自然不可避免了。

父母要常跟男孩谈心，代沟这堵墙才会消失得无影无踪。

有一些父母很少与自己的男孩谈心、聊天，对男孩的内心世界不闻不问，家里的一切事情也不让孩子过问。他们认为：跟一个什么都不懂的小屁孩没什么好谈的，小孩子应该少管大人的事，只管学习就行了，其他的一切用不着他操心。而在大人的眼里，男孩是不会有太多心事的。这些父母在男孩面前，总是板着面孔，摆出一种什么都懂、绝对权威、至高无上的样子，动不动就对男孩教训一番。他们十分担心与男孩平等相处，会减少自己的尊严和威信，管不住孩子。除学习之外，父母可以说完全不了解男孩的心理状况，摸不透男孩的想法，甚至男孩已经走上了犯罪的道路，父母也完全不知，等到反省之后却为时已晚。男孩在这样的父母面前也常常觉得无话可说，因而选择沉默，当面对内心的不安、委屈、痛苦时，也选择独自承担。

作为父母，不能只限于关心男孩的学习，应该对男孩进行全面了解，才真正有利于男孩的健康成长。新时代的父母应当尽快转变传统的教育观念和方式，放下架子，与男孩进行沟通，增进相互了解。

谈心是与男孩最直接的沟通方式。男孩的思想、心事和烦恼都可以通过谈心来了解，没有比语言交流更简便直接的沟通方式，男孩的内心感受从他的言谈中就可以表现出来。父母与男孩谈心，没必要要在指定时间或日期内完成，那样会让男孩显得拘谨、不自然，从而更容易导致沉默和出现沟通不畅的尴尬。可以选择在同男孩一起游玩、看电视、吃饭的时候，与男孩聊聊天，问一问班级里、学校里发生了什么有趣的事，和同学之间关系好不好，同学家里发生了什么事，老师对你们怎么

样，你们班的同学谁学习最好等。聊天时，父母还要善于倾听男孩的叙述，了解他的观点。

事实上，每当父母在和男孩聊这些话题时，男孩是非常高兴向别人特别是父母讲的。男孩心直口快，往往不假思索地把他感兴趣的问题说出来。即使是处于青春期的男孩，心思敏感，有些事情不愿跟父母讲，但是如果父母以平等的态度关心和对待他，他也会把父母当作朋友，敞开心扉。

穆尼尔·纳素夫说："父母应从孩子的言谈中结合家庭情况，引导他。父母的耳朵永远俯在孩子的心灵上，他们的智慧火花应该永远照耀着孩子的前进之路。"通过和男孩谈心，父母能够了解到男孩的一些观点和想法，了解到他的希望、打算、目标和行为。如果男孩的想法和做法正确，父母要加以赞扬，并鼓励男孩勇敢地去做。而对于男孩认识上的误区，父母应和男孩一起分析，帮助他做出正确的选择。如果男孩在认识或行为上犯了错误，父母要慎重对待，并且客观地做出判断和评价。切忌用训斥、打骂的办法来解决问题。盲目的打骂会让男孩减少倾诉的勇气，如果不让男孩辩解，时间长了就很难让男孩再向父母敞开心扉，讲实话、讲心里话。耐心宽容、平心静气地摆事实、讲道理，讲明问题的严重性和危害所在，才能使男孩心服口服，从而改过自新。与男孩多谈心，不但容易解决问题，也会让男孩对父母心存感激。

父母与男孩以平等的姿态谈心、交流，等于帮助男孩创造了一个广阔的了解成人、了解社会的窗口。通过和父母的交流，男孩会向父母探究大人的内心世界，会参与家庭中的经济、生活，他会了解到父母的工作情况、对生活的规划和人生志向等，这一切都将有利于男孩增长知识和社会经验，增进对父母、对社会的了解。

总之，父母与男孩平等相待，男孩也会做到平等待人，学会宽以待人，养成优秀品质，加速心理成长。

男孩怎么就不可以与大人争辩

当男孩到了青春期，依然有不少家长总习惯于把男孩当作"三岁的孩子"，嫌他不懂事，不让男孩参与各种活动，在父母眼里，十四五岁的男孩完全还没有长大，不能算"大人"，因此男孩在家中依然要被照顾。家中的事情，特别是比较大的事情，男孩很少有参与的机会，父母也更不会去和他商量。实际上，青春期男孩在生理上和心理上都发生了不同的变化。他意识到自己已经逐渐成熟，会将自己看

作家庭中的重要成员，强烈地希望父母把他当作大人看待，愿意有更多的机会参与成人活动，同时责任感、义务感和尊严感也都在不断增强。对家庭中负有责任和义务、为家庭的建设贡献自己的力量是他们非常愿意做的事。

因此，作为父母，要及时察觉孩子的成长和心理变化。对待青春期男孩，不能再像对待不懂事的小男孩那样，这个年龄段的男孩更需要的是尊重，渴望被理解，有积极的参与意识，希望自己在家庭中不可忽视。父母应有意识地引导男孩参与家庭生活，做父母的小助手，共同管理好家庭。不妨和男孩商量一些家庭中的大事，比如家庭经济的开支情况、生活用品的花销情况以及工作和生活上的某些问题，都可以让男孩多加了解。在和男孩一起参议中，可以鼓励男孩说出自己的意见和看法，甚至给男孩一些权力，让他学会独自处理某些问题和事情。利用假期，让男孩自己当家，孩子说不定就会明白持家的意义和滋味，通过亲身实践增长人生阅历和生活经验。

这样做有许多好处：一方面有助于培养男孩的社会责任感和义务感，学会关心他人；另一方面可以锻炼男孩的独立生活能力，有助于克服任性和娇惯。让男孩参与家庭事务，能够创造和谐的家庭气氛，同时父母和孩子在互相尊重和关爱下，齐心协力创造幸福的家庭生活。

权威思想过重的父母，喜欢搞“一言堂”，不喜欢给男孩说话的机会，更别提让男孩进行争辩了。

让男孩和父母一起平等地争辩讨论，是很多当代父母难以接受的事情。他们总以为这样会降低自己作为父母的“权威身份”，如果在争辩中，让男孩看到自己知识上的不足，抓住了错误，会更加跌面子。

其实这种担心是不必要的，同男孩一起轻松地辩论，不仅不会让父母的权威受到影响，而且会在一定程度上增加男孩对父母的信任和尊敬。让男孩参加辩论，至少有以下几个好处：

(1) 争辩有利于思想沟通、形成共识、解决问题。心理学家认为，能够同父母进行争辩的男孩，在性格上一般比较自信，有主见和创造力。事实表明：在家庭和睦、民主氛围比较浓的家庭，男孩最高兴参加讨论和辩论。反之，一切都是父母说了算，权威意识太强，家里清规戒律太多，不给男孩任何辩论的机会，那么这个家庭氛围一定很紧张。因此，面对男孩的争辩，作为父母，不要怕有失颜面，不要担心男孩的逆反会越来越强，不听话，不懂得尊重，处处与家长为难。男孩也是讲道理的。如果父母与男孩争辩，男孩觉得讲正义、讲道理，会发自内心地更加爱自己的父母，尊重和信赖他们。父母要男孩做的事，他通过争辩弄明白了，就会心悦诚服地去做。碰到难题，男孩参与争辩，也能让父母深受启发，获得意想不到的帮助

和惊喜。这有什么不好呢？

(2) 对男孩来说，与父母争辩是一种自信、自立、自尊、自强的表现，是一种心理的宣泄。心理学家认为，争辩能帮助男孩变得自信和独立，在对抗中他感觉到自己受到重视，知道怎样才能说服父母。争辩表明男孩在走自己的路，认真思考问题，次数多了，他会明白父母也不一定都是对的。

(3) 争辩能让男孩在是非曲直中学会正确判断，增长知识和经验，学会估量自己，了解自己，养成实事求是、以理服人、平等公正的好品质、好人格。

(4) 争辩能活跃家庭气氛，在感情交流、思想沟通中，表现了一种亲情和友爱，拌嘴、争辩是亲子间彼此重视的一种方式。它能促使男孩体验父母情感的变化，正确对待父母和自己，正确对待所辩的问题，化解矛盾，获得共识。如果一个男孩从不与人争辩，总是与世无争，那么，他的勇气、进取心、正义感等就很值得怀疑了。

总之，父母要把高大的形象建立在男孩的内心，这种威严是任何力量都摧不垮的，男孩的争辩和叛逆更不会动摇父母的威信。平时，父母在面对男孩的叛逆和争辩“挑衅”时，可以多使用肯定的词语来要求男孩，使自己的态度既坚决又友善；不要随便地动用惩罚措施，以免男孩表现出抗拒的行为。及时关心男孩的要求，答应男孩的合理要求，但不放纵，是父母教育男孩应注意的一个问题。当男孩提出要求时，父母一定要考虑全面，提出明确答复。这样既能使男孩感到开心，又能不失父母的权威。在与男孩的沟通中，父母应给予男孩独立的机会，多一些的权利和自由，有助于培养男孩的独立性。与男孩进行平等和民主的讨论，可以使男孩有着更高层次的道德认知、自制力，有助于他尽快地适应社会，健康发展。

两代人之间的沟通多多益善

在一些家长看来，今天的男孩已够幸福的了。他们吃穿不愁，父母亲朋关怀备至，消费娱乐丰富多彩，可以说从物质到精神应有尽有，没有理由不专心学习。而现实情况并非如此。

心理学研究表明，情感是人的需要是否得到满足时所产生的一种内心体验。在现代家庭中幸福成长的男孩，不仅仅满足生活上的富足和父母无微不至的关心照顾，更渴望和家长进行情感沟通，以达到自己的目标，满足自己的需要。因此，在家庭教育中，父母应多与男孩平等交谈，尊重男孩的自尊心和他们日益强化的“成

人感”，学会控制自己的情绪，善于表达对男孩爱的情感。

令人欣慰的是，现在有越来越多的年轻父母开始意识到家庭教育的民主化，注意满足男孩渴求平等的愿望。据调查显示：很多家长在教育子女时已经注重非智力因素的培养，教育手段也变得科学、民主。

要尊重男孩，满足男孩渴求平等的心理需求，就必须注意同男孩的沟通。有专家指出：“两代人之间的沟通多多益善。”

可以尝试用提问题代替命令式的句子。如“你喜欢哪条裤子？”可引起互相讨论，从而知道男孩的喜好。要是只说“穿这条裤子吧！”便终止了对话，可能令男孩反感。

如果男孩做错了事情，就要让男孩知道人人都可能会做错事，一些无关紧要的错误是可以得到原谅的。例如一杯牛奶打翻了，就不要过多地责备男孩，要示意让他自己擦掉，千万不要小事化大。要鼓励男孩相信父母，假如父母因一点儿小事就惩罚或打骂孩子，这会破坏亲子关系。

当家庭面临离婚、死亡或其他问题时，要让男孩知道，不可隐瞒，允许他抒发感受，免除心理压力。

两代人平等交谈、相互沟通的习惯，会使代沟障碍自动消除，这是走进男孩的心灵、教育男孩最为有效的途径。

在现代社会，家长和孩子之间是民主、平等的关系，孩子说得对的，家长就应给予支持。况且，做父母的必须明白，自己的年龄比孩子大，经历比孩子多，经验比孩子丰富。但真理不见得都在家长这边，有时也在孩子一边，在真理面前应当人人平等，谁说得对，有道理，就可以按照谁的意见去做。

常言说：“敬人者，人恒敬之。”父母能放下架子，认真听取、虚心接受孩子的规劝，孩子会更加尊重父母。

建军上三年级的时候，他的体育课总是不及格，于是对体育运动丧失了信心。

开始时妈妈总是责备他：“瞧你，长得结结实实，可一点儿用都没有，真是个笨熊！”建军听了低头不说话。

妈妈又说：“妈妈上二年级的时候，跳高跳远全年级第一。妈妈那个时候可风光啦，上台拿奖的时候，照相机的闪光灯闪个不停，就像你在电视上看到的一样。妈妈的照片还上了光荣榜……”

建军一听，妈妈的光荣对于自己如何摆脱目前的困境却于事无补。于是对妈妈说：“妈妈，我想……”

妈妈正沉浸在美好的回忆中，见建军插话，张口就说：“闭嘴，这里没有你说话的份儿！”建军本想跟妈妈探讨一下如何提高自己的体育水平，见妈妈根本不给机会，于是只好闭嘴，任凭体育成绩越来越差！

假如父母真想用自己过去的经历说服男孩，最好告诉男孩自己的那些“辉煌”是如何创造的。这样，男孩反而会虚心倾听父母的教导，对父母产生一种亲近感。

父母与男孩真诚地探讨，能平等地讨论问题，就等于在父母与孩子之间架起了一座沟通思想感情的桥梁。与孩子做好沟通，即使孩子的意见与父母的不一致，也必定大大改善亲子关系，增强亲子感情。孩子在争论和发表意见的过程中，同时也会增强自尊心、自信心和上进心，会更加谨慎自己的言行，严于律己，自觉地按照父母所期望的那样自我要求。对父母来说，教育男孩的过程，也是一个自我学习的过程，所以说，父母接受孩子的建议和批评，对孩子自身的成长是有益的。

总之，男孩渴求平等，请父母不要对他说“这里没有你说话的地方”。对这种不容置疑的话，当然男孩会产生逆反心理。比较聪明的男孩就会回敬一句：“我是家里的一员，怎么就没有我说话的地方了！”最终，父母的说法很可能只会引起男孩反感，却不具有任何的说服力。

沟通时要淡化学校教育的色彩

很多父母感叹，与男孩沟通太难。父母与男孩出现沟通危机，如果说是因为父母忙，那完全是大人在给自己找借口。其实，和男孩沟通一点儿也不难。父母只要注重男孩的生理和心理变化，加强与男孩沟通的技巧，就可以拥有和谐的亲子关系。家庭教育与学校教育不同，它更多地体现在生活和实践中，教给男孩做人、做事的道理和方法，丰富生活经验，增强社会历练。好父母胜过好老师，父母是孩子的第一任老师，因此与男孩沟通时，要淡化学校教育的色彩。

在现实生活中，家庭教育学校化现象很普遍。很多父母认为，孩子到学校的任务就是学习，特别是男孩，在学习上他们更加严格要求。在学校里，男孩被老师管，回到家里，父母仍然催促和逼迫着男孩学习、学习、再学习，男孩自然会很反感，表现出厌学情绪。

随着工作节奏的不断加快，竞争压力日益增大，许多父母不得不将更多的时间和精力投入到工作中，致使他们无暇顾及，甚至忽视了对男孩，尤其是处于青春期的男孩的教育和指导，这已成为当今普遍存在的一种社会现象。

经常有父母向教育专家咨询：和男孩每天沟通多长时间比较合适？如果家庭教育规定出时间，那样就太刻板了，和男孩沟通不是学校上课，家庭教育要融入日常

生活中，应随时随地、自然而然。

再忙的父母，每天都该抽出一点儿时间来和男孩做些沟通。那么如何淡化学校教育色彩，在和谐的家庭环境中与男孩实现有效沟通呢？

(1) 安排与男孩独处的黄金时间。“黄金时间”是指父母每天或每星期拨出一段时间，让男孩决定在这个“黄金时间”中的活动。男孩可向父母说出心里话，而父母一定要用心倾听，了解男孩的感受，但不要立刻下判断。男孩亦可以要求与父母玩各种游戏。父母关心男孩在学校的表现，与朋辈的关系。若能每天抽出时间与男孩相处，让他自由发挥，他便更容易向父母倾诉心中所想。

(2) 父母要学会当一个好听众。许多男孩认为自己已经长大了，可以自己拿主意，而不再愿意当被训导的角色，但他们思想活跃，又希望有个倾诉衷肠的对象。这时的父母应该改变原来的教育方法，努力创造一种“聆听的气氛”。最好的办法是父母经常抽空陪伴男孩，并且当一个好听众。这样男孩遇到什么事情，自然会找到父母。

(3) 抽时间举行家庭会议。家庭会议既可以是严肃的，也可以是游戏式的，它并不拘泥于形式和内容，只要是家庭内的事，无论大小，都可以通过“会议”这一渠道来沟通、决定。这种会议的关键是要全体参与，人人发表意见。

(4) 用“微笑协商”解决冲突。国外的教育学家、心理学家经过认真研究，提出“微笑协商解决冲突”：分析、确定冲突是什么；分析判断冲突的实质是什么；找出解决这一冲突的各种办法；分析冲突一方不能接受的解决方法；找出冲突双方都能接受的解决方法；实践并检验调整双方都能接受的解决方法。最后，让沟通成为生活中重要的一部分。

(5) 给男孩足够的自由天地。男孩渴望有自己的空间，有自己的隐私权，父母尽量不要干预他的私事，给他一个自由的空间。

(6) 学会在活动中与男孩交谈。这种方法是指父母和男孩在一起做事时进行交谈，如一起做家务活一边和孩子聊天。这种在活动中交谈的形式无论是父母还是孩子，都会感到轻松自在，父母从中也可以深入了解男孩的情况。

(7) 学会只当男孩的顾问。随着年龄的增长，男孩非常反感父母替他做决定，更不喜欢被指责。所以，父母最好只当男孩的顾问，帮助他一起面对问题，培养男孩独立思考、独立解决问题的能力。

(8) 把不好说的话写下来。父母把不想直接向男孩说的话或一些忠告写下来，让男孩自己领悟。因为把想说的话用文字形式写下来，会显得很有分量，更加可信。

(9) 珍惜男孩对自己说的话。男孩一般不愿意把有关自己的事情告诉父母，因此，父母要把男孩告诉自己的事都像对待礼物一样加以珍视。

总之，生活无时不在沟通中进行，缺少沟通的生活是没有生气的枯萎的生活，父母与子女的沟通是情感的需要，也是成长的需要——两代人共同的成长。光有一颗爱心是不够的，父母还需要学习爱的技巧，培养爱的能力。

向男孩道歉不是一件丢面子的事

一些父母肤浅地认为，调皮的男孩犯了错误就该打，才会使男孩变得听话，也更能体现出父母的权威。这是一种教子误区。经常打骂孩子的后果是加大男孩与父母之间的情感距离，影响亲子沟通与交流。虽然指责和打骂能让男孩在表面上屈服于父母，而内心却会产生更加强烈的逆反心。聪明的父母会选择另一种教育方式，比如与男孩真诚交流，他们和男孩交朋友、与男孩共同讨论家庭问题，这样男孩在家庭中就会觉得自己是重要的一员，感受到自己的家庭责任，从而不仅乐于分担家庭义务，也从心底敬重父母。

遗憾的是有些父母比较“独裁”，即使做错了什么，也不会解释道歉。有的父母认为，自己向孩子道歉是“不合道理”的，担心在男孩面前丢面子，而丢了面子就等于丢了威信，所以即使有过错的父母也很少向男孩道歉，这是为了时刻在男孩心目中保持一种不可侵犯的威严与权威。

父母不可能保证在男孩面前永远不犯错误，可以说，每个父母在男孩面前都会有丢面子的经历，关键是怎样在男孩面前挽回面子，重新树立威信。其实父母学会向男孩道歉，并非是一件丢面子的事，而恰恰相反，这正是家长敢于面对错误、严于律己的表现，从某种意义上说，向男孩道歉也是父母在男孩面前重塑威信、加强与男孩的关系的一个好办法。

父母权威的“黄金时代”是在男孩幼年时期，长大后的男孩则对这种权威会置若罔闻，他会用一种挑剔的目光、独立的思维去判断，把父母与其他社会上的人群进行分析比较。因此说确立、维护父母的威信，需要赢得男孩发自真心的尊重和信赖。

父母做错了事情就应该向男孩道歉，这也是做人的一个最基本的原则。父母要想教育男孩做到这一点，自己首先以身作则。因此，父母在男孩面前犯了错误，比如批评不当，惩罚过重，或言语不当，都应主动向男孩道歉，这样不但会让男孩更加信任父母，而且也绝不用担心会降低在男孩心目中的威信。作为父母，首先应该明白，父母在家庭教育中的权威是以对男孩的关怀和爱为基础的，在爱孩子的基础上再做出严格、合理的要求。这样既会使男孩感到父母和蔼可亲，又会被父母的权威所征服，从而会发自内心地敬佩父母。当然道歉还是有许多技巧：

(1) 向男孩道歉应讲求方法。向男孩道歉要心平气和，敢于剖析、直面自己的错误。对于道歉的原因与内容要明确地告诉男孩，千万不可含糊带过，让男孩感到父母没有认真道歉，这样是不会达到预期的教育效果的。有时在语言表达歉意时还可以借助于肢体语言，这些道歉的方式既可以得到男孩的谅解，在某种意义上也会增进父母与男孩的亲情。通过父母向男孩道歉，男孩在父母身上也学到了一种良好的品质，从而当自己犯错的时候，也会勇敢地面对自己的错误，对自己的行为负责。所以学会承担错误，有助于培养男孩的责任感。

(2) 不要频繁地向男孩无故道歉。有些父母想借“都是妈妈不好”的道歉，建立起平等的亲子关系，可是往往却适得其反。由于男孩在人生观和价值观上还未成熟，如果父母过分地讨好，就会让男孩觉得父母的威信降低了，如果这时男孩再提出不合理的要求或与父母辩解，那么道歉也就起不到作用，反而滋长了男孩任性、以自我为中心的坏习惯。

总之，父母要在男孩面前树立权威，首先要以身作则，做好言行的表率，通过自己的良好的品德让男孩耳濡目染，这样才能获得男孩的尊敬与崇拜。要求男孩做到的，父母自己首先要做到，才会获得男孩的信任，才能让男孩与自己做朋友。父母榜样的力量是无穷的，而男孩的天性又善于模仿。父母的一言一行，男孩都会看在眼里。这不仅影响男孩的人生观和价值观的取向，也对男孩的行为有着深远的影响。

因而，为人父母者应处处注意自己的言行，错了就要道歉，这不是丢不丢面子的事儿，只有这样才能赢得男孩的尊敬。

幽默可拉近与男孩之间的距离

缺乏幽默的环境是郁闷的，家庭教育也同样如此。幽默感应在父母的语言修养中列居特殊的地位。父母放下架子跟男孩交朋友，就要想办法与男孩拉近距离，就要带点儿幽默感。

父母在教育男孩的时候，与其板起面孔说教，不如来点儿幽默，效果会更好。幽默是融洽家庭关系的润滑剂，能使家庭成员融洽和睦地相处；幽默也是快乐之源，能使家庭生活充满欢声笑语和温馨快乐。在家教中，如果父母适当地运用恰当

的幽默，不仅能使男孩免去在父母面前的拘谨，还能使其在轻松一笑中接受良好的教育。

幽默是一种行之有效的、不可忽视的家庭教育手段。父母可以从培养男孩的幽默感开始。当男孩生活在一个充满幽默欢笑的家庭里，被幽默的力量所吸引的时候，男孩就会显得活泼、热情、开朗。父母是男孩的第一任老师，平常与男孩开些善意的玩笑，鼓励男孩说些健康的俏皮话，用幽默的方法教育男孩，都是十分有益的。儿童心理学家认为，幽默是培养男孩健康乐观的个性的最佳途径。

对待男孩的错误，放下严肃认真的批评，换一种教育方法，采取幽默的手段，同样可以达到教育的目的，甚至事半功倍。父母如总是用斥责惩罚的方式对待犯错误的男孩，久而久之就会让男孩处于担心受到惩罚的惊恐和紧张状态中，但是如果父母善于用幽默，使男孩在发觉自己做的糗事中同时破涕一笑，用愉快化解尴尬处境，其效果往往比板起面孔训斥男孩要好得多。

如果父母具有幽默感，那么培养出来的男孩也多是很有幽默感的。一个男孩具有幽默感，表明他的人生态度是积极的、乐观向上的，有着良好的人格和性格，将来一定也会拥有较好的人际关系，所以，幽默对男孩人生的发展有举足轻重的作用。

要培养具有幽默感的男孩，父母不妨抽出一点儿时间来，与男孩一起分享具有幽默感的生活小事，在生活中善于发现幽默、创造幽默，为生活增添更多情趣。男孩的天性是快乐的，让男孩在轻松、充满幽默气氛的家庭环境中成长，可以尝试以下方法：

（1）根据男孩的年龄和认识水平，选择合适的幽默作品让他听读。在欣赏与自己年龄相符的作品时，男孩不仅会对作品本身感兴趣，也会对作品的幽默之处有所期待，即使读书百遍，他仍兴致盎然，手不释卷，回味最精彩的情节，然后开怀大笑。

（2）在生活中让孩子多发现幽默。尽管生活每天平淡无奇，但依然有不少让我们的身心觉得快乐的地方，比如一句幽默的妙语，一个好笑的片断。生活中不是缺少幽默，而是缺少发现幽默的心。父母要做个有心人，多捕捉生活中有趣的场面和故事，经常与男孩一起分享快乐。平常可以收集各种笑话、漫画和幽默故事，与男孩一起阅读，这样可以引导男孩主动地去感受幽默的魅力，发现有趣或奇妙之处，让男孩在幽默和快乐中获得愉悦的情绪体验。

（3）根据男孩的兴趣讲“重点”。有的男孩在欣赏幽默画或幽默故事时，并不喜欢父母完整地讲述整个故事，父母不如就把讲解的重点放在“惊喜”之处，让男孩过把瘾。

(4) 允许其有不同的理解和看法。在欣赏同一个作品时，男孩与父母看待问题的角度是不同的，会用自己的想法去理解作品。比如父母和男孩一起看《父与子》系列漫画时，父母可能理解为“父子情深”，而男孩的理解却是“这个男孩真可笑”。所以，在教育男孩时，父母可以多鼓励男孩大胆地发表自己的看法，让他充分发挥想象力，这样可以促进男孩在欣赏的过程中获得情感的释放、理解能力的提高和想象力的发展。

总之，不打不骂教育男孩，放下架子跟男孩说话，真心和男孩交朋友，就不要忽视幽默的润滑作用。父母多一点儿幽默，家庭就多一些笑声和欢乐。幽默也是一种力量，不仅能消除父母与孩子之间的情感隔阂，而且还会让孩子在笑声中健康成长。在学习中加入幽默，可以达到寓教于乐的目的。

第 8 章 谨慎处理，帮男孩平稳度过青春期

进入青春期的男孩生理和心理都处于高速发展阶段。随着生理的成熟，心理上的波动比较大，男孩在经历“第二次诞生”的阵痛，情绪上容易产生激荡和动乱。面对男孩的突然变化，很多父母常常为此感到措手不及。其实，这时父母应该给男孩更多的爱，理解男孩，引导男孩平稳度过青春期。

性教育应该从两三岁就开始

很多父母认为，有关性的问题用不着教育，孩子长大成人自然就懂了。这是因为受传统教育观念的影响，对性教育问题还没有形成比较开放的思想，学校里也很少提及性教育课程，所以，在父母看来，即便没有性教育，也同样会生儿育女，进行人类的世代繁衍。还有人认为，在青春期以前，是没有“性”的概念的。既没有性的功能，也没有性的想法。然而，事实上并非如此。

现代人类依然对性的问题存在许多误区和偏见，在性教育上也是一知半解。其实，性的生理功能始终伴随于人的一生。人们常常用青春期作为人成熟的标志，青春期是人生中重要的阶段，可以算作未成年到成年的分界点。但是，这并非意味着青春期之前就无“性”的存在，而青春期之后才变得有了“性”的区分。青春期是性成熟的标志，也就是意味着从这一阶段开始，性心理和性行为逐渐变得成熟，实现未成年到成年的过渡。而性的基本功能和生理反应，则是在胚胎里就已经具备了。所以，青春期的性教育问题，是值得家长和老师重视的。漠视孩子的性教育，则可能酿成大错。如今，大部分孩子的青春期发育提前，初中生早恋已经成为一种普遍的社会现象，少女怀孕问题逐渐增多，由于男孩缺乏性的知识和性道德，因此

会做出一些蠢事来。所以，要积极对青春期的少男少女进行性教育，不能顺其自然发展。

青春期之前的男孩即使对性一无所知，也会偶然地出现性反应，这是正常的生理现象。然而，很多男孩对性知识缺乏，会对自己出现的“性现象”感到吃惊和恐惧。更有的连成年人也对此现象感到迷惑不解，这也说明了性教育问题的重要性。一些对性感到耻辱、回避等传统观念应当改变。性反应是自然的正常的生理现象，所以性教育也不应成为避讳不谈的话题。但是如何教育能取得好的效果，则取决于父母持有什么样的观念和态度。

“性教育”并不仅指性行为教育，而是一种人格教育。良好的性启蒙教育对男孩人格的成长和身心健康发展都是极为重要的。当男孩逐渐长大懂事的时候，父母可以让男孩了解和认识人体结构，包括人体各器官的名称、结构和功能，告诉男孩性器官的名称、功能和男女身体的差异。在讲解人体生理知识时，最好用通俗易懂的语言来讲解，告诉男孩一些基本的性知识即可。

对男孩从小就进行性教育，是有必要的。对男孩性教育应该从两三岁就开始，当男孩开始无意识地摆弄“小鸡鸡”的时候就应开始了。

三岁左右的男孩常常会问大人：“为什么我有小鸡鸡，能站着撒尿?”“为什么佳佳妹妹总是蹲着撒尿?”这时期男孩提出的性问题，通常是出于好奇心或是对某种情况的疑问。面对男孩的疑问，父母的回答本身并不是最重要的，最重要的是对性问题的态度和所做出的反应。所以，当男孩提出一些有关性的问题时，父母要以自然和健康的态度对待，坦率、简单地告知男孩一些基本的人体常识，切忌神秘和遮掩。随着年龄的增长，父母还会面临男孩有关遗精、自慰等性问题，所以性教育问题是不可忽视的。

父母对男孩进行性教育要掌握适当的方法，这样不仅使男孩了解和学习到科学的性知识，保证男孩性心理的健康发展，还可以促进亲子之间良好、亲密和相互信任的平等关系。

有关性问题的疑惑，小男孩可能问得最多的问题就是，自己是从哪里来的。而不懂得教育方法的父母往往会敷衍说：“外面捡来的。”这样的回答既不科学也不能让男孩信服。正确的态度应该是严肃地对待男孩的提问，可以回答说：“你是从妈妈的肚子里生出来的。”这样回答符合男孩的思路。对于稍微大一点儿的男孩，父母也可以先反问男孩：“你觉得你是从哪里来的?”当男孩了解到一些生理常识和有关的性问题时，会按照自己的理解寻找答案。当男孩所说的观点基本正确，父母可以表示肯定，说“就是你说的这样”就可以了。总之，面对男孩性的疑惑，父母要做出科学而合理的解释，要让男孩接受和信服。面对不同年龄、智力水平的男

孩的提问，可以做出不同的回答，既不能太深奥，也不能过于简单，只有这样，才能降低男孩的好奇心，同时让男孩学到知识。

性教育不仅仅指性知识的传播，还应包括父母的身教作用，不要给男孩制造神秘感。在性教育时，要符合男孩的年龄特点、理解能力，遵循男孩的生理发育阶段，比如对刚刚懂事的男孩讲解遗精显然是不合适的。另外，还要考虑到顺序和时间、场合等因素。父母平时要多观察、留心男孩的情况，注意掌握恰当的教育时机。

总之，无论男孩对性反应和性现象产生怎样的疑问和困惑，父母都不能责罚和打骂、打击、挖苦和疏远他们，更不能找理由回避和搪塞男孩的提问，这不但没有消除男孩对性的疑虑，而且还容易对男孩成年以后的性心理造成不良的影响。正确的做法和态度是，对男孩提出的性问题做出合理科学的解释，引导男孩积极健康地成长。

警惕，男孩已经进入青春期

当男孩发育日臻成熟、出现第二性征的时候，当他好奇地徘徊在伊甸园门口、想窥探其中奥秘的时候，父母是否意识到，你的男孩已经步入青春期？

性成熟过程主要发生在青春发育期，这时，身体的生长、发育、代谢、内分泌功能及心理状态诸方面均发生显著变化。而男孩则为第一次遗精，往往为梦遗。男孩第一次遗精也可能没有精子。此时，会出现一些心理上的重要变化，如对异性的向往、希望异性注意自己、开始有性兴奋等。

男孩青春发育期没有严格的界限，一般在10~14岁，持续2~4年。男孩青春期的第一个体征一般出现在10岁左右，表现为睾丸和阴囊增大，随后阴毛出现，阴毛生长是第二性征发育的信号。接着阴茎增长、变粗，身体迅速长高，肌肉变得发达，长出胡须和腋毛，声音变得低沉。同时前列腺和精囊腺增大并开始分泌液体，精子逐渐生成。男孩在13~15岁通常会发生第一次遗精。

男孩进入青春期后，由于身体上和心理上发生了显著的变化，男孩对有关性问题存在许多困惑和疑问，而这些问题在学校里也很少可以学习到，所以在家庭教育中有必要让男孩了解一些基本的生理知识。因为性别差异，男孩在生理问题上可能对母亲难以启齿，所以给男孩答疑解惑的任务就可以由父亲来担当。一般情况下，父子间往往存在更多的默契，父亲多关心男孩的成长，男孩有什么话也总是愿意对父亲说。比如，父亲可以跟男孩讲讲男人的性格特点是什么样的，男人应该如何做

事，男人的情感是什么样的，等等。父亲在与男孩沟通时，要注意言谈举止、仪表礼仪，给男孩做出一种阳刚表率，既要有严父的权威也要有慈父的温柔。如果父亲太过于严厉或者冷若冰霜，男孩即使遇到困惑也不敢上前请教，再加上平时很少接触父亲、与父亲沟通，所以会使有的问题成为男孩的心结。因此，当男孩向父亲提问一些羞于回答的问题时，父亲不能对男孩的好奇心和探索欲表示质疑和愤怒，而是应当耐心地帮助男孩解除困惑，给男孩讲解清楚必要的基本生理常识。男孩通常是喜欢和父亲沟通交流的，和父亲一起爬山、踢球、有说有笑，会让男孩感到快乐和安全。而来自父亲的回答和讲解，会让男孩觉得很权威、很正确。每个男孩都渴望得到父亲的温情和疼爱，渴望和期待从父亲那里得到自己学不到的知识和答案。

男孩进入青春期后，父亲应多给男孩一些关爱。如果父亲很少关心男孩的生活和学习，男孩同样可能偏离正常轨道。因为他还小，外界的因素又很多，男孩的自控能力还相当地弱。另外，男孩逐渐懂事了，了解的东西也多了，父亲也有必要再充电，使得自己和男孩的交流不出现代沟。其实，性教育不单纯是性知识的教育，也包括人格、品德方面的教育。

男孩进入青春期后，会突然变得害羞起来，往往不愿意和父亲一起去洗澡。因为他觉得有些正常现象，比如，遗精，是自己干了“坏事”，所以非常怕父母知道。在这个时候，父亲要特别注意教育男孩的方式和态度。首先，不要责骂，不要因为他拒绝同去洗澡就发脾气或指责男孩，而应祝贺男孩发育成熟了。如果父亲的态度选择得不合适，男孩将对性产生恐惧和罪恶感；其次，自然大方地教给男孩一些性知识，告诉他应该怎么正确面对来临的生理变化。在性教育中，父亲应是男孩最好的老师。

男孩进入青春期后，父亲首先应从细心呵护男孩的“面子”问题开始做起。当脸上冒出第一颗痘痘，嘴唇周围突然多了一圈毛茸茸的小胡子，有些男孩因身体的飞速生长而觉得很难堪和不自然，就心情紧张地去使用各种护肤品去掩盖，挤痘痘、拔胡须，让自己显得和原来一样“年轻”。会千方百计地去遮掩、去修饰，让自己的变化不那么显眼，这样做是不对的。采取一些极端的手段去改变自然的生理现象，会严重影响身体健康。青春期脸上会长青春痘，可以把它当作青春的标志，如果盲目地去挤，很容易被细菌所感染，造成发炎、红肿甚至疤痕，影响美观。另外，男孩长胡须是一种成熟的标志，不要觉得别扭，胡须宜刮不宜拔。男孩的口唇部位被称作“危险三角区”，是最容易感染病菌的地方，所以应保持个人卫生的整洁。平时应及时修剪胡须，刮胡子应该小心翼翼，不要拔胡子，否则会引起毛囊发炎。父亲应该帮助青春期的男孩欣然接受自己的生理外貌。告诉男孩，无论是长胡须还是长痘痘，都是正常的生理现象，是男人魅力的标志。

其次，多关注男孩的生活，教育男孩养成卫生整洁的好习惯。男孩的个人卫生是不容忽视的，而到了青春期，男孩不再像小时候那样淘气，弄得灰头土脸，而是不自觉地注重起个人形象来，会注意自己的脸部、衣服、身体的卫生。男孩的阴囊及其附近的部位皮肤皱褶多，伸缩性大，汗腺丰富并且分泌旺盛，常受大小便、汗液及精液的浸渍，因而是最容易藏污纳垢的地方，也最容易受细菌的感染。男孩的阴茎包皮内和阴茎头的交接处，分布着许多小皮脂腺，能不断分泌黄色的油性物质。所以更要注意卫生，勤洗澡，预防疾病。

平日里要让男孩多穿宽松式的衣裤，如运动服，少穿牛仔裤、紧身裤。晚饭不要让男孩吃得过饱，避免让男孩生活在过于闷热的房间里，帮助男孩养成侧卧睡觉的习惯，让男孩穿宽松的棉织睡衣，同时勤换内裤，保证身体的排汗和卫生。一旦发现男孩出现了遗精现象，要为男孩准备干净的内裤以及褥垫，养成注意卫生的好习惯。

青春期男孩的秘密你别碰

处于花季的少男少女，总爱将自己的抽屉上一把锁，似乎有什么不可告人的秘密。其实，这只是男孩独立、自尊意识的一种体现，男孩想以此表明自己已经长成一个拥有个人行为秘密的人，再也不像童年那样随时随地都愿对父母敞开心扉。

17岁的小刚是一名高中生，他很爱学习，但是脾气有点儿倔强。有一次，父亲发现自家的信箱里有小刚的信，而且信封上的字体工整清秀。父亲认为多半是女生给儿子写的信，于是跟妻子嘀咕：“儿子可能谈恋爱了，这可不是小事！”

于是夫妻俩开始“审问”小刚：“那是谁给你写的信？你可别把时间用在写情书上，你小子不考上大学甭扯那没用的！”

小刚反驳地说：“是初中时的一个同学来的信，她遇到一些困难，想请求我帮助。”

“别拿这话骗人，好汉做事好汉当，把来信拿来给我们看看。”父亲说。

“这是我的秘密，为什么非给你们看？”儿子理直气壮地反驳。

“瞧瞧，不敢给人看吧，还是不可告人的秘密！”母亲火上浇油。

小刚生气了，冲进自己的房间把来信撕得粉碎。

父亲更火了：“你小子翅膀硬了，看我管不管得了你！你把来信的内容好好跟我们说一说！”

“我就不说！”儿子一气跑出了家门。

原来确实是小刚初中时的一个女同学给他写的信，这个女同学对小刚一直有好感。小刚觉得学习要紧，没打算谈恋爱，但作为好朋友，应该为这个女同学保密，因此不愿让父母知道。

如今大多数的家庭是独生子，对于父母来说关心、培育好男孩可谓煞费苦心。不过，男孩常常觉得父母不理解自己，会用带密码锁的日记本或给抽屉上锁，以保护自己的“秘密”不遭到父母的“偷窥”。

青春期的男孩喜欢将所有的事情记在日记里，这正反映了他们最显著的心理特点——心理闭锁性。十六七岁的男孩已不再像儿时那样单纯直率，把所有的需求和愿望都毫无保留地告诉给大人，而是喜欢把心事藏起来，喜欢和自己倾诉心中的烦恼和快乐。此时，日记本就成为他们倾吐、宣泄、记录、回忆的最常用的工具。随着年龄的增长，男孩逐渐地获得了独立，已经拥有一个相对完整、私密的个人空间，这个空间里的一切都是属于自己的，任何人都不可以随便地闯入进来。为了让这个隐秘的自由空间只为男孩所有，男孩会做出“警诫声明”，告诫包括父母在内的任何人不得随便干涉。但是，许多父母不能正确对待男孩的这种心理需求，总是千方百计地窥视、猜测男孩的秘密，强迫男孩按照自己的意愿行事。父母的这种“爱心”往往会使男孩产生强烈的逆反心理，不利于男孩的健康成长。

秘密应该被尊重，一个男孩如果没有体验过被尊重的感觉，他就不懂得尊重别人。尤其是当男孩逐渐进入青春发育期之后，生理上的成熟引起心理上的变化，会出现一种“闭锁心理”，开始有了自己的小“秘密”，不想把什么都告诉父母。这是很正常的现象。男孩青春期秘密是其成长的重要标志。如果父母不理解，往往会发生严重的亲子关系冲突。

父母亲常常保有自己的秘密，但是却认为必须时时知道男孩的一切——他们在做什么？想什么？如果男孩拒绝分享他们的秘密，父母会因此而生气且觉得受到伤害。

唯有父母让男孩从小就享受他们应有的权利，他们才能快乐健康地成长，事实上，给男孩独处的机会，让他们有些幻梦，对他们的确有帮助。

其实当青春期的男孩独处时，他们往往会想一些不存在的事，甚至自我批评。例如：“我愈来愈胖”“佩佩不喜欢我”“我总是浪费时间”。但是除了这些负面情绪外，研究发现青少年一天之中醒着的时候约有1/4的时间是独处的，而事实上他们也从其中获得助益；他们可以计划更多的事。他们或许会认为孤独令人难受，但往往“良药是苦口的”。

虽然保密有其正面的影响，但是父母亲仍然会担心男孩之所以希望独处，可能

是想做一些父母并不赞同的事。这个怀疑可能导致父母与青春期男孩之间的战火。而父母亲侵犯男孩的秘密有时会造成男孩们感到自己有罪，对他人产生防御心，甚至更加的退缩。为了让男孩能有很好的自我价值观，父母应该获得男孩们的信赖。

有时当男孩们希望能独处时，他们往往会寻找借口而不直接地表达出来。他们可能告诉父母：他们很疲倦或者是身体不舒服。与他人玩耍时的紧张不安也可能是他们需要一点儿独处时间的预兆。

男孩们到底需要多久的独处时间呢？对于青少年而言，通常一周15~30小时是最为恰当的。如果他们常常孤独一人，这时父母就必须去了解他们在做些什么。青春期的男孩若是一天到晚只看电视、重复地听同一首歌或者常发呆，那么父母不妨试着引导他们对其他活动的兴趣；然而如果他们只是专注于自己的嗜好或是特别有趣的事，父母就无须担心了。

让男孩了解保有自己的秘密并不表示父母不关心他们，只要当他们向父母寻求帮助和支持时，父母能给予温暖的回应，他们就会体会出父母的关怀。具体的父母应该做到以下几点：

(1) 别贸然去窥探男孩的秘密。青春期的男孩有个最大的特点就是他有秘密，而且不想让别人知道自己的秘密，虽然那个秘密不是很大，但是父母这种不信任的做法让他特别反感。所以这时候要尊重男孩的意见，给男孩留点儿空间，别去偷看男孩的日记。这一点在男孩的人格发展中是非常重要的一点，要爱护他这一点，给他留点儿秘密。哪位父母要偷看男孩的日记，您再好心，男孩也会不满。

(2) 相信男孩能够处理他遇见的麻烦。偷看男孩的日记，无疑是由一片爱心驱动。然而，爱，就要信任。凡是坚持写日记的男孩，几乎都是好学上进、有自尊心的男孩。也许他在为人处事上有些失误，但如果他肯记下来，他肯反省，这比什么都重要！

(3) 尝试着做男孩的大朋友。对男孩闭锁的心灵不去贸然探秘，难道可以不闻不问？当然不是。需要的是父母要放下架子，与男孩营造一种朋友关系。男孩不会拒绝朋友。所以父母应该放松一点儿，就跟平常聊天一样，跟男孩聊聊青春期一些比较秘密的事，在聊天中男孩就掌握了应该怎么去做。

(4) 培养男孩明辨是非的能力。进入青春期的男孩，尽管自主意识增强了，但正确的人生观尚未最终形成，由于是非观念不强、自制与自控的能力比较差，男孩在处理诸如学业、情感、人际关系等诸多问题时，还不能把握好尺度，父母在细心观察男孩思想动态的同时，要根据男孩的性格、爱好和特征，有针对性地采取相应的措施，培养男孩明辨是非的能力，引导男孩在学习和生活中检查、论证自己的思维过程和内心秘密的正确程度，以规范自己的行为。

总之，想尽一切办法，也不可能把男孩的心声全部掏出来，而且也没有必要。独享一块心灵绿地，不要任何人来涉足，这是一个心理健全的人的基本心理需求。男孩长大了，就应该有一块仅属于自己的天地。把这方天地留给男孩独自享有，这也是对男孩的爱。

不要视男孩自慰为洪水猛兽

进入青春期之后，男孩自慰是一种正常行为，源于对性的好奇。面对男孩的自慰行为，父母一定要慎重对待，切不可打骂纠正。

唐伟已经上大学了，他回忆起初中时的那一幕，依然心有余悸。

那是高一下学期的事情。有一次，他在家做数学作业，有一道题一时想不出来，脑袋里就开始胡思乱想起来。这种情况已经不是第一次，已有半学期了。在自己独处的时候，情不自禁地用手玩弄自己的阴茎。他自己也很清楚，每次做作业的时间都特别长，爸爸妈妈都感到他进步多了，能经常一两个小时做作业，也不出声。只是成绩不但没有上升，反而下降，这就使他们老是在想：现在的学生真不容易，竞争太激烈、学习太苦了。

不过，有一次唐伟露了馅。正当他极度兴奋时，爸爸推门进来。那扇门平时儿子都是小心插好的，这一天不知怎么搞的，忘了插。爸爸看到这一幕，手中的牛奶杯摔在地上。儿子惊呆了，迅速站起来，拉好衣裤。不过爸爸已经愤怒地走过来，忽然看到作业本上还放着一张半裸的美女卡片，上去就给儿子一巴掌。

“我们以为你在好好学习，不要脸的狗东西！”说完，气得走了出去。

儿子低着头，咬着嘴唇，什么也不说。

从此以后，他在父母面前小心翼翼，甚至不敢正面看他们，在班上也不敢与女生说话，女教师上课，他都不敢抬头。在他的心中，罪恶感、耻辱感压得他喘不过气来。可同时，他并没有停止自慰，每次偷偷完成后，就有内疚与自责的痛苦，这使得他的青春期一片阴暗。

在传统社会里，自慰是一种很丢脸的行为，属于社会禁忌，人们平时都不能谈论它。传统观念认为自慰会造成人的精力衰竭、气短体虚。过去的医书上也写着：自慰会导致神经衰弱、记忆力下降、失眠多梦以及婚后性功能障碍等。一些父母正是基于这种传统观念对男孩的自慰行为大加斥责。

专家指出：青春期以后，男女都可能发生自慰，但是男性比较普遍。那些从来

不敢触摸自己性器官的男孩，大多受到严厉的约束，认为性器官很“脏”或很“神圣”，不能随意接触。其实，这反而对他们的健康不利。

造成自慰的生理原因与梦遗类似，主要是生殖器官发育，性激素浓度上升，使男孩本能地开始对异性感兴趣。而生殖器官在不断发育中也容易引起男孩的注意，特别是阴茎很容易在受到刺激后充血勃起，这一发现会令男孩感到好奇。

用传统的目光和粗暴的方式对待男孩在性方面的不当行为，不仅于事无补，而且会伤害男孩的自尊，给男孩的心理留下永远的创伤。

男孩偶然的自慰是缓解性压力的一个途径。但有些父母却不这么认为，他们一旦发现男孩有自慰行为，往往大加斥责，甚至羞辱男孩，像唐伟的爸爸责骂唐伟“不要脸”就很不恰当。这样做使男孩罪恶感增加，心理自卑感加强，甚至造成精神崩溃。

父母应当多了解一些生理卫生和青春期的心理知识，并在男孩发生自慰行为时，对男孩讲清楚自慰的利弊，而且让他们知道青春期由于生殖器官的发育，性激素会促使男孩出现梦遗现象。

男孩最初的性体验往往来自于自身的自慰行为，自慰被认为是性行为的初始方式。自慰对于性冲动异常强烈的男孩来说，它能使性冲动得以顺利地宣泄。自慰还是男孩自我发现和逐渐了解自己的身体和情感的一种方式。因此，只要不是过于沉湎于自慰产生的快感中，不过于频繁自慰，是不会损害男孩身心健康发展的。因此说，当父母发现男孩的自慰行为时，不要大惊小怪，更没有必要怒骂斥责。

当男孩进入青春期后，随着他性意识的觉醒，应及时进行性知识和性道德教育。父母要选择适当的语言和适当的时机告诉他，由于内分泌系统的成熟，性激素产生过多，男孩开始出现第二性征。男孩会长胡须，声音变粗，阴茎、睾丸增大，并出现遗精等生理变化。这时，父母应告诉他这是一种正常的生理现象，是进入青春期的标志。

鲁迅先生说：“生物的个体，总免不了衰老和死亡。为继续生命起见，就有一种本能，这就是性欲。因性欲才有性交，因性交才有后代，继续了生命，所以，性交也并非罪恶，并非不净。”因此对性问题大可不必羞羞答答，遮遮掩掩，应理直气壮地来谈论它，研究它，让更多的人，特别是青少年正确地认识它，以增强对性犯罪的免疫力。

关于性，回避、搪塞只会让男孩觉得这种事情更加神秘，更增加了男孩对这类事情的好奇心。父母是男孩的第一任老师，对于性的问题，最好一开始就给男孩一个实事求是的答案。

父母应该尽量简洁地对男孩解释，不用长篇大论，或者给他上一堂复杂的科学

或道德课程。如果自己回答不了，就找一本相关的书籍，和男孩一起阅读吧。

巧妙地引导男孩面对性成熟

进入青春发育期的男孩开始亲身体验到身体的微妙变化，如果在这之前，他已经接受过来自父母的科学指导，便不会对遗精感到紧张，虽然他仍然会感到害羞。父母要巧妙地引导男孩坦然对待性成熟。

有的父母不明白，“男孩什么时候开始有了性本能？是在青春期突然之间产生的吗？”不，性本能在青春期前很长时间就产生了。弗洛伊德声称性满足从摇篮里就开始了，最初与哺乳有关。孩提的行为在很大程度上受到性好奇与性兴趣的影响，虽然荷尔蒙的分泌要到青春期才会完全成熟。3~5岁的男孩对裸体的兴趣以及男女孩相互之间对性器官的兴趣，也是很常见的。这是形成性观念的重要时期，父母应该注意不要对这种好奇表现出震惊与厌恶，据悉，很多性问题都是父母对男孩早期进行不适当教育的结果。到了小学高年级，10岁左右，男孩开始对两性关系发生兴趣。

一般男孩在11~15岁进入青春期，在这一时期伴随着性生理的变化，男孩产生了对性知识的强烈需求，开始关注自己的身体发育变化，会与周围伙伴的发育变化进行比较。青春期的男孩心中总是充满了各种疑惑并渴望获得答案，他常常对发生在自己身上的变化感到惊讶、脸红或者恐慌、紧张不安，甚至疑心生病，对自己的健康状况分辨不清。所以，他常常有意识地通过一些途径来寻求性知识，如翻阅医学书刊、收听专栏广播等。

青春期初期的男孩会将大部分时间集中于性的问题上，这很正常。他被这个令人激动的新世界深深吸引，想尽可能多地了解这个世界的一切。父母不应该对一个处于青春期男孩的所想所为感到震惊：他很可能会说出或是写下父母认为早熟的事情。羞涩少语的青春期男孩有时也会说出让人吃惊的亵渎之语。这种性探究不应被理解为道德败坏，相反，这典型地反映了男孩突然之间对性的向往。

美国性教育家戈尔顿教授认为，受过家庭性教育的青春期少男少女，大都能推迟首次与异性接触的时间。但对于给自己正逐渐成熟起来的男孩进行性教育，许多父母常不知该怎样入手。如何巧妙地引导男孩面对性成熟，专家给出了以下几个建议：

（1）制定一些有说服力的、易为男孩接受的规定。任何父母都不可能把男孩一

直关在家里，过多的限制往往会引起男孩的反抗。绝大多数男孩接触异性的时间一般在放学回家之后到父母下班之前，所以对男孩“约法三章”确有必要。比如，和男孩约定：家中没有大人时，不能把异性朋友带到家里来；男孩的舞会应有大人陪伴参加；不要去喝有刺激性的饮料。

（2）家庭性教育最好是通过与男孩聊天的方式展开。不要希望用某种教科书来解决，这样效果不会理想。在日常生活中，父母可借助某件性方面的事聊起。让男孩了解一些性和生育方面的知识，并不等于允许男孩过早地这样做。如果父母老是简单地向男孩强调“你还小，不需要知道”，反而会引起男孩的逆反心理，向父母不允许的方面去做。

（3）要善于回答男孩提出的性问题。不要对男孩特有的好奇心横加指责，应通过循循善诱来抹掉男孩心理上对性问题的神秘色彩，使之对待性问题能有正确的认识。应该让男孩懂得，青春期只有集中精力去增长知识才干，才能为美好的将来打下基础。

（4）帮助男孩产生多种兴趣，培养广泛的爱好，这样有利于分散男孩在性问题上的精力。另外，鼓励男孩从事一些力所能及的劳动，对他也大有裨益。

总之，青少年性意识的觉醒与发展是人生成长过程中正常而必要的现象，也是青春期自我意识发展中的一个重要方面。随着男孩慢慢长大，男孩的自我意识的各个层面都和他的性意识紧密相关。他会逐渐以一个男性的自我形象在社会中呈现出来。他会从男性的角度去欣赏、看待或评价社会中的其他人和事情。所以，在对待男孩的性成熟上，父母要引导而不是回避。

面对男孩“心理闭锁期”莫慌张

很多父母都发现，原本整天活蹦乱跳的男孩，不知道从哪一天开始就像变了一个人，天天一脸的阴沉，也不知道谁招惹他了。男孩的心仿佛筑起了一道墙，男孩在墙里，父母在墙外，墙里的人不想出来，墙外的人想进却进不去。

心理学家把男孩的这一时期叫作“心理闭锁期”。男孩在小的时候，什么事情都依赖父母，觉得父母什么都会做。而随着男孩进入青春期，心理各方面迅速发展，男孩会发现：父母并不是完美的偶像，他们也有很多的缺点和不足，也有很多不能解决的问题，并不能解答所有的问题。于是男孩不再想把什么都告诉父母，什么事情都向父母请教。有时，他更乐意跟同龄人交流。

他们独立意识也增强了，什么事情都想自己解决，不想再依赖父母，不喜欢别人再把自己当男孩，处处表现出一种成人感。于是开始对父母表现得冷淡，有时甚至是反抗、离家出走。所以，父母会觉得男孩离自己越来越远。

男孩进入青春期后，他就会在心理上对父母形成抵触情绪，甚至会瞧不起父母，觉得每天在耳朵边唠唠叨叨，感觉非常厌烦。所以，青春期的男孩就开始从崇拜父母的阶段过渡到“瞧不起父母”的阶段。

在父母对男孩的教育过程中，要注意分析自己男孩的具体情况，不能因男孩疏远自己而乱了阵脚。在男孩的“心理闭锁期”父母应该做到：

(1) 让男孩正确对待青春期特征。父母要帮助男孩正确地认识第二性征的出现是青春期正常的生理现象，不必恐慌和害羞，也没什么大惊小怪的。鼓励男孩要增强自信，懂得悦纳自己。青春期的男孩好奇心强，对很多事情和现象有强烈的探索欲，父母应帮助男孩，减少他心理上的神秘感，树立良好的道德行为。青春期的男孩在生活上和学习上应给予多一些的关心和照顾，保证充足的睡眠。因为睡眠不足，会导致记忆力衰退、注意力降低、精神疲惫、情绪低落等现象。

(2) 帮助男孩正确认识压力。每个人在生活中和工作中都会存在一定的压力，有压力是正常现象。要学会和压力和平共处，学会缓解压力、释放压力。对男孩来说，最大的压力就是学习和人际交往两大方面。所以，父母要想让男孩生活得健康快乐，就别给男孩施加过多的压力。适当放低期望值，不拿自己家的男孩跟别人攀比，对男孩的能力发展不要过于急躁。当男孩觉得压力太大、心理负担太重时，父母可以帮助男孩一起想办法抗压。

(3) 教男孩学会宣泄负面情绪。当男孩感到压力太大时，父母可以教给他主动疏导发泄的方法，比如说出自己的体验、想法，向亲人、同学、朋友倾诉，释放郁闷。哭是一种有效地解除紧张、烦恼与痛苦情绪的方法，男孩也需要用眼泪抚平内心的苦痛，这样对身体有好处。

转移注意力，让男孩学会忘掉不愉快。比如积极参加文艺或体育活动、放声歌唱或大声喊叫、运动、写日记、做深呼吸，等等，也都是宣泄负面情绪的好方法。

(4) 教男孩主动控制情绪，做情绪的主人。除了通过转移注意力等方法来使情绪得到一定程度的调控，还可以借助自己的力量去管理情绪。比如用自我暗示、自我激励、心理换位等方法，用积极的情绪代替消极的情绪，多想一想自己的优势和闪光点，建立阳光心态，将不良情绪转化为积极的行动。

(5) 对犯错误的男孩巧妙疏导、循循善诱比横加指责、棍棒教育更有效。面对犯错误的男孩，父母严厉地直接批评并非聪明的方法，晓之以理、动之以情，可以化叛逆为神奇。挖掘和发现男孩的闪光点，有助于消除他的怀疑和对立情绪，改变

逆反心理，从而管理情绪、掌控情绪。如果情况严重，还可以采用心理咨询的方式，辅助治疗，来培养他的健康情绪。

总之，对待男孩的“心理闭锁期”，父母一定不要急躁，更不可以打骂，因为男孩的心态不稳定，如果父母采用粗暴的手段进行教育，往往会出现与男孩对立的现象。

青春期的男孩喜欢跟父母“对着干”

男孩进入青春期后，心理上的“脱胎换骨”就开始了，自我意识开始清晰，独立意识逐渐增强，他处处想显示出自己的“成熟”，不希望父母对自己再像小时候那样耳提面命，而希望能与父母平等对话。苏联心理学家、教育家彼得罗夫斯基称之为“由听话的道德向平等的道德的过渡”。如果父母不能认识到这一点，便会令男孩气愤、反感，为了表示他的不满，有的男孩就跟父母“对着干”，甚至对父母善意的帮助和合理的要求也拒不买账。他的目的就是要父母注意到他的存在。有的男孩虽然看上去很听话，但仔细观察一下就会发现他很多时候阳奉阴违、口是心非，其实这是他心底对大人们的抵触和不满。

青春期代沟的问题出在哪里？是父母的错还是男孩的错？其实，对这个问题有关专家早就开始研究，他们把责任分成了两部分，父母占80%，男孩占20%。所以，父母如果和青春期的男孩在沟通中遇到了问题，就真的需要好好反思了。

当男孩对父母表示不满时，也要有心理准备。父母不妨这样做：

(1) 父母要先反省自己的言行举止是否起到了模范作用。父母的一言一行对男孩都会有所影响，有所启发。比如，脾气暴躁、爱打骂孩子的父母，男孩也往往脾气倔强，难以服从；还有的父母认为男孩听话就是孝顺，不听话就是大逆不道，这些观念都不利于对叛逆期男孩的教育。

父母只有清楚了男孩的心理变化，梳理清自己的教育思路，调整好自己的情绪，才能给男孩一个安定的环境，缓解男孩在青春期的焦躁。不能实行严厉的“大棒政策”，应该给男孩一点儿独立的空间，把握合理的原则，与男孩建立平等的关系，消除与男孩的隔阂。

此外，父母还要反省自己的教育观念和思想，是否无意中就把男孩当成了“考试机器”？是否寄予太多的希望让男孩“压力山大”？是否不善于引导男孩，而只会斥责和棒喝？是否对男孩的所思所想从不过问？

(2) 尽量把事情淡化处理。正值青春期的男孩对正值更年期的母亲说："你管不了我的，我现在是狂飙期。"母亲听了，也回了儿子一句："有什么了不起的，我现在是更年期。"男孩听后被这句话逗乐了，而狂躁的情绪也消失了大半。

当青春期撞上更年期，亲子沟通中就需要一些不那么严肃的风趣和幽默，这样一来，男孩青春期糟糕的情绪就得到了缓解。

(3) 换一个角度看待问题。很多父母在给男孩训话时总喜欢问他"你到底想怎么样"，父母要考察自己的沟通效果，可以换一个角度和口气，这样问男孩："需要我为你做什么？"这样男孩听起来就很舒服，觉得父母很尊重自己，乐于和父母一起探讨问题，同时也调动了男孩的积极性，有利于亲子之间的沟通。

(4) 要引导，而不是强制。父母要切忌用命令、催促的口吻与男孩讲话，更不要用"笨蛋""废物"之类的否定、贬低、侮辱的语言。有很多话可能父母只是随口说说，但却无意中伤害到了青春期男孩的心灵，严重的则导致心灵扭曲。

父母在和男孩对话时，要带着商量的口吻，不能总是质问男孩，要平等地和男孩进行交流，选取最佳的解决问题的方案，这才是最健康的亲子关系、最健康的家庭氛围。在这种环境中成长，父母不用费多大的劲儿，正处在青春期的男孩很自然地就会接纳他们的意见，向他们吐露心声。

总之，父母应该站在男孩的角度去考虑问题，找出根源，然后总结出一套比较合理的方法，调节自己与男孩之间的关系，以朋友的姿态与男孩交往，就可以避免出现对立情绪。

帮助男孩筑起早恋的防线

有个初三的男孩在日记中写道："不知怎么回事，我最近一看到隔壁班的那个女孩，就不由自主地脸红心跳。我害怕和她的目光相遇，但又情不自禁地想看到她。我不知道为什么会有这种奇怪的感觉。我的心里想的全都是她，白天上课无法专心听讲，脑子里出现的全是她的影子，每到下课后偷偷地看看她，我就觉得心里特别开心。我的学习成绩一路下滑，做任何事都不能集中精力，一天没看见她就紧张不安，失去了她就像失去了一切……"

男孩进入青春期以后，随着生理上的日益发育成熟，性意识也开始觉醒和逐步形成。在性意识发展的过程中，男女生都会产生对异性的好感和爱慕，有一种与有好感的异性同学相互接近、了解、交往并结为朋友的需要，但是对于男孩的成长和

将来而言，早恋绝不是一件好事情。

每个男孩都胸怀大志，有自己的理想抱负，渴望成为社会的有用人才，成为国家的栋梁。每一位家长都寄予男孩美好的愿望。而要想实现心中的任何理想、抱负，都离不开勤奋努力地学习，学习知识以及各种技能。十七八岁的男孩，正处于人生中最美好的黄金时期，这一阶段来自生理和心理的成长都得到飞快的发展，他对人生观和价值观有了初步的认识，情感上也产生了懵懂的认知。这个时期的男孩，充满了青春活力，具有旺盛的精力和活跃的思维，记忆力强，渴望学习和接受新生事物，所以是学习的最佳时机，这一阶段也是充实科学知识、提高各种能力的基础。因此，这一阶段的男孩应该以学习为主，全力以赴，专心致志，为将来打下坚实的基础。如果这个时期被早恋问题纠缠，必定分散学习精力，浪费大好时光。所以，父母不应该忽视男孩的早恋问题，如果处理不好还可能会葬送男孩的学业、事业和前途，以致追悔莫及。

早恋后的男孩，自知会受父母和社会上其他人的责备和议论，因而就要躲躲藏藏，远离人群，长此以往，影响了与同学、家人的关系。同时，在思想上会产生很多负担，影响了心理的正常发展。

爱情和婚姻是一个人的终身大事，在人生中占有重要的位置。可是，发生在少男少女中间的早恋问题并不少见，可以说已经上升到一个社会问题，引起学校和家庭的普遍重视。由于青春期男孩涉世不深，人生阅历较浅，生活经验欠缺，对社会认识不足，在对待感情上也是懵懂无知。在男女同学交往中，一旦处理不当，或者没有摆正良好的人际关系，往往就会陷入早恋。陷入早恋中的青春期男孩，大多草率行事，感情容易冲动，缺乏理智，容易与异性一见钟情，但是这种恋情往往又是短暂的。随着年龄的增长，心理上会不断地发生变化，思维和情感也会越来越成熟，这时可能会觉得对曾经一见倾心的对方如今已经失去了兴趣，变得不再喜欢了，或者认为彼此并不适合而产生不满，最后中断彼此间的感情。所以，早恋的结局往往是品尝苦果。而青春期男孩情感脆弱，一旦经历早恋的失败，必然会大失所望，意志消沉，影响学习和生活，严重的则会导致心理障碍。

实际上，青少年之间的早恋，大多是由于感情的冲动，出于对异性的神秘感和好奇心而心生倾慕之情。这种神秘感、好奇心使青少年盲目地认为这就是爱情。在强烈的好奇心和感情冲动之下，男孩往往会被不理智而冲昏头脑，陷入早恋而难以自拔，甚至出现过火行为。

向往异性是青春发育期男孩的一种正常生理反应和心理现象，是人的情感世界中美丽而珍贵的，男女同学相处，是青少年社会交往不可缺少的内容。人类异性间的交往，也是最富有魅力、最激动人心的，尤其对青春期的男女来讲，更具有极大

的吸引力。

心理学家认为，男女两性交往会产生神奇的异性效应，这种异性效应对一个人的成长和性别角色的完善有着不可低估的积极作用。

只在同性范围内交往，人的心理发展往往会狭隘，远不如既与同性又与异性的多向交往更能丰富人的个性。多向的人际交往，可以使人与人之间彼此相互渗透、补充，使性格更为豁达开朗，情感体验更为丰富，意志也更为坚强。

所以，与异性同学交往是必要的。只要父母加以适当的引导，就会避免男孩陷入早恋的误区。

(1) 父母要告诉男孩，与女孩交往要真实坦诚。在交往过程中要做到坦荡无私、以诚相待，相互信任是建立和发展良好异性关系的前提和基础。也就是说，与异性交往，要像结交同性朋友那样。

(2) 教育男孩在与异性朋友交往时要注意距离。与异性朋友交往，要注意言行举止，说话做事要留有余地，不能毫无顾忌。比如，在交往中尽量不谈涉及两性之间的敏感话题；交往中的身体接触要把握好分寸，不能过于轻浮，也不要过分拘谨；如果是正常的男女同学间的友谊，那么要注意把握好交往的距离和程度，陷入过深则会成为早恋，超越了正常异性交往的界限。

(3) 要尊重男孩的纯真情感和友谊，不要轻易贴上“早恋”的标签。男女同学之间亲密一点儿，手机发几条短信，过年过节送几张别样的卡片，写上几句俏皮的话，某天晚上回家很晚……于是，父母就紧张地认定自己的男孩早恋了。很多时候，男女同学间的正常的纯洁的友谊关系，会被过分敏感的父母轻易地与谈恋爱挂钩，给男孩贴上了“早恋”的标签，这样做不但影响了同学间的正常交往，也伤害了男孩的自尊心。其实，同学间的交往常常是不自觉的，如果男孩与某个异性伙伴相处时间较早较长，表现得亲密一些，关系距离近一些，也是很正常的，这时男孩也许并没有认为自己是在谈恋爱，心里也根本没有早恋的念头，只不过是对异性有好感或相处融洽而已，如果父母一发现男孩与异性伙伴在一起就认定是早恋关系，那么对男孩和他的伙伴来说都是非常尴尬的，不利于彼此间的交往，反而破坏了正常的友谊。所以，父母要对男孩是否早恋要深入了解，不要捕风捉影或片面地下结论。

(4) 用“冷处理”的方法处理早恋迹象。即便男孩出现了一些早恋迹象，父母也要保持冷静的态度，做到宽容和理解，不能心急地干预男孩的交际；那种公开批评“早恋”的对方，采用硬性手段拆散彼此的关系，更是不可取的。因为这些做法很可能会引发男孩情绪波动，从而心生逆反和负面情绪。所以，一定要在弄清楚原因后，再顺势引导，才会以理服人。否则，“以其昏昏，使人昭昭”，只会站在男

孩的对立面孤军奋战，将事情弄得更加糟糕。

（5）引导男孩慎重理智地对待恋爱问题。当男孩陷入早恋或被感情困扰时，父母可以陪着男孩聊聊天，讲一讲有关爱情和婚姻方面的故事、道理、箴言等，让男孩明白，真正的爱情的含义。当男孩迷恋异性而无法摆脱时，父母可以以提问的方式来帮助男孩指点迷津。比如，心中理想的爱情是什么样的？幼儿园时喜欢的小朋友，到了小学还喜欢吗？小学喜欢的女孩，到了中学还喜欢吗？这样的引导可以让男孩明白，随着自己慢慢长大，喜欢和需要的都会有所改变。未来有太多的不确定性，沉迷于早恋中，只会让自己受到更多的伤害和痛苦。

（6）给男孩一个美好的期望。告诉男孩，恋爱是一件非常美妙的事情，可是真的体会到它的美妙是需要条件的。不成熟的恋爱肯定让人无法体会其中的美妙，只是充满好奇、追求新鲜感而已。

总之，爱情之花是圣洁的，只有到了一定的年龄，才能够正确理解它；只有懂得珍惜它的人，才能栽培并以真诚之水使之永远盛开。对于男孩来说，在爱情生长的土壤还不具备的时候，最明智的办法是筑好防线，这就需要父母的帮助。

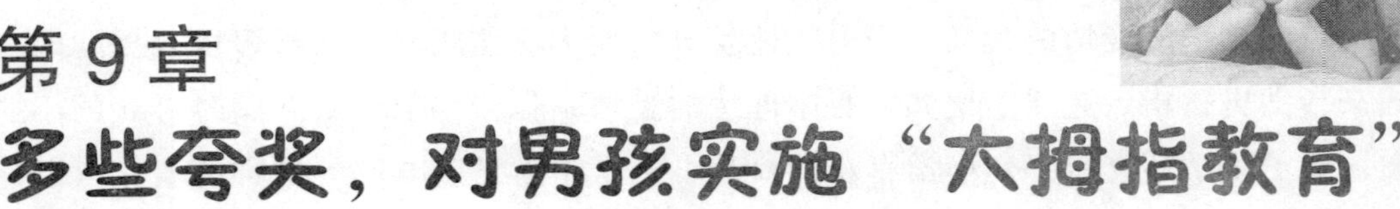

第9章 多些夸奖，对男孩实施“大拇指教育”

英国著名的哲学家和教育思想家约翰·洛克早在300年前就提出：“打骂式的管教，所养成的只会是‘奴隶式’的孩子。”无论男孩多么顽皮，父母都应该经常夸奖男孩。父母如何夸奖男孩是一门学问，学会正确夸奖男孩，才能让夸奖起到应有的效果。

发现和放大男孩的优点

父母应该善于发现男孩的优点，给男孩多一份自信，充分发挥其正面、有效的教育作用。面对男孩，父母如能用放大镜发现和看待他的优点、闪光点，并真心地赞扬他，那么当男孩有了不良行为时，父母积极地引导并帮助男孩改正，可以使男孩重拾自信，迈向成功。面对“坏”男孩，更需要竭力去寻找他的闪光点，哪怕是沙里淘金，哪怕那些闪光点微不足道，父母都需要出自真心地去赞扬、鼓励和引导他。

小龙是个聪明且调皮的男孩，经常惹是生非，麻烦不断，让大人们感到头疼。

这一天，妈妈下班回家，刚一进门就听到小龙的爸爸正在生气地指责小龙：“书桌没收拾好就跑出去玩！说你多少次了，你怎么老是爱摆个烂摊子啊？”

爸爸越说越生气，把小龙所有的毛病全都指出来，任性、脾气倔、贪吃、懒惰等。小龙两手使劲儿捂住耳朵，一声不吭。

小龙站在一边，一脸的满不在乎，不服气地嘟着嘴。妈妈见状赶紧过来缓和僵局，温和地说道：“小龙身上是存在缺点，再说他这么大了能分清对错是非，他自己也知道自己做得不对。但是他也有优点的啊！小龙爱劳动，喜欢主动帮助朋友。

做事情很认真，学本领最快，头脑很聪明呢。”

小龙本来以为妈妈也会批评自己，谁知被妈妈这么一说，竟然有些不好意思了。

从此之后，小龙果然改掉了很多“坏毛病”。

对待任何一个男孩，往往是表扬越多，优点越多，相反，训斥越多，毛病越多。

美国成功学励志专家拿破仑·希尔曾经说过：“每个孩子都有许多优点，而父母却反而总是盯着孩子的缺点，认为只有管好孩子的缺点，才能让孩子更好地成长。其实，这样做就像蹩脚的工匠，是不可能造出完美的瓷器的。”

每一个渐渐长大的男孩，如果享受父母的爱和关怀，他会认为自己是可爱的，会感觉到自己是最幸福的宝贝，会因为自己生命的存在而感到骄傲。假若经常受到父母的斥责、奚落，那他就会觉得犹如被利剪截断双翅的天使，从此萎靡不振。

很多父母也想表扬男孩，但往往觉得找不出其值得表扬的优点，这该怎么办呢？父母不妨按照下面的方法来做做看。

(1) 用全面的眼光看待男孩。父母不要只是把目光聚焦在孩子的一个缺点上，如学习不好、喜欢打架、做事不认真、有很多坏习惯等，那只是他身上的一个小瑕疵。除此之外，男孩还有很多的优秀品质值得去关注，去发现。好性格、讲文明、爱劳动、乐于助人、多才多艺、爱好广泛、心灵手巧、讲究卫生等这些闪光点，足可以成就一个男孩的优秀。父母只要全面客观地评价自己的男孩，就能处处发现他的好，找到值得欣赏的一面。

男孩的优秀也不能仅凭学习这一方面去衡量。有的男孩学习成绩优秀，却生活自理能力差；有的男孩头脑不聪明，却能刻苦勤奋地钻研；有的男孩思维比较活跃，却不爱完成作业；有的男孩学习程度中等，却喜欢帮助同学；有的男孩领导力较强；有的男孩具有表演天赋；有的男孩很尊重师长；有的男孩写字工整，卷面整洁，学习态度认真；等等。每一个男孩都有自己的优点，对男孩的评价不能以偏概全。

(2) 多角度去了解分析男孩。对待男孩要因人而异，对待男孩的优点和缺点，也要具体问题具体分析。比如，男孩的一次考试没考好，父母先不要忙着训斥男孩，更应该帮助男孩分析考试失利的原因。也许是考试题出得太难，男孩复习得不全面，知识掌握得不够扎实；也许是粗心大意，马虎地将数字算错，导致整体分数的下滑；还有可能是身体不适，影响了临场发挥；或者是时间不够，答题速度太慢，影响了考试成绩；等等。这样从不同角度、不同因素分析，就会找到问题根源和解决办法。

只有表扬与批评从实际出发，男孩才会从内心里服气。

(3) 用发展的眼光看待男孩。不要因为男孩的某个缺点就一棍子把男孩打“死”。随着年龄的增长，男孩会渐渐变得懂事，会学习更多的优点和长处，减少自身的缺点和不足。父母如能细心地观察男孩，就会发现男孩正在不断地进步，完善自己。比如，男孩以前对某个道理不理解，固执任性，现在理解了，懂得了，学会用自己的眼光看问题，变得有主见，有判断力，这就是一种进步。认识问题的能力提高了、分析问题的能力增强了，都说明男孩在成长、成熟。男孩由不谙世事到博才多学，由中等水平到突破飞跃，由自私自利变得热爱公益，由贪吃懒惰变得勤奋进取，由胆小自卑变得勇敢开朗，等等，都说明男孩在奋进、超越自己。

关键的是，父母要拿男孩的今天与男孩的昨天比较，而不是跟别的男孩比。即便发现一点儿微小的进步，也应及时肯定。那种给男孩定过高的标准要求以及轻视男孩的点滴进步的做法和态度都是不可取的。

(4) 夸男孩的优点要讲究科学方法。父母应该注意表扬要适度，既不过分夸大，也不过分贬低；具体地表扬男孩的某个特点要比笼统地夸赞更让男孩接受。表扬要注意时间、场合，根据男孩的个性特点和年龄特点选择适当的表达方式，当众表扬男孩会让男孩更自信。不要频繁地表扬，以免滋长男孩自傲的心理；对缺乏自信、有自卑感的男孩，要通过肯定点滴进步让他更有自信心。表扬的方式也是多种多样的。可以直接口头表扬男孩的进步，也可以用眼神鼓励，或者给孩子写一封表扬信，或以庆贺生日的方式作为奖励，物质鼓励、金钱奖励等，同样也是有效的好方法。

总之，父母需要用“放大镜”去观察男孩的优点，不要因为男孩的缺点而烦恼，当父母抱怨男孩顽皮、不争气、头脑笨、学习差时，不妨静下心来，多想一想男孩的可爱之处，多找一找男孩的闪光点。没有绝对优秀的好男孩，也没有绝对讨厌的坏男孩，每个孩子有优点，也有缺点。用放大镜看优点，会觉得男孩越来越可爱，男孩也会因自己的优点被人欣赏而越来越优秀。反之，处处看到的都是男孩的缺点，那么男孩就真的以为自己是一个不讨人喜欢的坏孩子了。或许当你正在为顽皮的男孩而头疼发愁时，男孩的一个可爱的动作、笑容、一句温暖的宽慰、一杯热茶、一句关心和问候，足以打动你的心

父母应该记住的是，越是能够发现和放大男孩的优点，男孩就会具有更多的优点，就会变得更加优秀。

夸奖男孩一定要到位

正如马卡连柯所言：生活中的每一件小事，每一次随便的闲聊，每一个平常的举止，每一个不经意的眼神——在父母的不知不觉中，都可能对孩子产生重要的影响。

一位来自白宫的著名人士写道：

小时候，有一天妈妈拿出几个苹果分给我们吃。我和弟弟都争着要其中最大的那个红苹果。妈妈把那个苹果举在手中，说："这个最大的红苹果最好吃，谁都想得到它。很好，现在让我们来进行除草比赛，谁干得最快最好，谁就可以得到它。"于是，兄弟三人比赛除草，结果我赢得了那个最大的红苹果，妈妈还夸奖了我一番。我非常感谢妈妈，她让我明白了只有付出才能收获的道理。

日本的一项研究表明，经常受到家长夸奖和很少受到家长夸奖的男孩，前者成才率比后者高5倍！

许多家长和教师都知道，如果夸奖男孩的表现好，那么男孩下一次就会表现更好。比如，今天夸男孩的手洗得干净，字写得有进步，背课文的速度快，那么第二天他的手会洗得更干净、字写得更好，也更愿意背课文。如果夸男孩听话、讲礼貌，那么以后他会变得更加懂事、讲礼貌。当男孩受到大人的夸奖时，不仅心情愉悦，而且懂得了大人的心思和愿望，从而会以更出色的表现让大人高兴、顺心。所以，夸奖是让男孩听话的最有效的方法。每天不忘夸奖男孩，管教男孩会更轻松如意。

每天夸男孩并不难，难的是夸奖到位并让男孩接受和感到高兴。夸奖到位，父母和男孩都欢喜顺心；夸大其词，男孩就会感到是受了欺骗，起不到激励作用。如果夸错了，那反而会引起不良的后果。男孩会把错的当成对的，即使以后父母想更改过来都很难，因为他心中的是非标准会因父母的错夸而混淆了。因此，父母要时刻关注男孩的每一点细微的进步、每一个小小的闪光点，及时给予夸奖和鼓励，让男孩产生成就感和自豪感。

父母怎样才能夸奖到位呢？希望下面的观点能给父母带来一些启发：

（1）夸奖的内容要具体。对于男孩来说，笼统、模糊的夸奖已经听腻了，如"不错""你真棒"这样的赞语对他来说"俗不可耐"，父母如果做个有心人，对男孩的优点和进步的具体细节给予肯定，往往会收到意想不到的效果。重点强调一下

男孩做得对或表现好的地方，对男孩的夸奖越具体，男孩越觉得是得到了父母的认可和重视，也越容易接受。对男孩给以具体的夸奖，可以让男孩明白哪些是好的行为，越容易找准努力的方向。例如，男孩做完功课后，自己把书包整理整齐。如果妈妈只是说："今天表现得不错。"这只会让男孩觉得夸奖不疼不痒，因为男孩可能还不明白自己哪方面表现不错。如果这样说："你今天自己把书包收拾得这么整齐，非常棒！"就会让男孩非常开心，或许第二天他还会将书桌、床铺、房间整理得更加整洁。一些泛泛的夸奖，如"真聪明""真棒"能提高男孩的自信心，但如能加上具体的夸奖，则更有说服力。

(2) 夸奖的方式要多样。人们都喜欢追求新颖、变化，不喜欢一成不变。所以，夸奖也不能老用一种模式，在表达方式、夸奖方式上，父母巧妙地变换花样，容易唤起男孩更多的注意，起到激励作用；而千篇一律的溢美之词，不会给男孩带来新鲜感。有的父母多年不变地用单一的夸奖方式，男孩司空见惯，不以为然，根本起不到激励作用，甚至会引起男孩的厌烦。

(3) 要注重夸奖的过程。夸奖不仅要看结果，还要注重过程。父母应该引导男孩重视努力的过程而不是成功的结果，激励男孩坚持不懈地努力争取，即便失败了，奋斗的经历对男孩来说也是一种财富。例如，男孩想帮助父母做家务，吃完饭后争着刷碗，却不小心把碗打破了，这时父母如果没有理解男孩的心意，不分青红皂白地一顿批评男孩是故意捣乱，男孩本想获得父母的夸奖，却不料换来的是批评，也许就会降低做事的兴趣和积极性。如果父母忽视摔碗的事，而是把注意力转向男孩帮做家务的行为上，用夸奖代替指责，效果会截然不同。可以这样说："你想帮妈妈做家务，非常好，但要注意小心，厨房路滑！"男孩的心情得以放松，不会因摔碗而纠结，就会更主动地做事，会非常乐意帮父母做家务。同时也养成了谨慎认真的好习惯。因此，即使男孩做得不好，也要夸奖男孩的心意，这样会收到较好的效果。

(4) 夸奖要视情况而定。为了培养男孩的一些好习惯，父母一旦发现男孩有进步了，就着力夸奖。慢慢地，男孩就在父母的夸奖声中习以为常。所以，频繁的夸奖并不能让激励作用累积，适当地减少夸奖的次数，延长夸奖的间隔时间，才可以在男孩感到疲惫的时候重拾信心，振奋精神；也可以在男孩取得了相当大的进步或成绩时，再给予夸奖。只有把握好夸奖的节奏，才能更有效地发挥激励的作用。

记住，对男孩的夸奖并非是多多益善，夸奖也像服药一样，不能随便乱用，它也有使用的禁忌规则。所以，父母对男孩的夸奖一定要适度，一定要掌握好"火候"。

总之，教育男孩，常常就在生活的点点滴滴之中，存在于构成男孩生活环境的

方方面面。男孩若生活在批评中，便会学会谴责；若生活在接纳中，便会学会仁爱；若生活在分享中，便会学会慷慨；若生活在夸奖中，便会学会上进；若生活在公平中，便会懂得什么是正义；若生活在诚实中，便会懂得什么是真理。

别一味给男孩贴“负标签”

在一次家长会上，幼儿园的老师对一位妈妈说：“你的儿子有多动症，在板凳上连3分钟都坐不住，你最好带他去医院看一看。”回家的路上，儿子问妈妈，老师都说了些什么。妈妈想起老师的话，难过得差点儿流下泪来，因为全班30位小朋友，只有她的儿子表现最差。然而她还是微笑着告诉儿子：“老师表扬你了，说你原来在板凳上坐不了1分钟，现在能坐3分钟了。全班只有你进步最快。”儿子高兴地说：“我明天还能坐好多分钟呢。”果然，这个男孩渐渐地改掉了上课喜欢乱动的毛病。这完全得益于这位妈妈的夸奖。

你参加过孩子的家长会吗？你是怎样参加家长会的？你从家长会回来会和上面的这位妈妈一样，无论他表现出色抑或平平，都能微笑着面对你的孩子吗？

和男孩沟通，要先让男孩感到你很可亲，让他感到父母是关心自己的、爱护自己的，而不是为了训斥才和自己沟通的。亲子沟通的主要原则是先处理情绪，后解决问题。

心理学认为：“人的潜意识只接受有实质性意义的信息。”比如初学开车的人都有过这样的体验，教练越是强调“别碰标杆！”结果车子就会不偏不倚，正撞标杆。这是因为在我们的潜意识里，只记住了“碰标杆”这个信息，而忽视了“别”这个信息。

在家庭教育上，很多家长都灌输给孩子一些负面信息，旨在帮助男孩牢记教训，避免再犯同类的错误，结果却事与愿违。越是叮嘱男孩不该做的事，男孩往往会不由自主地去做。比如，男孩做错了一点儿小事，家长就训斥他丢人、笨蛋、没出息。结果男孩的精神高度紧张，内心胆怯，反而更容易做错事了。有个男孩无意间对妈妈撒了谎，这位妈妈不由分说地将男孩关在门外，还声明“不要他了”。家长这样做也许出发点是想让男孩从此记住，撒谎是不对的，如果再撒谎的话，就要接受这种拒之门外的惩罚。结果，伤心的男孩真的以为妈妈不要他了，竟离家出走了。

所以，父母千万不要给男孩贴上“负标签”。抚养男孩，做好亲子沟通，父母

就要改变自己的观念和片面的看法，客观地看待孩子的行为，以使沟通变得非常轻松。因为，有阳光的父母，才会有阳光的男孩。

有位专家经常和孩子的父母说男孩的成长过程中至少需要千百次的肯定，他们的反应大多是很惊讶地“哇”一声，然后问专家“是表扬男孩千百次吗?”专家回答道：你可以一直这样理解，不过肯定男孩比表扬男孩更进一步，它要求家长不管在任何场合都用心体会男孩的感受，关注男孩，认同男孩。

培养成功和幸福的男孩的关键之一，是让男孩有高度的自信心，使其不会因为一时的成败或行为表现而动摇自己的价值观和人生目标。帮助男孩建立起良好的自我形象，让男孩学会自我认知，也是现代教育的责任。教育男孩做一个自律自爱的人，做一个充满自信的人。在男孩的成长过程中，父母无私的爱和赞赏肯定的目光，是男孩成长最好的精神营养。

鼓励男孩多做自我肯定，并不意味着应该让他“滥用”自我肯定。不要鼓励男孩在任何时候、任何情况下都使用自我肯定。自我肯定要把握尺度，讲究分寸，过度的自我肯定不是自信，而是自负的表现。男孩一旦养成了自负自傲的性格，就会成为唯我独尊的小霸王。

在肯定男孩方面，父母应该怎么做?

(1) 坚定不移地信任男孩。父母要认可男孩独立自主的能力和独立意志，肯定男孩的天赋和优点，善于发现和挖掘男孩无限的成长潜力。始终坚定不移地信任男孩，认可他、赞赏他、鼓励他，必要时指出他在行为上需要改进的地方，有助于男孩建立积极的自我形象。

(2) 帮助男孩正视错误。男孩很可能会因犯错误遭受批评而感到前途渺茫，失去了进取的动力和积极性。此时父母应该告诉他，对待批评的最好办法便是承认错误并改正。当男孩主动承认了错误时，父母可以鼓励男孩说：“承认错误也是需要很大的勇气的，你能做到，所以你做了一件了不起的事。”

(3) 鼓励男孩多做自我肯定。孩子的意志总是脆弱和摇摆不定的，对男孩来说，他心中的自我肯定更需要不断强化。强化男孩自我肯定的方法有很多。如父母可让男孩为自己记一本“功劳簿”，让男孩每周花几分钟时间写出自己的“功劳”，并告诉男孩，所谓“功劳”，并不一定非得是了不起的成就，任何小小的进步以及为这种进步所付出的任何小小努力，都可以记下来，用来勉励自己。父母还可以教男孩学会以自我激励的方法不断肯定自己，赞扬自己，当男孩畏惧困难时，父母可以让他为自己鼓劲儿：“来吧，小朋友，你可是一个勇敢的好男孩，再努力一次，相信你一定能够战胜失败!”

总之，每个男孩都有让人值得骄傲的地方，千万不要光看着他的缺点，给他贴

满“负标签”，要多肯定男孩，而且要让男孩觉得：父母对他的赞赏完全是诚恳的，而不是应付的、客套的，更不应该是虚伪的、做作的。

在外人面前多多表扬男孩

一位妈妈在与邻居聊天的时候说：“你家妞妞真可爱，真乖，不像我家乐乐吵吵闹闹，只会淘气，让人心烦。”在一旁的乐乐听见了怯生生地说：“妈妈我乖。”不料妈妈却大声说：“乖什么乖，就知道淘气，烦人，一边去！”过了几天，大家发现乐乐变得不再像往常一样活泼可爱了，乐乐每次看到妈妈下班回来，就躲在椅子后面。妈妈说：“乐乐过来，妈妈亲亲！”乐乐小心翼翼地走到妈妈身边，亲亲妈妈后，竟然冒出一句：“妈妈我乖，你别心烦。”所有在场的人听了都大吃一惊。

每个男孩都有自尊心，每一颗幼小的心灵都需要认真地呵护。作为父母，不应该忽视孩子的心理要求，也不要因为自己的行为习惯而伤害了孩子。每一个孩子最不喜欢的就是当着别人的面被批评和训斥。因为在众人面前，男孩的自尊心更加强烈，此时父母如果忽视了这一点，认为在任何场合管教自己的男孩都是理所应当的，却不知这已经严重伤害了男孩敏感而脆弱的心灵。当男孩从活泼开朗突然变得胆怯沉默的时候，父母却不知是因为自己无意中的言行伤害了男孩的自尊。男孩在成长阶段很容易受到大人的一言一行的影响，甚至有时父母的一句话将影响男孩的一生。当父母漫不经心或火冒三丈地说男孩“笨”的时候，男孩在心中可能会形成这样一种意识：我是天下最笨的男孩。大人每苛责男孩一次，男孩就自我否定一次，久而久之，负面的评价带来的不良影响就会根深蒂固，让男孩觉得自己一无是处。

有些父母在众人面前很在意自己的自尊和面子，却忽视了孩子的自尊心。当孩子犯错误或惹是生非，家长就觉得颜面尽失，对男孩非打即骂，而当众指责孩子的不是时，则完全不考虑孩子的感受。就算男孩受了委屈，也不以为然，认为小孩子说几句、打几下没关系。其实，这种做法非常不明智，因为这不但不能激励男孩，反而会给男孩造成心灵上的创伤，让男孩产生怨恨、敌视的心理，造成亲子关系的紧张。

所以，平日里对男孩要多表扬、多鼓励，少批评、少责骂。如果父母尝试着当着外人的面表扬男孩，会使男孩产生成功感和荣誉感，增强男孩学习和做事的信心。

善于当着外人的面表扬和尊重男孩，这会让男孩充分感觉到父母对他的重视和欣赏，不但会增进亲子间的感情，也会给男孩带来无穷的力量和信心。

父母在表扬别人家男孩的同时，其实也是让别人来表扬自家的男孩。每个男孩都希望得到外人的夸奖，有时这比父母的表扬更能激发男孩的上进心。

在外人面前表扬自家的男孩时，有以下几点需要注意：

(1) 表扬男孩的态度必须是认真和真诚的。不能在外人面前夸大地炫耀和吹捧自家的男孩，更不要不切实际地吹嘘。

(2) 表扬男孩必须有根有据，不能随心所欲。父母要根据男孩的实际情况而实事求是地表扬，不能纯粹为了表扬而表扬，否则容易让男孩滋长骄傲自满之心。

(3) 表扬男孩必须适可而止，讲究分寸，太多的甜言蜜语会让男孩反感。要知道，表扬的话并非越多越好，习惯了听表扬话的男孩很可能会接受不了哪怕很小的批评。

总之，男孩也爱面子。他们对于表扬是极其敏感的，在幼年时期就已表现得十分明显。他们觉得获得夸赞是被人看得起的标志，尤其是得到父母的当众夸奖，更会让他们感到莫大的快乐和满足。所以，当跟外人说起自家的男孩时，不管男孩是否在场，都不妨多说几句赞赏男孩的话。

随时随地给男孩以高声喝彩

每一位父母都应该赏识自己的孩子，对他的努力给予最热情的支持和鼓励。不要因为孩子的不聪明而气馁，而应该尊重他、鼓励他。

国外的一所小学曾给孩子们做过一次心理实验：将全班学生分成“蓝眼睛组”和“棕眼睛组”两队。然后校长对学生们说：“最近有一项科学报告证实，蓝眼睛的孩子比棕眼睛的孩子头脑更聪明，长大后更容易取得成就。”

大约过了一周，测试结果发现，“棕眼睛组”的学生学习成绩跟原来相比，有了明显的下降，而“蓝眼睛组”的学生学习成绩比以往有了显著的提高。这时，校长又对全班宣布，原来上次是自己弄错了，是棕眼睛的孩子比蓝眼睛的孩子更聪明。很快测试结果发现，“棕眼睛”的学生学习成绩又迅速上升，而“蓝眼睛”的学生学习成绩则逐渐下降。

上面事例说明了心理暗示对一个人的影响。心理暗示可分为“良性暗示”和“负面暗示”。父母多给孩子一些良性暗示，随时随地当男孩的啦啦队员，给予高声

喝彩，可以让男孩更加自信，学习更有动力。

用欣赏的眼光看待男孩，随时随地准备为男孩喝彩，是现代父母送给男孩最好的礼物。父母若期望男孩成人、成才、成功，最佳的办法就是：永远做男孩的欣赏者，培养男孩的自信，欣赏男孩的才华。

一帆上幼儿园的时候总比其他的小朋友思维慢半拍，爸爸妈妈曾为此感到非常担心，害怕儿子以后学习会跟不上。后来，一帆上小学了，爸爸妈妈就不断地鼓励他，经常夸奖他“一定能行”“一帆是最棒的”。正当爸爸妈妈为儿子的智商担忧时，一帆却带回了一张100分的试卷。

“你竟然考了100分？”妈妈非常吃惊，简直不敢相信这是一帆的成绩。

“当然，我考了100！”一帆自豪地对妈妈说。

“一帆真棒，那能告诉妈妈你是怎么考出这么好的成绩的吗？”妈妈问道。

“虽然老师讲课的内容我经常听不太懂，但是我会利用课余时间去问老师。当下课同学们都出去玩的时候，我就拿着不懂的题目让老师再给我讲一遍，这样，慢慢地，我就全懂了！做作业之前，我先把老师讲的课再复习一遍，这样遇到曾经不会做的题，现在也就会做了。这次考试的那些题目都是以前老师给我讲过的，我又经过复习，所以都会做，当然能考100分了。”一帆高兴地对妈妈说。

听了一帆的话，妈妈很为努力学习的儿子感到自豪。是啊，即使孩子比不上别人聪明，但通过勤奋努力，一样不比别人差。

赏识男孩，是父母给孩子最好的奖励。父母可以告诉男孩，成功与失败并不是绝对的，同样聪明和笨拙也没有衡量的标准，只不过在某一方面进行比较时，有的孩子表现得比较突出而已。有时，成功只是比失败多了一点点，只要刻苦努力，就是进步。就像故事中一帆的父母，虽然看到自己的男孩的不足，但没有忘记鼓励和赏识，并为男孩的刻苦努力、积极进取的好学品质而感到由衷的欣慰。

作为父母，应该赏识男孩，对他们的努力给予最热情的支持和鼓励。不要因为自己男孩的不聪明而气馁，而应该尊重男孩、多鼓励男孩。很多情况下，父母应该故意淡忘男孩的聪明与否，而重视男孩的努力，并把这种理念传递给男孩，让他们感觉到只有努力才能获得父母的认可和夸奖。

有个男孩对一个问题一直想不通：为什么他的同桌想考第一名就真的考了第一名，而自己想考第一名却才考了全班第二十一名，回家后他问妈妈：“我是不是比别人笨？我觉得我和他一样听老师的话，一样认真地做作业，可是，为什么我总比他落后？”

妈妈带男孩来到海边的沙滩上。妈妈指着前面对儿子说：“你看那些在海边争食的鸟儿，当海浪打来的时候，小灰雀总能迅速地起飞，它们拍打两三下翅膀就升

入了天空；而海鸥总显得非常笨拙，它们从沙滩飞入天空总需要很长时间，然而，真正能飞越大海横过大洋的还是它们。”

后来，儿子再也不担心自己的名次了，也再没有人追问他小学时成绩排第几名，因为后来，他已经以全校第一名的成绩考入了清华大学。

这位妈妈的回答多么令人佩服：当海浪打来的时候，只有笨拙的海鸥才能真正飞越大海横过大洋。这给男孩的是鼓励和欣赏，而不是迁就和姑息。

有时候，也许男孩的努力没有达到父母的要求，但是其间所付出的努力和收获却是宝贵的。例如一道比较难的数学题，男孩通过冥思苦想，终于想出了解答方法。当他运算的时候，却因为马虎，算错了一个数字，最后导致整个题目的答案算错了。这时，父母首先该怎么做？是训斥男孩算错了，还是表扬男孩找到了解题的方法？许多父母可能会首先想到前者，他们只看到男孩把结果弄错了，而没有看到做事过程中男孩的努力与收获。所以，每当父母觉得男孩错了，想骂他、打他的时候，一定要从另一面去“发现”男孩。

总之，男孩需要父母的鼓励，需要父母的掌声，需要父母为他骄傲，父母的肯定胜过其他一切。男孩的心灵像干涸的小苗，渴望被肯定，渴望得到积极的评价，所以父母要准备好随时随地为男孩喝彩。

赞美男孩的艺术技巧

美国第16届总统林肯出身贫寒家庭，以其高尚的人品、钢铁般的意志、质朴而又高超的处世艺术赢得了人们的拥护。林肯由摆渡工做起，由律师、议员逐渐登上总统的宝座。他的处世名言是：“人人都需要赞美，你我都不例外。”可是我们的孩子又有多少能经常得到父母的赞美呢？

年仅15岁的男中学生小华前后离家出走多达30次。他的父亲采取说教、责骂、体罚等方式均未能阻止他离家出走的念头和行为，反而加剧了小华对父亲的怨恨和反抗。父亲最后不得已将儿子反锁在家中达一年之久，但最终还是被儿子设计骗过，逃离家门。面对自己教育儿子彻底失败的事实，这位父亲伤心透了，最后不得不求助教育专家。教育专家在通过与父亲、儿子的对话中了解小华的成长历程后，得出了一个令父亲吃惊的结论：男孩始终缺乏父母的赞美，每天都看不见父母的笑脸，觉得家就是一个牢笼，郁闷得让人窒息。

经专家提醒，这位父亲一想也是，平日里经常跟妻子吵架，生气的时候都拿儿

子出气。不吵架的日子里，也是看儿子哪里都不顺眼。

中国男孩很少得到父母的赞美，究竟是为什么呢？

造成这种情况的原因大致有三种情况。一是受中国传统家庭教育思想的影响，对男孩批评的次数要远远大于表扬，好像只有批评才能使男孩进步。有一个词语叫“鞭策”，就是鞭策着前进，这是中国教育思想的一个写照。父母即使对男孩很满意，极有赞美之意，也是很含蓄地存在心底，不溢于言表。二是有的父母缺乏对男孩的确切了解，对男孩的期望值过高，不管男孩如何努力却总达不到父母的要求，又怎能得到父母的赞美呢？三是有的家长只注重男孩的吃穿，对男孩成长中的精神、行为、习惯等缺乏全面的关心和了解，不善于发现男孩的优点和长处，故对男孩的赞美少之又少。

赞美是同批评、反对、厌恶等相对立的一种积极的处世态度和行为。一个人不管是通过语言还是通过行为，只要表达出对别人长处和优点的肯定和喜爱，都可以说是赞美。俗话说：“良言一句三冬暖，恶语伤人六月寒。”一句真诚的话语会令人感到温馨、使人感激，真诚的赞美更会给人信心、给人力量、催人奋进。台湾作家林清玄曾在报纸上发表过一篇文章，极力赞美一个小偷的技艺如何高超、脑瓜如何聪慧，并真诚地感叹如果此人将智慧和能力用在正道上，肯定能成大事。恰巧此文章被小偷看到，感动之余，洗心革面，重做新人，几年之后成为一个享有盛名的企业家，此赞美的神奇功效让人叹为观止。

遗憾的是许多父母习惯于用审视或挑剔的眼光注视男孩，在这种心态的支配下，父母看到的多是男孩的缺点和不足，而当父母换一种心态，改用信任、欣赏的目光关注男孩的行为时，就会发现，原来每个男孩都有那么多的优点和长处。要想真正做到用信任欣赏的目光关注男孩，必须改变那些根植在父母思想深处的旧观念。

不要对男孩抱有不切实际的过高的期望。面对当今日益激烈的社会竞争，许多父母望子成龙心切，都想让自己的男孩无所不能、无所不精，各方面都力求胜人一筹。这种过高的期望导致父母看着自己的男孩就觉得他这方面不行，那方面也不行，结果只能是越看越生气，越比越失望。

俗话说，不以成败论英雄。作为家长，应多关注男孩努力的过程。如果你细心观察男孩的行为过程，你会发现其中的许多美妙之处。如男孩在绘画时的专注神情、玩玩具时表现出的丰富想象力、游戏中的相互协作、表演时的乐观真诚等，无一不是值得父母欣赏的。如父母只注重结果，可能什么都看不到，因为男孩的行为结果可以说是没有什么社会价值的，他们通常是为体验过程而去做某些事情的，但这也正是男孩的可爱之处。

所以，平日里要注意多赞美男孩，当然，赞美也要讲艺术。赞美的艺术性还需要通过一定的技巧来体现，下面的几个方法不妨一试：

(1) 赞美必须是由衷的。家长有时对男孩兴高采烈送过来的作品连看都不看，就随口说："好，好，不错。"这种敷衍式的反应会让男孩感到很扫兴，只会挫伤男孩的自信心，男孩不可能从中得到愉快的体验的。

(2) 赞美应该是具体的。对男孩的赞美要具体、明了，最好是多鼓励男孩努力的过程，这种有针对性的赞美会让男孩明白什么地方做得好。通过对男孩努力过程的赞美，还可以很自然地将努力的过程与结果联系起来，让他们懂得是努力促成了成功。

(3) 赞美不能太过泛滥。由于溺爱，有些父母无原则地对男孩的种种行为加以赞美，使得男孩是非不清、骄横跋扈。男孩如果按父母的要求去做了并做得很好，就应该及时赞美。如果做了不对的事情，即使男孩哭闹、要赖皮也千万不要迁就他、说好话，否则，赞美就会失去原有的积极意义。

男孩经过努力做出了成绩或者做完了应当做的事情，都应该得到赞美。但在日常生活中，注意不要重复称赞某件事情，当男孩养成良好的习惯后，就可以适当减少对男孩这一方面的赞美。

(4) 赞美应是及时的。及时的赞美会让男孩很快获得积极的情感体验，而这种体验能更好地促进男孩下一步的努力。如果男孩做完某件事之后或正在进行中，就给以适当的赞美和鼓励的话，那么男孩做事的完成效果会更好。如果一时忘记了，就应该设法补上去。

总之，父母要掌握一定的技巧，学习赞美的艺术。要想让男孩生活在和谐、温暖、相互信任、相互赞美的氛围中，使男孩养成健康向上的心理，能积极主动地面对生活中的种种问题，从而使男孩的人生旅途充满笑声、掌声，充满着决心和信心，那就要学会做赞美男孩的父母，让你的赞美成为承接男孩昨天的成绩与明天的进步的加油站。赞美其实是一种艺术的体现，父母要想演绎好这门艺术，必须要有一双善于发现的眼睛。

第 10 章 少些批评，责备男孩讲求艺术和策略

父母要尽量少批评男孩，不得不批评的情况下也要讲究批评的艺术。在批评男孩的时候，父母时刻记住一点，自己的批评是为了让男孩知道，做什么样的事会带来什么样的后果，而不是为了伤害他、打击他，否则就会给男孩造成心理阴影。

对男孩的过错采取自然惩罚法

男孩因为淘气，经常受到父母的惩罚。父母的惩罚方式主要有体罚、辱骂、斥责和各种形式的鄙视及轻蔑态度。

这些惩罚只是左右男孩行为的一种教育方式，只能给男孩提供一种消极的信息——那样做不对，而没有清楚地告诉男孩怎样做才是对的。所以说，父母平时采用的惩罚，并不是帮助男孩改正错误的有效途径。

如果男孩经常不断地遭受惩罚，就会渐渐地感觉到迷茫，无所适从，缺乏主见和判断力。他们会在反省和自责中猜测，父母到底要求他们怎么做。实际上，无论父母采用什么样的惩罚方式，主要的目的都是为了使男孩认识到自身的错误，不让他们重蹈覆辙。但结果往往却是男孩并未意识到自己的错误行为会产生怎样的后果，会造成什么样的危害，而是对惩罚充满了畏惧，或者力图讨父母欢心。但是他最终还是不清楚怎样做才是对的。

如果男孩在学校经常受到老师的惩罚，那么他很可能渐渐失去学习兴趣，变得讨厌上学、讨厌老师和同学，最终产生弃学的念头。这对男孩是不利的。每个男孩都有强烈的自尊心，即便受到惩罚之后，也都有一种羞辱感、内疚感，内心会产生

焦虑、困惑、恼怒、害怕甚至产生报复的念头。此时如果老师和父母能够给予积极的正面引导，多和男孩沟通，并帮助男孩一起改正错误，那么就会将男孩从不良的情感中拯救出来。

父母不妨回忆一下自己上班的情形，或许会有所启发。如果你的上司一味对你批评训斥，而不加以指导和鼓励，那么，你要多久才能平复心里的怨恨呢？人们总是喜欢听赞扬和肯定，在表扬中做事会更高效、更积极。如果每天听到的都是责骂、嘲弄，无论大人还是孩子都会感到厌烦，也不可能静下心来工作和学习。

有的父母惩罚男孩完全不顾方式、方法，只顾宣泄自己的愤怒，殊不知自己的气是出了，结果男孩的心灵却受到了伤害。父母打骂男孩，发泄心中的怒气和失望是可以理解的。但是只用打骂来消除心中怨气，并非良策，这说明父母的教育方法是存在问题的。

当然，养育男孩常常是欢乐与忧虑并存、烦恼与幸福共生。现实一点来说，父母如果从不对男孩严厉一些，男孩犯了错误也不管不问，这也是对子女教育不负责任的表现之一。如果要略施惩罚，也要讲究技巧，当然绝对不可打骂。

父母必须认识到惩罚对改变男孩的行为只有有限的作用。男孩确实应该知道父母禁止什么、反对什么，什么事情有危险性，但他们也应清楚地知道，父母鼓励他们做什么，以便努力使自己的行为符合父母的要求和社会的道德准则。

对男孩的过错采取自然惩罚的方法更好。所谓自然惩罚，就是让男孩自己体验他的不良行为所导致的后果。一般来说，实施自然惩罚可以采用两种不同的途径：

(1) 让男孩体验他的不良行为所带来的必然后果。如男孩弄坏了家里的电灯，不要急于换上一个新的，而是让男孩体验一下身处漆黑房间的感觉，让他学会珍惜生活用品；如果男孩不吃早餐，你不必劝食，中午饿的时候，也不提供零食，让他体验不吃早餐的滋味。让男孩亲自品尝他的行为带来的苦果比空头说教更有效。所以，男孩打碎了灯泡，与其费尽口舌地给他讲解灯泡的作用，保护灯泡的意义，却不如让他亲身感受晚上没有光亮给人带来的不便；男孩早上不吃饭，与其苦口婆心地央求，告诉他不吃早餐的危害性，不如让他饿回肚子，使他学会珍视自己的健康。反之，如果男孩打碎了灯泡，你马上换上一个新的，或男孩不吃早餐，怕他饿着，中午之前总是尽可能多地给他提供零食，那样，他就很难改掉坏习惯。

(2) 父母的决断合乎逻辑，使男孩从中学习有效方法。这种方式多用于五六岁的男孩。家庭教育中经常会遇到这样一种情形：让男孩看一会儿书，但是他不是学习而是在书上乱涂乱画。此时家长可以不动声色地把书从他手中拿过来，等一会儿，如果他央求看书的时候，再还给他。如果他拿到书后还是不好好看，再从他手中把书拿回，如果男孩想得到书，他自然会专心地看书并且好好地保护。

男孩拿着蛋糕不吃，却把蛋糕弄碎、弄脏，这时父母可以马上从他的手中夺回蛋糕；男孩拿着玩具不玩，反而到处乱摔，父母也可以毫不客气地夺回玩具。同时家长可以告诉男孩，为什么不让他吃蛋糕或玩玩具，当男孩意识到自己的行为不对的时候，他以后就不会浪费食物、弄坏玩具了。

实践证明，自然惩罚能够帮助男孩学到更多。当男孩受到自然“惩罚”后，会不知不觉地从中领悟出一些道理，比如明白了对和错，懂得了怎样表现让大人高兴，怎样表现让大人生气等。自然惩罚与平常的惩罚不同。自然惩罚是以教育为目的的一种特殊的教育手段。

怎样管教“明知故犯”的男孩

父母打骂男孩的一个重要原因就是男孩经常明知故犯。当父母明确地告诉男孩不要做这种事后，男孩经常是采取一副“我偏偏要做”的态度。这种行为最使父母十分恼火、费解，不懂男孩为什么要这样做。

男孩之所以会明知故犯，主要有四种原因：一是渴望引起父母的注意；二是任性；三是用明知故犯的方法满足“报复”心理；四是放弃努力。

也就是说，男孩明知故犯，是为了想获得或放弃一种归属感，或因未得到满足而发泄不满。比如，父母提醒男孩做功课，男孩明明答应却不做功课，这种做法可能是为了得到父母的注意，也可能是任性的表现，向父母示意“我的功课我做主”。

父母只有弄清楚和掌握男孩明知故犯的动机，才能对症下药，选择用最恰当、最有效的教育方法。

5岁的明明每天光想着玩，不想洗澡，每次妈妈催促他洗完澡再继续玩，可明明总是答应洗澡，却不肯放下手里的玩具。这让妈妈既着急又拿他没办法，好说歹说让明明乖乖洗澡，结果一转身又不见了人影。妈妈气得满屋子找，后来在一个小角落里看见了明明，他拿着汽车玩具冲着妈妈做鬼脸，就是不肯洗澡。

其实，男孩喜欢明知故犯，大多数只是想和父母较量一下，看看“我明知道那么做不对却偏要去做”，会引起父母什么样的反应。就像故事中的明明，尽管答应洗澡但就是不洗，还拿玩具跟妈妈“示威”，让妈妈无可奈何。那么，生活中怎样解决类似故事中这种母子之间陷入僵局的事呢？

当男孩不肯洗澡时，家长千万不能用粗暴的打骂方式，硬将男孩抱入澡盆中。男孩不洗澡和妈妈僵持不下，可以先放下洗澡这件事，用其他办法转移男孩的注意

力。等男孩情绪得到缓和，紧张的心理放松后，再心平气和地跟男孩讲洗澡对健康的益处等道理。当男孩听进去并认识到自己的错处时，就会愿意跟随家长去洗澡。如果男孩开始答应好洗澡，来到洗澡间却改变主意时，家长可以采取冷处理的方法，即放好洗澡水后而不去理他，让他僵等下去，直到男孩觉得无趣。只有让男孩养成按时洗澡的习惯，并且感觉到洗澡是一件快乐的事，他才会主动要求洗澡。在男孩和家长的较量过程中，家长不能妥协，也不要像大臣屈服皇帝一样地顺从男孩，否则更纵容了男孩明知故犯的坏脾气。他甚至会以此为乐，和父母兜圈子、做游戏。家长先控制好自己的情绪，再想办法扭转男孩的情绪，这是需要技巧的。此外，与男孩交流时，说话语气、引导技巧、面部表情等也都应该注意。

面对明知故犯的男孩，家长要学会及时恰当地“抓紧”和“放手”，既不能纵容，又要仔细观察并给予男孩适当的帮助，从而让男孩变得听话，自愿主动地改正错误。

即使男孩总是明知故犯，也不要训斥和打骂。训斥、打骂男孩毕竟是非理性的活动，对男孩的学习与其他几乎没有一点儿帮助。如要父母把它作为一条有效的法则长期使用，将有害男孩的身心健康，影响男孩活泼、健康地发展。

无休止的唠叨只会让男孩厌烦

在生活中，许多父母往往寄予自己的男孩过高的期望，总希望男孩处处听话，事事遂心。所以，一见到男孩就忍不住提醒几句，劝说几句，指点男孩的不足，经常性的重复说教便成了唠叨。唠叨男孩不要丢三落四，指责男孩处处不对，批评男孩犯错太多，抱怨男孩不争气等，这些让男孩不爱听的话很容易激起他的逆反心理。唠叨得多了，男孩就会夺门而出。唠叨往往是跟指责、批评、报怨联系在一起的，有时甚至讽刺挖苦，让男孩感到厌烦、丧失自信、降低积极性和做事的热情。如果是习惯性的喋喋不休，男孩会觉得无所适从，令父母的权威形象大打折扣。

佳桐不知从什么时候开始，爱上了看课外书。放学回家就迫不及待地拿出课外书津津有味地读起来。

妈妈过来了，一看见佳桐手上的课外书，就有些生气地说：“还看，还看，还不写作业！”佳桐赶紧回答：“看完这篇就写，也就10分钟。”

“10分钟，这可是你说的。”妈妈离开了不到3分钟，又过来了，说：“快看完了吗？不快点儿写作业，又要写到半夜了。”佳桐心里有点儿烦，没有理她，继续

看课外书。

佳桐听见妈妈继续在客厅里抱怨："人家的孩子都是一回家就写作业，这孩子倒好，总是拿着没用的书看，作业写到半夜，时间不够了就胡乱应付，这成绩能好吗?"

佳桐听着越来越烦，妈妈不停地唠叨，课外书是看不下去了，佳桐开始写作业，不到10分钟，就有种写不下去的感觉，满脑子都是妈妈唠叨的话语。

其实孩子说好了10分钟后就开始写作业，妈妈应该相信他，等到10分钟过后如果他还没开始写，再提醒也不迟。放学回家要写作业，这个道理男孩是懂的。如果10分钟之后还没有写，妈妈的提醒会让他感到内疚的，这种内疚感会促使男孩很快改正错误。可是，这位妈妈太心急了，她不停地唠叨使男孩产生了深深的挫败感，终于超过了男孩所能忍受的限度，使男孩的内疚感消失，代之以厌烦和逆反心理。

事实上，不少父母为了减轻男孩沉重的功课压力，都很愿意协助男孩做功课。通常最常见的是坐在男孩的身旁看着男孩学习，一会儿提醒他字要写得端正，一会儿又说那个字写错了。殊不知，这种做法只会招惹男孩反感，使他们坐立不安，无法专心读书。对于精神散漫，无法专注于书本的男孩，再多的唠叨和督促都不能奏效，反而会令情况恶化。

从男孩角度来说，假若唠叨成了每日必奏曲，唠叨就毫无意义；假若挨骂变成家常便饭，久而久之，男孩便会对任何的责骂都感到无动于衷，同时也会因此而丧失了自信心，甚至连说话都表达不清楚，而父母的责骂与劝告也会变得毫无效果。没有耐心的父母，常常会嫌男孩做事不仅慢吞吞，还做不好，由于看不顺眼，便不停地唠叨。唠唠叨叨地骂男孩，会使男孩不愿意接近父母，父母也会觉得这男孩不可爱。

现实生活中，爱唠叨的父母确实不少，特别是一些妈妈。大多数男孩都不喜欢听父母唠唠叨叨，有的会说父母得了"嘀咕病"，更有的与父母顶撞，闹得大家心里不愉快。爱唠叨的父母要好好想一想，孩子为什么讨厌你们唠叨呢？父母要做出怎样的改变呢？

(1) 正确把握男孩的心理状态。一般情况下，男孩的心理状态会不同程度地有所暴露。父母这时就要善于把平时对男孩的了解与男孩在谈话中的外部表现联系起来，细心地观察男孩的神情、言语、注意力和习惯动作的变化等，从而准确地把握住男孩的心理状态。

(2) 以行动代替说教。当男孩怠惰、不专心读书，父母说教无效时，父母不妨停止语言的劝诫，改为行动处罚，施以适当的处分，让他反省自己的过失。如果父母看到男孩有悔意，就不要再过多加以指责，受过处分之后，男孩会改进的。父母还是少唠叨为妙，因为唠叨大多时候不是在教育男孩，而是家长在为自己的辛劳找平衡。

(3) 对男孩的批评不能超过限度。对待男孩犯的错，只批评一次。切忌抓住孩子的小错误不放，如果想要提醒男孩加深印象和记住教训，可以换个角度，换种说法。这样，男孩就不会因无休止的批评和指责而心生厌烦、逆反情绪。

总之，父母关心男孩的一切都属正常，但如果经常在他们身旁督促，或喋喋不休，将提醒和劝告变成了干扰男孩的情绪，其结果就会适得其反。

让男孩学会自我反省

自我反省能力是一种内在人格智力，是认识自我、完善自我、不断进步的前提条件。提高自我反省的能力，就能客观地评价自己，有一个正确的自我认知，从而了解自己的优缺点，自尊、自律，有计划地规划人生。平常多进行自我反省，遇到困难和挫折时，就能够及时调整自己的情绪，积极进取，寻找渡过难关、走向成功的办法。在现代家庭中，家长可以从小培养男孩的自我反省能力，在错误中学会积累经验和教训，从而悔过自新，少犯错误。因为男孩年龄较小，还不能对自己有足够的认识，缺乏判断力，自我反省的内在人格智力还处于萌芽阶段，需要父母给予正确引导。

妈妈给小雨买了两条美丽的小金鱼，小雨十分喜欢，把小金鱼放在玻璃缸里，每天看它们在水中游来游去。

有一天，小雨突发奇想，想看看小金鱼离开水的样子。于是，他把小金鱼从水中捞出来，放在地板上，看小金鱼痛苦地挣扎。小雨觉得很好玩。

“小雨，你在干什么！鱼会死的，赶快把它们放到水里。”妈妈大声呵斥。

可是小雨对妈妈的呵斥置若罔闻。

外婆也看到了这一情况，她没有像小雨妈妈那样斥责小雨，而是和蔼地对小雨说：“如果你口渴时不给你水喝，你会怎样呢?”

“当然很难受啦。”小雨不假思索地说，因为他有过口渴难耐的经历。

“你口渴时喝不到水会觉得很难受，可是你把小金鱼从水里抓出来丢到地上，它们喝不到水，不是也很难受吗？鱼是不能离开水的，它比人类更需要水，一旦离开水，很快就会死的。你看它们拼命挣扎的样子，多难受啊。”外婆说道。

小雨不作声了。沉思了片刻，对外婆说：“外婆，我错了，我以后再不把金鱼

丢到地上玩了。”说着便把金鱼放回了鱼缸中。

男孩到了一定年龄都会有一定的判断能力，可以简单地判断好坏，并且也有一定的自尊心和羞耻感。如果他们知道自己做了错事，也一定会感到羞愧，只是不同的男孩羞愧的程度不同而已，关键在于怎样启发他们的自尊心、羞耻感，使他们反省，下决心改正。会自我反省的男孩，能够反思自己的言行，能置身事外地观察自我的状态，因此，能换位体会别人的感受。

孩子是否具有自我反省能力跟父母和长辈的引导、教育直接相关。父母如何把男孩培养成懂得自我反省的人呢？

(1) 不直接指责男孩的错误。当男孩做错事时，父母不要一味地给予斥责，否则可能引起男孩的反感，使其对父母产生抵触情绪，导致其内在智力的发展受到限制。这时，父母可从侧面旁敲侧击地引导男孩进行自我反省，意识到自己的过失。故事中的外婆没有对小雨的行为横加指责，而是巧妙地通过引导使小雨学会了自我反省，最终认识到自己的错误，这种做法值得每一位家长学习。

(2) 告诉男孩做事要考虑后果。许多男孩往往比较冲动，做事时根本就不考虑后果，而且由于男孩的经验和阅历不足，考虑事情不周全，很多时候往往会不清楚做事会出现什么样的后果，即便有大人提醒也会粗心大意。这时候，父母可适当指导男孩，让男孩故意按照错误的方式去尝试，当结果出乎男孩的意料时，男孩就会认识到自我反省的重要性。

(3) 让男孩学会承担犯错的后果。男孩犯了错误，许多父母常常替男孩去承担犯错的后果，这样做会使男孩缺少责任心，觉得做错了也没关系，不利于培养男孩自我反省的能力，致使他们以后更容易再犯类似的错误。父母应该让男孩自己去承担犯错的后果，让男孩明白，对自己的错误负责，才可以避免失误造成的严重后果。

(4) 激发男孩的羞愧感和内疚感。给男孩灌输正直、善良、勇敢等正能量，可塑造美好的心灵，而让男孩心生羞愧、内疚等情感，也会使其受益匪浅。让男孩有羞愧感、内疚感，更能让男孩记忆犹深，铭记教训。这样通过不断的自我反省，男孩就会逐渐地提升判断力，学会辨别好坏、是非、对错和美丑。

总之，当男孩犯错误或者不听话时，父母可直接指出错误所在，促使男孩进行自我反省，激发起他的羞愧感和内疚感，从而知错即改。

避免对男孩进行“言语伤害”

很多父母都有过这样的经历，在男孩不听话、屡教不改，或者不认真读书、完不成作业时，气急了就会骂道：“你一点儿用都没有！”“你将来也就这样了，怎么养出来你这么个废物！”殊不知父母一时的气话，却对男孩造成终身的伤害，因为它截断了男孩对自己将来的希望和美好的憧憬。一个认为自己没有前途的男孩他将来能好吗？

提起对男孩的伤害事件，人们首先想到的是被人抢劫、勒索、欺负、性侵害以及被父母或教师体罚等。男孩们受到的“软”伤害常常被人忽视，如软性的“言语伤害”。“中国少年儿童平安行动”近年曾公布了一项内容为“你认为最急迫需要解决的校园伤害”的专项调查，结果显示：81.45%的被访小学生认为校园“言语伤害”是最急需解决的问题。

美国一权威机构对1万名0~10岁的男孩进行跟踪调查，最后发现，对幼小心灵伤害最大的是来自父母的“言语伤害”。这种情况在我国也较为普遍。

5岁的轩轩不小心把杯子碰倒在地，妈妈气急败坏地说：“你怎么这么蠢，真是个笨蛋、傻瓜，一点儿用都没有……”

轩轩贪玩，不好好练琴的时候，气得妈妈经常说：“儿子，爸爸妈妈多不容易，挣钱给你买钢琴，还付学费，你一点儿不争气，一点儿都不像其他小孩那么乖、那么聪明。你不好好练琴怎么对得起我们?”

轩轩好好画画的时候，爸爸哄他说：“轩轩乖，好好学画，否则什么也别想得到。”

经常遭受言语中伤的男孩容易形成偏执的性格，甚至长大后出现人格障碍，严重的则心灵扭曲，难以适应社会。所以，为了男孩的健康成长，父母要注意自己的批评方式，要警惕言语不当可能对男孩造成的严重伤害。父母不要认为批评孩子就可以无所顾忌，要知道男孩的心灵比较脆弱和敏感，几句过头话很有可能会伤害到男孩的自尊，口不择言地刺激男孩、讥讽男孩甚至贬低男孩，都会对男孩的心理造成严重伤害。父母应该意识到，伤害孩子的心灵要比打骂体罚更严重。父母是男孩的第一任老师，也是和男孩最默契的“知己”，所以无论如何，都不要在情感上疏远男孩，用过分的言辞伤害男孩，只有这样才会让亲子间的距离更近，亲情更深。

父母要避免对男孩的“言语伤害”，关键要注意以下几点：

(1) 认识到“言语伤害”的严重程度，在思想上高度重视。那些轻易否定男孩的父母，只想在男孩面前树立权威，却忽略了男孩需要的尊重，交流的结果可想而知。引导男孩进行深入思索可以使男孩看到父母的“深度”，从而产生敬佩之情。

(2) 言语中不要带有不良情绪。父母要以积极的心态对待男孩。只有父母乐观地对待男孩，男孩才会给父母以乐观的回报。有些父母每一句话中都包含着不良情绪：“他们数学老师很坏”“他爸爸也不管”“当时别听他们班主任的话好了”……感觉事情很糟，处处不顺，而且这都是别人的责任。这种不良的情绪会传染，男孩会在父母的潜移默化中变得消极起来，并形成外归因的思维方式，这对男孩的成长非常不利。

(3) 不要说男孩没出息。“没出息!”这句话出自父母口中的频率是相当高的。这句带着强烈贬损意味的话，不知刺伤了多少男孩的心。男孩虽然小，也有自尊心，在男孩的成长道路上，需要来自父母的肯定和赞扬。即使是批评，也应当入情入理，让男孩心服口服，千万不要说男孩没出息。尤其是在“恨铁不成钢”或气急的种种情况下，更要保持理智，控制好情绪，努力做到和风细雨、循循善诱。

(4) 避免言语中的消极心理。暗示心理学研究已经证实，长期的不良心理暗示可以导致男孩认知思维层面的偏离，进而引起相应的心理和行为改变。因为男孩对自身状况缺少判断能力，潜意识里很容易认同父母的这些消极说法，父母说得多了，往往会弄假成真。

(5) 在男孩失落时支持他。男孩毕竟还很弱小，在他们的人生中会遇到很多难题，父母应该尽可能地帮助和支持他们。每个人都会有失落的时候，每个人都会有失去信心的时候，只有让男孩充满信心，他们才能在未来的人生中面对一切挑战，才会拥有幸福的人生。每当男孩痛苦和失落时，做父母的不要忘记对他说：“你一定行的，我相信你。”任何人都有成功，也有失败，而且失败往往比成功更多。男孩失败了，父母绝不能说“我就知道你不行”之类的话，而是要多加鼓励，帮助他们从失败中走出来。如用“我相信你可以做得更好”使男孩有更努力的动机，用“没关系，慢慢来，尽力而为”帮助男孩调整焦虑、紧张的情绪，等等。

总之，“良言一句三冬暖，恶语伤人六月寒”，不同的言语带来截然不同的效果。父母若要让男孩变得听话懂事，就要用科学的教育方法，多给男孩一点儿关爱，在说话上多用“良言”，禁用“恶语”，不要伤害孩子的自尊心，不要因为批评不当酿成苦果而得不偿失。所以，父母从现在开始，改变一下自己的批评教育方式吧。

批评男孩是一门学问

男孩犯错正常，但是经常性地犯同一个错误，那就不正常了。很多时候，出现这种现象的主要原因在于父母，是父母没有教育好男孩所致。

男孩所有的举止基本上都不能逃脱父母的掌握。一不留神在地上摔倒了，母亲就会说："怎么这么不小心！"如果考试成绩不理想，就会有声音响起："你看看，怎么考得这么差。"倘若不小心丢了东西，就会有个声音说："你怎么搞的，总是丢三落四的。"

对于一个刚遭受了打击的男孩，自己还没有从难过、委屈、痛苦甚至耻辱的情绪中走出来，往往就紧跟着迎接一阵暴风雨一样的批评，心中甚觉不快，可也没有什么办法，只能默默地忍受，胆大的或许会顶几句嘴，但这更会招来痛骂，实在委屈了也许会抽泣一下。这下可更不得了，父母又会嚷着："哭什么哭！有什么好哭的！"

我国著名教育家陶行知先生曾说过一段话："在教育男孩时，批评比表扬还要高深，因为批评一定要讲究方法，这是一门艺术，你用得好，它比表扬的效果还有用。"对于如何批评男孩，专家给出了如下建议：

(1) 尊重男孩的人格。男孩有过错，理应批评，但应尊重其人格。批评应对事不对人，男孩和父母，被批评者和批评者，人格应该平等。批评可以严肃，甚至严厉，但不可以有损人格。

(2) 纠正错误要及时。男孩犯错，要及时批评。"你等着，等你爸爸晚上回来！"这种策略是一种失误。想一想，本是上午的事，到晚上再批评，这中间男孩还要干好多事，那错事也许淡忘了。当然，所谓及时批评也应视年龄特点及错误性质而有个时间跨度，要抓住时机"冷处理"。

(3) 避免当众批评男孩。有的父母误认为，当着他人的面数落一下男孩，会增强效果，殊不知，这样做的最大弊病是伤害了男孩的自尊心。

(4) 父母之间要相互配合。男孩有了过错，爸爸批，妈妈护，效果岂不相互抵消，何谈教育？父母对男孩的批评方式可以有差别，但必须口径一致，配合默契。

(5) 要以正面引导为主。有些父母批评男孩的时候，张口闭口予以打击："你真没出息！""你真不争气！"……。如此责骂不休，无意中会把男孩往邪路上推。正确的做法应该是：父母在简明扼要抓往要害、严肃认真地指出错误后，用肯定的语

言，如“你是有出息的”“肯定会争气”等，给予正确引导，给予鼓励。任何批评，其根本目的不仅在于抑制男孩的过错行为，更重要的在于激发起男孩的正确行为。

一天夜里，妻子悄悄地对丈夫说：“我发现了一件不好的事情，咱家的乐乐从我的包里往外偷钱。”

“真的?”丈夫大吃一惊。

“嗯，我偷偷看见了。”妻子说。

“啊!”这位爸爸怒火中烧，真想立刻冲到乐乐的房间，狠狠揍他一顿。但理智让他没有这样做。乐乐只是一个12岁的男孩，以前从未犯错，这次偷钱一定有他的原因，如果能通过批评教育及时正确引导的话，效果会比打一顿的更好。于是，他与妻子商量，此事由妈妈先对乐乐谈，爸爸暂时回避，日后找机会再跟他谈；批评的时候重在正面引导，体贴他、温暖他，切勿用冷言恶语刺激他，更不能打骂。

过了几天，乐乐妈妈提前下班回到家，乐乐也刚好放学回家了。妈妈装作一无所知，把一份《法制报》递给了乐乐，上面登有一段关于“少年犯”的文章。乐乐看着报纸，脸不禁红了。妈妈趁机讲道，一条小虫可以毁了一条大船，小偷往往都是今天偷一元，明天想偷十元，日后就会犯更大的错误……”

此后，乐乐再也没干过偷钱的事情，学习成绩也是一天比一天好。

上面事例中的那位父亲不用冷言恶语刺激男孩，而是加以引导、指明正确之路，是十分明智的。

(6) 就事论事，点到为止。有些父母一遇到男孩出事，就气不打一处来，往往把昔日陈年旧事都抖出来，搞“扩大化”，将男孩数落得一无是处，这就会使他们产生自卑感，难以增强改正缺点的信心。其实，今天发生的事未必与昨天前天的事有关联，即使有关联也不应“算总账”。父母要就事论事，不要无限外延。这种批评看起来似乎有点儿简单化，三言两语便可作罢，但它符合男孩的思想单纯的心理特征，往往能使他们消除对待批评的抵制意识，这样才有利于他们在以后轻装前进。

总之，大部分男孩都会犯错，有错误父母就有帮助其纠正的义务，但是批评男孩要讲艺术，在教育男孩上，处处留心皆学问。

批评男孩的艺术技巧

在英国的亚皮丹博物馆中，有两幅藏画格外引人注目。其中一幅是人体骨骼

图，另一幅是人体血液循环图。说起这两幅藏画，里面有着一个引人入胜的故事。

从前，有一个名叫麦克劳德的英国小男孩，从小好奇心特别强，对什么事情都十分感兴趣，凡事总喜欢刨根问底，直到找到答案才罢休。有一天，小麦克劳德突发奇想，想看看小狗的内脏是什么样的。于是，他和几个小伙伴偷偷地套住一只小狗，然后将其宰杀掉，把小狗的内脏一个一个地分出来仔细观察。这只小狗正是校长十分钟爱的宠物狗。校长得知此事，非常生气，他觉得这个调皮的小学生实在太不像话了，如果不对他严加惩罚，以后会干出更加出格的事来。

但是，该怎么惩罚小麦克劳德呢？校长冥思苦想，决定采用这样一个处罚办法：罚麦克劳德画一幅人体骨骼图和一幅人体血液循环图。聪明的小麦克劳德意识到自己犯了大错，甘愿接受处罚，并决心改正错误。于是，他认认真真、仔仔细细地画好两幅图，交给了校长。校长看到小麦克劳德画得非常出色，大为惊诧，又看到他对错误的行为诚恳地道歉，就对杀狗之事不予追究了。校长的处理方法是巧妙的，既使小麦克劳德认识到了自己的错误，又保护了他的好奇心，同时还让他有了一次学习生理知识的机会。后来，小麦克劳德长大后果真成了一位著名的医学家，研究发明了专治糖尿病的胰岛素治疗方法，并荣获诺贝尔生理学及医学奖。

校长对小麦克劳德杀狗事件的处理对我们颇有启发。如果当初这位校长对麦克劳德进行了简单粗暴的严厉训斥，通知家长让他赔偿，那就有可能改变了小麦克劳德的人生和命运。麦克劳德身上闪光的探索欲、好奇心将被淹没，很有可能后来他就不会成为有名的解剖学家和医学家。相比之下，许多父母和老师，对男孩错误的处理，往往简单生硬，不善于保护男孩的积极性，甚至做出了扼杀他们好奇心的蠢事。

被誉为“发明大王”的爱迪生，一生有2000多项发明，他儿时好奇心就很重，探索欲望非常强烈，也非常淘气。有一位老作家曾经说过：“淘气的男孩是好的，调皮的女孩是巧的。”淘气是男孩的天性，是好奇心驱使下的行为，是儿童认识世界、探索世界的起点和动力，父母们对他们创造性思维的萌芽，应加以保护和引导。即使出点儿小毛病、捅点儿小乱子，也应适当地表现出宽容和谅解，要循循善诱、充分说理，小心翼翼地保护男孩心灵上的“闪光点”，给他们以广阔的自由天地。

当男孩犯有过错时，父母往往一味责备男孩，甚至打骂男孩，一点儿批评技巧都不讲，结果往往事与愿违。那么，父母批评男孩时，应注意掌握哪些技巧呢？

(1) 用“低而有力”的声音。父母应以低于平常说话的声音批评男孩，“低而有力”的声音，会引起男孩的注意，也容易使男孩注意倾听父母说的话。很明显，这种低声的“冷处理”，往往比大声训斥的效果要好。

(2) 适时保持沉默。男孩一旦做错了事，总担心父母会责备他，如果正如他所想的，男孩反而会有一种“如释重负”的感觉，对批评和自己所犯过错也就不以为然了。相反，如果父母保持沉默，男孩反而会感到心理紧张，“不自在”，从而反省自己的错误。

(3) 进行心理暗示引导。男孩犯有过失，如果父母能心平气和地启发男孩，不直接批评他的过失，男孩会很快明白父母的用意，愿意接受父母的批评和教育，而且这样做也保护了男孩的自尊心。

(4) 帮助男孩换位思考。当男孩惹了麻烦遭到父母的责骂时，往往会把责任推到他人身上，以逃避父母的责骂。此时最有效的方法，就是当男孩强辩是别人的过错、跟自己没关系时，就回敬他一句“如果你是那个人，你会怎么解释”，这就会使男孩换位思考：如果自己是别人，该说些什么？这会使大部分男孩发现自己也有过错，并会促使他反省自己把所有责任转嫁于人的错误。

总之，批评是教育男孩不可缺少的重要方法之一，如何批评男孩是一门艺术。恰当地批评男孩可以帮助他们改正错误，达到预期的教育目的，否则，就会造成男孩的逆反心理，收到相反的效果。

以讲故事的方式巧妙比喻

有些男孩总是在不自觉中暴露了自己的缺点，父母看出来后都很着急，有的在情急之下，就会采取极端的方式，让男孩改正缺点，遗憾的是极端的方式不但达不到预期的效果，反而会产生一些新问题。其实，遇到这样的情况，父母要多想想，运用智慧的方法，让男孩明白什么是对，什么是错，什么该做，什么不该做。

王强是个属鼠的孩子。最近他连续两次在考试中得了满分，不免有点儿飘飘然，今天说陈明是笨蛋，明天说赵成是弱智，自己处处比他们高明很多。于是，爸爸便给他讲了下面的故事：

“两个孩子在下兽棋，一只小老鼠悄悄溜到他们的身边，蹲在旁边看他们下棋。小老鼠发现，虽然老鼠家族个头矮小，但在兽棋里却特别强大。在兽棋中，虽然老鼠能被猫吃掉，被狼吃掉，被老虎吃掉，却可以战胜大象。于是，小老鼠恍然大悟，原来我们老鼠才是真正的百兽之王呀！从此，小老鼠扬扬得意，每天大摇大摆地走在路上。遇到猫它也不再吓得四处躲藏了，看到大狗也不再打招呼了，甚至还拿狼寻开心。小老鼠神气极了。有一天，小老鼠看见老虎正在路边打瞌睡，就噌的

一下窜到了老虎背上，跳起了圆舞曲。老虎当时正打盹儿，懒得理睬。小老鼠于是更加得意忘形，又来到大象身边，它想钻进大象的鼻子里瞧瞧，可谁知它刚钻进大象鼻孔，就被一声巨大的喷嚏冲了出来，像出膛炮弹似的一头撞到墙上，一命呜呼！

"儿子，'自大'加一点就是'臭'。你这只"小老鼠"可不要太骄傲，小心别撞墙哦！"

听了爸爸的故事，王强深感羞愧，从此以后谦虚了很多。

故事中这位睿智的爸爸并没有直接点明儿子的缺点，也没有给儿子灌输大道理，而是通过讲故事的方式巧妙地指出了儿子的不足，让他自己去领会言外之意，可谓举一反三，收到了极好的说服效果。

因此，父母不妨利用寓言故事来妙喻说理，使男孩冷静深思、豁然顿悟，达到说服他们的目的。一般来讲，用故事来教育男孩分以下几种。

（1）借故事表达情感。讲故事的人在讲故事时大多声情并茂，都带着自己的情绪，饱含感情，以此来打动人心。故事的最后往往还有一定的人生感悟或启示作为点睛之笔。如果父母在教育男孩时，能经常讲一讲生活中的小故事、寓言，将故事中的人物形象比喻为自己或男孩，要比唠叨式的说教更有效，更具说服力。没有哪个孩子不喜欢听故事的，借着故事的寓意传达出自己对男孩的要求，点出男孩的缺点和不足，不仅起到画龙点睛的作用，还不伤害孩子的自尊，让孩子更乐于听取意见和接受。由于故事情节比较生动，人物也都是情感鲜明，有着自己的性格特征，男孩从读故事中可以不知不觉地拿自己与故事中的形象为参照，由此认识到自己的错误和不足，并主动地改过自新。

（2）借故事激励男孩。大多儿童故事中的人物形象都是正面的，成为孩子学习和成长的好榜样。因此，男孩在与故事中的人物做比较时，会潜移默化地受到故事的影响，起到自我激励的作用。故事中一些英雄形象、勇士往往成为男孩崇拜和模仿的对象，富于感染力和正能量。

（3）借故事情趣来开导男孩。有些寓言故事看上去内容浅显易懂，幽默风趣，却一语双关，蕴含着深刻的哲理。父母可以多给男孩读一读寓言故事，使男孩体会故事中的隐喻、讽刺和情趣，从而领会故事背后的大道理。如果平常父母在与男孩聊天时，能巧妙地引用这类故事，将自己的要求含蓄地传达给男孩，便可以达到潜移默化的效果。

（4）借故事阐明道理。有时候，当男孩犯错误，却不知悔改或者意识不到错处，家长可以举一些小例子、小故事来警醒男孩，从而引申出某个道理。这样，由于对比鲜明、生动，往往能使男孩在不经意中学会自我反省，从而接受父母的

意见。

(5) 借故事启迪心智。人常说，当局者迷，旁观者清。对于男孩的懵懂和迷惑之处，如果能有针对性地利用富于哲理性的故事来暗示男孩，就可以起到启迪心智的作用。有时父母重复唠叨几遍男孩也不听，结果读一个小故事却让他醍醐灌顶，这就是借故事来实现教育效果的力量。借用故事本身所蕴含的哲理，委婉地传达出自己的看法，暗示父母的告诫和提醒，这比直接的说教和批评更容易为男孩所接受。

总之，在批评男孩的过程中，最令男孩反感的就是父母滔滔不绝地灌输一堆大道理，而故事对于男孩来说则是心中的最爱。借用故事来进行引申，这种批评方式，更能达到预期的效果。

第 11 章 把握尺度，可以宽容但不能纵容

现在的许多年轻父母，高兴时对男孩不管不问，不高兴时又格外严厉，没有一个始终如一的规矩，这种朝令夕改的做法会给男孩幼小的心灵造成紧张和混乱的阴影，从而人为地制造教育男孩的障碍。要教育好男孩，父母必须有一个明确的是非观念，把握好尺度。

不要让家里的小霸王到处撒野

“我儿子简直是小霸王，不如他意就大哭大闹，最后只能我们妥协。”“我儿子就像一头蛮牛，年纪小小却很有自己的主意，拗起来，十头牛都拉不动。”生活中，“霸道”的男孩总是让父母伤透脑筋。一般而言，造成男孩霸道、不讲理的原因，有下列几项因素。

一是父母的过分溺爱。对男孩百依百顺，有求必应，会把男孩宠坏的。现在很多家庭只有一个男孩，每个男孩都是父母的心肝宝贝，掌上明珠，不但长辈们疼爱有加，父母们更是关怀备至，打骂不得。因此，从男孩一出生起，所有的生活起居、吃喝拉撒，父母都会千方百计地提供给孩子最好的物质条件，想尽办法满足他们的需求。在每个父母的眼中，男孩都是他们的心头肉，受不得半点儿委屈，吃不得一点儿苦。家长爱子之心可以理解，但过度的娇惯会渐渐养成一个养尊处优的小霸王。当男孩变得不听话、蛮不讲理、霸道的时候，父母还认为孩子小，用不着管教太严厉，长大一些自然就懂事了。于是，日积月累，男孩的任性脾气与日俱增，觉得凡事都理所当然，也因此变得越来越霸道。

二是年龄。一般来说，1岁前的男孩不会太霸道，因为这时的男孩口语表达能

力还不完善，不会向大人提出各种要求，会用哭闹来表示满意和不满意。随着男孩年龄逐渐变大，开始有了自己的想法和需求，会为了达到某个目的而“威胁”家长。比如，1岁以上的男孩渐渐形成了强烈的自我意识，会撒娇、任性，表达不满，一旦倔强和固执起来，往往令家长束手无策。所以，这一阶段的男孩最霸道。

三是个体差异。每个男孩都有自己的性格特点，是一个独立的个体。有些男孩能愉快地和小伙伴相处；有的男孩则很害羞，只愿与那些他熟悉的人亲近；有的男孩不高兴时会尖叫、吵闹，愤怒地发泄；有的男孩则是把心事藏在心里或者偷偷地低声哭泣。每个男孩天性不同，所表现出的行为也千差万别。

四是模仿。男孩从出生到长大，总要受到身边的人和事的影响，在外界环境的耳濡目染下，通过读书、看电视等，形成多种性格。如果父母的性格本身很强势，男孩也会表现得霸道蛮横。

不管是哪种原因让男孩变成了小霸王，作为父母，都要进行管教，不能让男孩一味“称霸”，否则将来他要吃大苦头。那么，面对家里的小霸王，父母应该如何教育呢？

(1) 向教育专家们学习经验和方法。每一位男孩的性格都与众不同，因此父母纠正男孩的霸道行为也要因人而异。如果父母们能与教育专家密切联合，与学校老师多沟通，掌握教子经验，将能在教导男孩时更得心应手。

(2) 设身处地为男孩着想。当男孩霸道无理时，父母应先站在孩子的立场想一想，了解他的心情和内心想法。对男孩的霸道行为，不能过于迎合或敷衍，应当适时地予以制止与纠正。当男孩有好的行为表现时，要多鼓励和肯定，男孩一旦受到肯定，就会提高做事的积极性，认为怎样做才是对的；而当男孩霸道无理时，家长要帮助他纠正不合理的要求，让男孩知道什么是不可以做的。

(3) 以理服人，让男孩做个通情达理的人。有些父母一味地抱怨男孩霸道、不讲理，却从来没有想过，自己是否给过男孩一个申辩的机会。父母要学着每一件事情都要和男孩讲道理，让男孩慢慢了解和接受。如果男孩年纪小，不懂得大道理，父母也不要批评孩子，也不要把自己的想法强加给孩子。随着男孩身心的成长，会慢慢地领悟其中的道理，变得通情达理。千万不要因为男孩霸道，家长更不讲理，误导男孩。

(4) 确立原则，并坚持执行。父母可以和男孩共同确立言行规范，让男孩学会在原则和规则下做人做事。当原则确定后，父母和孩子都要坚持执行，不可轻易妥协，也不能放任男孩。比如，碰到会伤害男孩的危险情况时（触摸电源、热水等危险物品），父母应用强硬的手段禁止这种行为，然后告诉男孩行为的危险性，这样男孩就会严格遵守行为规范。

总之，家有小霸王，父母要特别注意，不能一味地迁就，更不能以霸治霸，用强制的手段粗暴地对待男孩。说到底，霸道的男孩因只顾自己，不会考虑别人，如果不予以及时地纠正，霸道的行为会显得更为强烈。男孩在成长过程中，难免会出现这种问题或者那种问题，父母唯有及时发现、用心解决，才能保证男孩健康成长！

不能被哭闹的男孩牵着鼻子走

哭是孩子的一种本能。有的男孩把哭当成了一种要挟大人的“武器”，当自己的某种要求得不到满足时，就会放声大哭，以此来博得父母的妥协。当然，导致男孩哭闹的原因很多，并不都是要挟手段。

男孩的情感特点是比较丰富的，喜怒哀乐全都露在脸上。高兴时，有说有笑；伤心时，大哭大闹。特别是三四岁的男孩由于自制力差，常常不分场合，毫无保留地暴露自己的情感。

男孩以哭闹相威胁，有一个逐渐形成的过程。男孩常以哭闹来达到自己的目的。其实，男孩爱哭，一多半原因是父母太过娇惯和宠爱孩子了。有的男孩从小就习惯整天让父母抱，一放下就哭闹，于是父母就怪男孩不乖。其实，男孩也并不是非抱起来不可，只是由于父母一听到男孩的哭闹声便马上抱起男孩，这样男孩就会认为，如果想要让父母抱，就要用“哭闹”来达到目的。

再比如，男孩感到身体不舒服时，会哭闹；要求没有得到满足，犯错误受到批评、训斥时，也会哭闹。孩子一哭，父母往往会感到手足无措，心烦意乱，如果哭闹不停，更是让父母心急如焚，手忙脚乱，被哭声惹烦了就会大动肝火，打男孩几巴掌。结果不但没有让男孩停止哭闹，反而哭声更大了。父母见状束手无策，只得重新好言相劝，最后以答应男孩的一切要求为条件才停止哭闹，男孩也才肯罢休，立刻破涕为笑。所以，如果愿望得到实现，哭闹声就会立刻停止，如果不答应要求，就会一哭到底。男孩似乎天生就掌握了哭闹这个武器，有时还一边哭泣一边观察或者试探父母，直到父母向他屈服、妥协。男孩一旦尝到了哭闹可以如愿以偿的甜头，便逐渐养成了习惯。

男孩年龄小，自控力差，情绪很不稳定，容易冲动。如果父母经常迁就男孩，就不利于锻炼他们控制情绪的能力。所以，父母要及早发现，正确引导，不能被哭闹的男孩牵着鼻子走。

(1) 满足男孩合理的心理需求。男孩受到委屈或跌倒后，常常会以哭闹的方式获得家长的安慰，这是孩子正常的心理状态。父母在平时要多掌握男孩的情绪，满足男孩的合理要求，多给男孩一些关心和爱抚。安慰和同情是父母与子女情感交往中的常用手段。适当的安慰和同情，不仅使男孩在情感上得到极大的满足，有利于增进亲子感情，而且还可以引导男孩乐观地对待挫折。

(2) 男孩哭闹，先转移其注意力。男孩一哭闹，父母就用简单的方法轻率处理，训斥一顿或一味迁就，这都不利于男孩的教育。应该先稳定男孩的情绪，用转移注意力的方法消除男孩的消极情绪。当男孩提出无理要求想以哭闹相挟时，父母应立即转移男孩的注意力，如跟男孩做游戏、讲段男孩喜欢的故事，等等，使男孩忘却自己的要求。

(3) 情绪稳定后及时教导。在男孩情绪稳定后，父母要及时关心男孩，教育男孩。调查清楚男孩哭闹的原因，耐心向男孩讲道理。父母应指出男孩的缺点，鼓励他改正任性的坏习惯。教育男孩遇到事情不能哭闹，并告诉他们哭闹是没有用的，不应该用哭闹解决问题，要学会忍耐，有些事情必须等待。要让男孩明白，哭闹不是解决问题的方法。

(4) 让男孩学会多说少哭，锻炼语言表达要求的能力。有时男孩不会说出自己的愿望，表达不清自己想要什么，一不高兴或不满意只会撒娇、发脾气、大哭大闹。这时，与其父母无所适从地看着孩子干着急，不如教男孩学会用语言表达要求，而不是用哭闹来达到目的。比如，对男孩说："告诉爸爸妈妈，你想要干什么？"如果男孩的要求是合理的，就要帮助他实现愿望；如果是不合理的，即便男孩哭闹也不应该迁就和妥协。这样就可以让男孩逐渐克服爱哭闹的习惯。

(5) 对男孩无理的哭闹不能姑息迁就。改正男孩的缺点比形成一个良好的习惯更加困难。有时候男孩的哭闹，并不是因为身体不舒服，而是想威胁大人，以此达到自己的目的。如果遇到孩子的哭闹，父母就心生同情、怜悯，会助长男孩的这种心理，所以不能因为男孩哭闹就由着他的性子来。父母不要惯着孩子哭闹，而要让男孩懂得，"哭闹"是解决不了问题的，更动摇不了父母的态度，不要用眼泪换取他人的同情，有错必改才是好孩子。因此，男孩以哭闹相威胁时，可以采取冷处理的方式，不用责备、不用纵容，不要觉得孩子哭得可怜兮兮的而心软，当男孩觉得哭闹已经无效或者无力气哭闹的时候，他便会渐渐地安静下来。这样使男孩从中学会忍耐，懂得并不是自己的所有要求都可以通过哭闹来得到满足的。

总之，父母对男孩过分的温存和迁就，常常会养成男孩放纵、爱哭闹的坏习惯。时间长了，就容易使男孩任性、执拗的个性逐渐形成和发展。所以，对于哭闹的男孩，要想办法及早纠正，不能让男孩牵着鼻子走。

表扬男孩要适度，不能无上限

适当的表扬有利于男孩树立自信心，但有些父母过分表扬男孩，使男孩患上了“表扬依赖症”，只喜欢听表扬，不喜欢被批评。一旦受到批评，尽管只是善意的批评，也会不高兴，流露出不满、愤怒甚至抵触的情绪。

张女士听说对男孩要实施大拇指教育，所以，为了让儿子在各方面都有很好的表现，就不断地对儿子进行表扬。在家里，无论儿子做了什么事情，哪怕他只做了一些微不足道的小事或者是取得了芝麻大点儿的成绩，张女士也要及时地对儿子大加表扬一番。在和儿子下棋、玩扑克或者做游戏时，都要故意输给他，而且还不停地给予热情的表扬，“你真棒”“你真聪明”，等等，什么最好听，什么最让儿子高兴就说什么。当然，在张女士的不断表扬下，儿子的表现也着实进步了不少。

但是时间长了，张女士发现，如果她和丈夫不及时表扬儿子或者说表扬不能让儿子满意，儿子就会非常不高兴，甚至发脾气。令人担忧的是，习惯了表扬的儿子，根本无法接受他们一点点善意的批评。有时候，当他在学习上或者是在生活中有做得不好的地方，张女士耐心地提醒她，也会惹得他生气。后来听老师说，他在学校里也如此。明明是他粗心做错了题，老师点名提醒他，结果他的反应却异乎寻常的激烈。

俗话说，“人无完人”，“良药苦口利于病，忠言逆耳利于行”。事实上，只习惯于父母表扬的男孩，往往缺少自我意识，他们做一点儿小事都希望得到表扬，否则就不做。

每个人都喜欢得到别人的肯定和表扬，孩子更是如此。适当的表扬，有利于男孩的成长，表扬对男孩是否积极热情、是否充满自信起着非常重要的作用。适当的表扬能够正面引导男孩朝着良好的方向发展。所以，平时父母要多表扬男孩，对男孩的行为表示肯定和赞赏，比如时常夸奖孩子“你真棒!”要比重复的说教更有效。父母可以多留意男孩的举动，深入地了解男孩内心深处的想法以及情感变化，适时地表扬男孩。表扬男孩并非难事，关键是父母是否意识到表扬的意义和重要性。

为了使表扬产生较好的教育效果，父母应把握好表扬的尺度，也就是说表扬要适度。

(1) 表扬男孩，感情要适度。有些父母望子成龙心切，一看到男孩有进步就欣喜若狂、赞不绝口。一发现男孩退步就大加批评。过度的表扬会助长男孩的自满心

理，而过度的指责则会挫伤男孩的自信心。所以，这两种方式都是不可取的。还有的父母无论对男孩的进步还是后退都不做任何表示，既不高兴地表扬一番也不生气地批评一顿。有的父母恨铁不成钢，即使看到男孩进步很大，但为了不让男孩骄傲，也按捺住内心的喜悦，不会对男孩说一句表扬的话，使男孩的进取心降低。所以，在表扬男孩时，要高度重视感情的作用，尽量做到"浓淡"适度。

(2) 表扬和批评的反差要"大小"适度。表扬不仅具有激励、导向功能，而且具有批评功能，例如对甲的表扬在某种意义上是对乙的批评。有的父母为了督促男孩进步，总是夸奖别人家的男孩的好处和优点，用表扬别人的方式来暗指对自家男孩的批评，这样做使自家的男孩丧失信心。

(3) 表扬的方式可以"虚"一点儿。对男孩的评价应该是公正的、准确的，但是，表扬作为教育男孩的一种多功能的手段，在具体运用中可以有一定的灵活性，即在坚持实事求是的前提下，允许有一点儿"虚"的内容。例如，男孩纯粹是因为好玩，挥着扫帚在院中"扫地"。家长明知如此也不必道破，应及时表扬他爱劳动的行为，这种夸张有利无害，因为它既是对男孩正确行为的肯定，又可以让男孩知道劳动是一种美德。再例如，男孩的美术作业并不好，幼儿园每次作画，男孩总有自卑感。父母可以这样说："你现在还没掌握方法，以后只要按老师要求认真去画，肯定会画得很好！"这种鼓励尽管超越现实，但对男孩来讲是必不可少的，关键是要把握好表扬中"虚"一点儿的程度。

正如德国教育家卡尔·威特所说："我们不能让孩子在受责备的环境中成长，但是也不能让他们整天沉浸在赞美里。"过分的表扬会助长男孩的骄傲自满心理，也会带给男孩压力，使其变得焦虑和紧张。所以，父母对男孩的表扬要适可而止，才可以起到正能量的激励作用。

惯子如杀子，过分要求要说"不"

男孩成长变化得很快，假如只是一味顺从男孩，男孩就会以为父母会满足他的所有要求，认为父母可能有些怕他，所以想怎样就怎样，有时甚至会根本无视父母的存在。处处以自我为中心，变得自私、无理。下面是一对母子晚餐前的对话。

"儿子，吃饭了。"

"今天吃什么？"

"蛋炒饭。"

“妈妈，我要出去吃麦当劳。”儿子大叫。

“为什么？”

“我不喜欢吃你做的蛋炒饭。我现在就要去，走啊，快点儿。”

“不行，儿子，我太累了。明天再去吧。”

“现在就去！”儿子跺起脚来。

“儿子，我今天太累了。我刚打扫了房间，又做了饭，实在太累了。以后有机会妈妈再带你去吃麦当劳好吗？”

“我现在就要去，现在！”

妈妈继续跟男孩商量，可男孩根本不听，接着又哭、又叫、又喊。

最后妈妈屈服了，带他去吃麦当劳。

原来，这个小男孩生活在一个单亲家庭，他从小就没有爸爸，由妈妈一个人带。没有爸爸的男孩在妈妈眼里是很可怜的，为了补偿这个没有爸爸疼爱的儿子，妈妈总是男孩要什么就给什么。甚至有些无理的要求妈妈也总是一味满足，这使男孩渐渐地感到有求必应、随要随到的乐趣，就总是不停地向妈妈要这要那，如果妈妈对男孩的一些无理要求给予拒绝，男孩就会大发脾气。

苏联教育家马卡连柯早就指出：“人们时常说，我是母亲，我是父亲，一切都让给孩子，为他牺牲一切，甚至牺牲自己的幸福，这恐怕是父母送给孩子的最可怕的礼物了。这种可怕的礼物可以这样来比方：如果你想毒死你的孩子，你就给他吃一剂足量的你个人的幸福，这样他就可以被毒死。”这句话或许对父母的爱是一种伤害，但它的确一针见血地道出了“惯子如杀子”的深刻内涵。

所以，真爱男孩，就不要满足男孩不合理的要求。迁就和顺从男孩的不合理要求，实际上是助长他们“自我为中心”的不良意识。这种自我意识的无限膨胀，容易使男孩变得自私自利，完全不懂得对父母的感激，认为一切都是理所当然的。

清楚了其中的利害关系之后，就要勇于拒绝男孩的无理要求，但是如果父母生硬粗暴地拒绝，则会引得男孩大哭大闹。如何应对男孩的不合理要求呢？教育专家建议父母从以下几方面来做。

(1) 答应的承诺一定要兑现。父母对男孩许诺就要兑现，不能失信于孩子；对男孩不合理的要求要坚持自己的原则，不能因为个人情绪的左右而纵容男孩，也不能因为觉得是小事而迁就男孩，父母要在男孩面前表现出威信，制定好与男孩相处的规则，让男孩学会做一个讲原则的人，同时信赖父母和他人。男孩之所以要赖，是因为他认为这样可以左右父母。如果父母让他确信要赖无效，他以后就不会要赖了。

(2) 给出合理解释。在拒绝男孩的不合理要求的时候，一定要让男孩明白为什么不能这么做。比如，不买奢侈品或者多余的玩具，是因为要保证男孩上学的费用

和全家的支出，是因为“虚荣”“奢侈”对人是有害的。满足男孩所有合理的要求是父母的爱和责任，拒绝不合理的要求也是父母的爱和责任。

(3) 转移男孩的注意力。男孩执拗于不合理要求，任性固执，是因为他的年龄还小，思想不成熟，不能站在他人的角度上考虑自己的行为，也不会考虑愿望是否现实和可行。面对男孩的固执任性，父母除了可以直接跟男孩讲清禁止他胡闹的理由外，还可以用转移注意力的方法让他忘掉自己提出的不合理的要求。将他的注意力引到别的事情上，使他在不知不觉中放弃原来的行为或愿望。例如男孩执意要玩小刀，这时家长如果跟他说玩刀很危险，恐怕男孩不肯听，而要是跟男孩抢夺，更容易发生危险。这时不如通过其他一些有趣的事情来转移男孩的注意力，比如对男孩说：“我们放下小刀出去玩遥控汽车好不好?”男孩可能会被新玩具立即吸引，从而丢下刀子。

(4) 实施冷处理的方法。男孩提出不合理的要求，一旦被拒绝，往往会以哭闹要挟，这时建议父母先说清楚拒绝他的理由，然后做自己的事情，对他的哭闹行为不予理睬，但是要留意男孩的安全。即使男孩哭闹不止，父母也应坚持做自己的事，不理睬，不哄劝，这样就会让男孩觉得哭闹这种办法已经不管用了，只有乖乖听话。反之，如果父母一遇到男孩哭闹就心软妥协，只会让男孩越发任性。

(5) 不迁就，不打骂。大哭大闹往往是男孩逼迫父母“就范”的主要手段。如果父母总是迁就男孩，一哭就满足他的任何要求，男孩就会抓住了父母的弱点，会利用发脾气、哭闹等方式来让一切如愿以偿。每当任性时，他更会变本加厉，愈闹愈凶，这样就会逐渐养成霸道、蛮不讲理的坏习惯。当然遇到这样的情况，家长打骂男孩泄愤的收效往往不大，只能慢慢引导，让男孩明白，不能这样做。

(6) 对男孩的无理要求，父母要狠心说“不”。对许多父母来说，很难对孩子的要求表示拒绝，即使表示“不允许”也很快就会动摇。所以，将“不”的态度坚持到底，会让父母很矛盾。一方面父母不忍心看男孩哭闹不休，于是就满足了他的不合理要求。另一方面又不想让男孩养成任性的习惯。实际上，父母应该学会狠下心来对男孩的无理要求“冷漠”视之，因为过多的“不忍”会纵容男孩更加肆无忌惮，如果态度坚决地对男孩的不合理要求表示拒绝，那么男孩就很少再提各种要求了。

总之，父母要让男孩明白，这个世界并非可以为所欲为的，应该学会控制自己的欲望。一个不曾被拒绝过的男孩长大后是经不住挫折考验的，为了男孩的幸福，父母应施以理智的爱，学会对男孩说“不”，坚定地拒绝男孩的不合理要求。

制定家规，约束男孩的不良行为

男孩的自我控制能力较弱，有的已经改正的坏习惯还可能再犯。为了巩固男孩纠正不良生活习惯所取得的成绩，预防男孩不听话的坏行为卷土重来，很有必要制定一些家庭规范，使男孩的行为有所约束。

8岁的方刚往往边吃饭边看电视，每次吃饭总是要吃好长时间，既耽误了时间又影响了消化，父母关掉电视他就哭闹，怎么劝说都不行。父母给他关上，他跑过去开开，有时把父母气得直发火，但是想想因为这个让孩子哭也不值得，父母就没有再加以强行制止。

这说明方刚已形成一种很坏的习惯。后来全家一起讨论这个问题该如何解决，方刚说，他也想改，但一吃饭就想着边看电视边吃，不看电视就不想吃饭。父母指出这种坏习惯既影响消化又损害眼睛，必须彻底改变。

父母和他一起制订了整改时间和方案，限他一个月内必须改变，否则以后就把有线电视给停掉。一想到如果停了电视，自己喜欢的动画片就再也看不上了，于是他下决心改正边吃饭边看电视的坏习惯。方刚通过一个月的自我督促和克制，终于改掉了这个坏习惯。

古语说得好“国有国法，家有家规”。如果男孩有些不良行为，就应该制定一定的家规进行管教。男孩不能按时刷牙、走路横冲直撞、不按时洗澡、到处乱画、乱撕作业本等行为，都可以通过家规来约束，从而让其知错即改。

家规要由全家人共同讨论制定，对男孩既要起到约束作用，又要符合实际情况，使男孩经过努力可以做到。

教育专家指出：制定家规来规范男孩的行为，是预防男孩不听话的一种有效方法。父母要注意以下几点。

(1) 制定家规缘于父母的爱。大多数成年人的不良行为习惯都源于童年时期没有很好的管教。如果一个人在童年时没有养成好习惯，没有形成健全的人格，将给未来的成长埋下许多隐患。所以，现代教育家庭制定家规是有必要的，父母用一些言行规范约束男孩，让他从小就明确是非曲直，学会判断优劣，以免误入歧途。父母要让男孩明白，制定家规不是为了惩罚他，而是让他感受到这是缘于父母的爱，要让男孩有安全感，不要因为家规的严苛让男孩产生抵触心理，觉得父母只有严厉而没有慈爱。在严格按照家规办事时，父母可以在坚持原则的基础上给男孩多一点

儿宽慰和爱抚，在他情绪低落或者反抗时，父母要耐心地与男孩沟通，千万不要只为了树立威严而忽视男孩的心理感受。

(2) 父母以身作则守家规。父母必须让男孩明白，自由放任是成不了大器的，只有接受并遵守一些规则，才能赢得他人的尊重，才能使他朝着健康快乐的方向发展。父母可以耐心地告诉男孩，制定家规的意义和作用，用家规来约束和限制他的一些言行，并不意味着他失去了自由，严格按家规执行，会使父母更好地把握教育的尺度，使他真正理解制定家规是为了让自己更好地成长和进步。家规不仅需要男孩遵守，父母也要严格遵守，以身作则。比如，要让男孩养成合理的饮食和作息规律，父母就先要做到举止规范，不挑食、不浪费，按时就寝等。要让男孩懂礼貌，父母就要以礼相待。

(3) 家规尽量要简单。家规要言简意赅，便于执行和遵守。一般来说，三条左右比较合适，家规表述尽量多用正面语言。当男孩严格遵守家规并获得进步时，父母可以适当地给予奖励，当然如果男孩犯规，同样也要按规则处罚，以便让男孩把规则牢记在心。

(4) 家规教育要坚持。父母对男孩进行家规教育，不能凭着自己的主观意志和情绪，一时冲动就开始说教，一时忙碌就无暇顾及，心情好了就对男孩自由放任，心情不好就对男孩指责痛批，这都是不正确的教育方式。当然，父母更不能先做出有违家规的事。家规教育需要父母和孩子双方共同遵守并长期坚持下去，不要频繁地更改家规，也不要因男孩遵守了某项规则就忽视了对他的教育。家规教育的效果在于坚持。

总之，家规制定后，一定要严格执行，定期总结。同时，还要改善家庭的软环境，家庭成员之间要互相尊重、互相关心。

包容男孩，不要揪着男孩的过失不放

男孩再调皮捣蛋，也会知道自己犯错是不对的。父母要客观理智地去解决这个问题，再生气也不能说出有损男孩人格的话来。践踏男孩人格尊严的做法只能让男孩越来越沮丧，陷入自卑的境地，可能会自暴自弃，破罐子破摔。

在父母的眼里，小军实在太不争气了。他不但学习成绩差，永远都是班级里“垫底”的，而且经常惹是生非，打架斗殴，动不动就欺负同学。父母经常被老师叫到学校。可是，父母的打骂根本对他没起到一点儿作用，小军没有一点儿悔改的

意思。父母为此头痛极了，觉得这样下去，儿子的前途一定要毁了。

一天，校长又给小军的爸爸打了电话，让他马上去学校。小军爸爸火急火燎地赶到学校，才知道小军又闯祸了，把班里的一个男生打得满脸都是伤。现在那个男生还躺在医院里，男生的家长还在气头上，一定要将小军送到派出所去。小军的爸爸跟男生家长说了半天的好话，赔了半天的笑脸，只差磕头求饶了，最终答应赔偿医疗费、营养费和精神损失费后，人家才同意不予追究。这边的问题刚解决好，学校的处理出来了，小军被开除了学籍。爸爸找校长求情，但校长铁了心，无论如何也不要这个学生了。

爸爸心情沮丧地带着小军回了家。刚到家，爸爸就关起门，二话不说对小军就开始拳打脚踢，狠狠地把小军给揍了一顿。最后还是气不过，恶狠狠地对小军说："你太不争气了，养你还不如养条狗！"

小军本来觉得今天闯的祸大了，爸爸一直在低三下四地为自己求情，所以对于爸爸对自己的暴打，他认为也是自己咎由自取，一直都不吭声。

从此以后，只要小军有一点儿过错，爸爸就会旧事重提，而且把新犯的小错无限放大，揪着不放。有一天，爸爸骂小军："我养你这么费劲儿，还不如养一条狗呢！"小军眼泪实在忍不住，流了出来，对爸爸吼道："我就是连狗都不如！你整天这样骂我！你什么时候把我当人看了？"爸爸听到这句话愣住了。

像小军这样的男孩，的确令人头痛。爸爸生气暴怒也是完全可以理解的，但是作为男孩的父母，不应该揪着男孩的错误不放。当男孩因为犯错误被周边所有人都放弃的时候，父母不应该放弃。

其实，男孩犯错是很正常的。面对犯错误的男孩，如果父母的教育方式不当，不分青红皂白地批评、责骂、惩罚，不但不能让男孩有悔改之意，相反会使男孩更加胆怯、退缩，更有甚者形成性格叛逆以及爱攻击别人等不良心理。所以，父母要包容男孩的过失，以平静的心态对待男孩所犯的错误，这才是最好的教育男孩的方法。

大部分父母也想包容男孩的过失，但有时就是控制不了自己，不知道该怎么做。那么，男孩的父母不妨从以下几方面入手。

(1) 体谅男孩的无心之过。在生活中，父母也有犯错误的时候，更何况是不谙世事的孩子，尤其是比较顽皮的男孩，更容易犯错惹祸。如果是男孩的无心之过，父母要学会制怒，以一颗平常心来对待，把它看作是正常现象，男孩在成长中不可能不犯错误，都是在不断的犯错误中学会了成长。父母心平气和地给男孩讲道理，远比打骂教育效果要好得多。和男孩一起分析过失所在，并指出改正的办法，更容易让男孩所接受。如果父母能以一颗包容之心谅解男孩的无心之过，那么男孩也会宽以待人，学会包容他人。如果动不动就将男孩暴打一顿，不但于事无补，还可能

让男孩从父母那里学会了用“武力”解决问题。

(2) 区别对待男孩的过失。男孩的过失分为偶然性过失和主观性过失。偶然性过失，一般是男孩无心或无意间所犯的过失，如男孩不小心打翻了牛奶等。对待这类过失，父母要原谅男孩，并帮着男孩分析和解决问题。而主观性过失，主要是指男孩由于故意或判断失误造成的过失。男孩犯这类过失的主要原因是想引起别人的注意，或者不知道这种行为是错误的。对待这类过失，父母一定要严肃认真地给男孩讲清楚过失的所在以及危害，并要督促男孩改正。

(3) 给男孩解释申辩的机会。有的父母性子特别急，当男孩犯错时，不给男孩解释的时间和机会，先打骂一顿再说。其实父母的这种做法是很自私的，打骂男孩仅仅是为了发泄自己的怒气，缓解自己的情绪，丝毫起不到教育的作用。有时男孩犯错并不是出于本意，而是想帮助父母做点儿事，只是由于自己的经验和能力不够才犯错的。比如有个小男孩本想帮父母洗碗，却不小心把碗打碎了，如果父母不听男孩的解释而打了男孩，其结果是打击了男孩劳动的积极性，以后男孩再也不会帮父母干活了。

(4) 引导男孩学会自我反省。有时男孩无意间犯了错，还没等父母批评教育，自己已经开始后悔、反思并进行自我教育了。因此，当男孩犯错时，父母可以引导男孩自己寻找原因并加以改正，这样男孩对自己所犯的错误会有更深刻的认识，改正过失的自觉性也会更高，以后就会少犯或不犯同类的错。

总之，受到父母赏识、包容和教育的男孩，会在愉快中接受父母的建议，时刻记住自己的过失，并在以后逐步改进或改正。男孩的心就像一株刚露头的嫩芽，一朵初绽放的花蕾，需要父母加倍地呵护。

悦纳男孩的缺点，改变挑剔的眼光

5岁的冰冰已经上幼儿园了，他最不喜欢上的课就是手工课，因为老师要求做的功课他每次都完不成，无论是剪贴画还是给小动物们涂颜色，冰冰总是笨手笨脚的，每次比赛也都是落在别的小朋友后面。冰冰非常苦恼，回家问妈妈，妈妈对他说：“虽然你不如别的小朋友手巧，但是却比别的小朋友唱歌好啊，那些小朋友也有不如你的地方，你也有很多他们没有的优点。再说了，妈妈小时候还不如你呢，虽然你现在做不好手工，但长大了我相信你会变得很棒。”

妈妈的话让冰冰有了信心，他笑着骄傲地说：“对啊，我虽然手工不如别的小

朋友做得漂亮，但是我唱歌比他们好听，我还会给他们讲故事呢。”

“金无足赤，人无完人。”世界上没有十全十美的人，何况是正在成长的男孩。当男孩感到自卑时，家长可以鼓励男孩，每个男孩都有自己的优点和缺点，都有自己的潜能和天赋，或许在自己看来是缺点的方面，在别人眼里正是优点。所以，每个男孩都有自己的闪光点，都有值得让别人羡慕和让自己骄傲的地方。在一定的条件下，缺点也能够转变成为优点。

所以，男孩有缺点并不可怕，可怕的是不能正视自己的缺点，不愿意改正和弥补自身的不足。每个男孩的能力都是因人而异的，他们总会在一些方面表现得不如别人，比如数学头脑超常，但语文一塌糊涂；唱歌好，但跳舞差；动手能力强，但思维反应慢等。这时候，面对孩子的缺点和不足，父母不能轻视甚至嘲笑他们，否则会导致男孩更加自卑，甚至自暴自弃。

男孩的可塑性是很强的。可以说，不论男孩有什么样的缺点和不足，都是可以纠正过来的。

男孩或多或少都会存在一些缺点和不足，程度也是千差万别。对于具有明显生理缺陷的男孩，父母更应该多加赏识和鼓励，增添孩子生活的自信和勇气。有时候，家长不妨运用一些善意的谎言，让男孩忽略自己的缺点，抹平心中的自卑，走向积极阳光的一面。

面对有缺点的男孩，父母要给予安慰和鼓励，树立男孩的自信心，帮助男孩弥补不足。而对于男孩的优点和长处，家长要善于挖掘和发现，扬长避短，帮助男孩创造人生的辉煌。

怎么样才能做到悦纳男孩的缺点，改变挑剔男孩的眼光呢？

(1) 每一个男孩都是不完美的。但是每一个男孩都与众不同。父母应该多发现男孩的与众不同之处，男孩的某些缺点也可以成为他的个性。所以，父母不能以挑剔的眼光来看待男孩，也不要拿自家的男孩与别的男孩攀比，而是要接受男孩的不完美。

但是很多父母，不能容忍男孩的缺点，总是以大人的标准来判断问题，这对男孩是不公平的。

父母只有接受男孩的缺点，才能心平气和地帮助男孩纠正缺点。可以说，在教育男孩的问题上，心态决定着一切。

(2) 不要直接攻击男孩的缺点。每个人都喜欢听赞扬的话，对自己的缺点不是不清楚，而是不愿意别人说得太清楚，所以父母不要直接攻击男孩的缺点，那只会引起男孩的反感，这是一种本能的自我保护，谁都一样。

所以在指出男孩缺点的时候，最好先赞扬他的优点。男孩很粗心，你可以先夸

他做事很果断，就是细心差了一点儿；男孩语文不好，数学不错，你当然是先夸他数学厉害，然后说语文再加把劲儿那就更棒。

(3) 强扭的瓜不甜。让男孩出色是父母的最大心愿，然而，父母教育男孩的错误观念以及由此导致的错误家教方法，不仅不能纠正男孩的缺点，反而会影响男孩的健康成长。一味抱着批评和指责，认为棍棒下出才子的想法，并企图用这种压力迫使男孩改正缺点、错误也是不对的。这种做法往往会使男孩越来越没有信心，只会使情况越来越差。

男孩是渐渐长大的，特别是进入青春期的男孩，他们的逆反心理会越来越明显，故意不听话，甚至与父母对着干的情况时有发生。如果将这种情况出现的原因单纯归为男孩的缺点，显然不太科学。强制让男孩服从，即使男孩表面上屈服了，但他们的心里是不服的。不满情绪压抑久了，总有一天要爆发。到那时酿成大错，后悔就来不及了。

总之，教育男孩，要把握好尺度，每一位父母都应该抱着帮助男孩改正缺点、发扬优点的美好愿望，但千万不要想当然地，不讲科学性地采取一些错误的方法来教育男孩。

父母要悦纳男孩的缺点，改变挑剔的眼光，才能让男孩更好地成长，养成更多的优点。

第12章 避免争执，在气头上时试着冷处理

父母总想保护男孩，以免他们失望、受挫或与别人发生冲突，但父母不能将他们永远置于自己的保护之下。父母能够做的就是帮助他们理解并处理不愉快经历的感受。通过与父母共同分担不愉快的感受，男孩将会减少伤害和压力，同时也逐渐增强了对自己情绪的控制能力。在面对挑战和日常生活中的失意时，男孩将会做出较好的选择。

开个发泄口，让男孩喊出来

每个人都有情绪，男孩也是如此，他们的心理承受能力差，也不懂用大道理来开解自己，要他们很快调整心态，做到豁然开朗似乎有些苛求。最直接的方法就是让其将情绪发泄出来，这对他们的身心都有好处。

李可乐原本是开开心心地和妈妈一起参加这个儿童活动的，走在路上，李可乐还在和妈妈热烈地讨论如果主持人让他上台表演节目，他要不要参加的问题。妈妈表示，如果是让他上台表演舞蹈，就一定会支持他，因为李可乐跳舞跳得特别棒。

活动现场有许多小朋友，当主持人邀请小朋友上台表演唱歌时，所有的孩子都举起了手。李可乐也要举手，却被妈妈拦住了。“等一下，先让别的小朋友表演吧，”妈妈说，“等下你再上去。”李可乐嘟着嘴不吭声了。

“看，那是我班里的丽丽小朋友。”李可乐指着舞台上的一个小朋友说，“她在唱歌了。”过了一会儿，丽丽唱完歌，抱着主办单位送给她的奖品，高高兴兴地跑了下去。紧接着，主持人又让小朋友们上台玩游戏，可妈妈又没有让李可乐上台。接下来是讲故事，妈妈还是没有让李可乐上台……

活动结束前的最后一个节目，是小朋友们的舞蹈比赛。可是，就在即将开始舞蹈比赛时，下起了大雨。由于活动是露天的，人们一哄而散。妈妈抱起李可乐，跑进附近的屋子里躲雨。

进屋里之后，李可乐就开始埋怨妈妈。妈妈也很生气，于是冲着李可乐喊道："你赶紧闭嘴，你再不闭嘴，我打你，你信不信？"李可乐满肚子委屈，但是见妈妈发这么大的火，紧紧地闭着嘴，不吭声了，但是接连好几天，李可乐都没有露出过笑容。妈妈发现，虽然李可乐的确变得听话了，却经常发呆，这是以前从来没有过的。

男孩在与父母或者小朋友发生矛盾时，都会产生各种情绪，如生气、不满、大哭大闹等。这时父母千万不要一味地压抑男孩，应该让其有机会宣泄出来，否则，男孩长期受到压抑，情绪得不到宣泄，有可能导致身体和心理上出现问题。

尽管有时他们的方式有些过激，父母也应该给予充分的理解。父母所需要做的不是阻止他们，更不是大发雷霆或使用暴力，而是让他们懂得，发泄自己的情绪不能拿别人当出气筒，也不能失去理智，应该适可而止。

当男孩情绪平复后，你会发现他比以前更懂事了，还会为自己的过激行为感到惭愧，并对你的宽容心存感激。反之，如果一味地采用疾风暴雨式的"批评加检查"，遏制他发泄，效果会适得其反。具体父母如何教会男孩发泄呢？

(1) 让男孩把委屈都说出来。父母要告诉男孩把委屈说出来。告诉男孩有什么委屈不想告诉别人，但憋在心里又觉得不舒服的，可以通过写日记的方法把委屈写出来，这样心里就会感到轻松一些；也可以学会向人倾诉，把自己的委屈向好朋友、好伙伴倾诉，有时自己的倾诉也许并不一定能得到别人的帮助，但倾诉过后自己的心情会变得坦荡舒畅；还可以找一个没人的地方大声喊叫来发泄内心的积郁；当然也可以找一些自己喜欢的运动让自己出一身大汗来放松自己的心情。

(2) 在家里布置"发泄角"。实验证明，对于孩子，首先是用粗笔涂鸦的方式来消解愤怒的效果最好，其次是投掷小飞镖或者投篮。对于女孩来说，可以专门在家中辟一块"涂鸦角"，买块纤维板，让孩子张贴涂鸦作品。对于男孩来说，投掷飞镖或是练习跑步投篮，都可以是宣泄情绪的好方法。那些被老师和父母批评受委屈的男孩，大多通过掷飞镖的方式来发泄愤怒。

(3) 晨练时鼓励男孩奔跑或大叫。如果父母发现男孩经常闷闷不乐，情绪抑郁，先不要急着追问他"到底发生了什么事？"此时可以佯作不知，然后带他去户外晨练，或者在空旷的操场上锻炼跑步，或者和男孩一起登山。在跑步或登山的过程中，家长可以不时地大喊一声，然后对男孩说，"当妈妈（爸爸）感到不高兴的时候，就会来到这里大喊上几声，就会觉得心情特别舒畅；当感到身体疲惫的时

候，就会来这里跑步、爬山，这样身体就会觉得轻松多了。怎么样，孩子，你愿意陪妈妈（爸爸）一起跑步吗？或者咱们一起爬到对面的小山上，在山顶上大喊几声，感觉非常棒。”这样相信每个孩子听了之后都会欣然同意的。于是，在跑步或登山过程中，孩子就会在家长的陪同下不知不觉地将心中的苦闷宣泄出来，一般在这种交流状态下，男孩也会主动跟父母提起他不愉快的原因。同时，男孩也学会了一种有效的缓解抑郁情绪的方法，在以后心情不好时会主动地寻求方法解脱。

(4) 男孩发泄过后记得要拥抱他。不管对男孩造成困扰的是不是父母，作为父母，一定要鼓励男孩，给男孩一个温暖的拥抱，告诉他：“我会站在你这一边。我相信你能走出来。”“虽然我们很气愤，但是令我们感觉温暖的事一样也很多。”发泄加拥抱能令男孩感受到抚爱与亲情，鼓励男孩变得乐观积极，从而学会调控自身情绪。

总之，当发现男孩情绪不对的时候，父母千万不要横加指责，或者刨根问底，否则可能会陷入争执的深渊；而是要想办法为男孩的心理减负，让男孩把需要发泄的都发泄出来，这样才能健康快乐地成长。

巧妙暗示，让男孩收起那些坏毛病

暗示教育对男孩是一种十分有效的教育方式，而且男孩更乐于接受、更喜欢这种形式的教育。暗示是一种“无声胜有声”“润物细无声”的教育。

王建今年9岁了，和一般的男孩不太一样。王建身上出现了许多令妈妈头痛的行为，例如：旷课、贪玩、一意孤行、自私、偷窃、撒谎等。妈妈多次训斥，与之争执，也没收到好的效果。邻居们见了王建都直摇头。

妈妈担心王建有智力低下的问题，带他看了七八家医院，也做了很多检查。结果测定，王建智力水平完全正常，根本不存在智力低下的问题。

妈妈又向相关教育专家咨询，教育专家分析，王建之所以会出现诸多不听话的行为，很大程度上是王建妈妈长期对王建采用了不良的教育方式所致。

专家建议王建妈妈深刻地反省自己的教育方式，示意她使用良性暗示法，对王建悄悄开始实施教育。

对一句话、一个动作、一个眼神，王建妈妈都会深思熟虑，都力争给予王建正面积极的暗示。经过半年多的暗示教育，王建就像变了个人一样，身上诸多不听话的行为完全不见了。现在走在大街上，很多邻居都对王建翘起了大拇指。

世界著名教育家苏霍姆林斯基说："任何一种教育现象，孩子在其中越少感觉到教育者的意图，它的教育效果越大。"父母在对待男孩的教育方式上，应去掉那些让人不快的"要求""命令""必须"等词汇，而通过"暗示"的形式来进行教育。暗示教育主要有以下几种形式，男孩的父母要了解好、运用好。

(1) 眼神是一种无声的语言。眼神暗示就是用眼睛把要说的话、要表达的态度暗示出来。

吃过晚饭，爸爸给刚子讲故事。讲着讲着，刚子的双手搞起了小动作。爸爸没有停下来，不过他用眼睛紧盯着儿子的小手。不一会儿，刚子"醒"了过来，双手安静了。眼神是一种无声的语言，它比有声的语言能更细腻、更清晰地表达感情。

(2) 表情比眼神表现得更明确。人的表情能够传达多种信息，比如肯定、同意、可以、不能、不该等。家里来了客人，林林有了小伙伴，高兴得忘乎所以，发起"疯"来。他一会儿狂笑，一会儿尖叫，连爸爸不满的眼神也视而不见，于是爸爸猛地皱起了眉头。这下，林林总算看到了，声音也降低了不少。

(3) 言语暗示让男孩心领神会。既然是"暗示"，就是不要用言语直接表态。小贵早上起床后从不叠被，妈妈提醒过几次，但效果不理想。一次，妈妈告诉小贵，今天遇到楼下的妈妈说小刚真乖，每天总是自己把被褥打理得整整齐齐。小贵听后表面上不以为然，但渐渐地学会了自己动手叠被。

当要表扬或批评男孩时，父母要采取一种迂回的方法，把自己的观点巧妙地"点"出来，让男孩心领神会，在一种柔和的气氛中接受教育。如讲故事、打比喻、做比较等。

(4) 用身体语言把想法表达出来。父母可以用体态语言把自己的想法表露出来，从而达到教育男孩的目的。周末，晚上9点多了，罗强还坐在电视机前。妈妈一言不发，却站起来把男孩床上的被子铺开，自己也停下手中的事情，回房休息了。妈妈的动作暗示提醒了罗强，他马上也走进了自己的房间。

当发现男孩坐姿不正，可以面对男孩做几个挺胸的动作，并书写一两个字，让男孩接受这些暗号，他就会学着做出反应。男孩需要大人的爱和注意，特别是父母从口头上赞许他的行为，如亲亲他、拍拍他、搂搂他。这些点点滴滴都表达了父母对他的爱和鼓励，从而助其建立起自信。

(5) 暗示男孩向榜样学习。图图跟妈妈逛商场，看到玩具熊就想要，但家里已经有好几个了，妈妈不想买，图图就抱着妈妈的腿，蹲在地上哭。妈妈指着旁边一个跟图图差不多大的小男孩说："你看那个小弟弟，比你年龄还小，他多乖啊！多听话啊！"图图一看旁边的小男孩真的很乖，也就不再哭闹了。

一个小朋友哭，许多小朋友会随同一起哭起来，这时用暗示的方法可以让男孩

停止哭泣。妈妈只需对不哭的男孩表示出赞赏，哭的男孩就会向不哭的男孩学习而停止哭闹。

(6) 情景暗示建立氛围。情景暗示主要建立在一种氛围的基础上，父母关键要把握好适当的情景氛围。当爸爸在写作时，金金跑到爸爸桌前又叫又跳，妈妈怎么厉声制止都未见效果。后来有人教了金金妈妈一个方法，就是每当金金再闹的时候，妈妈就蹑手蹑脚进屋，小声对金金说咱们到外面玩，这样，金金每次都马上跟着妈妈出来了。实践证明，情景暗示，对男孩都是相当有效的。

总之，暗示对男孩起着很大的作用，在不知不觉中从侧面去影响男孩，比单纯的表扬或批评更有效。面对不听话的男孩，巧妙使用暗示教育法，必定能收到良好的教育效果。

放下大人的成见，转换角度看问题

在生活中，很多父母总是以为男孩什么也不懂，对待男孩就像是上级对下级，处理问题永远都是从自己的角度出发，丝毫不顾及男孩的想法。这样做，不但不会得到男孩的认同，还会引起男孩的反感，破坏父母的形象，且达不到预期的教育效果。

晨晨放学后很不高兴，向妈妈抱怨老师当着全班同学的面大声批评他。

妈妈听完，根本不考虑孩子言语中的委屈，用质问的口气说："老师为什么要批评你？你是不是做什么坏事了？"

晨晨听到妈妈这样说，瞪着妈妈，很生气地说："我什么也没干，老师是没事找事。"

"不会吧？老师不会无缘无故地斥责学生。再说，老师怎么不去批评别人？偏偏批评的是你？"

晨晨重重地坐在椅子上，更加不开心了。

妈妈继续问道："那么这个问题，你打算如何处理呢？"

晨晨很倔强地说了一句："不处理！我真后悔跟你说这件事情！"

妈妈意识到情况不妙，如果继续问下去，两个人一定会争执起来，这样一来，什么问题也解决不了。

于是，妈妈悄悄改变了她的态度，平复了一下自己的情绪，用一种友好的语调对儿子说："我想你当时是很尴尬的，因为老师当着全班那么多同学的面儿批评

你，让你无地自容。”

晨晨没有想到妈妈的态度突然会改变，有些怀疑地看了妈妈一眼。

妈妈接着讲：“其实类似的事情我也遇到过。记得我念小学五年级的时候，在考场上，我的铅笔用完了，我站起来借了一支铅笔，老师大声地批评了我，让我很下不了台，感到十分尴尬，也很气愤，和你这次的感觉一样。”

晨晨开始轻松了，也对妈妈的事情感兴趣了，并打开了话匣子：“真的？和我的情况几乎完全一样啊！我也只是在上课时借一支铅笔，因为我的铅笔不够用了。我觉得老师为这么简单的事情教训我，真是太不公平了！”

“是这样。现在咱们来考虑以后怎样去避免这种情况。你能不能想出办法，今后避免这种尴尬的局面呢？”

“我可以多准备一支铅笔，或者向老师说出我的问题，让老师帮忙想办法解决，就可以避免这种情况了……”

“这个主意不错。”妈妈和晨晨愉快地交谈着。

父母只有放下架子，尊重男孩，以平等的身份对待男孩，才能与男孩建立相互之间的信任，成为男孩的知心朋友，才能实现成功的亲子沟通。男孩有价值和尊严，应该受到尊重。在生活中要尊重男孩，父母要把男孩放到一个平等的位置上与之交往，这样才能让男孩对父母信服。同时，父母光有对男孩的尊重是不够的，还要信任男孩，争取成为男孩的知心朋友。

建立和男孩之间相互信任的最佳手段，是把自己放到男孩的位置上，站到男孩的角度去看问题。作为合格的父母，必须尊重和信任男孩，必须站到男孩的角度去看待和处理问题。

避免争执的绝佳方法就是父母学会站在男孩的角度去看问题，具体应该做到以下几点：

(1) 真诚进行沟通。与男孩交流的过程中，一定要真诚。父母真诚与否，男孩是能感觉到的。父母应真诚地向男孩敞开自己的心扉，想什么，感受什么，尽量都让男孩知道。

(2) 放弃大人的成见。大人的世界和男孩的世界是不一样的，如果父母硬要用大人世界的要求来对待男孩，势必会发生许多亲子关系上的问题和不愉快。因此，父母应该学会放下自己的成见，试着用“男孩世界”的眼光来了解和认识男孩。

(3) 学会换位思考。站在不同的角度就会有不同的立场，处于不同的立场就会产生不同的观念。作为父母应该学会换位思考，当男孩遇到问题和烦恼时，能够迅速从男孩的位置和角度来看待问题、分析问题，这样才能有效地解决问题。换位思考是一种快速拉近父母和男孩心灵距离的有效方法。

总之，父母和男孩之间不是主人与奴隶的关系，而是一种平等、尊重、关心和信任的友谊关系。父母要尊重与理解男孩，要能站在男孩的角度来看待问题，这样才能避免争执，才能赢得男孩的信任。

“出格”了，那就因势利导教育男孩

一次美术课上，10岁的佳音想了好长时间才开始动笔，画了一幅画递给了妈妈！妈妈看见一张大纸上什么都没有，只是在画纸边上画了一只鸭屁股，觉得不可思议，于是问道：“儿子，怎么只画了个鸭屁股呀？怎么乱画呢？中间这么大地方不画，画到边上干什么？……”

佳音说：“鸭妈妈和鸭宝宝出去玩，走散了，鸭宝宝到处找妈妈呢。你看它都走出格去找妈妈了，多着急呀。”

原来，这是一只着急找妈妈的小鸭子的半个屁股，妈妈听了之后，为儿子的这种想象力和表现方法感到骄傲。

现在的孩子们过着优越的生活，受到最好的教育，所以无论是成长环境还是社会影响，都与父母的童年大相径庭。他们过早地接触社会、认识新事物，懂得的知识更广泛，再加上学校教育的重视，使得现在的孩子头脑更聪明，成长得也更快。科学的教育方式已经打破了传统的教育观念，现代教育更加注重儿童智力的开发和多方面才能的培养，激发好奇心，开拓孩子的思维能力和想象力，增强创新意识，鼓励孩子们的思维“出格”。

面对男孩的思维“出格”，如果父母认为是破坏纪律而加以批评和限制，可能就会扼杀男孩的主动性和创造性。反之，如果父母能够换一个角度去看待男孩思维的“出格”，因势利导，调动他们的主动性和创造性，培养他们战胜困难挫折的勇气，那么思维“出格”的男孩很可能会成为一名非凡的天才或奇才。

男孩的“出格”思维值得家长重视起来，从小就形成创新意识，可以促进大脑的开发。认识到了这一点，有助于正确对待男孩的“出格”思维，因势利导地教育男孩。

青春期男孩大多容易思维“出格”。这一阶段的男孩处在生理发育的高峰期，是心理发展发生重大变化的时期。青春期是男孩向成人过渡的心理“断乳期”，所以他们渴望摆脱父母的束缚，也不再以父母为至高无上的“权威”。他们有自己的想法，看待问题有自己独特的角度。如果正确引导，有利于培养男孩独立创造性的

发展。

男孩处于发育的青春过渡时期，情绪起伏不定，容易冲动，做出偏激的事情，而思维“出格”也是经常发生的。习惯有“出格”思维的男孩，不会受到长期滞留在心中的情绪的困扰，而是懂得发泄，善于调节，这对心理健康十分有益。

男孩的“出格”思想，也是对传统思想束缚的挑战和突破。具有“出格”思想的男孩敢于打破常规，不因循守旧，敢于对传统观念发起冲击，他们追求个性，喜欢接受新事物，喜欢求新求变，即便“钻牛角尖”或失之偏颇，也坚持走自己的路。他们喜欢异想天开，充分发挥自己的想象力和创造力，求异思维会让他们独辟蹊径，从另类角度来观察和分析问题。

男孩产生“出格”思想，实质上是他们心理上对于常规的“突破”。当他们从心理上有了“突破”的想法，就变得不再像过去那样听话、顺从，而是勇敢和冒险。现代社会充满着竞争，从小培养男孩“出格”的思维，有利于形成开拓、进取的个性。

所以，一个合格的父母应该能够正确认识和对待男孩的“出格”，并积极引导男孩，使其朝着健康方向发展。那么，父母应该如何因势利导对待男孩的“出格”行为呢？教育专家为广大父母们提供了如下对策。

(1) 鼓励男孩的“出格”思维。父母要知道，男孩的一些“出格”思想，其实是对于自己生理和心理成熟的一种尝试性反映。男孩的想法独特，观点新奇，思维出格，并不是意味着学坏了，而是男孩心理成熟的反映。

(2) 正确应对男孩的“出格”。父母发现男孩的“出格”行为时，的确需要表明态度，但要特别注意方式方法。父母应该平等地与男孩对话，禁止粗暴，伤害男孩的感情，更不可激发男孩的逆反心理。

父母可以多倾听男孩的心声，少干预男孩的想法。与男孩沟通，最好由爸爸出面处理问题，这样会更默契。比如，爸爸可以坐在男孩身边与他谈心，主动找男孩聊聊心事，当男孩遇到困惑时，爸爸可以将自己在这方面的一些经验和体会跟男孩分享。

(3) 用沟通交流走入男孩的心扉。交流、沟通是走进男孩心灵的最好方法。面对思维“出格”的男孩，最重要的是和他们进行良好的沟通，给予积极正面的引导。每个父母都应该提高自己和男孩交流沟通的能力，真诚地走进男孩的心扉，摸透男孩的想法，从而选择具有针对性的、高效的教育方法。

总之，父母一定要敢于接受男孩的思维“出格”，因势利导，引导男孩走出精彩的人生。

男孩的过分要求，父母要过分关注

男孩总会经受不住各种物质的诱惑，而时常跟父母提出要求，即使家里一大堆吃的玩的放不下，他们还是不停地要买这买那。文具盒要换成多功能的、汽车玩具要换成遥控的、电脑游戏机要换最新的、食品要最高级的……无休止的过分要求，让父母面对哭闹的男孩无可奈何。

生活中，有很多男孩都会经常提出一些要求，这些要求中有很多是不合理的，而如果父母生硬粗暴地拒绝，则会引得他大哭大闹。男孩的过分要求，父母不能不管不顾，这种关注不是让男孩的需求得到满足，而要想想该用什么办法教育男孩。如何应对男孩的不合理要求呢？教育专家建议父母这样做：

(1) 要会区分男孩的“想要”和“需要”。男孩常常向家长要这要那，面对男孩的这些要求，父母要学会分辨哪些是合理要求，哪些是过分要求。

10岁的儿子要求妈妈为他买一个手机。

妈妈问他：“你是‘想要’，还是‘需要’这个手机呢？”

“我想要。”

“对不起，你‘想要’但不‘需要’的物品，我不能满足你。”

听妈妈这样一说，儿子马上改口：“我需要。”

“你为什么需要呢？”

“……”儿子无言以对。

“儿子，如果你说你学习要用一本新华字典，或者生活中必须要用某一件物品，妈妈会高兴地去给你买。但是，你想要的物品，往往是对你来说没有什么用的。妈妈不能助长你的虚荣心，所以不会满足你的这种要求。明白了吗？”妈妈一本正经地给儿子讲道理。

儿子虽然很不高兴，但仍然点了点头。

男孩大多数虚荣心很强。由于好奇和攀比的心理，往往会向父母提出很多不合理的要求。这时，家长一定要分析男孩哪些东西是“想要”的，哪些东西是“需要”的，“想要”的可买可不买，“需要”的才是应买的。父母给他讲明这个道理，男孩就不会被各种诱惑所迷惑。这样做既不伤害男孩的自尊，又降低了他的虚荣心，帮助男孩拒绝诱惑。

(2) 父母应对男孩的过分要求采取冷处理。不理睬也是一种关注。面对男孩的

过分要求，做父母的千万不可轻易满足他，否则只会助长他的虚荣心，降低男孩对诱惑的抵抗力。

男孩："妈妈，你给我买个新书包吧。"

妈妈："不是刚买了书包吗？怎么又要买？"

男孩："我的书包不好看，现在有一种新款书包，我们班有好几个同学有呢。一个书包有多种功能，多好呀，你就给我买一个吧。"

面对男孩的要求，这位妈妈没再说话，采取不予理睬的策略，继续忙自己的家务。看妈妈不为自己的要求所动，男孩就去忙自己的事情去了。

当男孩提出某些要求时，父母可以先了解男孩想购买该物品的动机，如果男孩只是想显示自己或与别的同学攀比，这时可以采取冷处理，对他的要求不做任何回答。或者和男孩一起商量这个物品是否真的需要，再决定是否购买。如果是过分的要求，父母的观点让男孩无法接受，他也会识趣地不再轻易地要东西了。

当男孩经受不住物质诱惑时，父母可以语重心长地告诉孩子，每一分钱都是来之不易的，要懂得节俭。当男孩明白了道理，就不会乱花钱。

(3) 及时给男孩打一支"诱惑"的"预防针"。有的男孩经常会问父母的薪水，或者跟父母说别的同学或小朋友都买了什么、拥有什么等，也许孩子无意，但父母却要警惕男孩因此而形成的攀比心。面对这种情况，有的父母会如实告诉孩子，自己的月薪多少，有的父母会直接拒绝孩子，不让孩子"多管闲事"。当然，还有最聪明的做法，父母可以尝试。

有一对父母面对男孩的要求，是这样回答的："儿子，在你提出这个要求之前，你要知道，世界上还有很多人比我们穷，也有很多人比我们富有。虽然我们家的生活水平比一般的家庭要好一些，但是爸爸妈妈，还有你仍然要继续努力工作、努力学习，那样我们的生活才会更富有，更美好。"

面对男孩的要求，父母提前给男孩打了一支"预防针"。告诉男孩：世界上还有更多比我们富有的人，要想让自己成为富有的人，只有通过努力学习、努力工作才能实现。这样既打消了男孩习惯和别人攀比的念头，也激励了男孩的进取心。同时，要让男孩知道，因生活在这样的家庭里而感到自豪，让他学会珍惜幸福，珍惜财富，增强家庭责任感。

总之，大多数男孩都会有强烈的竞争心理，他们不希望自己比别人差；他们有强烈的占有欲和尝试欲，但自制力很差，事后往往对自己的某些行为感到后悔。对此，男孩的父母要给予特别关注。

听话不是标准，顶嘴不是罪过

教师或父母在教育男孩时，经常说的话莫过于“听话”二字，如“要听老师的话”“听话才是好儿子”“不听话就不是好学生”，等等。久而久之，“听话”便成了好学生、好男孩的标准。那些喜欢顶嘴的男孩，被老师和父母判定为不是好孩子。

毋庸置疑，要求孩子听话并非有错，然而，为了提高孩子的自主性和创造力，片面强调听话，则会影响和限制他们的健康发展。

男孩敢与大人顶嘴，也并非只是因孩子有错，有时也是父母的教育方式不对造成的。父母应当反思一下自己，是否是说话态度不能让孩子所接受，同时还要有一颗包容的心，学会体谅孩子。因为现在的男孩在家中比较娇惯，很有个性，往往爱跟大人顶嘴，发泄自己的不良情绪。从另一个角度来看，顶嘴和反驳父母，也说明男孩正在提高判断是非的能力。

生活中有的男孩犯了错误，试图找出理由为自己辩护，其目的无非是为求得父母对自己的谅解，这种心理很正常，也是男孩鼓足了勇气才这样做的。如果父母武断地加以“狙击”，男孩会认为父母不相信自己。对父母的这种“蛮横”做法，男孩虽不敢言，但心里不服，以后男孩即便有更充足的理由也不会再申辩了。男孩一旦形成了这样一种心理定势，父母的批评他就根本无法接受，把训斥全当耳边风。

大约到了小学高年级和中学阶段，男孩开始进入比较逆反的青春期。这时的男孩会变得越来越不听话，自我意识和独立性逐步增强，不喜欢被动地接受父母的吩咐和安排，遇事愿意自己独立思考和判断，希望凡事由自己做主。如果不能满足自己的要求，就会感到失望或者进行反抗，而发生顶嘴。

中国的父母普遍认为听话的男孩就是好男孩，不听话爱顶嘴的男孩就是坏男孩，这种思想在我们的文化中有几千年的历史沉淀，所谓“君君臣臣，父父子子”。“听话”也是中国父母对男孩讲得次数最多的、在教育男孩时使用频率最高的词，男孩在家里被时时教训要听父母的话，男孩上幼儿园后，就被叮咛要听老师的话，男孩上学了也要被嘱咐要听老师的话。总之，听话的男孩总是招人疼、惹人爱的男孩，不听话的男孩总是招人嫌、惹人烦的男孩。

中国的父母往往刻意要求男孩对自己的无条件顺从。一些父母觉得自己绝对正

确、无所不晓、无所不能，自己过的桥比男孩走的路还多，男孩当然要无条件地接受自己的教诲，于是，当男孩与父母出现分歧时，父母经常武断地表态“你错了”“你这样不对”；当男孩想对某件事做个说明时，便会遭到父母更大的训斥：“不许顶嘴！”“还嘴硬？”；更有一些缺乏耐性的父母，十分反感男孩顶嘴，当男孩向父母的权威发出挑战时，盛怒之下男孩免不了受到父母的一番拳脚。

实际上，顶嘴意味着男孩的心理在成长，说明他已经开始有了自己的喜好：喜欢什么，不喜欢什么；说明他已经开始有了自己的判断：什么是对的，什么是不对的；说明他已经开始有了自己的见解：应当怎么做，不应当怎么做。当男孩年龄尚小且自理能力较差的时候，让男孩按大人的指示去做是可以的，但当男孩逐渐长大以后，再总是用“听话”去教育男孩和要求男孩，就显得有些偏颇了。

其实，男孩顶嘴比不说话反抗要好得多。因为顶嘴可使父母更容易了解男孩。

男孩顶嘴，说明他有自己的见解，而且敢于表达和坚持自己的见解，如果家长这时能够听取和采纳男孩的正确的意见，男孩就会感觉到自己是有能力的、是有价值的，这对他的自信心的提高大有裨益；相反，如果总是用“听话”两个字去教育男孩，只能养成男孩唯唯诺诺的性格。

男孩顶嘴通常发生在父母亲批评不得法、男孩不服气时，男孩没做错事而受到父母的冤枉时，男孩不想马上去做的事、可父母硬逼着他去做时，或者大人心情不好拿男孩出气时。其实这些都反映了父母在教育男孩时的方式方法有问题，家长正好可以从男孩的不满情绪和顶嘴的表现中反思一下自己的做法，从而来改变和提高自己。

男孩的顶嘴也是一种心理宣泄，这是男孩缓解心理压力，保持心理平衡的一种方式。如果男孩心里对大人的不恰当的所作所为不敢怒、不敢言，许多委屈都憋在肚里，男孩的心理压力就会非常大，久而久之就会产生忧郁、头痛、精神不振、懦弱等不良心理反应。

但是顶嘴不是解决问题的好方式，一旦习惯成自然，也不利于男孩的成长，甚至会影响长大成人后的人际关系的和睦。所以作为家长仍然要做好引导工作。

作为父母，无论男孩犯了多大的错，都要理性对待，不要急躁，先要问清事情的来龙去脉，再决定解决方法。在家庭教育中，要赏罚严明，不翻旧账，讲明道理，才会在男孩心里树立威信。

男孩总是在父母行为的耳濡目染下成长的，他们会模仿大人的言行。如果父母尊重他人，和蔼待人，那么男孩也一定会很少与人顶嘴，性格上也会更加谦和。

即便男孩狡辩，反驳家长，家长也要耐心听他们把话讲完，然后对男孩不合理的意见因势利导，帮助他们认识到自己的错误并得到改正。如果给男孩一个将功补

过的机会来弥补过错，他们最乐于接受，也增强了家庭的和睦关系。

总之，听话不是衡量男孩好坏的标准，男孩顶嘴也不是罪不可赦的恶习。教育男孩，父母应该认可男孩在心理上的成长，积极努力去理解男孩的想法，采用不同于过去的方式帮助和指导男孩，而不是一味地抱怨“男孩为什么不听话”，或者采取“高压政策”使男孩屈服。

第 13 章
态度温和，千万别跟男孩来硬的

我们都知道“态度决定一切”，父母对男孩的态度非常重要，在父母的态度影响下男孩建立起自己对生活的看法。用粗暴的方式打骂男孩，只能让男孩离自己越来越远。父母要永远以温和的态度对待男孩。任何时候，温和的鼓励、赞美远远比斥责和讥讽来得有效得多。

跟男孩说话语气别太强硬

没有哪一位父母想要让男孩伤心，也没有哪一位父母暗下决心“今天我就是要让儿子下不来台”，然而，生活中，真的会出现这样的现象：由于父母语气不当，导致男孩下不来台。

男孩放学后兴冲冲地跑回家，家里来了几位客人，男孩向客人问完好后跟妈妈说：“妈妈，今天我们学校发生了一件事儿！”

妈妈：“什么事？”

男孩：“我们班今天发期中考试的成绩了。”

妈妈：“哦！”

男孩：“妈妈你猜我数学考了多少分？”

“你说说！”妈妈漫不经心地说。

男孩：“我数学考了99分！”

妈妈：“哦，那语文呢？”

男孩小声地：“语文，80分！”

妈妈：“那你那么高兴干什么？语文80分你觉得有什么值得高兴的吗？赶紧回

屋学习去，别在这儿嚷嚷个不停，没看家里有客人吗?”

男孩：“算了，我也多余跟你说，反正你也没兴趣，我回屋了!”

很多父母不会与男孩进行有效的交流，往往在不知不觉中就用一些男孩不喜欢的语气，说一些违背自己本意的话，结果和男孩产生了不必要的冲突。

有很多父母，在动怒的时候往往口无遮拦。他们觉得，自己管教男孩，打一顿或者骂几句是完全正常的，父母管孩子是天经地义。可是，他们却没意识到自己在批评男孩时不注意说话方式，粗鲁地吼叫和叫骂，可能会给孩子造成严重不良的后果。有些话是父母绝对不能说出口的。例如：“滚！别在我身边麻烦我！”“你以为你是谁，你是我生的!”“废物，简直一无是处!”“你知不知道你自己很讨厌!”“你能不能安静一会儿，这一天跟个猴子似的!”用这样的语气跟男孩说话，用这样的字眼评价男孩，很可能会让他一下子失去自尊和自信，觉得自己真的没用，一无是处，是个人见人厌的坏孩子。小朋友们不喜欢自己，父母认为自己是个累赘，男孩的内心就会变得越来越失落、惶恐和无所适从。一旦压抑的情绪积累起来，就可能会愤怒地“火山爆发”，后果不堪设想。

作为父母，要想让男孩听话，收到良好的教育效果，必须学会与男孩沟通，注意自己的说话方式和语气。具体可以采用以下方式：

(1) 循循善诱，加深亲子感情。父母与男孩沟通，可以先从男孩关心和感兴趣的话题开始进行交谈，当然，如果父母和男孩的兴趣相同或相近，那么沟通起来会更加顺畅。父母与男孩以兴趣为话题交谈最容易沟通，也便于父母掌握男孩的内心想法和思想动向。

(2) 平等地交流，尊重男孩的人格，温和地商量和讨论。让男孩有发言的机会，用平等的语气而不是发号施令，用尊重的态度而不是威吓逼迫，这样男孩会自愿地表达自己的观点，积极参与交谈。

(3) 动之以情，晓之以理，才能让男孩心服口服。父母不赞成男孩的意见，应跟男孩耐心地解释原因，说明道理，使男孩理解。当男孩犯错误，要帮助男孩分析原因，指出可能造成的危害。

(4) 在与男孩交谈时，父母要控制自己的情绪。父母不能因为自己心情好就纵容男孩，放低要求标准，偏袒和过度保护男孩；也不能因为自己心情不佳或被男孩顶撞而大发雷霆，对男孩拳脚相加。有些问题男孩不一定能很快理解和接受，需要父母耐心地帮助男孩慢慢认识。

总之，父母只有掌握了与男孩交谈的艺术，注意自己的说话方式，在教育男孩的过程中就会事半功倍。

学会与男孩商量，尊重其发言权

父母要把男孩当作家庭中的一员，有问题要跟男孩商量，尊重男孩的发言权，这是十分必要的。

李刚和王海是从小玩到大的朋友，现在上初中三年级。两个孩子的家庭生活水平差不多，都属于中等偏下。面对同样的境况，两个男孩的表现却截然不同。

王海喜欢穿名牌，追赶潮流，沉迷网游，迟到早退，缺课逃课。

王海之所以会这样，源于他父亲的思想，他父亲小时候吃过很多苦，如今的生活也很艰辛，所以，他很希望儿子快乐，给儿子下了死命令：你什么也不用管，只要你吃好喝好玩好就行！

王海的父亲经常语重心长地跟别人说："儿子是全家的希望，再苦再累也不能让儿子觉得委屈，不能让他来承受生活压力。所以，我们从不在儿子面前抱怨挣钱太辛苦和受到太多的委屈，他需要的，我们会尽量满足，只要他快乐就行。"

而李刚却和王海大有不同，年纪不大但是成熟很多，而且成绩越来越好。

原来李刚的父母很注重跟儿子的沟通，对于并不富裕的家庭生活，也从来不向儿子隐瞒。遇到问题或者要做什么决定的时候，甚至跟儿子商量应该怎么办。李刚的爸爸说："我们生活不富裕，儿子是家庭成员，很多事需要他的参与。儿子也很乐意参与进来，甚至主动提出照顾奶奶和搞好学习的任务。"

可是，许多父母在对一些重要的事情做决定时，往往不让男孩参与，剥夺了男孩发言的权利。在很多父母眼中，"大人的事孩子少管"。其实，在家庭中，有很多事完全可以让男孩也参与讨论的，当涉及有关男孩的事情时，父母应该先问问男孩的意见，听听他的看法再做出决定。不要以为男孩小，什么也不懂，更不要以为男孩是你的，你就可以随便对与他相关的事做出决定。

如果你还在抱怨男孩不理解你，老跟你作对，那么就先想想自己是否在理解和尊重男孩的基础上与男孩商量过了。

(1) 与男孩商量，可以从下面的小事开始：

"你现在不想睡觉吗？明早你能够按时起床上学吗？"

"你又要这么多钱做什么？给一半可以吗？"

"把旧文具盒扔掉买新的不在我们这个月的消费计划里，怎么办？"

"这件事爸爸妈妈想听听你的意思。"

"儿子，这是个严重的问题，咱们商量一下看怎么解决好。"

……

遇事和孩子一起商量，而不是发号施令、利用家长的权威而使男孩服从，只有这样，才会让家庭更加和睦，氛围更和谐。平等地对待男孩，将男孩当作家庭中的重要成员，认真考虑男孩的想法、意见和建议，尊重男孩，有助于培养男孩对家庭的责任感，让男孩尽快地走向成熟。商量不是迁就，也不是妥协，而是父母与男孩对话、沟通、相互了解的最佳途径。父母如果喜欢遇事和孩子商量，那么孩子遇到问题也同样喜欢找父母商量，而不是固执地唱反调和自作主张。

(2) 尊重男孩的每一个意愿和想法，给男孩一个自主决定的机会。如果要解决的问题或者要做的决定关系到男孩的话，就要征得男孩的同意，让男孩有选择的机会并且在尊重男孩的基础上给予引导，这也是民主家庭中父母应当为男孩负起的一个责任。

现在的父母都希望自己的男孩多才多艺，成为一个优秀的男孩。那么，如果让男孩学，一定要仔细观察，与男孩商量之后，再选择一种比较适合男孩性情及兴趣的才艺。千万不要让他一下子接触太多，或强迫他学习不感兴趣的东西，破坏了他学习的信心和欲望。

(3) 父母在决定之前，不妨先听听男孩的意愿和想法。即使要商量的事情跟男孩没有太大的关系，也一定要让男孩参与进来。

事实上，孩子作为家庭的重要成员，即使他年龄再小，也应该让他多了解一些关于自己以及家里的事情，有权参与家庭事件的讨论与决定。

每当遇到一个问题时，全家人可以坐在一起集思广益，父母可以先跟男孩讲出自己的观点和看法，让他思考判断，然后再鼓励男孩说说自己的想法和意见，耐心地倾听男孩的表达，这样无论是父母与孩子之间的意见是否一致，都可以通过商量同心协力地找到解决问题的最好方式。所以，父母要时刻记得，男孩是家庭重要的一分子，许多事情都是可以与他们平等商量的。

著名教育家魏书生在《商量，商量，再商量》的文中提出了学会与孩子商量在学习、教育上的重要性。父母如果愿意尝试凡事与男孩商量，或许会获得意想不到的惊喜效果。

以温和的态度对待男孩并不难

有些父母总是想，孩子是自己的，想怎么教育就怎么教育，不听话了骂几句，

太过分了打几下，这都没什么。其实父母对男孩的态度不仅影响男孩智力发展和学习，也会影响男孩的行为和道德发展、人格的发展以及其他能力。

男孩的社会适应能力、人际交往能力、独立自主能力等，无不是在童年时代奠定基础的，父母对待男孩的态度，对男孩在这些方面能力的形成有巨大影响。父母是用温和的态度鼓励男孩去和其他孩子交往，还是限制男孩的交往；父母是有意让男孩经受挫折锻炼，还是过度地保护起来，不让男孩受一点儿苦；当男孩遇到挫折时，父母是帮助、鼓励男孩，还是讽刺、嘲笑、忽视男孩等，都将对男孩造成重大的影响。

父母对男孩持有消极粗暴的态度，就会影响男孩的行为向不良或不健康的方面发展；父母对男孩持有积极温和的态度，就会影响男孩的行为向健康的方面发展。只有父母温和地对待男孩，给孩子多一点儿鼓励和帮助，男孩才可以尽快尽早地适应社会，学会客观地评价自己，建立起较好的自我意向，树立自信心，同时也锻炼和培养了独立自主能力和其他能力，从而为一生的发展奠定良好的基础。

所以，父母要永远用温和的态度对待男孩，别让男孩在粗暴的环境中成长。当发现男孩犯了错时，父母要注意控制自己的情绪，从男孩的角度出发，用温和的态度对男孩讲清楚问题的后果，让男孩认识自己的错误。当然，必要时父母还可以用温和的语气对男孩进行适当的批评。

很多父母也想用温和的态度对待男孩，但往往控制不住自己的情绪，不知道自己该怎么样才能做到。其实，以温和的态度对待男孩并不难，父母可以从以下几个方面来尝试一下：

(1) 消极情绪，统统扫除。父母应该注意自己日常生活中的情绪对男孩的影响。不要在男孩面前表现出消极的情绪，那样也会使男孩处在一种不和谐的家庭环境中，受到父母的消极情绪的影响而导致男孩的情绪也发生变化。

(2) 控制情绪，平衡心态。当男孩犯了错误，做出一些令父母难以接受的行为时，有些父母因过于激动，难以控制自己的情绪，不由分说地训斥或粗暴地对男孩打骂一通，完全不给男孩申辩和解释的机会。的确，男孩在父母的威吓下会暂时地听话、服从，但这却不是教育和说服男孩的最佳办法。粗暴的威吓手段会渐渐地使父母无法控制局面，容易让男孩受到惊吓，不利于情绪的稳定和心理发育。长期如此，男孩就会有错也不敢向父母说，学会隐瞒、撒谎，甚至千方百计地逃避父母的斥骂。在父母的影响下，男孩甚至会用威吓的方式去对待其他人。

(3) 先消消气，再张开口。父母一气之下打骂男孩，自己也是情绪激动，着急上火，与其大动肝火不如试一试“冷处理”法。当因为男孩不听话而生气时，先不要着急管教，而是先让自己的心情得以平静，等到心平气和，或许就会想出更适宜

的教育之道。同样，当男孩情绪不稳定的时候，也不适宜进行教育，应该等男孩平静下来，再用温和的态度说服他。粗暴的教育是不能解决问题的，冷静客观地处理，以理服人，才能让男孩顺从。

(4) 是非分明，态度温和。在父母和男孩谈话的过程中，如果男孩的意见和父母有冲突，父母千万不要失去理智地冲男孩发脾气、反对，应该冷静地分析一下男孩的意见是否合理。如果是合理的，就给予支持；如果不合理，父母可以坐下来和男孩认真商讨，温和地帮男孩分析。一味地否定男孩的意见，会挫伤男孩的积极性，造成男孩性格孤僻。

总之，父母需要用温和的态度对待自己男孩。当父母为男孩的错误烦恼时，不妨静下心来，和男孩一起分析，认真地帮助他改正错误。记住，只有用温和的态度对待男孩，男孩才能更健康茁壮地成长。

不要以命令的口气压制男孩

父母切勿一厢情愿地为男孩的事情自作主张，不要把自己的意愿和需要当作男孩的意愿和需要。父母要记住男孩不是傀儡，而是一个独立的人。

琪琪的学习成绩很好，而且还是班干部，各方面表现都很优秀，在学校里是同学们的榜样。琪琪深知作为一个班干部，做每一件事情都要起到带头作用，所以无论是学习还是纪律方面，他都能做出很好的表率。老师常常夸奖琪琪是个“以身作则”的好学生干部。

这天，琪琪的学校号召大家义务献血，为了让同学们踊跃响应，老师就先给学生干部做思想工作，希望由各班的学生干部先加入献血的行列。

琪琪回到家里，把这件事和妈妈说了，希望得到妈妈的支持。可是，琪琪刚把话说完，妈妈就大声地拒绝了：“不行！你怎么能去随便献血，你知道要吃多少营养品，你的血才能补回来吗?”

琪琪向妈妈解释道：“其实，正常人献一些血是不影响健康的。”

妈妈立刻反驳道：“你怎么知道？你还在长身体的时候，绝不能献血。知道吗?”

琪琪还在和妈妈辩解道：“老师希望班干部起带头作用，我可不能成为后进分子。”

妈妈不容争辩：“后进就后进，你就和老师说你贫血。别和我争了，你是我生

的，我说了算!”

琪琪无可奈何地回到了自己的房间。

在生活中，很多家长都像故事里面的妈妈一样，面对男孩的问题不能给出合理充分的理由时，为了让男孩打消念头，便使出最后的绝招：“你是我生的，我说了算。”在这种强权教育下，男孩能够做的只是接受家长的指令，然后去执行就可以了。长期如此，男孩的独立精神、自主意识都成了父母意志的附庸。

美国精神病学家威廉·哥德法勃曾经说过：“教育男孩最重要的，是要把男孩当成与自己平等的人，给他们以无限的关爱。”无数事实也表明，父母以居高临下的命令姿态来跟男孩说话，反而会使男孩产生逆反心理。只有父母转变姿态，不用命令的口气跟男孩说话了，才有可能让男孩感受到平等。

教育专家指出：无论什么人，受激励而改过，是很容易的；受责骂而改过，是不大容易的。而小男孩尤其喜欢听好话，更不喜欢听恶言。大多数做父母的看见小男孩玩脏的东西，就会立马跑去把脏东西夺过来，而且还要骂男孩，甚至于还要打他。其结果，小男孩改过的少，而怨恨父母的多，即使不怨恨父母，至少也一定不喜欢父母了！

所以，用粗暴命令的方式对待男孩，容易形成男孩与父母之间的对立，不利于男孩发展。

命令的口气只能让父母的教育行动难以留下回旋余地。例如：父母命令男孩去睡觉，偏偏男孩是置若罔闻，只管玩自己的，而父母一时也拿他没办法。这样次数多了，男孩就觉得不听父母的命令也没什么，那下次也就更不会听了。如果父母明白男孩的心理，这样对男孩说：“呀，这东西真好玩啊！可惜时间不早了，乖男孩应去睡觉了。要不你再玩五分钟，就去睡觉，好吗?”这样既夸男孩乖，又是用征询的口气同他说话，男孩感到受到了尊重，也许到不了五分钟就乖乖地睡觉去了。而且这样为父母留下了余地，即使男孩暂时不听话，也不至于激得父母为了自己的威严而去与男孩大动肝火。但父母一旦向男孩发出了命令，那就一定得让男孩服从，不然不利于以后的教育。

对男孩使用命令的口气不利于男孩人格的发展。父母老用命令的方式将男孩支配来支配去，男孩处于被动服从的地位，时间长了，就会形成退缩的性格，依赖性强，缺乏主动性，也有可能走上另一个极端，男孩经常与父母顶嘴，逆反心理增强，走入社会后也会具有反社会性。

所以，父母对男孩一定要注意说话的语气，千万不要用命令的方式，而且要避免拿孩子当出气筒。

有的父母在外面遇到不顺心的事，回到家里也拿孩子出气。这不仅会造成父母

与子女之间的情感危机，还会给孩子的人格正常发展带来不良影响。所以，父母应该加强自我修养，不论在工作中或其他方面，遇到有不顺心的事时都要冷静，不要轻易在孩子面前流露出来，更不能把孩子当出气筒，把自己不愉快的情绪发泄到孩子身上。

总之，教育男孩不是一件简单的事情，需要花很多的心思。在平日里要注意自己的言行，不能拿男孩当出气筒，也不能用命令的口气跟男孩说话，这样才能保证男孩身心健康成长。

第 14 章
饮食起居，让男孩有个强健的身体

越来越多的父母意识到让男孩有一副好身体是何等的重要。世界上没有什么能比拥有一个健康的身体与一种健康的生活更让人感到幸福和满足。然而，健康的心理恰恰是健康生活的保证，并且伴随着男孩一生的成长，是形成世界观和人生观的基础。

带领男孩锻炼，督促男孩坚持

有些父母整天抱怨男孩免疫力低下，体弱多病，其实这跟锻炼有很大的关系，如果男孩天生不爱运动，打骂是没用的，要想让男孩动起来，需要父母积极引导，甚至参与其中。

锻炼不仅能让男孩身体结实健康，而且还能锻炼男孩的意志。参加运动对任何年龄的男孩都是有益的，无论他们参加的是像曲棍球、足球这样的团队运动，还是像体操、跑步这样的个人运动。在运动中，男孩能学到新的技能，懂得体育精神，增强自信，这些都对他终生有益。所以，父母要有意识地带领男孩锻炼身体。

父母带男孩进行体育锻炼，应该根据男孩的年龄特点，选择适宜的锻炼内容和方法。比如，父母可以带男孩到室外晒太阳、拍皮球、做体操、游泳、跳绳或做体育游戏等，这些都能使男孩得到锻炼。

适当地让男孩晒太阳，对男孩的健康有益。太阳中的红外线具有能使身体发热、促进血液循环、使新陈代谢旺盛、增强人体活力的作用。太阳中的紫外线能够增加维生素D，维生素D可以预防和治疗佝偻病和骨软化。紫外线还有助于增进骨髓造血，防止贫血，杀灭皮肤上的细菌，增强皮肤的抵抗力。所以，父母应该适当

地带男孩晒晒太阳、吸收新鲜空气，起到阳光浴、空气浴的锻炼作用。

2个月以后的男孩就可以到室外晒太阳。冬天最佳晒太阳的时间是上午9点到12点，下午3点到5点。夏天晒太阳的时间也适当延长，但要避免正午阳光直射。气温超过32度，可以给男孩戴顶遮阳帽，避免让太阳光直照头部。在天气晴朗、阳光灿烂的天气，父母可以带着男孩在户外散步、做游戏，在阳光下锻炼身体，呼吸清新空气，对男孩的身体健康非常有益。气候适宜，父母可以带男孩去游泳。游泳对男孩的身体是一种全面的锻炼，不仅能使身体变得匀称协调，同时还可以培养男孩勇敢坚强的意志。

父母带男孩做体操有利于锻炼男孩的肢体灵敏性，增强身体免疫力。一周岁左右的男孩可以由家长拉着上下肢做各种动作。两三岁时，男孩的肢体已经灵活平稳，可以让男孩学做模仿操。例如，父母在前面示范，做出“鸭子走路或游泳”“小鸡啄米”“青蛙跳”等动作，让男孩模仿。在模仿动物表演中，还可以一边做动作一边模仿动物的叫声，这样形体训练和声音训练同时进行，可以锻炼男孩的身体协调能力和大脑思维能力。四五岁的男孩可以教他做手指操，或拿着红花、彩带等舞蹈道具做体操表演。

在带领男孩锻炼身体的过程中，父母要注意下面几点：

（1）先进行初步的运动。发展男孩走、跳、钻、爬、攀登之类的基本动作，使男孩动作协调、灵活、敏捷。如果条件允许的话，用录音机放一些轻音乐，让男孩模仿你伴着音乐做各种连续的练习动作，如伸展，扩胸，腰、臂、腿绕环等。为了发展男孩的柔韧性，可带男孩弯弯腰、踢踢腿、翻翻斤斗等。

（2）强度别太大。男孩的心脏发育还不完善，容积小，心肌纤维细，还不能适应心肌负担过重的运动。因此，宜采取以发展有氧代谢功能为主的运动项目，如强度中等的慢步长跑、球类活动、体操、跳绳、打羽毛球、滑冰以及其他各种游戏等。

（3）掌握运动量。正确掌握强度、时间，会使男孩的健康水平得到较大的提高。父母最好帮助男孩建立锻炼日记。记录每日的锻炼时间、运动项目、进展情况以及男孩的身体反映等，以便做到循序渐进、逐步调整。早晨活动，不要起得过早，锻炼时间也不宜过长，一般半小时就可以了。同时，锻炼后的饮食也应给予额外的补充。

（4）合理安排男孩的生活。男孩处在长身体的时期，需要充足的睡眠。安排男孩的体育活动，一般宜在清晨。清晨空气新鲜，室外活动能使大脑皮层迅速消除睡眠时的抑制状态，又可获取大量的氧气，对一天的学习、生活都有益处。

（5）观察男孩的锻炼反应。从男孩的呼吸、脸色、汗量、声音、动作等情况，

掌握男孩的运动效果，以便灵活安排他们的锻炼内容和程序。此外，父母还应鼓励男孩学点儿体育知识，有计划地让男孩看点儿体育表演和体育杂志，培养男孩锻炼的兴趣。节假日还可带男孩出外郊游、登山、跑步，跟大人一起活动，男孩的锻炼兴致会更浓。

锻炼对于男孩的作用巨大，但是多数男孩的自觉性不高、毅力不强，需要父母督促男孩坚持体育锻炼。如果父母不严格要求，就可能出现“三天打鱼，两天晒网”的情况，就达不到锻炼身体、增强体质的目的了。

父母最好带着男孩一起进行锻炼，这是对男孩最好的鼓励。父母不仅要天天与男孩一起锻炼，还应抽出时间定期检查男孩的锻炼情况，并给予及时的鼓励、表扬或批评，使男孩渐渐养成锻炼身体的好习惯。

祛除睡眠障碍，让男孩幸福入眠

在紧张和压力下，不少男孩出现睡眠不足、失眠、梦魇、遗尿等现象，还会使磨牙、夜惊加重，从而造成睡眠障碍。面对男孩的睡眠障碍，父母用打骂的手段，强制其入眠是没用的，那样的话只能让事情越来越糟。父母应当尽可能减轻男孩的负担，适当安排休闲时间。这样不仅保障男孩健康的睡眠，也能提高男孩学习的效率。

缺少睡眠或睡眠过多，都会对男孩的智力发育产生不良的影响。而正常的睡眠，则是男孩解除疲劳、恢复体力和脑力所必需的。

在熄灯睡觉前的半小时到一小时内，父母可让男孩做一下入睡前准备，读篇优美文章、听段柔和乐曲，这样可以帮助产生睡意。千万不要让男孩在睡前从事兴奋性活动，如打电子游戏、看恐怖片等。另外，也不提倡躺在床上看电视。

有些家庭喜欢开灯睡觉，也有些家庭父母喜欢看电视到很晚，让男孩听着电视发出的声音睡觉。但这些声光刺激常会对男孩的睡眠造成干扰，大大影响男孩的睡眠质量，应予以避免。另外，营造舒适的睡眠环境也很重要，过热、过冷、空气差、噪声等都应尽可能消除。

有的男孩喜欢在睡前或深夜进食，这是一种影响睡眠的坏习惯，应加以纠正。夜间不可喝过多的饮料，更不可喝咖啡、茶，养成这些良好习惯才能有益睡眠。

男孩睡眠之前，一定要用温热水洗脚。这能使身体上（脑）下（足）保持协调，从而清心安神，使睡眠安宁。

锻炼能够促进睡眠，每天坚持一定时间的体育运动，可大大帮助增进睡眠质量。但是，不提倡男孩夜间睡前进行体育锻炼，因为这样做会造成夜间兴奋，延迟睡眠。

在男孩出现夜惊或梦游时，千万不可将之唤醒，如果此时将男孩唤醒，反而会加重这类睡眠障碍的发生。不过，父母在小孩出现夜惊或梦游时，可记下具体发作时间，以便在小孩下次发作时提前15分钟叫醒小孩，夜惊或梦游的发生一般是有规律的，这样可逐渐减少夜惊或梦游发生。

一般来说，5~9岁的儿童每天要睡10~11小时，10~13岁儿童要睡9~10小时，14~18岁儿童要睡8小时左右。不过，其中也有个体性差异，不可机械地套用。如果一个男孩虽然没有达到上述的睡眠时间，但白天精力充沛，注意力集中，无嗜睡表现，就不应认为其睡眠不足。

中医很讲究睡眠姿势，强调“卧如弓”，其标准姿势为：身体向右侧卧，屈右腿，左腿伸直；屈右肘，手掌托在头下；左上肢伸直，放在左侧大腿上。中医认为这种姿势能“不损心气”，而睡醒之后要改为仰卧，伸展四肢，即所谓“觉须手足伸舒，睡则不嫌屈缩”，这样可使“精神不散”。

枕头对智力和大脑的保健也很有讲究。由于男孩睡熟之后会辗转滚动，因此枕头要长一些。枕头不宜过高，“高枕无忧”这句话是错误的。因为过高的枕头会使颈项部的肌肉紧张，使通往大脑的血液循环不通畅，第二天会昏昏沉沉，头涨头痛。男孩的枕头，一般以10~15厘米左右的高度为宜，正上幼儿园的男孩的枕头不宜超过10厘米，新生儿则可以不用枕头。

总之，父母处理男孩睡眠障碍时，主要应从男孩的心理调整上考虑，始终让男孩保持心理放松。即使男孩有点儿睡眠障碍，也无须过多担心，随着男孩年龄的增长，这些睡眠障碍会逐渐好转乃至消失。如果男孩到了十四五岁青春期后还出现夜惊，甚至发作相当频繁的话，就一定要去医院就诊，以免导致男孩发生精神障碍。

“餐桌教育”对男孩身心成长不利

由于工作繁忙，很多父母没有时间管教男孩，于是就会选择在一日三餐的时间段，尤其是晚餐时候教育男孩，这所谓的“餐桌教子”方式在很多家庭中普遍运用。据中国青少年研究中心在全国六大城市2500名中小学生中进行的调查显示，有超过一半的孩子在吃饭时挨过父母的批评。

确实有不少父母习惯于一边吃饭一边教育孩子，并且认为既方便又有效，殊不知，餐桌教育对男孩的身心成长极为不利。在吃饭的时候，父母和孩子同坐在一起，本应该是享受美味的好时机，在饭桌上畅谈轻松的话题，也有利于亲子间的思想交流、倾吐心曲、沟通情感，建立良好的家庭氛围，一家人围坐餐桌共享美餐，是令人心情愉悦的事，对孩子的生活和学习都会有积极的作用。平时工作比较忙的父母难得和孩子共聚用餐，此时应该珍惜每次交流的机会，彼此拉近感情，所以一个温馨和睦的就餐氛围是家庭和谐的重要因素。然而，有的父母却忽视这一点，专门喜欢在吃饭的时候教训孩子。饭碗一端上桌，孩子一坐上座椅，父母便喋喋不休，孩子的学习成绩不理想，为什么不参加课外活动，跟同学的关系为什么相处不好，和哪个同学打了架，等等，一连串的问题把男孩的嘴堵住了，吃饭的心情也堵住了。面对父母严厉的指责，孩子怎能开心地吃饭呢？或许父母只是无心地唠叨，趁吃饭的机会给孩子提醒，却不知这样的方式让孩子倒了胃口，食欲降低，影响孩子的健康。如果孩子犯了错误，脾气粗暴的父母在吃饭的时候批评和教训孩子，还有可能让矛盾加剧，造成饭桌上打架，不仅孩子不能好好吃饭，也让大人吃不下饭，原本和谐的就餐氛围被破坏了。不仅挫伤了孩子的自尊，还会使孩子对吃饭产生了一种习惯性恐慌，严重扰乱其生理和心理健康。所以，为了全家人的健康，父母不要在餐桌上管教孩子。

《论语·乡党》中说："食不语，寝不言。"从生理角度看，吃饭时专心致志、细嚼慢咽，有助于食物的消化吸收。当然，父母借聚餐之机给孩子加以善意、积极的启发引导也并非不可，比如用和蔼的语气询问孩子的在校情况，讲点儿有益的文化知识和当天新闻等。切不可一味地质问追究、给孩子提要求、下命令，甚至拍桌子、摔碗筷。父母应努力为孩子营造积极健康、乐观向上的餐桌氛围，切忌不分轻重地进行"餐桌教育"。

父母要明白，利用全家在一起吃饭的时间教育孩子、询问功课、检查作业，会造成紧张的气氛，令孩子有饭吃不下、有汤喝不好，最后很可能不仅孩子哭哭啼啼、愁眉苦脸，父母也会气上心头、满脸怒容，弄得好好的一桌饭菜，谁也吃不下。

儿科医生告诉父母："餐桌教育"害处很多，孩子突然受到父母的训斥、责问，精神就会紧张，食欲也就消退，唾液分泌迅速减少，长此以往，形成不良条件反射，孩子一到吃饭就紧张，很可能会出现厌食现象。

同时，每当进餐，孩子胃肠道的消化腺就会分泌消化液，经过消化液的消化分解后，就被肠壁吸收。因此，如果进餐时遭到父母训斥，已经兴奋起来的消化腺，也会受到抑制，消化液大大减少，食物难以充分消化、吸收，造成消化不良。

所以，进餐时批评教育男孩，对孩子今后的成长非常不利。

父母如果能够营造一个愉快、舒适的进餐环境，就等于搭建了一个和男孩进行良好沟通的桥梁。

在愉快的环境当中，男孩往往爱表现自己，想要发表自己的“高见”和“新闻”，这时父母要给他以机会。这样做既有利于男孩语言表达能力的发展，又有利于父母了解男孩的内心世界，同时还有利于活跃进餐的气氛。

父母也可以利用餐桌这个“阵地”培养男孩的参与意识和进餐礼仪。比如可以让男孩做一些摆放餐具、收拾餐具的事情，让男孩有家庭责任感。在吃饭的时候，要注意一些礼仪，比如要等家人或是客人都坐下了，才可以动筷子；好吃的东西要先考虑到别人，不能把好吃的菜都放自己的碗里；咀嚼东西以及喝汤时，不要发出声响；夹菜时不要东挑西翻等。不过，这方面的训练需要耐心，需要持之以恒，才能取得预期的效果。

专家建议，就餐时，父母应制造轻松愉快的就餐环境，可播放一些悠扬、活泼的乐曲，既可以为男孩提供愉悦的就餐环境，又能提高男孩欣赏乐曲的能力。

早餐吃得好的男孩更阳光

要想男孩健健康康，如阳光一般灿烂，就要让男孩吃好早餐，早餐不是可吃可不吃的问题，是怎样才能吃好的问题。

庄鑫父母上班的时间比较早，所以他们就给庄鑫一些钱让他自己买早点吃。最近庄鑫迷上了电脑游戏，可是自己手里的零花钱却不多了，进了两三次网吧就没了。后来他想到了一个方法：把早餐取消，反正吃不吃都无所谓，这样就可以用省下的钱去上网了，结果却身体越来越差。最后脾气暴躁的父亲知道了这件事，把庄鑫好一顿揍，但是这有什么用呢，孩子的体质已经变差了，只有想办法让孩子好好吃早餐才是正事。

事实上，像庄鑫这样不吃早餐的现象在学生中很普遍。一项有关中小学生早餐状况的调查结果显示，只有57.1%的孩子吃了早餐。40%学生认为吃不吃早餐根本无所谓。有的孩子是怕胖，为了控制体重而不吃早餐，这类学生在调查对象中所占比例最高，达到了23.2%。有18.4%的被调查学生说，不吃早餐，是想省下钱来玩电脑、上网或买想要的东西。

早晨起床后，人体已有10多个小时没有进餐，胃处于空虚状态，此时血糖水平也降到了进食需求。开始活动后，大脑与肌肉消耗糖（即血糖），于是血糖水平会继续下降。这时如果还不进餐或进食低质早餐，体内就没有足够的血糖可供消耗，人体会感到倦怠、疲劳、暴躁、易怒，反应迟钝。并且，在睡眠中，我们的胃仍在分泌少量胃酸，如果不吃早餐，胃酸没有食品中和，就会刺激胃黏膜，导致胃部不适，久而久之则可能引起胃炎、胃溃疡等疾病。

早餐是早上起床后结束饥饿状态的第一次正式用餐，早餐摄入的营养不足很难在其他餐次中得到补充，不吃早餐或早餐质量不好是引起全天能量和营养素摄入不足的主要原因之一，严重时还会造成营养缺乏症，如营养不良、缺铁性贫血等。

男孩长期不吃早餐，不仅会影响全天能量和营养素的摄入，延缓生长发育，而且对我们的认知能力和学习成绩也有影响。

不吃早餐，人体只得动用体内贮存的糖原和蛋白质，久而久之，会导致皮肤干燥、起皱和贫血等，加速人体的衰老。

那么，什么样的早餐是最合理的？科学膳食指南要求，早餐中能量、蛋白质、维生素及矿物质等营养素应该达到推荐的每天膳食中营养素供给量的25%。早餐中来自脂肪的能量不应超过该餐膳食提供能量的30%，来自饱和脂肪的能量应低于该餐膳食能量的10%，碳水化合物提供的能量应超过该餐膳食能量的55%，而其中胆固醇不应超过75毫克，钠盐不应超过600毫克等。

合理的早餐是一杯牛奶、适量的新鲜水果或蔬菜、100克干点（面包、馒头、大饼或饼干等含碳水化合物较高的食品）。这份早餐所含的热量能够充分满足男孩脑力活动与体力活动的需要。

一般认为，早餐所供热量占全日膳食总热量的25%~30%，午餐占40%，晚餐占30%~35%。目前我国大多数人的膳食总热量的70%来自含糖多的粮食，所以早餐吃米饭、馒头、面包之类即可。有条件的增添牛奶、鸡蛋之类的高蛋白质食物更好。

为了保证早晨有良好的食欲，要适当变换早餐的花样和口味，还要让孩子养成早晨“早起、通便、运动”的好习惯，以增进消化系统的功能。

所以，早餐并非是可吃可不吃的，它是良好饮食习惯的必要和重要组成部分。男孩的父母不仅要让男孩按时吃早餐，而且要保证高质量的早餐，让男孩有规律地吃早餐，这样的男孩才能越来越阳光。

合理膳食让男孩茁壮成长

谁不希望自己的儿子将来个子高高的，长得帅帅的？但是这除了跟遗传有很大

的关系之外，跟后天的营养也有很大的关系。

一般正常人在发育之前，一年应长高5~6厘米，如果一年的生长速度低于4厘米的就属于生长缓慢了。青春期是人体突发生长时期，此加速增长现象女孩一般早于男孩约1~2年，女孩一般在10~12岁快速增高，到17岁时即停止增长；男孩在12~14岁，但持续增长的时间较长，可延续到20岁左右。

由此可见，除家族性（与遗传因素有关）和疾病所致的身材矮小外，其他造成矮小身材最多见的或直接或间接的原因是生长激素缺乏。营养障碍，如缺锌、缺碘、缺钙、缺铁等造成的“缺锌性侏儒症”“克丁病样矮小症”“钙缺乏综合症”等引起的身材矮小者更多。

人体所需要的一切营养素均来自食物。科学研究发现，合理的膳食结构对身高有十分重要的促进使用。也可以说，食疗增高是可以达到目的的。

（1）膳食要平衡。食品数量要充足，肉、果、谷、菜都要吃，食物多样化，粗细兼备，荤素搭配，相互取长补短。

（2）蔬菜、瓜果要新鲜。新鲜蔬菜如白菜、番茄、胡萝卜、黄瓜、青椒、葱，新鲜水果如橘子、梨、葡萄、香蕉、苹果、桃、西瓜等，这些食物中含有对人体增高十分重要的维生素，所以尽量保证每天都能得到供给。

（3）蛋白质必不可少。男孩发育期对蛋白质的需求量比成人高得多，如供给不足便会影响身高增长。食物以畜瘦肉、鱼虾肉、禽蛋类、乳类、豆类及其制品含蛋白质丰富，所以这些食物每餐都不要缺少。此外，胶原蛋白和黏蛋白是构成骨骼的有机成分，食物中肉皮、猪蹄、鸡、鱼、甲鱼等均富含胶原蛋白和黏蛋白，一定要及时补充。

（4）水分供应要充足。水分可以促进新陈代谢，可以使体内的毒素易于排出，有助于生长发育。每天饮水需1000毫升至2000毫升，可以采取清晨起床喝温开水、早餐喝豆浆、午餐喝菜汤、睡觉前喝牛奶、运动前喝淡盐水、酷夏喝热茶等方式饮水。

（5）补钙要适当。调查显示，补钙者比不补钙者个子高得多。如果膳食中不能经常摄取生理所需钙量，而血钙和软组织中的钙量不足，就必须向骨骼取钙，而骨骼中缺钙，其结果会导致骨质疏松、椎骨变形、脊柱变曲，从而致使身体变矮。含钙较多的食物有牛奶、奶制品、鸡蛋、鱼类、贝类、豆腐及豆制品、芝麻酱、南瓜子等。此外，这些食物中还含有维生素D、维生素C、乳糖等，有助于钙的吸收和利用。

（6）不饱和脂肪酸不可缺。不饱和脂肪酸是人体胆固醇的主要来源，是制造体内固醇类激素，如性激素、肾上腺激素等的必需物质。富含不饱和脂肪酸的食品有

植物油脂，其中粟米油、豆油等含量尤为丰富，鱼油、瘦肉、鱼类亦应经常食用。

（7）铁、锌作用大。如果食物中供给的铁不足，必然使血红蛋白合成受阻，而引起很多器官和组织的生理功能异常，生长发育、智力发育、免疫功能、细胞代谢等均会受到影响。日常食谱中，动物肝脏和其他内脏、红肉类（指牛肉、羊肉等）、蛋黄、鱼以及豆类含铁量都非常高，且较易被人体吸收，所以要多吃。此外，锌与性腺以及促性腺激素的分泌等有关，对男孩的生长、发育以及智力的影响都很大。因此，含锌丰富的食物如牡蛎、动物肝脏等应经常供给。

总之，男孩饮食调养的责任在父母，父母应该精心观察男孩的食欲、精神状态、睡眠和大小便等状况，发现异常则应及时调整。只有合理膳食，才能让男孩一天比一天茁壮起来。

过犹不及，别让男孩成了“小胖墩”

让男孩吃不好是父母的责任，让男孩吃得“太好”也是父母的责任。

翻开现在男孩的书包。里面往往装满了各种各样的零食，床头、书桌上摆满了各种各样的饮料。零食、饮料成了男孩形影不离的好朋友，无论走到哪里都少不了它们的踪影——学校里、聚会中、公车上……殊不知，在男孩尽情享受这些美味带来的愉悦和快感的同时，男孩的健康却被悄悄地偷走了，于是肥胖病也悄然而至。

近年来，孩童肥胖的问题呈现出越来越严重的趋势。肥胖儿童的问题之所以会日益严重，最主要的原因还是没有引起人们的足够重视。

父母特别是祖父母必须知道，孩子过早地肥胖并不一定就是福，而是一种“病”。过度肥胖能使孩子在中年，甚至是更年轻时患上冠心病、中风、高血压等疾病。况且，约40%的肥胖孩童胆固醇过高，另有15%的肥胖孩童在接受检验时便被发现患有糖尿病。

除了会引发一连串的健康问题外，肥胖的孩童还必须克服心理上的一些问题。

同样，男孩如果太过肥胖，可能会害怕到人多的地方，因为怕被人耻笑。而要减肥成功，除了要吃得健康外，还包括了运动，也就是说，如果男孩害怕到游泳池或人多的地方运动，就较难达到减肥的效果。

父母要让男孩意识到均衡饮食的重要性，并合理安排其乐于接受的均衡饮食方式及食物；推荐并督促男孩进行利于减肥的体育锻炼，如游泳、慢跑、跳绳等。

一个男孩需要减肥，全家人都要动员起来，以免男孩有孤军作战的寂寞感。负

责饮食的家长应遵从均衡饮食金字塔的原则，即坚持以米饭（若以糙米代替白米更佳）作为每餐的主食。除主食之处，蔬菜和水果可稍多吃，乳类食品每日1~2杯，瘦肉、家禽类、鱼类、豆类及蛋类每日合计摄取150~350克，尽量不沾高脂及高糖食物。如果家长本人亦受着肥胖的困扰，则更有必要如此行事。

如果男孩太胖，需要控制饮食，父母要帮助男孩做以下的事情：

（1）定时定量均衡安排男孩的一日三餐。为避免男孩进食过度，不要在男孩的饭里拌上太多的肉汁及调味酱料，并叮嘱男孩细嚼慢咽。男孩的早餐不可缺，晚餐不宜吃得过饱，宵夜更是不宜吃。

父母在烹调食物时注意以下几个方面：一是要多用蒸、焗、白灼的方法，少用煎、炸、炒、焖；二是要减少油、糖的分量；三是要烹饪原料多用鱼类、蔬菜、去皮家禽等，不用肥肉，以减少脂肪含量；四是不要将肉类整块烹调制成鸡腿、猪扒、牛扒等，而应切细改成肉片、肉丝或肉粒的方式，配合其他素菜做出不同的菜式，这样的菜肴既美味爽口，又可以避免男孩吸收过多的脂肪。

（2）多为男孩开展娱乐活动。男孩无聊时最喜欢做的事，一是懒懒地守着电视机看，二是大把大把地往嘴里塞零食，这两件事都容易导致男孩肥胖。父母不妨多陪男孩做一些有益身心健康的运动或游戏，如集邮、绘画、唱歌、打球等，使他们的生活变得丰富多彩。这样既能把男孩从电视和零食的诱惑中解救出来，又能使家庭亲情得到浓化，父母何乐而不为呢？

儿童肥胖是许多因素作用的结果，不良的饮食习惯是引起儿童肥胖的主要原因。只有父母帮助男孩建立健康的生活模式，才能使其恢复并长期保持正常的体重。

帮助男孩减肥不要急功近利，千万不要让男孩尝试那些对他们的生长发育有害的药物或节食的措施，而应着重于帮助他们建立健康的饮食习惯和生活规律，增强男孩树立减肥的信心，并坚持不懈才能胜利。

改变不良食谱，远离垃圾食品

要想不给男孩吃垃圾食品，首先要知道什么是垃圾食品。

膨化类食品：膨化食品的配方造成了它的营养成分主要是碳水化合物、高脂肪、高热量、高盐、高糖、多味精，属于“五高一多”食品，有资料显示膨化食品中的脂肪含量约占40.6%，热量高达33.4%，对于需要丰富均衡的营养来茁壮成长

的男孩来说，长期大量地食用膨化食品必定会影响身体健康。

含铅食品：爆米花等食品是一种含铅量多的食物，多食对人体没有什么好处。因为铅会使脑内去钾肾上腺素、多巴胺和5—羟色胺的含量降低，造成神经质传导阻滞，容易导致记忆力衰退、痴呆症、智力发育障碍等，其最明显的特征是，原本面色红润，皮肤细嫩的男孩变得脸色灰暗而过早地衰老。

腌制食品：谁都知道，腌制食品的主要成分是将食盐转化成亚硝酸盐，这种物质在人体内酶的催化作用下，很快会同体内的各类物质作用生成亚胺类的致癌物质。如咸鸡、咸鸭、咸肉、香肠等，多吃易导致体力不支后患无穷。

过氧脂质：煎过油条、炸过鱼虾禽肉等的食用油，由于其高温的作用，时间一长会生成一种叫过氧脂质的物质；而长期在阳光下暴晒的咸鱼、腊肉等，长期存放的饼干、糕点、油茶面、油脂等，都很容易产生哈喇味的油脂，分解成过氧脂质。事实上，这种物质往往被人所忽视，其大量进入人体后，极大地破坏了人体内的酸系统以及维生素等的产生，是一种加速促进人体衰老的催化剂。正处于发育期的男孩吃过多的垃圾食品，大脑很有可能会受到永久性的损伤。这些油炸处理过的食物不但会影响男孩们的肌体发育，而且会对脑力意识成长带来不良后果。

加工肉类食品：这类食品具有的危害主要包括含三大致癌物质之一——亚硝酸盐（防腐和显色作用），含大量防腐剂，加重肝脏负担。比如肉干、肉松、香肠等。

方便类食品：这类食品具有的危害主要包括盐分过高，含防腐剂、香精，只有热量，没有营养，易对肝脏造成负担。如各种各样的方便面。

话梅、蜜饯类食品：这类食品具有危害主要包括含三大致癌物质之一——亚硝酸盐，盐分过高，含防腐剂、香精，损肝。如各种果脯。

霉变食物：粮食、油类、花生、豆类、肉类、鱼类等发生霉变时，会产生大量的病菌和黄曲霉素。这些发霉物一旦被人食用后，轻则发生腹泻、呕吐、头昏、眼花、烦躁、肠炎、听力下降和全身无力等症状，重则可致癌致畸，并促使人早衰。

营养学家特别指出，男孩在正长身体的时候，父母一定要为他选择富含均衡营养的天然营养食品。在购买食品的时候，父母应该做到以下几点：

(1) 到正规商店里购买，不买校园周边、街头巷尾的“三无”食品。

(2) 购买正规厂家生产的食品，尽量选择信誉度较好的品牌。

(3) 仔细查看产品标签。食品标签必须标注有产品名称、配料表、净含量、厂名、厂址、生产日期、保质期、产品标准号等。不买标签不规范的产品。

(4) 不盲目随从广告，广告的宣传并不代表科学，是商家利益的体现。

(5) 时刻关注食品的相关信息。如我国已经启动了“食品行业食品安全信用体系建设”工作，此工作将为青少年食品的选择提供消费参考。

(6) 糖果、甜果、巧克力、果冻、方便面、纯净水、洋快餐、冷饮、银杏果九种食品不宜多吃。

总之，要想让男孩身体健康，父母只需改变不良的“食谱”，少让男孩吃垃圾食品，多吃富含碳水化合物和维生素的米饭、蔬菜、肉类，多食蛋白质和维生素丰富的豆制品、奶制品，做到粗粮、细粮搭配，荤菜、素菜搭配，动物蛋白与植物蛋白搭配。

小病少吃药，提高男孩的免疫力

随着生活水平的提高，男孩的体质却不断地下降。有些父母爱子心切，每当男孩有了一点儿小病就紧张得不行，急忙给男孩吃药。甚至还有人认为吃药可以“有病治病，无病强身”，还有人让男孩将多种药物一起服用。由于用药不科学而引起疾病，这种现象早已屡见不鲜。

记住，是药三分毒，药物在缓解身体不适症状的同时，所产生的副作用也不可忽视。另外，男孩的身体自身就有非常强大的自愈能力，如一般的感冒5~7天，即使不吃药病也会痊愈。如果男孩稍微有点儿头疼脑热就吃药，那么男孩自身的自愈能力就会被搁置，久而久之，就会衰退，甚至丧失。所以，父母在遇到男孩小痛小病时尽量不要让孩子吃药，如果非到不得不吃时，那么一定要在医生的指导下用药，自己不可凭着“经验”随意用药。

现在已经证实，1/3死亡病例的原因不是疾病本身，而是不合理用药。这是世界卫生组织在发展中国家的一项调查结论。盲目用药，不仅没能治好病，还可能造成更大的危害。

我们都知道，人体的免疫系统总是在不停地与人体内外部的致病因子作战，以阻止其对人体的危害。已被证实的致病因素有细菌、病毒、吸烟、酗酒、环境污染物质、阳光紫外线、精神压力、不良饮食以及人体自身产生的变异细胞等。免疫系统在与其斗争的过程中，每时每刻都在产生数以百万计的免疫细胞、T淋巴细胞、B淋巴细胞、生产抗体的细胞、天然的杀伤细胞和吞噬细胞等。在与致病因素进行旷日持久的斗争中，免疫系统是从何处获得它生产抗体的基本生物活性物质呢？它们的活力保持依靠的是什么？

科学研究得出，人体免疫系统活力的保持主要靠食物。食物中的多种营养素能刺激免疫系统，增强免疫能力。如果身体中缺乏这些成分，就会严重地影响身体的免疫机能。

平时的饮食中，让男孩适当吃以下食物，能提高其免疫力：

（1）新鲜萝卜：新鲜萝卜因其含有丰富的干扰素诱导剂而具有免疫作用。

（2）蜂王浆：蜂王浆能提高机体免疫力及内分泌的调节能力，并含具有防癌作用的蜂乳酸（10–HDA）。

（3）蘑菇、猴头菇、草菇、黑木耳、银耳、百合等：这些食物都有明显增强免疫力的作用。

（4）香菇：香菇所含的香菇多糖体能增强人体免疫力。

（5）灵芝：灵芝可增强人体的免疫力，这是因为灵芝含有抗癌效能的多糖体，此外，还含有丰富的锗元素。锗能加速身体的新陈代谢，延缓细胞的衰老，能通过诱导人体产生干扰素而发挥其抗癌作用。

（6）海苔：海苔中所含藻胆蛋白具有降血糖、抗肿瘤的应用前景，其中的多糖具有抗衰老、降血脂、抗肿瘤等多方面的生物活性。

（7）蜂胶：蜂胶是蜜蜂采集胶源植物新生腋芽分泌物和蜜蜂自身分泌物（如蜂蜡）混合而成的天然产物，含有最为丰富的黄酮类化合物及其他生物活性成分。

总之，不要再认为只有靠药物才能战胜疾病。其实，药物只是人体战胜疾病的一种武器，真正的灵丹妙药还是自己的健康观念。对于健康来说，轻松愉悦的精神状态、良好的生活方式、适当的体育锻炼，比任何昂贵的药品都更为重要。

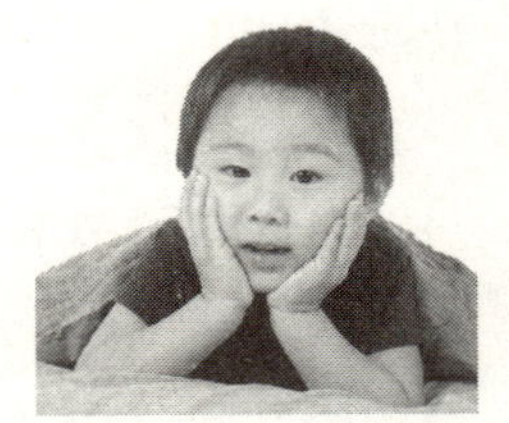

第 15 章
关注心理，打造男孩一级棒的心理素质

儿童心理学家说：“在孩提时代，男孩比女孩更容易抑郁。”大多数的父母也许会怀疑这个观点，甚至提出反驳：我的男孩是快乐的、无忧无虑的。但是，父母如果足够细心的话，就会发现这不是危言耸听，男孩的心理健康不容忽视。

积极引导常自我否定的男孩

随着年龄的增长，男孩的认知判断在变化，如果他总是得到肯定的自我判断，就会越来越积极地面对生活，如果他得不到理解，总是得到否定的自我判断，就会越来越消极。

15岁的男孩童童离家出走了，桌子上留了一张用作业纸写的“自杀信”：“爸爸妈妈，你们根本不理解我，我觉得自己很失败。我出去闯荡去了，如果真的活不下去了，那我就选择自杀。”当爸爸妈妈看到这封信之后，疯了般满世界找童童。多方寻找后在一个垃圾房旁找到了童童，已经饿得奄奄一息了，包内果真藏着一把水果刀。

近年来，男孩自杀事件常见诸报端，引起了社会广泛的关注。15~34岁的青年已占自杀死亡人数的40%，18~20岁是男孩自杀的高峰年龄段。他们为何在人生的花季选择死亡？

导致男孩自杀的危险因素虽然错综复杂，但归纳起来主要有四大类，即生理危险因素、心理危险因素、认知危险因素和环境危险因素。如果这些危险因素之间发生相互作用，并且超过了男孩个人承受能力与应对技能的极限，就可能产生轻生的

意念。经调查发现，一些有强烈的轻生意念的青少年，往往会表现出预警信号，而一旦被加强刺激，便会导致自杀行为的最终发生。

(1) 生理危险因素。包括遗传因素和个体的生理因素的差异。越来越多的研究表明，抑郁症患者大脑中的神经传递物质也许是导致抑郁症的重要因素，从而成为自杀的间接原因。

(2) 心理危险因素。包括心情抑郁、常常感到绝望和无助、不良的自我暗示、自尊心过强、自我防御能力与应对能力差，心态悲观、心理素质脆弱以及对生命的意义和人生感到迷茫等。对于男孩来说，自暴自弃和消极绝望心理应特别引起家长的关注。有研究表明，与其他的不良心理危险因素相比，对自己感到绝望、自暴自弃，最容易诱发自杀行为。因为男孩在生理、心理和社会性各方面都尚不成熟，一方面不得不受到父母和学校的约束，承担学习和竞争压力，另一方面他们要努力地寻求社会地位，寻找自己的人生价值，获得他人的认可，发展自己的独特个性等。当各方面的因素和压力一起袭来时，心理脆弱的男孩就会时常有挫败感，会遭遇不可克服的困难，从而逐渐地对自己失去信心，变得悲观而绝望。实际上，让男孩感到伤心绝望的一些事情，在父母看来并不严重，对心理强大、经受挫折历练的强者来说更不值一提。比如考试不及格、考不上重点中学、大学，厌学、失恋等因素，都有可能导致男孩想不开而自尽。

(3) 认知危险因素。男孩幼稚荒唐的想法、判断力和自控力缺乏、对生命的意义缺乏认知等，会导致男孩的意外伤害，出现男孩自杀行为。比如，有的男孩模仿电视电影里的飞人特技表演，从高楼上学飞，导致自杀的结果。这主要因为年龄较小的男孩不知道死亡是不可逆转的。

随着年龄的增长，男孩开始学会适应社会，适应环境，学会认识自我，从他人的评价和比较中衡量自己。但是由于这一阶段的男孩在心理和思想上还不成熟，对社会和外界了解不深入，不能深入透彻地了解自己，认识自己，所以会出现迷茫、消极的心理。如果男孩不能很好地认识自己，对自己缺乏自信，或者对自己的要求过高，就会出现难以适应社会环境的状况，他们会觉得自己格格不入，同样人际关系也不好。而那些客观地评价自己，认识自己，有充分的自信和热情的男孩，会用积极阳光的心态去适应社会，适应他人，从而更容易获得成功，收获更多的快乐。所以，对自我的认知程度，是肯定自己还是否定自己，对自己充满自信还是自暴自弃，是影响男孩心理健康发展的不可忽视的重要因素。一些自杀者往往存在着消极的不良情绪，多否定自己，从而加速自杀意念的产生。

此外，对事件的评价以偏概全，常片面地根据某件事情的一方面评估自己的价值，结果常导致自暴自弃、自责，认为自己一无是处，焦虑抑郁，过分担忧和恐

惧。这种不良的心理因素会让人陷入羞愧、悲观、绝望、不安、极端痛苦中而难以自拔。

(4) 环境危险因素。在自杀男孩的家庭中，父母的关系往往是不和与紧张的。因此，家庭不和睦是导致男孩自杀的重要危险因素。考试失败、落榜，亲人与朋友得重病或不幸去世，对那些心理脆弱的男孩来说，这些打击和精神刺激都有可能彻底摧毁他们的生存勇气，导致自杀。

由于在挫折和苦难面前不堪一击，在心灵脆弱之时又遭遇外在的各种压力，许多男孩会流露出情绪低落、精神不振、悲观厌世的想法，心理负担过重，如果不及时调节他们的心理状态，不引导他们向着积极的一面发展，很可能酿成轻生的悲剧。自杀的男孩可能表现出预警信号。如经常抱怨不想活、想自杀，而最危险的预警信号是曾经出现过的自杀未遂行为。许多曾经尝试过自杀行为的男孩，最终也以自杀而告终。比较轻的预警信号如吃睡不宁、学习成绩下降、不擅社交、与父母或亲朋好友停止来往、自闭、自残、行为异常、吸毒、酗酒、开车冲动地冲撞行人、故意破坏社会秩序等，给身心造成不良的影响。

如果父母对孩子投入更多、更有效的关注，很多悲剧就能免于发生。父母一定要善于观察男孩的一举一动，尝试走进男孩的内心世界，让他对父母敞开心扉，有什么心结要及时解开。父母和男孩一起分享阳光的同时，也要一起承担风雨。那么，面对男孩的自我否定，父母该怎么做呢？

(1) 保持镇静，多谈优点。不要让男孩的失落、悲伤影响你的判断。那还需要他人尤其是父母帮助他恢复理智，而不需要一个本身就情绪不稳的人来帮助他。自我否定的男孩很可能只看到他自身及其生活中不好的一面，而忽略了好的一面，这个时候父母要多谈论男孩的优点和长处，唤起男孩心中的希望。

(2) 不要和男孩说一些空话。当男孩进行自我否定的时候，尽量避免就死亡的哲学问题与孩子争论。同时也应避免说一些听起来很空的话，比如，“还有很多美好的东西在等着你，你的生命只是刚刚开始……”。这种说话方式使男孩觉得你是在泛泛而谈，并非真正理解他内心的感受。进行自我否定的男孩最需要的是客观的、设身处地的、感情深入的理解和支持。

(3) 抓住想活下去的愿望。一个被各种问题和压力压得喘不过气来的男孩很可能无法冷静地、客观地评价自己。在这种情况下，做家长的首先要保持客观的态度，并帮助男孩尽可能客观地看待自己所处的环境。家长要发现并紧紧抓住他们想活下去的愿望。

(4) 最具体的支持就是理解帮助男孩。由于他遇见的人或者经历的事情等原因，男孩常常囿于个人对生活的一己之见——他也许只看到了目前的危机而看不到

其他的东西，平时注意与男孩谈谈其他可能的选择是有益的。一般自我否定的男孩处于其情绪的最低点，他们认为生活是如此糟糕而且将永远如此糟糕。

对男孩最有力、最具体的支持就是理解他们、帮助他们。因为一般来说，自我否定的男孩比较孤独，因此，父母要帮助男孩重新燃起生活的希望。如果自己实在难以开导男孩，可以请专业的心理咨询人员为男孩提供长期的关心和帮助。

帮助男孩化解不良情绪

生活中，有的男孩特别情绪化，平时遇到一点点高兴的事，就乐得手舞足蹈，又是唱，又是跳。如果别人有一句不经意的话刺激了他，他马上就情绪化起来，或者是摔东西，或者是流眼泪。

其实，每个人的情绪都会时好时坏，更别说男孩了，只是成人大都会控制自己的情绪，而男孩却做不到。男孩的情感往往是最真实的，他们的喜怒哀乐就是自我内心的表达，出现情绪化的原因一般是由于自身的一些需要未得到满足。一件在成人看来是极小的事，却可能会引发男孩十分强烈的情绪波动，甚至引起情绪的“海啸”，使男孩的表情、声调、手势和姿态发生变化。一旦他们内心的防线被打破，就会出现发脾气、使性子之类的反抗行为。

积极的情绪对男孩的身心发展能起促进作用，有助于男孩潜能的发挥；消极的情绪则可能使男孩的心理失去平衡，影响他的人格建构，甚至影响他未来的生活和事业。因此，父母需要进行有效的干预，以及正确的教育和引导，让男孩意识到不良情绪的危害。

男孩的不良情绪包括持续性的恐惧、沮丧、愤怒、焦虑、悲伤、犹豫、嫉妒。如果男孩情绪淡漠，那么他对环境变化就会表现出缺乏情绪反应以及情绪低落、不稳、倒错等。

不良情绪不光会让男孩容易做出意想不到的事情，而且还严重危害身心健康。长期处于心情低落的情绪状态，会给男孩带来如内分泌紊乱、神经衰弱、精神失常等多种疾病。因为当男孩感到悲观、失望、忧愤、恐惧时，会导致机体内的肾上腺素分泌过多，引发身体疾病。男孩受不良情绪的干扰，容易任性，乱发脾气，拒绝与人交往，严重的则导致自闭症和抑郁症。男孩如果总是郁郁寡欢，精神萎靡不振，那么就会由积极向上变得消极沉迷，出现目光呆滞、注意力不集中、记忆力下降、厌学、成绩下滑等。

那么，父母如何帮助男孩化解不良情绪呢？不妨从以下几点做起：

(1) 帮助男孩了解自己的情绪。每个人都有自己的情绪周期，男孩也不例外。当男孩情绪高兴时，心情会比较愉快，身体充满活力，食欲旺盛，睡眠处于最佳状态，即使有扫兴的事情也不会受到过多的干扰；当男孩情绪低落时，心情比较抑郁，觉得整个世界都黯淡无光，对任何事情和游戏都不感兴趣，变得多愁善感，性情敏感多疑，失去自信；当男孩情绪平稳时，表现得积极乐观，做起事来往往容易获得成功，头脑清晰，可以做出比较成熟的决定。一般来说，情绪周期是在童年建立起来的。所以，在男孩童年时，就要了解和掌握情绪周期。当男孩出现情绪波动时，父母要引起警惕。当男孩处在情绪低落期时，父母一定要帮助男孩及时调整和排解，跟男孩讲清楚不良情绪对身体的危害。每当男孩有规律性地产生不良情绪时，父母可以这样告诉男孩："孩子，你放松一下。"

(2) 帮助男孩梳理自己的情绪。情绪包括乐观和悲观两种。同样是面对桌上的半杯水，乐观的人就认为杯子的一半是满的，悲观的人就认为杯子的一半是空的，父母可以用这个方法训练男孩的心态。在生活中，当男孩表现出不同的情绪时，父母可以适时地帮男孩认识情绪，将不良情绪转化为积极情绪。比如，当男孩哭泣、悲伤时，父母可以告诉男孩："男子汉不应该哭泣，悲伤会让人变得很丑。"当男孩失败了，可以告诉男孩："宝贝，你很乐观，你是最棒的！"男孩将来就会乐观面对人生的曲折、难题。

(3) 等孩子平静之后再跟他讲道理。父母也应注意，如果男孩的诉说内容有偏激的倾向，切记不要在当时就指出孩子的错误，这样会让他感到更加无助，或是加重他的反叛心理。父母可以等孩子平静后，在孩子很高兴的情况下，再帮孩子分析他的错误观点，并帮他提出改正的建议。

总之，男孩的不良情绪有很多，千万不要在男孩的情绪上来的时候，你比他的情绪还糟糕，甚至控制不住打骂男孩，这样的话只能是让事情变得越来越糟糕。父母让男孩意识到不良情绪的危害时，一定要根据实际情况，循循善诱，耐心指导。当你把这些道理给男孩讲清楚时，男孩就会意识到不良情绪的危害，努力不受不良情绪的影响。

让男孩把不良情绪释放出来

常常听到一些父母这样教育自己的儿子："哭什么哭，女孩才总是哭哭啼啼的呢!”

在“哭”这一方面，男孩有时是很可怜的。就因为他们是男孩，被剥夺了哭泣的权利；就因为他们是男孩，他们必须坚强；就因为他们是男孩，他们的情绪往往被父母忽视……

事实也的确如此，对于男孩来说，由于种种原因，他们的情绪常常会发泄不出来。情绪得不到正常发泄时，人便会感觉到很大的压力。

因此，男孩有时更需要父母的关注，需要父母在适当的时候为他们确定航标、指引方向。尤其是在他情绪变化的时候，更需要父母的关注。

遗憾的是，多数父母在男孩闹情绪时，往往会火冒三丈，大声训斥男孩立即停止吵闹，甚至一巴掌打过去。这样的做法对男孩的成长极其不利。对男孩来说，产生情绪是再平常不过的事。

男孩往往很难控制好自己的情绪，而很多父母并不了解这一点，因此，自觉或不自觉地对男孩像对大人一样要求其情绪平稳，不让男孩宣泄情绪。结果，一些男孩压抑惯了，长大后，性格抑郁沮丧，心理不够正常。

因此，当男孩因为某种原因，哪怕是不合情理的原因而产生不良情绪时，一定不要采取批评、打骂的方式去遏制男孩的情绪，而要允许男孩去发泄，并懂得采用适当的方法引导男孩把不良情绪发泄出来，而不是压抑在心里。

那么，父母该如何引导男孩发泄不良情绪呢？下面几个方法可供参考：

(1) 让男孩把内心的郁闷哭出来。哭泣是男孩情绪宣泄的一条重要渠道，通过哭泣的方式缓解心中的委屈和郁闷，有助于身心更加健康。有的父母认为，男儿有泪不轻弹，爱哭的男孩是脆弱和懦弱的表现，所以即使遇到再大的困难，心情再不好，也不让男孩轻易流泪，不许男孩哭泣。几乎所有的父母都很反感男孩哭泣，更不曾引导男孩通过哭的方式来宣泄自己的情绪。

其实，男孩和女孩一样，当遭遇恐惧、委屈、愤怒时，也习惯用哭来表达内心的感受。此时，父母不要对哭泣的男孩置之不理，更不能强行斥责让男孩不许哭。哭泣可以让男孩的紧张状态放轻松，是情绪宣泄的一条重要渠道，也是男孩情绪的自然流露。所以，哭泣并不是坏事。不过，如果男孩一遇到小困难、小挫折就放声大哭，就不好了。因为这会让周围人认为是男孩不坚强的表现，不仅得不到大人的安慰，反而令人烦躁不安。因此，父母要引导男孩哭泣、也要告诉男孩哭泣也需要适可而止。

(2) 转移注意力是男孩宣泄情绪的良好途径。当男孩遇到冲突和挫折时，不要让男孩沉醉其中而无法自拔，父母要及时地引导男孩尽快走出悲伤的阴影，投入到自己感兴趣的活动中去。例如，男孩因为与同学发生矛盾被老师批评，父母先不要

指责男孩，而要跟男孩谈谈心，说明老师批评他的原因，然后让他到室外去玩一会儿，在做游戏中男孩会渐渐忘掉“心理创伤”。

(3) 倾诉是释放不良情绪的好方法。倾诉是缓解压力的重要途径，鼓励男孩学会倾诉，男孩在以后遇到事情就会自愿地向父母及他人倾诉，而不是把心事闷在心里。及时地宣泄和倾诉心中的苦闷，可以减少心理疾病的发生。

倾诉可以缓解人的压力，让人把紧张的情绪释放出来。要让男孩学会通过这种途径来排解情绪，在遇到冲突或挫折时，要鼓励、引导男孩将事由或心中的感受告诉他人，以寻得同情、理解、安慰和支持。男孩对父母有很大的依赖性，父母对男孩表现出的同情或宽慰会缓解甚至清除男孩的心理紧张和情绪不安，即使在男孩倾诉不合乎情理的情况下，也要耐心地听下去，至少保持沉默，等待男孩情绪平静之后，再与他谈心。

总之，不良情绪对男孩的影响是显而易见的，作为男孩的父母，要想办法帮助男孩化解，化解不掉的，就要让男孩释放出来，切莫用打骂的手段，让男孩把心事郁结于心，那将对男孩的身心造成很大的伤害。

善待男孩的逆反心理

一些正值青春期的男孩，反抗性极强，他们常常爱激动、乱发脾气、与大人唱反调，这是因其自我意识刚开始树立，做事希望按自己的意愿办，一旦大人稍加约束，他们就会产生反抗心理。

进入青春期的男孩，不再像小时候那样时时处处听从父母的命令了，他们已经有了自己评判事物的标准和看待问题的特有角度。这些特有的标准和角度在他们同龄人之间心领神会，但在一些父母的眼里却是混沌一片、令人费解。一些父母渴望探个明白，随时随地都想监控自己的男孩，而男孩随时随地又想摆脱父母的监控。因此，在监控与反监控的较量中，父母的权威和地位与男孩的青春叛逆展开了一场较量和挑战。男孩们对于父母的管教方式开始产生了强烈的逆反心理。

逆反心理就是指人们彼此之间为了维护自尊，而对对方的要求采取相反的态度和言行的一种心理状态。处于青春期的男孩，往往最容易与父母相抵触。他们宁愿与同伴倾诉心事，也不愿与父母说。对于父母的好心劝导，也是固执不从，一旦受到批评和指责，就跟父母顶撞、反驳、唱反调。一向乖巧听话的孩子长大后竟然变得不听话，甚至敢与自己对着干，这让父母感到非常惊诧和心痛。所以，青春期的

逆反心理不可小视，这不只是男孩的偶然冲动，而是一种值得现代父母普遍关注的现象。

青春期男孩的逆反心理常常表现为，父母要求往东，男孩偏偏向西，父母不让做的事，男孩非要做一把不可。所以，男孩越是不听话，父母越生气，而父母越生气，男孩越叛逆，似乎形成了一个不良循环。其实，父母在愤怒状态下的教训和约束，对处于叛逆期的男孩是起不到任何规劝作用的，反而会让他们更加反感。一旦父母误解男孩，对男孩的行为不能容忍和谅解，则很容易导致男孩做出极端的行为，如逃学、离家出走甚至走上犯罪的道路。所以，对于叛逆期的男孩，父母一定不能粗枝大叶，听之任之。

父母要想与青春期男孩和睦友好地相处，首先要认识和了解青春期男孩的心理特点，弄明白为什么青春期的男孩会叛逆。实际上，青春期的男孩之所以出现逆反心理，有内外两大原因。从内因上说，青春期的男孩正处于人生的过渡期，这一阶段他的独立意识和自我意识日益增强，渴望自由，不喜欢被成人所监护和束缚，喜欢在他人面前表现成熟，反对成人把他当小孩看。青春期的男孩有着强烈的表现欲，常常认为自己的思维和眼光是独特的，喜欢对任何事情表达自己的见解和想法，习惯批判、否定别人。然而，事与愿违，当他发现自己的个性并不被他人所接受、自己的想法和决定受到阻碍的时候，就会表现出极大的不满和对抗情绪，认为这是别人对自己的不尊重和轻视。当父母干预过多，或家教过严，他们就会轻易地做出冲动之举，走向极端。从外因上说，家庭教育、学校教育方式的不当，让青春期男孩大多出现叛逆情绪。学习任务重、课业负担过多，给青春期男孩带来了沉重的压力；如果父母要求过高，没有顺应男孩生理、心理发展的需求，和男孩缺少沟通，就会使男孩感到身心疲惫、不堪重负，长久的压抑促使男孩产生了强烈的对立情绪，故意跟老师、父母唱反调。

男孩的逆反心理不是一种异常现象，它是由于父辈和子辈之间价值观的不一致而产生的正常的心理过程。一般来说男孩在发育的过程中会有两个逆反期。第一个逆反期是在三四岁的时候，这个时候由于儿童自我意识的发展，说话、运动、认识事物能力的发展，他会感到有些事情自己可以做了，所以跟父母亲的教育观点就会产生冲突。第二个逆反期是在青春期前后。从心理发育的角度来说，这都是男孩的正常心理发展，但对父母来说，会觉得男孩在跟自己对抗。

逆反心理虽有妨碍男孩身心发展的一面，但也有很多正面效应，甚至包含许多积极的心理品质。逆反心理包含诸如自我意识强、勇敢、好胜心强、有闯劲、能求异、能创新等积极的心理品质。现代社会充满竞争，迫切需要具有创造性思维、眼界开阔、能进取的人才。因此，父母亲要善于发现逆反心理中的创造性品质和开拓

意识，并加以合理引导。只要引导得当，逆反心理定然能够在对男孩的教育中发挥积极的作用。

虽然逆反心理对男孩有一定的积极意义，但是也不能任其发展。面对男孩的逆反心理，父母应该注意以下几点：

(1) 平等地与男孩沟通。交谈可以使双方互相沟通，只有沟通了才能相互理解。但是，交谈必须建立在双方平等的基础上，父母可以以朋友的身份与男孩“平行交谈”。父母用“平行交谈”的方式跟青春期的子女谈话，往往能得到热烈回应。“平行交谈”就是父母与子女在活动中交谈，比如一边做家务一边聊天，一边陪男孩散步一边谈话，重点放在活动上，而不是谈话的内容上，双方也不必互相看着对方。这种谈话方式会让父母和男孩都感到轻松自在。父母与男孩的谈话内容，最好是多谈一些如何学会求知识、学会做事、学会共处、学会做人等话题。在交谈中，还要注意男孩的心理和情绪变化，从而使男孩与父母之间交谈更默契。

(2) 营造聆听气氛，做男孩的心理医生。父母要设法让男孩觉得那样做是很自然的，其诀窍就是让家里时时刻刻都保持一种“聆听的气氛”，这样，男孩一旦遇上重要事情，就会找父母商谈。要达到这个目的，其中一个好方法就是经常抽空陪伴男孩，如利用共聚晚餐的机会，留心听男孩说话，让男孩觉得自己受重视。学会做男孩的顾问，只细心聆听、协助抉择，而不插手干预，更不代其做主。

(3) 爱男孩，也不要给他过分的爱。青少年时期是渴望独立的时期，过多的保护会使男孩内心烦躁不安，产生抵触情绪，逆反心理也会日趋严重。应该允许男孩有自己的秘密，因为拥有秘密是他们感悟自我、体验成长的重要方式。

(4) 别干涉太多，让男孩有自己的空间。过多地干涉实际上是父母对男孩不信任、不尊重的表现，会使男孩受到伤害，理解和尊重才是构成良好亲子关系的基础，因此对男孩不要无所不问。现代男孩通常不会把很多有关自己的事告诉父母。因此凡是男孩告诉你的事情家长都应要珍视。

(5) 要多理解男孩。其实，现实生活中不少男孩的逆反，就是由于得不到父母的理解而造成的。一个好的倾听者往往比一个雄辩的批评家更能有效地解决男孩的逆反问题。在充分了解了男孩的所思所想之后，父母可以对男孩的一些不正确的想法和判断进行修正，可以明确地指出他们的哪些想法和判断是不对的，哪些是父母不能同意和接受的。男孩如果感觉父母的态度是和蔼可亲的，对自己是能够理解的，是能够设身处地为自己着想的，自然也会乐于接受父母的意见，而不会再与父母对着干了。

总之，当男孩逆反心理比较强烈的时候，情绪可能会比较激动，可能会冲父母发脾气，甚至可能会有过激的言语和行动。这时父母千万不要跟着男孩一起急，更

不能张口骂或者抬手打男孩，一定要善待男孩的逆反心理。

帮男孩摆脱嫉妒之蛇

嫉妒是很多人在青春期都有过的一种情结。这种强烈的想得到别人所拥有的东西的欲望折磨过大多数人，虽然承认起来需要一点儿勇气，但事实上，没有人能够否认。别人的头发，别人的成绩，甚至别人的父母，我们无数次地在心里默念，希望一觉醒来，这些梦寐以求的东西真的属于自己。

男孩嫉妒心理的内容主要有以下几个方面：

一是才貌。才貌是指一个人的智慧及外貌。优秀的才能和俊美的容貌容易使人得到幸福和成功，而才貌较差者则无此殊遇，其嫉妒心理便由此而生了。

二是爱情。爱情是青少年开始接触的一个问题。爱情本是一种美好的情愫，然而却容易把人搞得头脑发昏，走向嫉妒的极端。可以这样说，爱情与嫉妒是一对双胞胎。轻微的嫉妒可以促进爱情，一旦妒火过盛，则容易把爱情之花烧得枯萎，甚至导致杀人或自杀的严重后果。

三是学习、工作。学业优秀、人际交往能力强、工作出色的人往往成为他人嫉妒的对象。

嫉妒之心，人皆有之，只是有大小之分。但父母却往往会忽略男孩的心遭受嫉妒之蛇的伤害，影响了男孩心灵的纯洁，这是不应该的。为了使男孩能够拥有一颗美好而纯洁的心灵，父母一定要帮助男孩摆脱嫉妒之蛇的纠缠，培养他们宽阔的胸怀。当然也有的父母虽然没忽略男孩的嫉妒心理，但是采取粗暴的方式制止男孩的嫉妒，这种做法也是不对的。具体做法，可以参照以下几点：

(1) 杜绝造谣生事、恶意攻击的言行。妒火攻心，气急败坏，急欲给对方点儿颜色瞧瞧，以为会破坏对方的优势。但是往往这类谣言、恶语最终都会真相大白，随之而来的是自己人格形象的“蹦极跳”。当男孩知道这种行为的严重后果时，恐怕他就不会继续其行动了。

(2) 培养男孩惺惺相惜的情操。武侠小说中常常有这样的情节：隐居世外的高人，若干年后遇到一青年才俊，竟然能与自己抗衡，于是将自己一身绝技倾囊相授。这种人做事的出发点并非来自嫉妒，他们是由衷地欣赏对方，在相互切磋中体验高峰的感觉，在美好的感觉中实现了自身的目标，因此惺惺相惜者之间多半不会心存嫉妒。

(3) 保持沉着，不断地给男孩打气。当男孩嫉妒别人有一头秀发时，父母可以不停地对男孩说："是的，他的头发的确很美，可是你的眼睛也不错呀。"然后男孩就有了忽视和忘记的理由，换句话说，让男孩学会自我满足和陶醉，但切记不可自欺欺人，否则只会令其在以后更沮丧。当嫉妒快要将男孩击垮的时候，父母一定要沉着地将男孩的所有优点列成一张清单，此时，父母和男孩都会发现，原来他是如此的优秀。

(4) 告诉男孩什么是自己想拥有的。嫉妒是因为别人拥有了自己想拥有却一直没有的东西。但大多数人不清楚自己真正想拥有什么，总是为一些小事而伤神。如果男孩能想得更长远一些，身边有些事就不再会牵动他的情绪，因为他知道自己想要什么，也知道自己拥有什么。这样男孩就能成为一个从容而豁达的人，而嫉妒通常对这种人是无可奈何的。所以，父母一定要告诉男孩：嫉妒的别人拥有的东西，有时候并不是我们真正想拥有的。

总之，要让男孩学会微笑和赞美，而不是嫉妒和恶意中伤。只有摆脱嫉妒的毒蛇，才能快乐过好每一天。

别让男孩在恐吓中长大

有的父母觉得男孩太淘气，要管住他们，最常用的手段就是吓唬他们。其实，男孩的心灵就像他们正在生长发育的身体一样，很脆弱、稚嫩，经受不住父母的恐吓。可是有些父母就是抓住男孩的这一弱点，以吓唬的方式使男孩听话，造成男孩的心灵受到难以治愈的创伤。

如今，动辄对男孩进行恐吓的父母大有人在，吓唬人的方式也是多种多样。有的父母爱拿警察来吓唬男孩，动不动对男孩说："再不听话我就打电话让警察来把你抓走！"有的父母爱用大灰狼吓唬男孩，动不动就对男孩说："听话，你要是不听话，把你扔到外面喂大灰狼！"有的父母甚至讲些妖魔鬼怪、装神弄鬼的故事，等男孩不听话的时候就用里面的角色吓唬男孩。

恐吓男孩就是利用男孩天真、胆小的弱点让男孩听话、顺从。可是这种教养的方法是一种得不偿失的愚蠢行为。

专业人士做过统计：1岁以内的男孩害怕巨大声响、环境突然改变、陌生人、亲人不在身边。1岁多的男孩害怕陌生人、怕与父母分离。2岁多的男孩害怕黑暗、独自在家、与父母分离。3岁多的男孩害怕动物、昆虫、黑暗的房间。4~5岁的男孩害怕鬼怪、猛兽、雷鸣等。5~6岁的男孩害怕上学、身体伤害、超自然事件。7~10岁的男孩害怕社会交往、战争争执、身体伤害和学习问题。

如果父母利用男孩的这些弱点恐吓男孩，只能使男孩的心灵增加一道道阴影，让男孩胆子越来越小，性格越来越懦弱，损伤他们的积极性、主动性、探索和进取精神。

作为父母，应该了解一些男孩惧怕事物的心理特点，了解之后，不但不能恐吓男孩，给男孩的心灵雪上加霜，反而应该帮助男孩克服恐惧心理。

平日里让男孩在生活中避开一些可怕的东西，如凶猛的动物、狂风雷电以及激烈的吵架场面，夜间独自行走等。如果父母想要锻炼男孩的胆量，可以让男孩逐渐地认识和接触一些令他们感到害怕的自然事物和环境，并且要有大人的陪同。比如，父母可以陪着男孩一起进入偏暗的房间，陪男孩一起走夜路，让男孩慢慢体会黑暗的感觉其实并不可怕，经过几次训练，男孩就不再惧怕黑暗了。有的年龄较小的男孩害怕大的动物，父母可以陪男孩一起读关于动物的书和图画，让男孩先认识和熟悉各种动物的相貌和特点，这样当男孩在看见真实的动物时就不会被吓到。所以，对年纪小一点儿的男孩来说，父母不要盲目和唐突地将男孩带到陌生的环境，也不要用“再哭就把你扔到外面去”或者“再不听话就关小黑屋”等来恐吓孩子。千万别逼着男孩与可怕的事物去接触，锻炼男孩的胆量要循序渐进，逼迫只能使男孩更加胆小。

男孩对自己不熟悉的人和事物之所以感到恐惧，是因为缺少对它们的了解和认识。父母可以在平时给男孩多灌输正能量，在男孩感到安全的状态下给他讲一点儿所谓可怕的事物，让男孩认识正常的自然现象、科学现象，教给男孩一些科普知识，让他多了解大自然。男孩只有慢慢了解和认识到这些，积极主动地去探索未知，才会逐渐消除恐惧心理。父母还可以给男孩多讲些英雄人物的故事，鼓励男孩学会勇敢地面对一切，这也是一个好办法。

总之，作为男孩的父母，千万别动辄吓唬男孩，而应该教给男孩一些自我保护的方法，提高自我保护能力，使男孩适应自然，适应生活。

让男孩远离自卑昂首前行

一个人若被自卑感所笼罩和统治，他的精神活动就会遭到严重的束缚，从而使聪明才智和创造能力受到严重的压抑，无法发挥自己的潜能。这种情况长期发展下

去，就会导致一个人颓废、落伍、心灵扭曲，甚至产生错误的人生态度。

进入青春期后，男孩就开始越来越关心自我，越来越密切地注视自己，很自然地就常常拿自己与周围人作比较，很想肯定自己，处处能赶超别人，使别人能对自己刮目相看。

在这样的比较中，很容易判断出自己与别人的上下高低，这虽然有着催人奋进的积极一面，但由于男孩常常情绪化，看事物很容易以偏概全，一旦在比较中感到自己与别人距离过大，或是比较之后通过自己的努力还是达不到愿望的时候就会产生挫折感，会“一荣俱荣，一损俱损”，变得心灰意冷，产生自卑心理。

有自卑心理的男孩会很敏感，因自己一件事做不成就怀疑自己，自尊心、自信心很容易受到伤害。特别是在学习上，成绩和智力比不过同学时就常常无法坦然接受现实，无法去踏实学习，而是显得急躁、压力重重。在体貌上，自觉不够理想也常常令其滋生烦恼，有时身体的急速成长常常使他们不知所措，如觉得自己太胖、太高、太矮，眼睛太小，等等。所以说，自卑感更确切地说其实是一种信心不足的表现。

所以，男孩的父母如果想让男孩抬起自卑的头，就要做好以下几个方面：

（1）尊重男孩的自尊心，多给以褒扬性的评价。有的男孩自尊心很强，如果做错事，自己就很内疚。如果父母再对他冷嘲热讽，甚至拳脚相加，就会严重挫伤男孩的自尊心，男孩就会“破罐破摔”，越来越差。这时父母应关心、体谅男孩，对他说人人都会犯错，只要知错就改，下次不犯就行了。这样，男孩会排解消极情绪，越来越自信。

另外，父母的贬抑性评价，是使男孩产生自卑感的一个重要的外部刺激因素。所以，父母要注意不要轻率地评价男孩，尤其不要随意贬低他们的能力或品质，以免损害他们的自尊心和自信心，而要多给以褒扬性的评价，即表扬和鼓励。

（2）对男孩进行积极的自我暗示。自卑是失败的俘虏，不战自败。所以，要经常让男孩保持一种信念：“我也能！”“我行！”“不信，做给你看！”恰到好处的自我暗示，就是在自己的心田上播种自信，消除自卑的莠草。为了增强自信心，可以有意识地、实事求是地把男孩的优点和长处列成一张表，以便时时提醒男孩。

微笑是最好的暗示，在微笑中男孩能吸取失败的经验，轻轻松松地迎接下一次挑战。你可以微笑着告诉男孩：“一次失败不能证明全部失败，只有放弃尝试才必定失败。”

（3）改变男孩的消极用语。留意一下男孩是不是经常使用一些消极性的自我描述用语，如“我不行”“我天生如此”“我没希望”“我会失败”等。如果他们总是把这些消极用语挂在嘴边，那就只能使他们更加自卑。父母要帮助男孩把这些用

语改成“我以前曾经是这样”“我能行”“我一定要做出改变”“这次会成功的”等，并且要经常让男孩对自己说，或让男孩把这些话写下来贴在自己房间的床头和书桌上。

(4) 引导男孩学会“扬长避短”。对那些让男孩自卑的而经过努力后仍难以有大的长进的方面，就让男孩放弃它。有意识地积极寻觅并发展自己的优势，用精力与时间去培植它，让这方面的成绩辉煌起来。而与人交谈和交往的活动中，要让男孩尽可能选择自己擅长的话题与活动项目。这样不仅有话可说，锻炼口才，而且能从中体验到“我能胜任”的愉悦感。这样也会让男孩因此而自信起来。

(5) 拓展男孩的交往圈。自卑的男孩多数孤僻、不合群，自己把自己孤立起来。心理学家认为，当人独处时，心理活动就会转入内部，朝向自我。自卑者长期独处，心理活动的范围、内容会变窄变小，只能翻来覆去在某几个问题上转，加上个人认识的局限，就会使心理活动走向片面，从而陷入深深的自卑之中不能自拔。而在与人积极交往的过程中，自己的注意力会被他人所吸引，心理活动就不会局限于个人的小圈子里，性格就会变得开朗。

通过与人交往，男孩就能正确认识他人的优缺点，并通过比较，正确地认识自己，调整自我评价，学习他人的长处，减少自卑感。

总之，男孩承受挫折的能力很弱，对自己的评价还不客观全面，在困难面前就容易产生自卑心理。家长应及时了解男孩的心理变化，给男孩以指导，让男孩在自卑中抬起头昂首阔步。

告诉男孩虚荣与攀比要不得

心理学上认为，虚荣心是一种被扭曲了的自尊心，是自尊心过度的表现，是一种追求虚荣的性格缺陷，是人们为了取得荣誉和引起普遍注意而表现出来的一种不正常的社会情感。随着生理上的发育和社会接触面的扩大，男孩自尊心亦与日俱增，然而，这种自尊心容易被追求虚荣所扭曲。例如，他们喜欢穿名牌，在同学中做出哗众取宠的举动，目的就是要显示自己，用片面的虚荣去满足自己某种好奇、好胜及自我表现的心理欲望。

贪图并追求表面的光彩，就会慢慢走向虚荣。比如不能正确地估价自己，将父母或他人的荣耀也当成自己的；因为害怕别人看不起，而不顾经济条件是否允许，在穿着打扮上互相攀比；在知识学问上，不懂装懂；总想表现出一贯正确，听不得

别人对自己的批评等，这些都是虚荣心的表现。

虚荣最主要的表现就是热衷于攀比。虽然攀比心理每个人都会有，但是任何事情都是有度的，如果超过了一定的度，事情就会向反面发展。过度攀比会影响男孩的身心健康，对男孩的健康成长有很大的危害。

所以，父母要帮助男孩克服爱慕虚荣的缺点，改变热衷攀比的心理。具体可以参照以下做法：

(1) 让男孩正确地对待舆论，正确评价自己。男孩生活在群体之中，总免不了被别人品头论足，有些评论是正确的，父母就应让男孩认真对待；有些评论则未免失之偏颇，父母就应当让男孩提高辨别力，不要凡事人云亦云，毫无主见，以免让不正确的舆论左右了男孩。

告诉男孩不仅要看到自己的长处和成绩，也要看到自己的短处和不足，对自己采取实事求是的态度，这样才可避免因过高估计自己而实际上做不到的难堪局面。

(2) 教会男孩正确地对待荣誉。荣誉应当与一个人的真实努力相符，否则只能是虚假的。男孩需要得到别人的尊重，也有得到别人尊重的权利，但这种尊重必须建立在男孩真实的努力之上。要取得好成绩，一定要靠认真刻苦的学习。否则，即使赢得了“荣誉”，也不光彩，而且一旦暴露，只能受到他人的蔑视和仇视。

面子“不可没有，也不能强求”，如果男孩“打肿脸充胖子”，过分追求荣誉、显示自己，人格就会受到歪曲。同时也应正确地看待失败与挫折，“失败乃成功之母”，只有从失败中总结经验，从挫折中悟出真谛，才能做到自信、自爱、自立、自强，从而消除虚荣心。

(3) 引导男孩保持一颗“平凡心”。培养男孩的“平凡心”，对遏制男孩的攀比心理有着极其深刻的价值。在引导男孩保持一颗“平凡心”的过程中，父母树立好形象是关键。

首先，父母必须对男孩现在的成绩、未来从事的职业等问题上保持一颗平凡心，降低对男孩的预期，实事求是地帮助男孩确定自己的人生目标。其次，父母让男孩学会爱和理解，教育和引导男孩爱同学、爱自然、爱劳动，提高他们爱与感受爱的意识和能力，在爱中体会生命的价值和意义。要求男孩理解他人、欣赏别人，学会沟通、谦让和合作，改善同学之间的人际关系，提高他们团结协作的能力。男孩有了一颗“平凡心”，减轻了男孩的心理负担和学习任务，他们就容易从平凡的生活中、从点滴的小事中发现快乐、感受快乐、创造快乐，从而走出攀比心理的阴影。

(4) 将攀比变为动力，让男孩不断进步。男孩有攀比心理，说明男孩的内心有

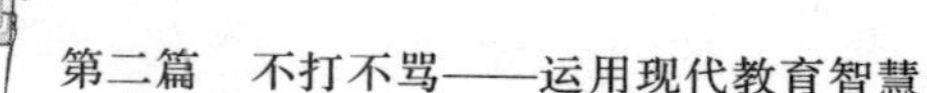

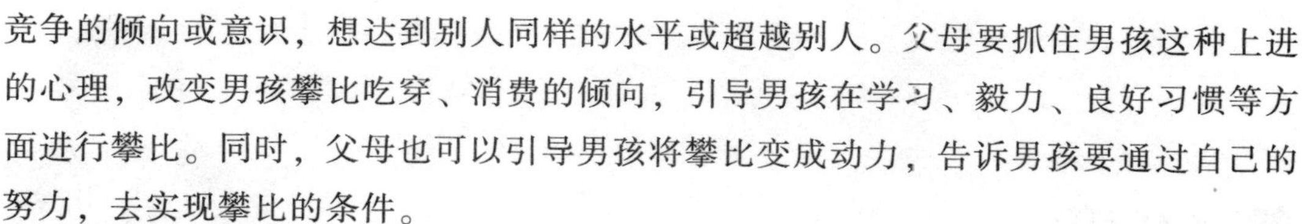

竞争的倾向或意识，想达到别人同样的水平或超越别人。父母要抓住男孩这种上进的心理，改变男孩攀比吃穿、消费的倾向，引导男孩在学习、毅力、良好习惯等方面进行攀比。同时，父母也可以引导男孩将攀比变成动力，告诉男孩要通过自己的努力，去实现攀比的条件。

总之，面对男孩的虚荣心、攀比心，父母不要视若洪水猛兽，但也不能视而不见。父母应积极地、适时地介入，让男孩健康成长。

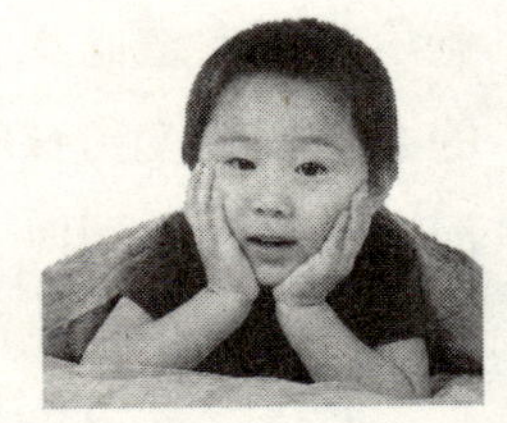

第 16 章 财商教育，高财商的男孩将来最有出息

培养男孩的消费责任，使男孩从小就能在解决经济问题的过程中得到锻炼，并拥有经济头脑，唤醒其经济潜能，开启其财商，这是家庭教育必要的一课。

从小培养男孩的理财能力

孩子是家庭的希望，与其单单靠父母的辛苦劳作、省吃俭用，不如从小就给孩子灌输一些投资理财知识，因为许多观念及行为的建立是从小养成的。

理财能力决定了一个人一生的生活品质和生活状态。在美国，父母非常重视男孩的理财教育，从小就灌输理财观念，让男孩早早独立。理财教育被称为“从3岁开始实现的幸福人生计划”，父母不是一味将男孩关在童话世界里，而是教他们认识钞票的面值，传授“取之有道，用之有度”的观念。

下面是培养男孩理财能力的几大方法：

(1) 给男孩发点儿零花钱。要想男孩成为一个理性的消费者，能够量入为出，不会债务缠身，不经过多年的实践是不行的。作为父母，应当为男孩提供与金钱打交道的机会，让男孩早日学会理财。当父母定期给男孩发些零花钱时，他就能及早学会生活的一个基本准则：没有收入，就无法支出。

(2) 教男孩学会储蓄。男孩小的时候，没有一个储蓄罐实在是一种缺憾。男孩长到3岁的时候，父母就可鼓励他把自己的零花钱储存起来。

鼓励男孩把一部分自己积攒的钱拿到银行存起来。到6岁的时候，男孩就应当能够懂得，银行并不是“要拿走”他的钱，而是把他的钱安全地保管起来，并且还

会给他支付利息。在银行以男孩的名义开一个账户。让男孩自己拿着存折，如何使用由他自己决定。这种做法可以帮助男孩养成终生储蓄的好习惯。

(3) 不要用金钱来贿赂或惩罚男孩。这是很多父母容易掉进的陷阱。如果你也有类似的习惯，那么就应该重新审视一下你在教男孩时应让他知道什么。

父母偶尔想多给男孩一些零花钱无可厚非；然而，如果父母用金钱去“收买”男孩的爱，或者与自己的配偶相互竞争的话，家庭就会失去往日的幸福与和睦。

(4) 家中的经济状况不要对男孩保密。当男孩渐渐长大，可以让他参加家庭财务会议，学着掌管财富和金钱。在会议上，父母可以告诉男孩，家庭中的收入和支出也可以算作家庭机密，每个家庭成员都有责任保护好它，如果擅自泄露家庭财务机密，那么将取消参加家庭财政会议的资格。全家的钱都花在哪些地方以及未来的消费安排等，都做简要说明。这样做，不仅可以使男孩能够体谅父母的辛劳，明白赚钱不易，从而打消让父母给自己买这买那的念头。当家庭经济陷入困境时，男孩还可以为父母分忧解难。

(5) 父母把有关自己的工作情况告诉男孩。如果男孩不知道父母是如何靠辛勤工作给家里挣钱的话，未曾体会到赚钱养家的辛苦，那么他就不会懂得珍惜钱财和父母的劳动成果，也会淡漠工作的意义。所以，当男孩长大变得懂事起来，父母就可以把自己如何靠努力工作来谋生的道理讲给男孩听。

父母如果热爱自己的工作，那么可以和男孩分享工作中获得的乐趣。如果父母对自己的工作感到失望，那么可以告诉男孩，仍会有差强人意的方面——工资不算低，工作比较稳定，或者这只是你事业发展的一个不太顺利的阶段。

偶尔可以带着男孩去上班。当工作量不是太大时，父母可以带男孩去工作单位看看，能让他们有不小的收获。如果工作单位在正常办公时间，不欢迎男孩来访，那么父母可以在周末抽空带他去。

总之，理财教育不仅是一种生存教育，更是一种素质教育。教会男孩正确对待金钱、合理运用金钱，会让男孩受益一生。理财要趁早，让男孩从小事开始，一点一滴培养男孩的理财意识。

劳动是最好的赚钱方式

现在的男孩都是家里的“小皇帝”，有爷爷奶奶亲、有父母疼。因此，男孩手中的零花钱多了，大手大脚花钱的现象也随之增多。小孩手中的零花钱数额越来越

大，某些男孩还产生了攀比心理，谁的零花钱数额大，谁就是“大王”，于是孩子们硬缠着父母索要钱财。如果在男孩年纪很小的时候就学会了要钱，对金钱产生强烈的占有欲，那么他们的兴趣就会集中在金钱上，就会常常想着法向家长要钱，摸父母的口袋，这对男孩的成长极为不利，甚至可能导致男孩走上犯罪的道路。如今拥有错误的金钱观、跟风、追求高消费的男孩比比皆是。

所以，在金钱这个问题上，父母要尽早让男孩懂得，钱是怎么来的。俗话说，君子爱钱，取之有道。父母应该从小为男孩创造劳动条件和环境，教育男孩以辛勤劳动为荣、以好逸恶劳为耻，让男孩从小学会劳动、热爱劳动，靠自己的实力挣得财富。

劳动是最好的赚钱方式。培养男孩爱劳动，是早期教育的重要组成部分，也是培养男孩全面发展的一种重要手段。

一项有关青少年劳动状况的调查显示，大部分男孩对养成热爱劳动的品德表示赞同，但却有75%的男孩从未做过家务劳动或很少做家务劳动。这说明男孩虽然明白劳动的积极意义，价值取向明确，但却很少付诸行动。

造成这种状况的原因，除了学生课业负担重外，更主要的就是很多父母对男孩过分娇惯。一些父母对男孩百般呵护，从来不让自己的男孩受一点儿苦，家务活更是不用男孩动手，而且男孩的事情样样代劳。洗手绢、削苹果、剥鸡蛋皮，父母都替孩子弄好，甚至替男孩到校内做值日、做大扫除等。父母的过分溺爱和保护，使这些男孩缺乏劳动意识，好逸恶劳，过着饭来张口、衣来伸手的生活，不懂得珍惜他人的辛劳。这样的做法令人堪忧。虽然父母疼爱孩子本没有错，但不让孩子进行劳动锻炼，尤其是男孩，不让他经历一些苦痛的磨炼，这对他的健康成长是极为不利的。

歌德说：“热爱劳动是人类最重要的美德。”事实表明，一个人有无劳动习惯，将会影响他的一生。

石油大亨洛克菲勒，从小就受到严格的家教，靠给父亲做“雇工”挣零花钱。每天清晨，洛克菲勒到田里干农活，帮母亲挤牛奶。每次工作完之后，他都会在一个专门用于记账的小本子上做记录，按每小时0.37美元的报酬记账，然后与父亲结算。洛克菲勒长大后，在对待自己的工作上仍然严谨认真，就像小时候那样，工作对他来说是一件神圣而其乐无穷的事。洛克菲勒的这种态度和精神一直延续给了第二代、第三代乃至第四代，他们的后代都严格照此办理，并定期接受检查，否则谁也别想得到一分钱的费用。

洛克菲勒的父母从小培养孩子勤劳节俭的美德和艰苦自立的品格值得后人学习和敬仰。那小账本上不仅记载了洛克菲勒童年的打工经历，还印证着这个热爱劳动

的男孩的磨难和考验。

其实，国外很多家庭都非常注重孩子的独立生存能力，其中包括赚取金钱的能力。在日本，许多大学生利用课余时间在饭店打工，洗碗、端盘子，在商店当售货员、促销员，或者做照顾老人等家政服务工作、做家教等，一些学费、零用钱都是靠自己的劳动获取的。美国家庭一贯主张教育男孩自主自立，在七八岁的时候就有意识地锻炼他的经济头脑，教他掌管钱财，教他出售他们的“商品”挣零用钱。美国中学生每逢假期，也都成为打工一族，学习自食其力。

总之，要想对男孩进行良好的财商教育，就先要告诉他，钱是怎么来的，让他知道，只有通过努力和辛勤劳动赚来的钱，才是最珍贵的。

怎样给男孩零花钱才合适

随着人们生活水平的提高，父母给男孩一点儿零花钱是很平常的事。现在的父母好像已经没有不给男孩零花钱的了，而且给男孩零花钱的人越来越多，不仅是父母亲，还有祖辈、亲戚朋友。

父母给男孩零花钱可能出于不同的考虑。有些富裕的家庭认为，钱是身份的标志，男孩有了钱就会在同伴们中间有威信；有些父母是想对自己童年的窘迫加以补偿，认为，想当初自己常常连根冰棍都买不起，现在不希望在男孩身上重演过去的“悲剧”；更多的工薪家庭则是唯恐自己的男孩在别人面前抬不起头来，也不得不给男孩一定数目的零花钱。于是，男孩手里有了钱，随之而来的便是男孩对零花钱的不当使用所引发的种种社会问题。

现在有些男孩手里的零花钱太多，容易使男孩养成超前高消费、大手大脚、好吃懒做和一切向钱看的不良习惯。确实，贪欲是万恶之源，对钱物的片面追求已使许多男孩走上了犯罪的道路。一些资料表明，有的学校的在校生中，有80%以上的男孩因为追求钱物而误入歧途。

对于有的男孩大手花钱的毛病，有的父母气急眼了会动用武力，其实这都是不对的。有心的父母要及早地教男孩学会存钱花钱。

兜兜从6岁开始就有了自己的小金库，那是妈妈每个月给他的零花钱攒起来的。妈妈给零花钱有一个标准，每过一年长一岁，每周多给1元。现在兜兜7岁了，每周可以拿到7元的零花钱。而且妈妈和兜兜达成协议，每次拿到零花钱后，要拿出1/3必须放进存钱罐里。兜兜有一个邮筒形的小存钱罐，每次收到妈妈给的零花钱后，

他都会拿出1/3放进储蓄罐里攒起来。

兜兜生活上的衣食住行，都由妈妈来掌管，比如买衣服、鞋子、学习用品、书、食物等，这些需要大笔的花销。而对于兜兜自己想要的东西，如玩具、糖果等，就需要由兜兜从存钱罐里拿零花钱支付。妈妈的这种做法非常奏效，兜兜虽然年纪小，却已经知道和判断自己该买什么，不该买什么，会衡量东西买回家是否真的有用、有价值，而不会看见什么买什么，浪费钱。

有一次，兜兜对一件玩具爱不释手，他很想买。妈妈也没有反对，只是让兜兜用自己的钱支付。最后，兜兜尽管非常喜欢那个玩具，但并没有买，因为他算了算，花70元去买那个玩具有点儿“浪费”。要知道，存钱罐里的零花钱是他一点一点积攒下来的，这些钱多么的得来不易！

给男孩零花钱是让男孩学习理财的第一步，父母需要了解什么时候开始给男孩零花钱，以及给男孩多少零花钱合适。当男孩知道零花钱怎么花后，他成为未来理财专家的第一步也就开始了。

父母在给男孩零用钱时，不要以男孩的学习成绩进步了或帮父母干了多少家务劳动为理由。男孩干点儿家务活是正常的，不能因此拿零花钱作为奖励，这既能培养他们的劳动习惯，也能培养他们作为家庭成员应有的义务感。如果男孩以帮助做家务为由索要零花钱，父母也应该拒绝。同样，也不能因为男孩考试成绩取得进步就奖励过多的零花钱，这是把金钱用作物质刺激，有碍于男孩的身心发展，对端正学习态度有害无益。

给男孩多少零花钱，这绝不是无关紧要的问题。零花钱不能随要随给，最好定期发放。零花钱也不宜过多，过多的钱会淡漠男孩的理财观念。

由于教育方法的不同，有些父母培养出了依赖感很强的男孩，而有些父母却培养出了独立能力较强的男孩，把这两类父母的育儿之法做个对比，可以得出一个基本结论：如果你在花钱方面能够给男孩提供明确而实用的指导原则，你就更有可能培养出将来能够在竞争激烈的商品社会中站住脚的男孩。

父母应该让男孩从小体验到因没钱或钱不足而买不到自己迫不及待想要的东西而感到惋惜和无可奈何的情绪。这种情绪，使男孩不容易忘却，很长时间都会影响着男孩。这不仅能使男孩进一步认识到金钱的价值和重要性，而且还对男孩的想象力起着催化剂的作用，他们会为追求更有价值的和美好的东西进行设计、策划，从而增长智慧。

男孩需要亲身实践，方可懂得怎样才能挣到钱以及如何精明地花钱。如果你不让男孩懂得这些道理，那么你实际上就等于剥夺了他们在人生道路上取得成功所需要的自立能力。父母如果能够让男孩及早树立正确的价值观及消费观，那么无疑是赠给男孩一件珍贵礼物——一把自给自足的金钥匙。

总之，在男孩的成长过程中，金钱的运用是一门很重要的功课，它将影响男孩一生的人际关系与人格、心理的发展，无论采取过度限制还是过度放任的做法，都不太妥当。给男孩零用钱，并非只是为了满足他们的需要，而是能够教会男孩具有经济头脑，训练男孩养成良好的理财习惯，而且这类教育宜早不宜迟。受到良好金钱观教育的男孩长大成人后，才能对金钱抱有正常的心态，才能处理好人与金钱的关系。

不要把玩具当作利诱的工具

现在的男孩经常向父母要钱，做父母的既不想拒绝男孩的要求，又怕男孩拿到钱以后乱花，常会感到左右为难，不知所措。那么，到底应怎样对待男孩的这种行为呢?

父母先要区分男孩的要求是否合理。不要认为男孩要钱是不应当的事情，在现代社会中，人们不能脱离钱而生活，男孩也不可避免地要与钱发生联系。因此凡是那些合理的要求，例如买书、买练习本，父母就应适当满足男孩并让他自己去购买这些东西。这样一方面可以激发男孩的学习兴趣，一方面可以培养男孩的独立性。对那些不合理的要求，父母就应严词拒绝，并向男孩讲明道理。例如，男孩已经有许多玩具了，还缠着父母要求买新的，这时，父母就应告诉他："家里还有十几个玩具，你买这么多是没有必要的。爸爸妈妈的钱也挣得很辛苦，你要懂得爱惜爸爸妈妈用劳动换来的钱。"一般来说，上学以后的男孩，都能接受这些道理约束自己的行为。

男孩子天生活泼好动，喜欢玩，喜欢各种各样的玩具。现在很多父母经常给男孩买玩具，有时也是作为一种补偿方式，既是为了"收买"男孩，也是为了"赎罪"，以此证明"对儿子的爱"。当然，对每个大人来说，过节，尤其是春节，无疑是回忆童年的最佳时机，小时候家庭经济条件不好的父母，会希望现在尽其所能让男孩要什么有什么。当男孩收到玩具时，会露出满意笑容，男孩笑了，父母也就笑了。

久而久之，男孩会将大人给买玩具当作一种习惯，并且以为玩具越多，就代表大家越喜欢自己，越爱自己，所以，大人们送自己玩具，是喜爱自己的表现。这种情况下，男孩会把爱、金钱、玩具三者混淆在一起。所以，当亲朋好友来做客时，

男孩往往会对送自己玩具礼物的客人表现热情，有好感，而不喜欢空手而来的客人。因为男孩会断定，不送他玩具的人不喜欢他，因此他也不喜欢不送自己玩具的人。

生活中，确实有不少父母将玩具当作利诱的工具："如果你……妈妈就给你买……"其实，给男孩买玩具，只是爱孩子的表现，不应带过多的附加条件。奖励男孩可以有很多种方式。父母可以在节假日期间和男孩一起准备礼物，进行互赠游戏，让男孩意识到"享有"和"给予"的乐趣和意义。

在买玩具之前，父母应该多了解自己的男孩，看看孩子喜欢什么，不喜欢什么，而不是按照自己的喜好送孩子礼物。平时和男孩聊天，接触他的同伴，走进孩子的内心世界，了解他内心的愿望，知道男孩的兴趣爱好以及钟爱的物件。当男孩倾诉自己的愿望和希望时，不要让他的希望和愿望立刻得到满足，那种"要月亮也给摘"的做法要不得。让男孩明白，不是所有的愿望都是"必须"或能够实现的。愿望也不是一下子就会梦想成真，而是需要积极地努力才能够实现，正因为有了对愿望的想象，才有向往、渴望和期待以及对未来的规划。要让男孩在面对愿望时有个好心态，不因"美梦成真"而得意忘形，也不会因"美梦落空"而消极悲观。只有让男孩学会正确看待愿望的得与失，他才可能放弃"我要什么妈妈就得给什么"的幻想，而变得逐渐理智而成熟。

让男孩知道零花钱该怎么用

随着市场经济的进一步深化，社会竞争的日益激烈，人们的金钱观已经发生了根本性的变化。虽然人们都抵制拜金主义，虽然金钱不是万能的，但生活中却不能缺少钱。生活处处需要消费，所以钱在人们的头脑里具有举足轻重的地位。对于孩子来说，父母怎样教孩子管理钱财呢？逢年过节，男孩的零花钱成倍增加，如果家长拿出一部分由他们自己任意支配，可以使男孩从小认识钱、了解钱的用途，并学会如何使用钱。如果不会理财，不学会怎样用钱花钱，将来就很难适应社会。有一个男孩，他的父母都是军人，平时对男孩管教得比较严格，从来不让男孩接触钱，结果，男孩上了学依然不知道钱是什么东西，不知道钱的用途，更不会花钱、存钱。

但有的父母担心男孩手头有了零花钱，会由着性子花，容易养成出手阔绰、攀比、图虚荣的坏习惯。其实，问题不是该不该给男孩零花钱。男孩不会合理地使用

手中的零花钱，除了与男孩生活鉴别能力不高有关外，还是源自一些父母给男孩零花钱的方式的错误、目的的模糊，以及没有正确地指导男孩该怎样合理使用零花钱。

现在有的父母给男孩零花钱，是把它作为对男孩的一种奖励，以此来左右男孩的行为；有的是因为家庭条件比较宽裕，男孩什么时候想要，就什么时候给，想要多少，就给多少；而有的父母则是因为平时没有时间照顾男孩，对男孩有一种负疚的心理，把给男孩零花钱作为一种心理补偿，给起来出手阔绰。这几种给男孩零花钱的方式，有一个共同的弊病，就是父母给零花钱的目的模糊。钱到男孩手中以后，对男孩如何使用这些钱，他们不管不问。男孩得到这些零花钱后，因为没有明确的使用方向，所以用起来随心所欲，不知道节制，而是盲目比较。种种原因，造成了男孩零花钱使用不当的问题。

(1) 告诉男孩不是所有给他的钱都是零花钱。父母对男孩手里的钱也要有一个区分，并让男孩知道，哪部分钱是他的零花钱，哪部分钱虽然属于他，但不是零花钱。

(2) 对于男孩的零花钱在数量上要有限制。给男孩多少零花钱算合适并没有统一的数量标准，但零花钱不宜给太多。对于普通的工薪阶层家庭来说，给男孩零花钱不能成为家庭的经济负担。而对于生活富裕的家庭，父母也不能因为家境富裕而给男孩过多的零花钱。

(3) 对零花钱的使用提出具体的指导意见。男孩的零花钱应该怎么花？父母要从一开始就对男孩零花钱的使用加以关注，引导孩子正确消费，帮助男孩拟定理财计划，给男孩提供参考；也可以要求男孩对零花钱的使用情况做个详细记录，并定期检查男孩使用零花钱的余额，以此作为下一次给零花钱的参考。

(4) 让男孩参与日常家庭经济生活。给男孩零花钱是培养男孩对钱的正确认识和合理消费。父母也可以通过其他的途径来锻炼男孩对钱财的驾驭能力，如让年龄小的男孩帮家里买些日用小商品或食品等，让年龄稍大的男孩参与家庭的财政计划等。从小就有意识地培养男孩的理财能力，指导男孩熟悉、掌握基本的金融知识与工具，从短期效果看是养成男孩不乱花钱的习惯，从长远来看，将有利于男孩及早形成独立的生活能力。

在现实生活中，人们不难发现，有许多男孩手里有不少钱，但这些钱并没有使他们走上邪路，也没有使他们养成好吃懒做和一切向钱看的不良习惯。相反，他们的书架上增加了许多好书，使他们有了更多的机会参加多种培训班，从而获得了更多的知识和本领，这都得益于父母教导有方。

让男孩用好自己的压岁钱

春节给孩子“压岁钱”，是我国多年不变的传统习俗。过去“压岁钱”只是一种象征性的礼物，少则数元，多则数十元，主要是图个热闹、吉祥。如今，随着生活水平的提高，“压岁钱”的数目也是年年攀升。孩子拿到的“压岁钱”动辄上百、上千。

压岁钱越来越多，怎么用也成了一门学问。以前压岁钱只够买鞭炮、玩具和糖果等节日所需的东西，现在有的压岁钱多得已经上万。对于绝大多数男孩来讲，对钱的用途还没有足够认识，再加上自制能力差，如果父母不给予合理的指导，可能会产生一系列负面影响。

男孩的想法，父母不一定能察觉。当他拿到压岁钱的时候，正是展示自己想法的时候，父母正好可以借此机会了解男孩的愿望。不论是好还是坏，都会有收获。

有的男孩想报名学绘画，父母不一定要抱着男孩会成为艺术家的想法，也许男孩只是想尝试一下；有的男孩想买一双名牌球鞋，这时父母不必敏感，而要想想自己平时是不是有名牌情结，影响了男孩，或者男孩在学校受到一些影响，这些都可以进行交流；有的男孩想去旅游，说明他想换一个环境，他对生活充满了好奇，有一定的自立能力，这是值得父母支持的。不管怎样的想法，都有它存在的原因，父母千万不要停留在表面理解男孩的愿望上，而应体贴地想想男孩的自身情况，因势利导才是最佳选择。对男孩来说，事物没有绝对的善与恶，父母不能拿成人的标准来衡量男孩的梦想。男孩的每一种想法，都值得父母小心翼翼地去认真对待。最可怕的不是男孩有不好的想法，而是男孩一点儿想法都没有。

庆幸的是，绝大部分男孩都有支配欲望，并且坚持压岁钱是属于自己的私人财产，是“神圣不可侵犯的”。

有一对母子，在家里激烈地吵了起来。原来是男孩拿压岁钱，买了母亲不满意的东西，所以，母亲就训斥道：“钱虽然给了你，但那是我挣来的，不是你的，你没权经我同意就乱花。”男孩反驳：“怎么不是我的？你给了我就是我的。再说，我没有乱花，那些都是我认为必须买的。”

面对想要花钱的男孩，父母一般分为两类：绝对没收型和绝对放任型。大部分父母属于前者，认为给男孩的压岁钱等是大人之间的人情，因此应该收回；或者担心男孩挥霍，就不给他花钱的机会。不管男孩的计划怎样合理，都弃之不顾，要求

男孩按照父母的意愿安排生活。

将“压岁钱”攒起来作为下学期的学费，是大部分家庭的做法。对于不大富裕的家庭，这样既可减轻父母的经济负担，也能培养男孩的自立精神和家庭责任感。男孩应该把“压岁钱”用于购买学习用品、生活用品及发展个人的某些健康的娱乐爱好上，例如，参加各种兴趣小组、购买体育用品等，但也应在父母的引导下进行。这样对男孩的个性发展及兴趣、爱好的培养是有帮助的，非常有益于男孩的成长。另外，用“压岁钱”给男孩买保险也是一种不错的选择。用“压岁钱”帮男孩买一份学生保险，也就为男孩今后的生活增添了一份保障，这也是父母对男孩的另一种关爱。

也有一部分父母持“民主”观念，任由男孩自己安排压岁钱，完全不闻不问。等到男孩将钱花在不合适的地方后，又大发雷霆，但为时已晚。

所以说，面对男孩的压岁钱这个问题，没收和放任都是不对的。将钱交给男孩后，还有后续工作要完成，那就是与男孩交流，倾听他的心声，并协助男孩做一个财务计划表，监督男孩执行、评价和总结。相信在坦诚的沟通中，男孩会听取父母的意见，也会渐渐地懂得花钱的学问。

引导男孩进行正确的消费

现代社会商品信息多、变化快，处于生长发展中的男孩分辨力不够，自制力弱，容易养成不良习惯。而且男孩中的高消费现象，扭曲了男孩间的人际关系，加重了父母的经济负担，不利于男孩的健康成长，所以父母需要引导男孩进行正确的消费。

首先，应该让男孩了解家庭的收入和开支。

一些独生子女的父母，常常为了让男孩生活优越，从不限制男孩的花钱和消费。男孩要多少钱，父母就给多少钱，男孩喜欢什么就买什么，父母也不会过多地干涉。即便在家庭经济紧张的情况下，也要以满足男孩的各种消费需求为第一位。这样做不利于培养男孩正确的消费观，容易使男孩滋生拜金思想。而让男孩了解家庭的收支情况，理解父母的省吃俭用，树立良好的理财观念，有助于克服男孩攀比心理和奢侈的坏习惯。父母可以引导男孩“适度消费”。告诉男孩，他的年龄还小，还没有足够的能力靠自己赚钱，通过劳动为社会、为家庭创造财富，所有的衣食住行和学习都要依靠父母来供养，所以不能花钱大手大脚，铺张浪费，对经济条件一

般的家庭，更没有理由提出过高的物质要求。同时，父母也要有正确的消费观念和消费行为，引导孩子不攀比、不追求名牌。对于男孩的不合理的物欲要求，父母要敢于拒绝，不放纵。

把全家的钱都要花在哪些地方，给男孩简要说明一下。这样做，不仅可以使男孩能够体谅父母的难处，不会整天嚷着让父母给自己买这买那；而且还可以使男孩在家庭经济上走入困境时，为父母分忧解难。

父母就可以把一个人如何靠努力工作来谋生的道理讲给男孩们听。

其次，培养男孩勤俭节约的美德。

在我国自古就提倡勤俭节约，让男孩得知每一份财富都来之不易，只有耕耘才有收获，从而养成珍惜财富、珍惜劳动的品格和习惯。告诉男孩，不要跟同学攀比生活条件，“人穷未必志短，有钱未必有志”。通过自己的双手，付出勤奋的努力，同样可以创造财富。帮助男孩建立消费计划，在一定条件下让男孩自己学会按计划花钱。一味地限制并非解决男孩乱花钱问题的好办法，对于年龄稍大一些的男孩，父母可以考虑在家庭经济允许的范围内，由男孩掌握自己的日常开支，这有助于培养和锻炼男孩的理财能力，学会按计划花钱。

再次，要让男孩远离物欲诱惑。

一些虚假广告的诱惑很容易激发人的购买欲望，所以父母要提醒男孩，不要受物欲的诱惑而迷失，不能滋长贪欲之心。要根据自己的实际需要来进行采购，否则会造成浪费。

最后，还要引导男孩用自己的力量来帮助别人。

有一些男孩喜欢用父母的劳动所得大方地“献爱心”“帮助别人”，这是不值得提倡的。应当教育男孩：靠自己的力量帮助别人才有意义。让男孩知道帮助别人的方式多种多样，可以是物质的，也可以是精神的，在自己还没有创造财富之前，可以选择别的方式，让男孩理解“施舍不是帮助”。

另外，要从两方面培养男孩的消费责任：

一是在钱的管理上——培养男孩的储蓄观念，教会男孩简单的储蓄方法。例如，男孩很想吃炸鸡，如果买份炸鸡需要20元的话，父母可以告诉他：“今天只能给你10元，明天再给你10元，你凑足20元时再去买吧。”这样做可以激发男孩的储蓄观念，使男孩学会“把今天的钱存起来，等到明天再用”的简单储蓄方法。当然，教男孩分别用储钱罐和银行存折，把平时的零花钱及逢年过节得到的“红包”积存下来，也是让男孩独立储蓄的办法，但要注意根据男孩年龄、个性的不同，对钱的管理加强监控。

二是在钱的开支上——培养男孩节约和计划用钱的习惯。日常中，父母可以跟男孩讲讲自己和其他行业的工作，让男孩明白赚钱要付出辛勤劳动的道理，自觉养成节约用钱的习惯。

除了供给男孩最基本的生活必需品外，有些消费可以让男孩用自己的储蓄去开支。例如，男孩要买玩具或出去游玩，父母可以指导他使用自己的积蓄。这样，不仅可让男孩认识到储蓄的意义，使他体会到用自己的存款来达到目的的快乐，同时还可培养男孩节约和计划用钱的能力。

第 17 章 戒掉坏习惯，养成好习惯

一个人好习惯越多，对他的成长越有利。相反，一个人坏习惯越多，就越阻碍他的成功。我国著名教育家陈鹤琴终生研究习惯教育，他认为：“人类的动作十之八九是习惯，但是习惯不是一样的，有好有坏，习惯养得好，终身受其福，习惯养得不好，则终身受其害。”

从小培养男孩良好的习惯

所谓习惯是指在生活中逐渐养成的比较固定的自动化了的一种行为方式和动作的特定倾向。一个勤奋惯了的男孩，不用别人说，他也会自觉学习，如果别人强迫他停止学习，去打游戏机，他会觉得不习惯，甚至厌烦别人的打扰，拒绝去打游戏机。习惯使人不由自主地去学习、去工作、去助人。这是为什么呢？答案是：习惯了，如果不这样的话，就会感到难受。

习惯一旦养成，就很难改变。好的习惯会使人的一生受益，而坏的习惯却会使人的一生受害。因此，从小培养男孩良好的习惯不容忽视。父母必须认识到培养男孩的良好生活习惯和学习习惯是关系男孩一辈子的大事，千万不要因为男孩小而忽视它。

美国家庭主张开放式教育，虽然在对待男孩的态度上坚持平等尊重的原则，但这并不意味着对男孩百依百顺。其实，美国父母对待男孩相当严格，设定的规范、规矩也不少。在美国家庭里，男孩可以对父母的观点表示反对，但是必须在规定的时间上床睡觉，这是必须遵守的行为规范。其他如在公共场所不能大声喧哗，吃饭时不要大声咀嚼等，父母也都会有明确的要求。美国父母非常注重从小培养男孩良

好的行为习惯，严格要求，这样等男孩长大成人，完全拥有独立自主的能力，父母就用不着刻意地去管理和约束他们，而是让男孩自己去闯天下，在属于自己的天空里自由驰骋。

一位美国妈妈想从小培养孩子做事的好习惯，就对男孩提出要求，每天负责洗碗。男孩开始不肯洗碗，即便妈妈反复劝说，男孩也还是不肯洗碗。美国妈妈见这种方法对男孩根本不起作用，于是就换了一种说教方法。她在家门上贴了这样一张纸条：

罢工通知

因为妈妈工作很辛苦，想让儿子帮忙洗碗，但儿子只喜欢享受权利，不肯尽义务。所以，从今天起，妈妈不做饭了，儿子的吃饭问题由他自己解决。

男孩刚开始以为是妈妈在吓唬他或者开玩笑，仍然不肯洗碗，只等着妈妈下班回家做饭。可是，美国妈妈说到做到，对待这件事情的态度很严肃，连续几天下班都没有做饭，任由看着男孩独自啃面包、吃泡面。男孩看见妈妈动真格的了，有点儿着急和害怕了，于是就乖乖地主动跟妈妈承认错误，要求洗碗，并且跟妈妈协议好，妈妈负责每天做饭，自己负责每天洗碗。

然而，在目前的中国家庭里，有不少人在培养男孩良好习惯方面存在一定的误区。错误地认为习惯的培养没什么大不了的，甚至认为那是学校的事，父母不必管。这种父母一般文化知识比较少，对男孩的教育缺乏必要的认识。这种家庭里成长的男孩，很容易染上恶习，走上歧路。

即使有的父母对此给予足够重视，但是方法不得当。有的父母在发现男孩有不好的习惯时，一味强硬地迫使男孩改掉不良习惯，生硬地禁、堵、卡，甚至训斥、吓唬、打骂、体罚，使男孩产生了逆反心理，效果适得其反。有的父母不懂男孩注意力维持时间短的特点，逼迫男孩长时间学习，以图养成他良好的学习习惯，不料，适得其反，使男孩养成了边学边玩不专心学习的坏习惯。

除此之外，还有的父母太过溺爱男孩，对男孩宠爱放纵，造成男孩任性、懒惰，依赖成性，自主、自立能力极差，根本无从谈起良好生活习惯及学习习惯的培养。

要知道，习惯的好坏可以影响人的一生。美国心理学家威廉·詹姆士说：“播下一个行动，收获一种习惯；播下一种习惯，收获一种性格；播下一种性格，收获一种命运。”

习惯可以决定一个人一生的命运。所以说，父母有必要让男孩从小养成好的习惯。对于怎样培养男孩的好习惯，教育专家有以下几个建议：

(1) 多做塑造工作，少做改造工作。这句话是什么意思呢？就是说要让男孩从

小到大要养成各种各样的习惯，在男孩还没形成习惯前，就要注意纠正和引导男孩多形成好习惯，这就是多“塑造”，因为这样容易。但有时一不留神男孩形成了许多不良习惯，等父母意识到时，要想改，却已经难了许多，这就是“改造”。家长还要尽量避免在青春期强迫男孩纠正不良习惯。

(2) 男孩的好习惯要尽早培养。培养男孩的好习惯一定要从小开始，因为男孩越小，可塑性越强，越容易塑造。不要等到长大以后，已经养成了许多不良习惯了，再想着去改，那时候却已经晚了。

培养好习惯的最佳时期是在幼儿阶段和小学阶段。在幼儿阶段父母要特别重视男孩生活习惯的培养。比如：按时起床，自己穿衣，自己洗脸、刷牙，吃饭不掉饭粒，做事不磨蹭、动作要快，等等。在小学阶段时，则要尽可能多地培养男孩养成好的学习习惯。比如：做完作业自己检查，不会的字自己查字典，按时学习，写完作业后自己整理好书包，在外面要留心观察，等等。

(3) 注重言传身教的作用。父母是男孩的第一任老师，要以自身良好的行为习惯影响男孩，给男孩起到示范作用，所以有必要消除自身不良的学习、生活习惯。与此同时，父母可以制定一些生活、学习时间安排，创设有利于养成男孩良好学习、生活习惯的氛围。如父母在男孩学习时关掉电视机、电脑等，不做分散男孩注意力的事，更不要高谈阔论，打牌闲聊，在男孩专心做功课时，不要随意向男孩问话，干扰男孩的思路，这样便容易促进男孩养成定时、专心学习的好习惯。同时，父母要注意，不要让男孩学习时间过久，影响了日常的休息。

(4) 与老师协同培养男孩良好的学习习惯。一般说来，对于男孩习惯的养成，尤其是学习习惯的培养，可以向老师请教一些方法和经验。父母平时要经常主动与学校老师联系，跟班主任老师多沟通，了解男孩在学校的学习表现，以及跟老师反映孩子在家的学习、生活习惯。对老师提出的意见和要求，父母应虚心倾听，不要过分地偏袒孩子，根据学校培养男孩良好习惯的要求，积极配合老师的工作。

父母可以帮助男孩养成学会管理时间的习惯。具体表现在四个方面：一是让男孩自己学会管理从起床到上学的时间，包括男孩要预习当天学习内容，整理好书包，准备上学；二是让男孩管好中午时间，督促男孩要吃好午餐，注意午休，或者在午休时间里阅读有趣的书籍；三是让男孩管好下午放学到晚饭前的时间，告诉男孩放学后先把作业写完，然后再去玩；四是让男孩管理晚饭后休息活动到睡觉前的时间，在这段时间父母可以陪男孩复习、预习功课，并帮助男孩养成按时睡觉的习惯。

(5) 培养男孩良好的习惯需要循序渐进，不能一蹴而就。养成一个好习惯，不是一朝一夕就能完成的，需要坚持不懈地加以耐心引导，强化巩固，才能让男孩从

逐渐适应到变为习惯。同样，教男孩克服一个坏习惯也实属不易，父母要善于开导，持之以恒。一般地说，父母可以与学校老师密切配合，培养男孩良好的学习、生活习惯。

总之，培养男孩良好的习惯是家庭教育的重要任务。著名教育家叶圣陶曾指出："什么是教育，简单一句话，就是要养成良好习惯。"孔子说过："少成若天性，习惯为之常。"所以父母应充分认识培养男孩良好的生活、学习习惯的重要性，要"从小、从细、从严"培养男孩的习惯。

男孩的粗心马虎不容小视

无论在生活中还是在学习中，人人都有过粗心的经历，大多数人在潜意识里认为，"粗心"只能算是大家普遍会犯的小毛病，不会把"粗心"看作"无知"。因为他们认为，粗心不是不会，既然不是不会，就不算是大毛病，也不算是大问题。谁都会粗心，谁都免不了出错，在这样自我原谅的意识中，很多人能原谅由于粗心造成的过错。

但是，由粗心造成的重要过错，可能会影响很大。比如在一些重要的时刻和地方：本应该能够考上很好的大学，就由于自己的马虎粗心，导致落榜。本应该很容易做的一道数学题，却因点错了一个小数点而导致结果谬以千里。这样的粗心马虎，带来的就不仅只是小麻烦了，这样的损失往往是不可计算的，也是无法弥补的。

所以，对于那些平时做事粗心马虎、大错误不犯、小错误不断的男孩，父母要给予特别关注。当然，父母不能因为男孩的粗心而对其打骂。对于粗心马虎的男孩，父母要想办法帮助他慢慢改正，而不是以粗暴的手段强硬地加以纠正。

导致男孩马虎粗心的原因是多方面的。有的男孩天生就小心谨慎，有的男孩天生就比较粗心。那么，父母怎么帮助粗心的男孩改掉粗心大意的毛病呢？有以下几个方法可以试一下：

(1) 要培养男孩仔细认真的习惯。有些男孩既聪明又能干，学习也不错，但却有粗心的毛病，自认为会了、没问题，结果考试时却没审好题，最后答错了。

对于这样的男孩，父母一方面要肯定他们聪明好学的优点，同时也要引导他们做事、做作业、考试都精益求精，一丝不苟。

另外，可以通过男孩过去粗心的实例和教训来分析其所造成的危害，讲明做事

仔细认真的重要意义从而收到较好的教育效果。

(2) 教男孩面对重要事情不要太过紧张。有的男孩面对考试非常紧张，一紧张就容易出错。父母要向男孩说清楚，进入考场拿到考卷不管是什么题都要以平常心对待，对难题不畏惧，对简单题不大意。

应该让男孩知道简单的题最好全部做对，因为男孩完全有能力做好这类简单题，只要认真对待，就完全可能顺利地把简单题全部拿下。简单题做得顺利，心中就有底了，就会更有信心去解决那些难题。除了考试之外，在做任何其他事情的时候都应如此，既要认真仔细，又不要太过紧张。

(3) 进行准确和快速的训练。对于考试总是马虎粗心的男孩，父母要根据男孩考试常犯的错误、常出的毛病、常粗心的地方，和男孩商量拟订一些题目让其来做，要求既准确又快速。测试的题都是男孩会的，很简单的，只要认真就会做出来的。

经过这样多次的训练之后，男孩就会提高做简单题的成功率，逐步可以达到百分之百的成功。这样的训练比口头教育的效果要好得多。只要男孩经过训练后改正粗心的毛病，有所进步，就要给予充分的肯定，以强化他的信心，并收到更好的效果。

(4) 让男孩学会自我监督。帮助男孩分析错误出在哪里，让男孩多进行自我提醒，如“审好题目”“避免写错别字”“不要忘记复数”等。把这些提醒放在自己桌子的玻璃板下，贴在作业本第一页上或者其他醒目的地方，提醒自己注意改正粗心的毛病，这样有助于男孩克服粗心的毛病。

另外，在考试前经常就男孩各门课易出现的错误、易粗心的地方，和男孩一起讨论，针对各门课的不同情况写出一些自我提醒的语句，对克服男孩考试粗心的毛病很有帮助。

总之，男孩的马虎粗心不是大毛病，但是如果不加以改正的话，就会越来越粗心，长大后这个毛病就很难改掉了，到时候就可能造成很大的损失，所以，如果发现你的孩子有马虎粗心的毛病，就要认真帮助他改正。

找准男孩撒谎的原因，再进行教育

男孩学会撒谎了，父母往往很恐慌，其实大可不必，先找准男孩说谎的原因，分析清楚，再做出有针对性的应对措施，进行教育，相信男孩会改掉这个不良习

惯的。

男孩撒谎有很多方面的原因，既有有意识的撒谎，也有无意识的撒谎。

2~3岁的男孩已经懂一点儿事了，对正确还是错误有了基本的是非判断。当他犯了错误后，会非常害怕遭到父母的打骂，害怕被惩罚。当男孩经常犯错误又不断地被父母训斥、惩罚后，就会变得胆战心惊、谨小慎微。为了让自己免遭惩罚，逃避打骂，男孩会说谎欺瞒大人，掩饰错误。

有时，男孩习惯说谎，并不是为了逃避惩罚和担心打骂，而是为了满足自己的要求，达到一定的目的。随着年龄的增长，男孩变得越来越聪明，这时阅历不断增长，见闻逐渐广泛、感情越来越丰富、语言能力进一步提高，想象力和创造力十分活跃，所以他们的心愿和要求会越来越多。他们常常异想天开，对各种事物都有着强烈的好奇心，但由于生活经验少，知识储备不足，自我控制能力较差，容易受情绪支配，对一些事物缺乏分辨能力，为了满足自己的欲望，会用说谎表达心中的愿望。这种说谎行为与男孩的品行无关。

随着年龄的增长，男孩的表现欲越发强烈。当男孩学会一首新歌，画了一张自己满意的画，会搭一种新的积木样式或会做一种新的游戏，就会高兴地向父母显示。表现欲能增强男孩的自我意识和自我价值感，同时调动男孩学习的积极性与主动性。男孩在强烈的表现欲驱使下，会不自觉地说出一些不切实际的“大话”，这些“大话”往往会被父母理解为说谎。

男孩的模仿能力很强，成人在社会交往中一句漫不经心的谎话，都可能被模仿。一种情况是如果父母经常当着男孩的面说些小谎话，以后男孩遇到类似的情况就会说谎。另一种情况是父母有时不经意说了的话由于各种原因未能兑现，比如有些父母许诺星期天带男孩到公园玩，但由于紧急的或特殊的情况未能实现，男孩就会觉得大人是在说谎，自己以后也可说谎。

有些父母对男孩要求很高，如果男孩表现得好，父母就会很高兴，满足男孩的一切要求；如果男孩没有达到期望，父母就会训斥男孩，长此以往，男孩为了取悦父母就会说谎。而父母如果不了解情况，让男孩撒谎成功，尝到了甜头，则会无意之中强化男孩的说谎行为。

父母在弄清男孩说谎的原因之后，要耐心地启发男孩承认错误，而不能简单地对男孩进行斥责打骂。要尊重男孩的隐私，与男孩成为朋友，创造更多的沟通机会，这样男孩就不会用“谎言”来保护自己。

(1) 重视男孩的第一次说谎。当男孩第一次说谎时，父母应将其当作一件大事来抓，绝不能掉以轻心。要知道有第一次，就会有第二次、第三次。一般男孩在第一次说谎时会感到不安，即使蒙混过关了也会十分担心，但是如果这第一次说谎没

有得到及时的纠正，男孩便可以品味到说谎所带来的甜头，他也就会由此产生再次尝试说谎的欲望，男孩会觉得父母是“好骗的”“可欺的”，他的胆子会越来越大，谎话会越说越多，越编越像，最终就撒谎成性了。

(2) 多聆听并与男孩沟通。当男孩预期事情会有负面后果而说谎时，父母应了解男孩的需要，订立更实际的规则；假如是男孩可以做得到且愿意做的，他自然不用说谎了。另外，有些男孩会因为跟父母的接触机会少，所以用说谎的方法去争取父母的关注。换句话说，父母平日应加强与男孩沟通互动，多了解男孩的想法，让男孩感受到父母对他的关爱与关注。

(3) 要帮助男孩区分现实和想象。男孩说谎并非都是有意的，尤其是年龄小、想象力、创造力丰富的男孩更易进行想象型撒谎。父母在日常生活中要注意告诉男孩什么是发生的，什么是想象的，让男孩逐渐把现实和想象区分开来，让男孩认识到谎言总会被识破，说谎只会受到更严厉的惩罚。而诚实是美德，是高尚的品质，同时诚实也会减轻对过失的惩罚。

(4) 不要随意给男孩“贴标签”。男孩的说谎往往并不是为了故意伤害他人，父母不要轻易将男孩的说谎行为与男孩的品质画等号，不能因为男孩的某一次谎言就给男孩定性，给男孩贴上“小骗子”“谎话专家”“吹牛大王”等标签。这样做不但对男孩改掉说谎的毛病没有任何帮助，反而会对男孩的说谎行为起到了强化的坏作用，可能会促使男孩今后更加努力地说谎。

(5) 父母给男孩做一个好的榜样。父母在要求男孩诚实的同时，自己应该以身作则，在日常生活中做一个好榜样，不要不经意地在男孩面前说出做不到的承诺或骗人的话，要在日常生活和工作中做到言行一致，诚实守信。对男孩或他人的承诺要认真履行，犯错后要及时承认错误，并认真改正，这样男孩便可从中学习到好的行为。

(6) 父母要用一颗平常心来对待男孩。父母不要盲目地把自己的男孩与别人的男孩进行比较，对男孩提出过高的要求，这样不仅易导致男孩撒谎，还易使男孩丧失自信心。父母要根据自己男孩的实际情况、兴趣和特点施教。只要男孩每天都有进步，能够发挥自己的优势和特长，父母就应该为之高兴和骄傲。

总之，父母不可只看结果，不看过程，采取简单、粗暴的奖惩方式来教育撒谎的男孩，因为这种方式易使男孩出现为了逃避惩罚再次撒谎等不良行为。在采取适当的方法惩罚男孩说谎行为的同时，应更多地奖励其诚实的行为，使诚实的行为得到强化。

让男孩改掉爱说脏话的毛病

爱说脏话的人是不受欢迎的，爱说脏话的男孩也是不可爱的。有时看到一些长得白白胖胖、漂漂亮亮的、天真可爱的男孩，谁都会从心底里滋生出一股爱怜之情。如果男孩开口就是满嘴脏话的话，那马上就会使人大失所望的。

家庭管教严厉的父母初次听到男孩说脏话，确实会大动肝火，为此会严厉责备男孩。但是，父母需要尽快冷静下来，考虑该如何禁止男孩说脏话，切不可以同样的方式反骂男孩，这样只能适得其反。

其实，男孩突然间说脏话，大多数是无意识的。他们根本还不明白这些脏话的真正含义，只不过是从小朋友或大人口中学来的，觉得好玩，现学现卖罢了。但父母应立即纠正，不能让男孩习以为常，否则长大后，再纠正就不容易了。

男孩爱说脏话除了会招致他人的反感之外，还会对男孩的成长及心理发育有一定的负面影响，所以，父母应该尽早地、正确地制止男孩这种不良行为。

(1) 净化男孩周围的语言环境。男孩不文明的语言一般都来源于周围的环境，如果父母说话满口脏字，这就很容易使男孩去模仿。因此，父母应该提高自身的修养，为男孩做出良好的榜样。当父母发现男孩说脏话时，要找出其说脏话的根源，尽量让男孩远离或少接触不良的环境。

(2) 让男孩学会适当的表达方式。父母要明确地让男孩知道，一个人说话要文明，说脏话的男孩不是个好孩子，明确表示自己的态度，从正面教育男孩改变自己的行为。同时，父母要教育男孩正确对待与他人的摩擦，并引导男孩用文明的语言去表达自己内心的感受。

(3) 让男孩学会自我控制。引导男孩学会自我控制，男孩才能逐步纠正骂人、说脏话的不良习惯。如果男孩有不良情绪需要发泄时，父母可以帮助男孩选择适当的宣泄方法，例如，让男孩把不高兴的事件告诉父母，以缓解心中的不快；让男孩大喊几句，抒发心里的郁闷，等等。教男孩宽容地对待他人的过失。许多男孩骂人其实是对自己受到伤害的一种情感宣泄，父母应教育男孩以平和的心态看待与他人之间的摩擦，让男孩学会宽容他人的过失。

(4) 不要让男孩觉得你太在意他说脏话。在男孩刚刚说脏话时，如果父母觉得有趣或是表现出过度紧张或气愤的样子，男孩可能会误以为脏话是一件很有趣的事情，能够引起父母的注意，从而重复地练习与模仿。此刻，父母应该做的，就是尽

量保持平静，让男孩觉得脏话跟其他平常的话语没什么差别。一旦男孩觉得这样的话语不能引起别人的注意，便会觉得无趣，不会再去故意模仿这些词汇了。

(5) 对于男孩明知故犯的行为要及时惩戒。当男孩总是故意在说一些粗话脏话，并且在父母多次解释和劝告都无济于事的情况下，父母应该立即采用一些措施来制止男孩的这种行为，使男孩深刻地认识到说脏话会给自己带来的不良后果，从而达到改正的目的。

总之，父母应先让男孩明白：从小学说脏话是不好的；好孩子是从来不说脏话的；说脏话是极不文明的行为。

男孩赖床不起怎么办

太阳已经升得很高了，任由父母“火冒三丈”，孩子却仍“赖”在床上，这种情景在很多家庭中都经常出现。每位父母都希望自己的孩子有一个正常规律的作息时间，但是，男孩精力旺盛，偏偏喜欢晚上晚睡，结果生活秩序大乱，这着实令父母伤脑筋。

张春雨8岁以前都在奶奶家度过，被宠溺惯了，养成了懒懒散散的坏习惯。回到父母身边之后，虽然在爸爸妈妈的管教之下有所改变，但是每天早晨，张春雨还是习惯性地赖床不起。总是让爸爸妈妈千催万喊才肯起床。不仅如此，而且奇怪的是，爸爸妈妈的声音越大，越是着急，张春雨赖在床上的时间就越长。

一天早晨，经过一场大战后，张春雨的爸爸说：“够了，我受不了了！我不想每天早上和你这样吵来吵去。我们需要好好谈谈，你必须按时起床。”这话爸爸已经说过很多遍了，所以张春雨已经习惯了，听了就跟没听见一样，还是慢悠悠地穿衣服。

放学后，爸爸一本正经地叫过张春雨，讨论新的起床计划。

爸爸说：“我打算给你买一个闹钟，让你自己叫自己起床。你可以决定闹铃要定在几点。从今天开始，起床是你自己的事情了。如果你尽到责任，准时起床，放学后就可以去和朋友玩、看电视或做其他想做的事；如果没尽到责任，起不来，不管你准备好了没有，我上班之前都会先送你去学校。”

张春雨不敢相信地看着爸爸说：“你是说你会把我拖下床，直接带我去学校，不管我穿没穿衣服？”张春雨无法想象他被爸爸赶下车、穿着睡衣站在校门口的惨状，说：“我不信你会这样做！”

爸爸马上回答："我会带着你的衣物，把你送到学校后，你再换。"

从那天起，张春雨自己定闹钟、自己起床。长期的赖床习惯让他很想赖床，可是一想到爸爸不会再来催他，只好赶紧穿好衣服跳下床洗漱。从此以后，早上"战争"的梦魇过去后，早晨的阳光更美丽了。

男孩正处于生长发育期，由于运动量大，体力消耗也大，因而需要比成人更多的睡眠时间，以恢复精神和体力。但这不能成为赖床的原因，男孩应该早睡早起，养成良好的作息规律。

帮助男孩改正赖床的毛病，不是一蹴而就的事。男孩的生活规律完全受父母的影响，父母如果希望男孩养成良好的作息习惯，就要从日常生活的点滴做起。如果再配合以下技巧，定能收到良好的效果。

(1) 睡前安抚男孩的情绪。要想男孩好好起床，就要让男孩头一天晚上好好睡觉。男孩有时会因为情绪上的不稳定而影响睡眠品质。父母要多留意，找出问题的症结，安抚男孩的情绪，让其安稳入睡。如果男孩怕黑，不妨带他去挑个他喜欢的卡通造型台灯，睡觉时有可爱的台灯散发着微弱光芒陪伴他，会让男孩安心不少，更容易入眠。

(2) 以身作则，帮助男孩入眠。有些父母在就寝时间一到，就急着催着男孩上床睡觉，自己的眼睛却还猛盯着电视，或还在打电脑，玩游戏。父母的这种做法会让男孩有"孤单"或"不公平"的感觉，而且男孩会有"为什么只有我要去睡觉"的疑问，加上男孩精力本来就旺盛，当然也就降低了睡觉的意愿。因此，一旦睡觉时间到了，如果没有特殊情况的话，父母最好也能按时就寝，在这样的气氛中，男孩更容易入眠，也更容易按时起床。

(3) 温柔地叫男孩起床。有些父母叫男孩起床的方式非常粗暴，总是扯开嗓门喊。其实叫他的声音可以放轻柔些，摇他的动作不要太猛烈，也可以亲亲、抱抱他，以免他情绪不佳而不愿意起床。还可以随手播放一些轻松的音乐或者放一些男孩喜欢听的故事，让男孩在轻松的气氛中醒来，以缓解被吵醒的不快。

(4) 和男孩约定起床的时间。父母最好和男孩约定睡觉、起床的时间。问问男孩喜欢父母用什么方式叫他起床，然后和他来个小约定，用男孩能接受的方式叫他起床，可以避免彼此的不愉快，还可以教男孩对自己的承诺负责，同时也让男孩感受到父母是尊重他的。

总之，改善男孩赖床的问题，不是一朝一夕就可以解决的，先给男孩一点儿缓冲时间，态度不要过于急躁而引起男孩的反感，要温柔坚定地执行下去。

怎么纠正男孩的攻击性行为

有些男孩的父母经常很苦恼，因为儿子经常爱动手打人。为什么这么小的孩子就具有攻击行为呢？

在学前男孩身上，我们经常可以看到幼儿的攻击行为，如打人、骂人、用东西砸人、毁坏别人的物品等。对男孩这种行为若不及时加以纠正和制止，任其发展，等男孩长大后，就容易成为一个骄横无礼、脾气暴躁、冷酷无情的人，严重的还会出现反社会行为，对男孩本人、家庭及社会都极为有害。

但很多父母对男孩的这种行为却束手无策，不知道产生的原因是什么，往往使用责备、打骂来教育男孩，结果却常常适得其反。男孩攻击行为的产生，大致有以下几个方面的原因：

一是沾染社会不良风气，模仿别人的行为。亚里士多德曾说："人是最富于模仿的生物，人是借助于模仿来学习他最早的功课的。"如果家庭里吵闹不断，鸡犬不宁，夫妻间经常吵架、打架或者父母经常用打骂的方式来教育男孩，那么在这样的环境中成长的男孩也就极富侵略性、攻击性。另外，男孩深受外界的影响，接触过多大众传播媒介上的有关暴力内容，如图书、报刊、电影、电视、网络等，也容易学得爱攻击别人。

二是过多的挫折和挫败感让男孩的心理扭曲，变得具有攻击性。如果男孩想做某件事失败了，自己的愿望没有达成，就会在内心里有一种挫败感。美国耶鲁大学的心理学家多拉德等人曾著有《挫折与侵犯》一书，书中提出了著名的"挫折—侵犯"假设。假设认为："攻击行为的发生，总以挫折的存在为先决条件；反之，挫折的存在也总是导致某种形式的侵犯。"如果男孩总是感到受挫折，接二连三地失败，心情就会不痛快、郁闷、压抑，一旦被压抑过久，就会通过攻击行为来发泄自己的不满。

三是父母对男孩的攻击行为的纵容和不正确的强化作用，让男孩习惯以打人为乐。比如，幼儿园里的男孩与别的小朋友争抢玩具，如果男孩用推倒或打哭其他小朋友的方式而得到想要的玩具，也就是通过攻击别人达到了一定目的，满足了自己的要求，那么下一次他还会用这种武力的方式来争取到玩具或其他自己想要的东西。有的父母对此不以为然，反而还助长男孩的行为，如自己家的男孩与邻家男孩发生纠纷，当自家男孩占上风时就得意地夸奖，而失败了就会数落一番。这种不当

的教育方式也让男孩越来越喜欢攻击别人。

知道了男孩有攻击行为的各种原因后，父母就要对症下药，及早纠正孩子的攻击行为，具体可从以下几个方面入手：

(1) 父母应做好表率，在家庭中营造一种文明礼貌的气氛。要切忌对男孩实行简单粗暴的打骂教育。男孩从父母处受到的委屈与压抑，极有可能通过攻击行为发泄出来。

(2) 父母要做好积极的预防工作，积极控制可能诱发男孩攻击行为的多种因素，并向男孩灌输一些与人为善、助人为乐等“好男孩”观念，让其认识到攻击行为给别人带来的伤害。

(3) 要训练男孩的受挫能力，尤其是心理上要经受得住挫折的打击。要学会将挫折所带来的不良影响通过压抑、转移、消除等方法加以解除。有什么不满，可通过正常的渠道表达出来并加以解决。

(4) 让男孩学会用说理代替武力。用武力解决冲突是不理智的。父母应告诫男孩不要用武力解决和别人之间的冲突，当遇到争执时，最好通过讲道理来加以解决。

(5) 平静地对待男孩之间的冲突。如果男孩之间发生了冲突，父母一定要保持冷静，不要立即大声呵斥男孩，更不能因为害怕自己的男孩吃亏而护着男孩。应该让男孩自己说清楚发生冲突的原因，然后让他提出解决冲突的方法，或者帮男孩提出一些解决冲突的办法。

总之，虽然有的男孩攻击行为强烈，但是绝对不是无可救药，父母还是要心平气和地引导男孩，让男孩尽早改掉这个坏毛病。

减少男孩对电视的迷恋度

如今基本家家户户都有电视，电视节目更是五花八门。电视对男孩的影响不容忽视，其主要表现有两个方面：一方面，电视节目可以启迪男孩的心灵，陶冶男孩的情操，让男孩感知美、认识美。另一方面，男孩如果过分迷恋电视，不但会影响其视力、睡眠和学习，而且一些不健康的、消极的电视内容还会给男孩幼小的心灵带来伤害。

男孩迷恋电视是让现代父母普遍感到烦恼的一件事。许多男孩都习惯一回家就打开电视机，一看就是几个小时，作业也不认真完成，就连吃饭都手捧着碗边吃边

看……这样长期下去，男孩的身体健康和学习都会受影响。

相对于看电视少的男孩来说，看电视太多的男孩大都比较肥胖，健康状况也比较差，甚至还可能会有暴力和攻击的倾向。因此，父母要掌握好“度”，正确处理男孩看电视的问题。

第一，看电视太多，时间太久，会伤害男孩的身体发育，影响男孩的视力。部分男孩沉湎于电视，面对电视就神经兴奋，离开电视则发痴发呆，目光呆滞，甚至在电磁波的长期辐射下，出现神经质症状，使男孩精神恍惚，学习下降。

第二，看电视太多，会大大减少男孩的户外活动，阻碍交往能力的发展，影响男孩与父母之间的感情交流和口头表达能力的发展。一些男孩把电视当作自己的“唯一伙伴”，失去了亲子、师生、同学之间感情沟通和思想交流的机会和可能，变得内向孤独，脾气古怪，易动肝火，言谈举止为电视所控制，甚至变成电视“老人”。

第三，看电视太多，男孩只习惯于娱乐性的生活，对读书、写作业、上课、劳动等会感到厌烦，注意力不易长时间集中，很容易疲劳。因为电视是单向传播，除了使男孩的视力和听力功能得到发展外，还会使男孩的逻辑思维能力减弱、理解力下降等。

第四，男孩太迷恋电视，会磨灭男孩的意志，使之变得懒惰，怕动脑筋，怕吃苦，削弱为实现目标而努力奋斗、追求的精神和毅力。另外，电视的某些内容对男孩也有不好的影响。

发现男孩过分迷恋电视，父母可采取下面一些方法对男孩进行有效的矫正：

(1) 关于看电视，先跟男孩做个约定。先跟男孩做个约定，可以减少争执的发生。比如说，周末就和男孩讨论下周可以看哪些节目。其他基本规则，像吃饭时不能看电视，功课没做好不能看，或是看到几点就要去做功课，等等，都要事先跟男孩说好。时间到了，或者预定的节目看完了，一定要关掉电视，而不要让男孩“挂”在电视机前继续随意浏览。

(2) 陪男孩一起看电视。父母如果能介入电视节目的诠释过程，将会影响甚至扭转男孩看电视的角度。和男孩有充分的讨论，不仅融洽了亲子关系，也会减弱电视的负面影响。

特别要注意电视广告。有许多垃圾广告，不断引诱男孩消费。因此，别认为在广告时间就可以起身做别的事，还需要留意男孩看了什么广告。

(3) 别在男孩的房间放电视机。有的家庭会有一台以上的电视机，理由是让家中不同成员能够各取所需。但如果在男孩房里也放电视机，只会让男孩和家中的其他成员更疏远，也会影响他做功课和休息，更糟的是父母无法监控男孩是否看了不健康或不合其年龄段看的节目，因此，不要在男孩的房间放上电视机。

(4) 父母要以身作则。不仅男孩会迷恋电视，父母也常常对看电视是乐此不疲。做父母的必须知道，自己的行为习惯对男孩有着重大的影响。如果父母被“粘”在了电视机前，男孩很容易效仿，父母也自然就很难说服男孩少看电视。因此，全家人都要检讨自己的收视习惯，规划出每日固定的收视时段和节目，让男孩明确何时是他的收视时间。有些家庭就有这样的规定，从周一到周五，全家大人只看晚上7点的新闻联播，如有特别节目就先录下来，等男孩休息时再看，这不失为一种好的解决方法。

总之，父母要正确处理男孩看电视的问题，给男孩创造一个相对宽松的空间。一旦男孩明白了父母的苦心，懂得了电视的危害和好处，自然会合理有度地选择自己爱看的、对自己身心成长有益的电视节目来看。

及时纠正男孩吸烟的不良行为

有的父母会突然发现，自己的儿子竟然在外面偷着吸烟，有的甚至上了瘾，自己的零花钱不够，就偷家里的钱或通过其他不正当的渠道弄钱买烟。这种现象在男孩中并不少见。

父母如果发现这种情况应该怎么办？一味地斥责甚至以体罚来惩治男孩多半是不奏效的。因为这个年龄段的男孩有较强的叛逆心理，打骂有时反而会促使男孩对抽烟更加迷恋上瘾。

要纠正男孩吸烟的不良行为，就要了解产生这种行为的原因，男孩为什么会偷着抽烟呢？

第一，好奇心强，寻求刺激。男孩对成年人的活动有较强的好奇心，加上社会对吸烟的一些不正确的诱导，促使他们想亲身体验一下这种感觉。由于男孩的自我的控制能力还不强，慢慢地便上了瘾。尤其是当他们的学习成绩不理想，或是在家里、在外边遇到了不痛快的事，便用吸烟这种刺激来填补精神上的空虚。

第二，盲目模仿，相互感染。十二三岁到十七八岁的男孩的社会化方式首先是模仿。但由于识别能力有限，便在不辨真假、善恶的情况下去追求“新、奇、特”，模仿影视作品中自己所崇拜偶像的一举一动，认为这样才算潇洒。在这些群体中，一旦有人率先吸烟，就会产生暗示，谁不吸就显得“不入流”，结果相互影响，便逐渐形成了不良的吸烟习惯。

第三，错误的心理需要也是男孩吸烟的原因之一。男孩中有些人往往错误地认

为吸烟是“大人”的标志，因而学着吸烟来表现自己长大成人了，可以与成人平等，并在其他同伴面前显示自己的老练与超群。

父母要针对形成的不同原因，及时纠正男孩吸烟的不良行为。

(1) 要向男孩说清吸烟的危害性。吸烟危害人体健康。

(2) 要了解男孩所特有的心理需求。为男孩营造轻松活跃的家庭氛围，创造条件让男孩参加一些有意义的公众活动并获得成功，转移男孩对吸烟的兴趣。

(3) 要耐心地帮助男孩提高判断力和自控力。让男孩明白，盲目地崇拜偶像明星的行为以及模仿伙伴中的不良行为，并非成熟和“潇洒”，而吸烟更不能作为长大成人的标志。这样男孩形成正确的认识，就会逐渐改掉吸烟的坏毛病。

(4) 父母可以寻求学校班主任老师的协助，监督男孩，禁止抽烟的行为。

(5) 言传身教，要让男孩不抽烟，不沾染不良的行为习惯，父母就不要在男孩面前抽烟。即使是平常爱抽烟的父母，也尽量不在男孩面前抽烟。父母先改掉自身的毛病，才能为男孩树立一个好榜样。

(6) 要帮助男孩将精力集中在学习上。大量事实表明，男孩一旦变得不爱学习，对学习失去兴趣，就会容易沾染各种不良嗜好，比如厌学弃学，跟着社会上不良少年学习吸烟喝酒，并以此为乐。学校里绝大多数吸烟喝酒的男孩，往往都是学习不好的学生。一旦遇到这种情况，父母一定不能麻痹大意，坚决帮助男孩悬崖勒马，从歧途中走向大道。增强男孩的学习兴趣，帮助他们重新找回自信，在学习上多关心和指导，对男孩的学习成绩的进步多一点儿鼓励和表扬，男孩就会逐渐地将精力和目标转移到学习上来，慢慢地将烟瘾戒掉。

总之，男孩染上吸烟的毛病之后，切不可打骂，要走进男孩的情感世界，千方百计取得男孩的信任。只有走进男孩的情感世界以后，父母的劝告才能被男孩接受，男孩才能主动戒烟。

养成良好的生活卫生习惯

孩童期是习惯养成的重要时期，抓紧这个时期进行培养，将收到事半功倍的效果，而且习惯养成后会比较牢固，影响终生。

楠楠有一个属于他自己的房间，但里边摆放乱七八糟，无法进去：床上到处堆着衣服，桌子上和地板上到处都堆满了书和玩具。妈妈刚刚帮他整理好了，很快他又给弄得一塌糊涂。妈妈要他自己整理，他却说：“我自己的房间，乱点儿是我的

自由，您要是看不惯，可以帮我整理。不愿意整理，可以不进我的房间，这也是您的自由。”妈妈觉得个人讲卫生，是一个人良好的习惯，对一生都会有好处的，楠楠的做法让妈妈很生气，气急眼了就会骂楠楠，即便如此，楠楠依然我行我素，任由自己的卧室“脏乱差”。

在日常生活中，有些男孩的个人卫生意识非常差。我们经常会看到一些男孩，人长得非常帅气，但穿得却不整洁，如果走进男孩集体宿舍，卫生状况更是惨不忍睹。桌子上杯盘狼藉，饭盒里的剩饭剩菜散发着种种异味。床上床下更是“杂货铺”，床单被罩皱皱巴巴，颜色发黄，散发着汗渍味，空瓶子、臭袜子、脏球鞋等横七竖八地堆在床下。

讲究卫生直接关系到人的健康，良好的生活卫生习惯是保证身体健康的必要条件。然而，在现实生活中，一些男孩由于不讲究卫生，染上急性或慢性疾病，影响了身体健康。

如果男孩不讲个人卫生的坏习惯已经养成，做父母的就要想办法纠正。主要有以下几方面：

(1) 教给男孩学会整理房间。多数男孩都十分顽皮，常常父母刚刚收拾好屋子，转眼间又被翻得乱七八糟，父母一边无奈地叹气，一边不得不重新把房间再整理好。与其跟着男孩身后没完没了地收拾房间，不如教男孩自己学会整理房间。当然，太小的男孩还不会整理房间，对弄乱的屋子也会不以为然，他所关注的只是身边想玩的时候就有玩具。这时，许多父母总是一边呵斥男孩不要动这个、不要碰那个，一边收拾男孩制造的“战场”。其实，这样做是不对的。男孩不会认识到这是他做得不对，反而会误以为自己弄乱了房间，自然会有父母来收拾。所以，父母应该从小培养男孩对自己做的事情负责的意识，让他自己动手收拾房间，从小养成讲究个人卫生的好习惯。

(2) 让男孩学会分门别类地收纳物品。让男孩学着自己把玩过的玩具收好，把看过的书放到书架上，把到处乱放的画笔、铅笔等文具都装进文具包里，等等；父母可以指导男孩将所有的物品放回原地，分门别类地做上标记。按顺序、大小或者轻重程度的不同等一一排序，这样不易互相挤压和损坏物品。总之，让男孩学会分门别类地收拾东西，一方面方便拿取，另一方面可以教男孩养成珍惜物品的好习惯。如果男孩太小，父母可以同他一起收拾，告诉他哪样东西该放在什么地方，千万不要独自就将他弄乱的房间收拾得整整齐齐。

(3) 父母要起带头作用。父母是孩子的榜样，一定要起好带头作用，以身作则。做事有规律，讲秩序，讲究卫生的父母，一般男孩也有同样的良好习惯。如果平时男孩比较懒惰，不爱整理房间，不讲究卫生，也不能要求男孩立即就能改掉坏

习惯，而应该循序渐进，花费一定的时间，千万不可操之过急，甚至打骂男孩。要先让男孩知道需要做到什么样子，怎样才算干净整洁。慢慢地，他就会理解父母的要求，做到父母所希望的样子。

帮助男孩纠正偏食的坏习惯

要想促进孩子身体的健康成长，就离不开人体所需的六大营养素：蛋白质、脂肪、糖类、维生素、矿物质和水。这些营养素分布于各类食物中，所以要保持营养平衡，就要做到膳食均衡。由于一种或一类食物不可能包含全部营养素，所以要鼓励孩子不要偏食。古人讲究在饮食上注重“五谷为养，五畜为益，五果为助，五菜为充”，这就告诉我们不要偏食，谷类、肉、蔬菜、水果等是每天必不可少的。如果男孩偏食，多种营养成分就会摄入不足，时间长了就会造成营养失调，给生长发育带来不良的影响。

纠正男孩挑食、偏食的坏习惯，是父母必须认真对待的问题。了解造成男孩偏食的原因十分重要。

有的父母自己对某种食物十分偏好，久而久之，小孩随大人一起偏爱吃这种食物。也有的家庭对男孩十分宠爱，事事顺着男孩，男孩想吃糖就多给甜食，不引导男孩吃肉类和蔬菜，时间长了男孩难免会偏食。还有的父母想让男孩长得快，采取强迫进食的办法，引起男孩的逆反心理，以至于出现呕吐、拒食、厌食、不爱吃某类食物。凡此种种都对男孩的成长不利。

要帮助男孩矫治这些坏习惯并不难，关键是做父母的要多一点儿爱心和耐心。父母帮助男孩纠正偏食的坏习惯可从这几方面着手：

(1) 耐心地给男孩讲清道理。父母要向男孩说明偏食的危害性，告诉男孩各种食物中含有人体最需要的营养成分，如果偏食，不爱吃蔬菜或者不爱吃水果，就会造成营养不良，并容易生病。

(2) 千万不要责骂男孩，强迫他们吃饭。如果男孩偏食、挑食，父母可以试着这样引导：“尝尝每个菜看看好不好吃，假如有不喜欢吃的，就少吃一点儿。”要注意，千万不要强逼男孩进食。

(3) 餐桌上的饭菜要多样化，避免单一。给男孩的一日三餐，最好是餐桌上的饭菜要尽量丰盛一些，种类多一些，尽可能做到色、香、味俱全，同时要保证营养的全面。如果男孩对某类食物不爱吃，父母可以变换花样做成不同式样的食品，增强男孩的兴趣和食欲，把吃饭当成一项乐趣。有时候在饮食上多花一点儿小心思，那么，孩子的偏食、挑食的坏习惯就能得以纠正。

(4) 不要过分溺爱、娇惯男孩。有的父母溺爱男孩，男孩要什么给什么，喜欢吃什么就毫无节制地买，大量的甜食、零食、快餐等吃出一个个的小胖墩，父母还是不停地给准备各类吃的，生怕孩子吃不饱。这样在饮食上一味地宠爱和迁就男孩，对他的健康并无益处。有的男孩不爱吃饭，就喜欢吃零食，用零食代替正餐，这样到了吃饭的时间肚子里已经被各种零食填饱了，而没到吃饭的时间却又觉得饿，不得不继续用零食补充。这样饮食不均衡，不规律，于是就会让男孩觉得什么都不好吃，对饭菜越来越挑剔。时间长了，就会偏食。因此，不能由着男孩随便吃零食。

(5) 对男孩的进步予以奖励。父母要告诉男孩，吃饭要有规律，有节制，不能偏食、挑食。不能只顾自己，什么东西自己最喜欢吃，就一个人“包圆儿”，自己不喜欢吃的食物一口不动。好吃的饭菜要和全家人一同分享，不好吃的饭菜，即使不合胃口，也应该吃一点儿。好吃的要让大家共同分享。吃饭时每一盘菜都吃一些是一种好习惯，这样既能丰富男孩的饮食结构，又能培养男孩就餐的良好礼仪。

当男孩不爱吃某种食物时，父母可以鼓励他少吃一些并给予奖励，慢慢纠正偏食的习惯。比如，男孩不喜欢吃西蓝花或木耳，就可以鼓励他说，如果能吃一小碗，就可以给他买玩具或带他到游乐园玩等。

特别要注意的是：对于因生病引起的挑食或偏食，如男孩表现出食欲不振，不思饮食，或呕吐等胃肠道不适症状，父母要带男孩立即就医。

总之，只要父母在现实生活中加以巧妙运用策略，就一定能使男孩自觉养成合理饮食的好习惯。

第三篇

不打不骂

——培养杰出精英男孩

第 18 章 好品德，让男孩一生绽放光彩

父母应重视男孩早期的品德教育，既要抓得早，又要抓得严；既要纠正男孩的不良思想和行为，又要让男孩明白一定的道理，逐渐掌握是非、善恶的标准。

别忽视对男孩良好品德的培养

有的父母对纠正男孩的不良品行和错误思想重视不够，觉得男孩年纪小，长大懂事后自然会变好。其实这种“树大自然直，人大自然好”的思想危害极为严重。

培养男孩的品德，就要从小开始。男孩年龄小，可塑性极强，模仿能力强，是父母培养良好品德的好时机。可是如果父母的教育不合理，男孩就很容易形成一些不良的思想和行为习惯，而此时父母又不注意帮助男孩及时纠正，这将会给以后的教育带来几倍、几十倍的困难，严重危害男孩的健康成长。

比如，男孩常常把一些小画书、小玩具之类的小东西拿回家，这些东西有的是别人送的，有的是自己捡的，有的是拿别人的。虽然男孩知识少，不知道拿别人的东西是一种不道德的行为，但父母如果对此不闻不问，不及时纠正，就会养成男孩拿别人东西的习惯。今天的小偷小摸很可能发展成明天的江洋大盗，常言说得好“小偷针，大偷金”，说的就是这个道理。

“千里之堤，溃于蚁穴”。据少管所对押少年犯的调查研究表明，许多青少年犯罪的重要原因之一就是小时候的不良行为习惯没有得到及时纠正。父母要想培养男孩的良好品德，就绝不能姑息男孩的任何细小错误行为，要坚决把男孩的不良思想和错误行为消灭在萌芽状态。父母要及时让男孩认识到拿别人的东西是错误的，

使男孩产生一种过失感、内疚感、羞耻感，认识到拿别人的东西是一种不光彩的行为。

育人和育树是同样的道理，人们不是常说“十年树木，百年树人”吗？但是有些父母却只相信那些歪理。

常常听到有些父母说：“那个首富谁谁谁，就是初中毕业，所以男孩不必要求那么高，长大了自然就好了。”抱有这种观点的父母是目光短浅的，我们目前所处的时代是充满竞争的时代，将来的人没有充分的实力就会遭到淘汰。

也有一些父母这样认为：“这么小的男孩懂得个啥！再大一点儿教育不是更好吗？”持这种观点的人比那些干脆不教育男孩的父母要好得多。但是，这也是一个认识的误区。从教育观点看，三四岁的男孩是教育开始的最佳年龄。常言说得好：“三岁看大，七岁看老。”所以，教育男孩应该从他刚刚懂事时就开始。特别是当男孩思想品德方面出现了某种不好的苗头时，要引起注意，他们的小脑瓜已经开始有复杂的思维活动了。如果“以恶小而为之”，原谅男孩，等“树大自然直”，让一种不好的思想和习惯在男孩身上积成恶习，这岂不是父母的过失？

“冰冻三尺，非一日之寒。”男孩良好的品德和行为习惯的形成不是一朝一夕的事情，它需要父母长期、精心的培养。在父母的严格要求下，男孩会逐渐明确好与坏、是与非的界限，提高自己的认识，克制自己的错误思想，规范自己的行为，从小养成良好的行为习惯和道德品质。

男孩的身心发展是一个完整的统一过程，不能割裂开来，不能孤立地逐个培养，也不能先培养这一方面后培养那一方面。父母要树立整体的观念，克服片面发展的思想，从体、智、德、美几方面综合培养，促进男孩的健康、和谐发展，为男孩以后的全面发展打好基础，为成才铺平道路。

由于对男孩的品行发展的忽视而酿成的悲剧在现实生活中总会上演，父母都应该警惕了，对于男孩品行的培养，千万不能忽视。

有这样一位家长，一直放养自己的儿子。当学校找到他告诉他男孩被拘留了的时候，这位家长忽然不在乎地说：男孩进拘留所是对他的锻炼，没有什么值得担心的。

某校初中一年级的班主任家访时发现有一男生就在家的地上睡觉，原来这名男生的父母经常外出打麻将，根本不管男孩的生活。后来由于父母疏于管教，这个男生渐渐地回家次数越来越少，在外面交上了不三不四的朋友，最后走上了犯罪的道路，这个时候他的父母才开始反省自己，但是已经晚了。

有的家庭父母离异，男孩得不到及时有效的教育，有的父母是个体户，无暇顾及男孩，这些特殊的环境都会在男孩的心灵上重重地打上家庭的烙印。那些整天忙

着赚钱的父母，很少关心男孩的成长。也许因为自己有钱，就给男孩买很多高档的玩具，给男孩雇保姆、请家教，但是这些都不能代替父母的爱和教育。

俗话说：玉不琢，不成器。男孩就像是一块未曾雕刻的璞玉，如果父母能够精雕细琢，他就会成为一件很美的艺术品。反之，若采取放任自流的态度，男孩也就不可能成为一件人见人爱的“工艺品”。

在这里，对那些忽视男孩品德的父母要多说几句，爱子是人的天性，但作为父母要有理智、有目的地表达对男孩的爱，而不能只是沉溺于本能的爱，要选择适当的表达爱的方式。当然，这个尺度很难拿捏。如果我们在塑造一件雕塑，将要完工时，发现雕塑不理想，我们可以弃之重塑一件新的作品，而对男孩的塑造却只有一次。所以，父母要不断反思自己对男孩怎样做才能让男孩有一个好品德。

男孩的品德要从小慢慢培养，绝不是像一些人说的那样“树大自然直”，认为不管男孩如今怎么样，长大了自然就会变好的。人的行为是受意识支配的，世界观的形成是从小一点一滴积累的。男孩的行为习惯、意志品质、思想道德都要从小加以培养。

俗话说：“严是爱，宽是害。”男孩就像小树苗，父母和老师就是园丁，树苗在长成大树之前要经过许多次的修剪，不修剪或者修剪得不及时，就长不好，不能成材。小幼苗只有进行不断的修理、培育，让他们在风雨中锻炼自己，明天才能长成参天大树！

少灌输给男孩不吃亏的思想

孩子一生下来就像一张白纸，后天的影响和教育让这张白纸慢慢地变得五颜六色起来。最初，在男孩的心里，是不知道讨价还价的，也不知道什么是吃亏，什么是赚便宜的。

我们似乎经常见到这样的场面，父亲很严肃地对男孩讲：“在外面跟别的孩子打架，你要是打赢了，回来后我奖励你，给你买好吃的、好玩的。如果是你打输了，吃了亏，回来后等着挨皮鞭！”

有时候，男孩和小伙伴打架被打哭，受了委屈回家，谁知父亲不但没有一句安慰，反而还严厉地对着男孩训斥道：“你为什么不还手，他比你个子还小，却能把你打哭，真是窝囊！如果下次你还哭着回来，我也要揍你。”

这种教子方式显然是可怕的，也是非常错误的。让男孩以拳还拳，以牙还牙，

男孩就会成为一个缺乏爱心、喜欢打架的顽劣之徒。天下所有父母都希望自己的孩子一生顺利，每时每刻都会享受爱和关怀，然而，有很多父母可能没有意识到，男孩享受家庭之爱很重要，但是培养男孩的爱心更重要。男孩不仅要懂得爱家人，爱自己，同样也要学会爱他人。男孩将来要立身社会，为人处世，要参与社会竞争，不仅仅要依靠父母的爱，同样离不开同伴的爱、集体的爱、社会的爱。所以爱永远是双向的，要将自己的孩子培养成具有爱心的人，父母必须先要有爱心，并且善于将爱心施与他人，让父母、同学、同事甚至是陌生人都能感受到自己的爱心。教育孩子具有竞争意识是没有错的，但是教男孩以牙还牙，就是错误的了。培养男孩的爱心，教男孩善待他人，给予男孩积极的正能量，才是家庭教育之本。

一位教育专家曾经在一所幼儿园做过调查，专家问一个男孩："你玩得好好的，有个小朋友不小心把你碰倒了，你怎么办？"这个男孩脱口而出："我就用脚踹他！"其他57.1%的男孩也都是同样的心态：不能吃亏，要把吃的亏赶紧找回来！有些回答更让人心惊肉跳："打他屁股""告警察抓走他""用鞭子抽他""让大灰狼把他吃了"，等等。

虽然不是所有的男孩都如此缺乏同情心、缺乏爱心，不能容忍别人，甚至对人有些残酷，但是却提醒我们，教育孩子做个有爱心的人多么重要。如果这些男孩长大成人后仍然有以上这种心态，生活在一个自私、残酷，没有爱、同情心、没有宽容、没有正义的世界里，将是多么可悲。

如今父母不断向男孩灌输不吃亏思想，跟现在的家庭结构有很大的关系。过去是一母同胞弟兄多个，家庭中自然形成了兄弟姐妹相互关心，相互照顾的局面，养成了关心、照顾他人的品质。如今的孩子大部分都是独生子女，父母疼爱孩子，都怕自己的孩子在外面吃亏。父母疼爱孩子的心情可以理解，但是，这种时不时地向男孩灌输不能吃亏的思想，很容易使男孩斤斤计较，事事从个人利益出发。几个男孩在一起玩时，总有个别男孩，他们不是置身游戏的快乐之中，而是总是比别人多玩几次，多享受几回，一旦没能达到自己的心愿就开始发脾气，和同伴们赌气。本来很愉快的游戏，闹得自己一肚子气。

父母灌输给男孩不吃亏的思想容易使男孩变得孤僻。如今的男孩都是独生子女，他们在家里找不到同龄人的共同语言和游戏的伙伴，只有和其他家庭的子女才能实现"互惠"。孩提时期，孩子最大的心理需求就是和同龄人在一起。因为同龄人有着平等的能力、智力，有共同语言，他们在一起很容易相互学到知识和智慧，从而带来各自的心理满足。

所以，做什么都讲究不吃亏的男孩，在集体中会受到排斥、孤立。他们只能独自待在家里，感受孤独，也学不到同龄人的知识和智慧，显得比同龄人幼稚。

父母灌输给男孩不吃亏的思想，使男孩将来难以适应社会。一个人的价值可以用他对社会的贡献大小来衡量，只讲索取，不讲奉献，是我们这个社会所不提倡且人人反对的。人们往往不愿意与这种人协作，这种人也难以在社会生活或工作中找到一席之地。

总之，为男孩的将来考虑，要培养男孩乐于奉献、甘于奉献、关心他人的道德品质。如今都是独生子女，幼时家中无人需要他们关照，而将来的社会，几乎全部由独生子女组成，要想让男孩融入社会，就要有意识地补上这堂“关怀”课，让男孩试着吃点儿亏。

男孩的孝敬观需要好好培养

尊老爱幼，孝敬父母，是中华民族的传统美德。但是，在现代家庭中的一些独生子女身上，这种美德似乎很少表现出来。在生活中，我们常常可以看到这样的情景：酒足饭饱之后，男孩推开桌子看电视或出去玩耍了，留下父母忙碌地收拾一桌子的碗筷；父母买回好吃的总是不忘先让男孩品尝，而男孩却很少买东西或食品孝敬父母；男孩生病了，父母昼夜难眠，而父母身体不适，男孩却很少问候。凡此种种，令人堪忧。

子女有无孝敬父母的习惯，不仅体现的是亲子关系之间的情感，也反映出一个人能否关心他人。在家里能孝敬父母，在工作上就能关心同事，出门在外就能关心他人。

男孩的孝敬观需要父母的培养，怎样培养男孩孝敬父母的好习惯呢？教育专家提出了以下四点建议：

(1) 要从小事入手。男孩孝敬父母，具体来说表现在，听父母的话，关心父母健康，为父母排忧解难，帮助父母分担家务劳动，不给父母添麻烦。最重要的是，要把这些要求落实在实际行动中。孝敬父母，可以从日常生活小事做起。比如，在关心父母的健康上，每天要问候下班回家的父母；当父母劳累时，主动帮助父母做按摩或请父母休息一下；当父母外出时，提醒父母不要遗忘东西或注意天气变化，做父母的温馨小贴士；当父母年迈时，男孩应主动照护，多一些安慰和关心等。男孩应承担力所能及的家务劳动。

父母对男孩的帮助和关心也可以给予热情鼓励。这样不但有利于男孩养成家务劳动的习惯，也有利于男孩不断增强孝敬父母的观念：“父母养育了我，我应为他

们多做事。”

(2) 让男孩懂得尊老爱幼。现在，不少男孩是“小太阳”，父母也如众星捧月般地百般呵护，所以男孩在家里是名副其实的小霸王。男孩的养尊处优，使他缺乏孝敬父母的意识，不高兴时与父母顶嘴、吵架，青春期更是叛逆无常，完全没有尊敬长辈、尊重父母的观念。

父母和孩子虽然都是家庭的主人，但孩子毕竟年幼，生活经验不足，生活和工作上的事情都由父母做主。父母靠着辛苦的劳动来维持家庭生活，养育子女，他们有丰富的生活经验，有责任成为家庭的主事人，男孩应当在父母的指导帮助下生活、学习。

因此，父母要让男孩明白自己与父母的关系，知道父母是长者，是生养自己最亲的人，而不能颠倒主次，不尊重父母，在家里胡闹。

当然，一个和睦温馨的家庭需要民主和平等，父母也要尊重男孩的独立人格。当男孩渐渐长大，有了独立生存的能力时，父母可以放手让男孩自己去处理自己的事情，一定要充分听取他们的意见，尽可能满足他们合理的意愿。

(3) 要让男孩了解父母的辛苦。有些父母习惯把一切苦和累都自己扛，而不让男孩吃一点儿苦。以至于不少男孩养成了浪费、奢侈的坏习惯，不珍惜父母的劳动，不了解父母工作的辛苦，不能体会到父母挣钱不易，只是一味地向父母索取，花父母的钱，并且还认为父母供自己吃喝穿戴是天经地义的。

这样培养出来的男孩是不会从心底里孝敬父母的。所以，父母有必要让男孩了解自己在外工作和收入的情况，说得越具体越好，从而使男孩学会珍惜父母的劳动成果，明白任何财富都是来之不易的。这样男孩会逐渐珍惜自己的生活，也会从心底里感激和敬重父母。

(4) 父母要以身作则。男孩对待父母的态度会受到父母对待长辈态度的影响。有一个故事值得我们思考。

从前，有一对夫妇对年迈的父母很不孝顺，他们把老人撵到一间破旧的小屋里居住，每顿饭只用一只小木碗给老人送去一点残羹冷炙。

一天，夫妇俩看到自己的儿子在雕刻木头，就问他刻的是什么，男孩说：“我在刻木碗，等你们年纪大了，给你们用。”夫妇俩听后羞愧难当，于是连忙把自己的父母请回正屋，同自己一起居住，他们扔掉了小木碗，把家里最好吃的东西拿给老人吃。从此一家三代和睦相处。

父母的榜样对男孩的影响是巨大的。在现实生活中，忽视长辈的事情很常见。有些夫妻不仅不给自己的父母多一点儿照顾，反而还千方百计地索取老人的财物，这些做法也深深地影响着下一代。因此，父母要时刻不忘照顾年迈的父母亲，不能

只顾自己的小家庭，而忽视了对老人的照顾和关心。即使距离再远、工作再忙，也要多关怀和问候一下老人，在节假日可以带上孩子去看望老人，帮老人做些家务，同老人共享天伦之乐，尽一份子女应尽的责任和义务。如此天长日久，男孩耳濡目染，潜移默化，就会逐步养成尊敬长辈、孝敬长辈的好习惯。

(5) 淡化男孩的生日意识。培养男孩的孝敬观，还有一个看起来平常，但却很重要的细节，那就是要淡化男孩的生日意识，而是要让男孩知道：自己的生日最应该感谢的应该是自己的母亲。在为男孩过生日的问题上，有些当父母的走入了误区：儿子的生日一年就有一次，于是大把花钱为男孩过生日，把男孩放在餐桌的首席上，供着、哄着。其实，这样是不利于男孩的成长的。

总之，男孩孝敬父母的观念要从小培养，让男孩懂得感恩父母，在适当的时候能向父母送上一句“谢谢”、一张贺卡、一封信、一个电话、一声问候、一份礼物……

诚实守信是男孩的立身之本

现实生活中，很多父母非常重视男孩的智商水平，而忽略了情商的培养。有不少男孩的学习成绩很优秀，父母也是不惜重金全方位培养才艺特长，但对男孩的诚实守信教育上却不加重视。在生活中，智商和情商出现偏差的情况不在少数。而学校教育也大多关注学生的学习成绩、升学率等，很少对个人情商进行训练。

诚实守信是人类的美德，也是情商培养中最重要的必修课。诚实守信是男孩的立身之本。但是，有的男孩比较顽皮，爱撒谎，有时可以编出一套套谎言来骗父母，骗老师，骗同学。有的则弄虚作假，考试会作弊。所以，父母要从小就灌输男孩做人要诚实守信的品格，这样进入社会之后，才会赢得更多人的敬仰和尊重。不诚实的品性将会直接影响男孩的成长，对父母来说，在男孩心灵中播下诚实守信的种子是非常必要的。具体的要注意以下方面：

(1) 给男孩树立诚实守信的榜样。为了使男孩听话，或者为了刺激男孩的学习积极性，有些父母总习惯于对男孩许诺，慢慢地男孩就明白了，可以通过跟父母讲条件达到一些要求的，这样算起来要划算多了。

生活中，有些父母喜欢对三五岁的男孩许诺，用这个办法有时候非常有效。如男孩发脾气、不听话，妈妈就随口说：“你如果听话不闹，我明天给你买机关枪，或者买个遥控小汽车。”当男孩贪玩不好好学习时，爸爸就说：“你如果好好学习，考90分以上，就带你去××旅游”，等等。大人许了愿，如果真兑现还好，可是在多

数情况下这都是大人哄男孩的一个策略，说得多，但真正实行得少。

要纠正男孩不守信用的坏习惯，父母首先要做到言行一致。男孩的模仿能力很强，很容易受到某种行为的暗示。如果父母言行不一，不履行承诺，男孩就会受到暗示，跟着模仿。

教育男孩要诚实守信，父母自己首先要诚实守信。以诚实守信培养诚实守信，其道理是不言自明的。

孔子有个学生叫曾子。有一次，曾子的妻子要上街，儿子哭闹着要跟去，妻子就哄他说："你在家等我，回来给你杀猪炖肉吃。"男孩信以为真。

妻子回来，见曾子正磨刀霍霍准备杀猪，赶忙阻拦说："你怎么真的要杀猪给他吃？我原是哄他的。"曾子认真地说："对小孩怎么能欺骗呢？我们的一言一行对孩子都有影响，我们说了话不算数，孩子以后就不会听我们的话了。"

"人无信不立"，为了培养男孩的诚实守信习惯，在日常生活中，父母对待男孩一定要诚实守信，不要说话不算话。有位妈妈经常警告男孩，如果撒谎，就用针把他的嘴缝起来。有人问这位妈妈："如果男孩真的撒谎了，你真会缝上他的嘴吗？"显然，这位妈妈对男孩说的话本身就是不现实的，用这种方式来教导男孩不要撒谎是非常不可取的。

男孩总是把父母当作效仿的榜样，父母的一言一行对男孩都有潜移默化的影响。小男孩从父母的欺骗行为中会逐渐体验到：对别人说话不一定都要兑现，有时是可以说假话的。

(2) 对男孩进行诚实守信的品质教育。父母要教育男孩答应别人的事一定要兑现，如果经过再三努力仍没有做到，就应该诚恳地向对方说明原因，并表示歉意。而且要教育男孩在答应别人之前一定要慎重考虑，认真考虑自己有没有能力做到，要量力而行。如果自己没有能力做到，就不要轻易答应。如果自己有能力做到，也应该留有余地，不要轻易夸下海口。这样，男孩在答应别人时，就会有章可循，起到一定的规范作用。

对男孩进行诚实守信品质教育，父母可以借助实例、故事的形式讲给男孩听，让男孩明白诚实守信对一个人来说是非常重要的。

(3) 满足男孩的合理需要。男孩不诚实守信，爱撒谎，大部分是出于某种精神需要或物质需要没有得到满足，为了实现自己的愿望，他会想各种办法。如果父母对男孩合理的需要表示反对，男孩就会用撒谎的方式来满足自己的需要。

对男孩提出的合理要求要尽量满足，如一时无法满足，必须向男孩说明理由。如果对他的愿望与要求不分青红皂白地一律不予理睬或一味拒绝，就容易使他说谎或背着父母干坏事。

一个男孩爱画画，多次要求妈妈给买彩笔，可是他妈妈没把此事放在心上，一直没给买。为了得到这盼望已久的彩笔，男孩开始骗妈妈：“我们老师说，明天每人要带一盒彩笔去幼儿园画画。”妈妈不敢违背老师的要求，赶紧去买了盒彩笔，男孩终于以说谎的办法达到了目的。

因此，父母应该认真分析男孩的需要，尽量满足其合理的部分。

(4) 不要总是怀疑男孩。我们经常会看到这样的父母：他们让男孩在自己的房间里认真写作业，然而总是不放心，每隔五分钟进去看看男孩是在认真学习还是在偷懒；他们让男孩独自替自己去商店买件东西，也不放心，总担心男孩把多余的钱花光。父母对男孩半信半疑的行为的结果就是男孩用撒谎来对抗。父母认为自己怀疑有“理”，而男孩的不诚实守信也似乎理直气壮。

男孩因年龄小而表现出自制力差、年幼无知，或其他原因而犯错误，是再正常不过的事。对此，父母要冷静对待，客观分析。当男孩犯了错误，父母不要冷眼相待，要态度温和地鼓励男孩承认错误，帮助男孩找出错误的根源并及时改正。这样，男孩会对父母更加信赖、亲近，敢于向父母敞开心扉。如果男孩一犯错误，父母就用训斥、讥讽或体罚来对待，就会养成男孩爱撒谎的坏习惯，他会用说谎的办法来逃脱打骂。

(5) 父母要敢于承认错误。大人一定要说话算数，要是许诺的事情真的是由于各种原因不能兑现了，一定要及时地向男孩道歉。对男孩说话不算数，会造成男孩对父母的不信任，影响父母在男孩心目中的威信，以后无论再对男孩说什么，可能收效都不会很大。父母应当从男孩的角度想想，当父母答应了男孩的要求后，男孩会是什么心情呢？他兴奋，期待着愿望的实现，并憧憬着实现后的美好。可是，当他发现这一切都是骗局时，会非常失望，非常难过。这样几次以后，父母的话就不再起作用了，男孩会觉得反正父母说话也不算数，何必要相信他们那一套呢！

在现实生活中，许多父母都有可能不自觉地对男孩讲一些不诚实的话，或者讲过的话没有兑现。这时候，父母一定要放下架子，以平等的身份向男孩承认错误，这样反而会赢得男孩的信任。

(6) 及时纠正男孩的不诚实行为。男孩的不诚实行为主要指说谎和私拿他人或集体的东西，对这些行为要及时纠正。

男孩说谎，父母往往很生气：“这么小就开始说谎！长大了还得了！”父母为男孩的不诚实担心是有道理的，但仅此还不够，应该找出男孩说谎的原因，并帮助他们改正。如果不及时改正，男孩长大成人之后，很可能做出害人又害己的事来，后果不堪设想。

正如巴甫洛夫所指出的：“永远不要企图掩饰自己知识上的缺陷，即使用最大

胆的推测和假设去掩饰，这也是要不得的。不论这种肥皂泡的色彩多么使你们炫目，但肥皂泡必然是要破裂的，于是你们除了惭愧以外，是会毫无所得的。”

总之，诚实守信是男孩将来的立身之本，父母应该加强对男孩诚实守信品质的教育，从小就教育男孩诚实守信用、负责任。告诉男孩，一个言而无信的人，是没有人愿意和他合作的。

培养文明礼貌的好少年

许多父母由于忽视了对男孩的个人修养教育，致使男孩不讲文明礼貌。也许男孩口中飞出的污言秽语没有任何针对性，似乎也未给任何人造成心灵上的伤害，但脏话毕竟刺耳，会破坏一个人的形象，同时也会妨碍正常的人际交往。试想，谁会喜欢和一个不讲礼貌的男孩一起玩呢？

古代教育家孔子说：“出辞气，斯远鄙倍矣。”其大义是说话时应注意言辞语气，避免粗俗和污秽。同样一句话，用不同的语气和语调说出来，效果则会大相径庭。与人交流，语气温和，语调平稳，往往会给人留下美好的印象。在男孩很小的时候，父母就应该给男孩灌输常用的礼貌用语，比如请、谢谢、对不起、别客气、没关系、您早、您好、再见等。

男孩是否讲究文明礼貌，关键在于父母的教育。培养男孩文明礼貌的习惯，要从一点一滴做起。父母可以从以下几个方面入手：

(1) 为男孩树立文明礼貌的榜样。古话说得好：“己正而后能正人。”作为父母，若要让男孩礼貌待人，首先自己要做出表率。父母对男孩的影响最直接、最深刻，父母的身教是对男孩最生动、最实际的教育。父母应充分利用家里来客的有利时机提醒男孩，给男孩示范，使男孩在亲身体验和实践中理解文明、礼貌、热情的含义。通过父母的行为潜移默化地影响男孩，使男孩在耳濡目染的环境中逐步形成礼貌待人的品德。

父母要从积极的方面去帮助男孩关注成功，关注良好结果，去帮助男孩分析成功的原因，分析导致良好结果的原因。每个男孩的身上都会有闪光点，特别是父母具备较好的礼貌行为时，男孩会表现得更优秀。

(2) 明确对男孩说出期望和要求。父母应该和男孩多谈心，明确告诉男孩希望他能成为一个有教养的好男孩。告诉男孩哪些言行是文明礼貌的，哪些言行是粗鲁无礼的，让男孩明白文明礼貌的重要性。和男孩外出的时候，当看见有人在大街上

打架或吵架时，父母应该立即告诉男孩，这种行为严重影响了社会公共秩序，是不文明的。当男孩在家里特别闹腾的时候，父母可能非常生气，但一定要控制住情绪，尽量避免对男孩大叫大嚷，而是要语气平和地告诫男孩，“希望你保持安静，爸爸妈妈需要休息”，或者说“你的动作应该轻一些，别影响楼下叔叔阿姨的休息”。

(3) 要帮助男孩掌握必要的文明礼貌常识。文明礼貌常识包括两方面的内容：语言和行为。

文明礼貌语言要求不说粗俗的话，日常用语包括“您好”“早上好”“见到您非常高兴”“欢迎光临”“晚安”“再见”“欢迎再来”“对不起”“没关系”“谢谢”“请”等。

文明礼貌行为包括交往行为和环境行为两种。

交往行为包括见面或分手时打招呼、握手，与人交谈时眼神、体态和表情要体现出对对方的尊重。与别人说话的时候要用眼睛看着对方，这也是一种礼仪，如果与别人说话眼睛却看着旁边，这是一种不礼貌的行为。

文明礼貌的环境行为要求遵守公共秩序和社会公德，如：爱护公共卫生，不随地吐痰，不乱扔纸屑果皮；穿着朴素大方整洁，头发干净整齐；不打架骂人；待人态度热情和蔼；遵守交通规则；乘车时主动购票，给老、幼、病、残、孕妇及师长让座，不争抢座位；购物时按顺序；爱护公共设施、文物古迹；观看演出和比赛时不起哄，做文明观众；等等。

(4) 发现问题就立即解决。培养男孩讲文明、有礼貌是一个循序渐进的过程，父母不能要求男孩在一夜之间就变得彬彬有礼。当父母发现自己的男孩不习惯用敬语时，应立即加以矫正，直到男孩养成了说敬语的好习惯为止。父母切不要把男孩的许多问题都集中起来，试图突击解决。正确的做法应该是发现一个问题就立即解决。

(5) 讲清道理，少斥责。男孩的自律性比较差，即便是那些乖男孩也会有不乖、不讲文明礼貌的时候。当父母发现男孩说脏话或者行为粗鲁无礼时，一定不要仅仅只是简单粗暴地加以制止，而是要耐心地给男孩讲道理，告诉男孩为什么不能那样说话、做事。比如，当发现男孩在饭桌上打饱嗝的时候，父母不要只是大声呵斥他“你是什么孩子！这么没教养!”，而是要告诉男孩“这种行为太没有礼貌了，应该有意识地控制，实在控制不了，应该向大家说对不起”。

总之，文明礼貌是现代人必备的基本素质之一。父母完全可以通过自己的言行潜移默化地影响男孩，把男孩培养成一个讲礼貌、懂文明、有教养的人。

从小教男孩以谦逊为美德

“满招损，谦受益”是古人流传下来的传统美德。因此，每一位父母都希望自己的男孩做一个谦逊的人。谦虚做人，谨慎做事，不自以为是，不骄傲自满，不妄自尊大，应是男孩将来为人处世中不可或缺的品格。谦逊的反面是自负。对自己过分自信，就会变为自负。心理学家认为，自负多是由于我们对自己的认识过分膨胀造成的。目空一切、心高气傲、自以为是的人，常常会被自负冲昏头脑，结果受伤害的还是自己。

我们常说，谦虚是一种美德，是一种难能可贵的品德。可是，到底是什么原因导致男孩骄傲自大、目中无人呢？

首先，父母对男孩的影响。有些父母由于自身条件比较优越，总是表现出一副扬扬得意、目中无人的神态，流露出对他人的不屑。如他们经常议论同事的缺点，认为某某不如自己。男孩听到这些话，也会仿效父母，只看到自己的长处，而嘲笑别人的短处。

其次，家庭生活条件优越。优越的家庭条件容易使男孩滋生虚荣自傲的心理，形成爱炫耀自己、嘲笑别人的毛病。如男孩经常穿漂亮的新衣服，就会看不起那些总是穿旧衣服的男孩。

再次，父母对男孩进行过多的夸奖。男孩经常得到父母的夸奖，就会认为别人不如自己，导致看不起别人。如果父母经常在朋友面前炫耀自己的男孩，男孩就会认为别人都不如自己，从而产生自傲心理。

莎士比亚曾经说过：“一个骄傲的人，结果总是在骄傲里毁灭了自己。”的确，骄傲是成功的大敌，唯有谦虚才是男孩成长与做人不可缺少的品格之一，谦虚有助于男孩将来拥有良好的人际关系，树立好人缘。从小养成谦虚的美德，有助于男孩虚心学习，脚踏实地地取得进步，从而迈向人生与事业的巅峰。因此，父母要培养男孩谦虚的品格。当男孩出现骄傲自大的心理时，父母应该给予以下帮助：

(1) 耐心教导，让男孩正确评价自己。男孩出现骄傲自大的坏习惯往往是由于过高地估计了自己，认为自己比谁都强，只看到自己的长处，而看不到自己的短处，拿自己的长处比他人的短处。因此，这样的男孩会狂妄自大，以“自我为中心”，想干什么就干什么，不会设身处地替别人着想。作为父母应耐心地教导男孩，让男孩学会正确地评价自己，既认识到自己的优点，又看到自己的不足。

(2) 表扬时感情流露要“浓淡”适度。父母应尽量少在外人面前夸奖男孩，因为男孩的自我评价能力还很差，看到那么多人肯定自己，会产生错误的认识，认为自己真的多么优秀，从而产生骄傲的情绪。

父母要用“浓淡”适度的态度，督促男孩改正骄傲自大的坏毛病，告诉男孩在交友中应该怎样做和不应该怎样做，并加以训练和指导，使其养成良好的行为习惯。这样，他才会受到大家的欢迎。

(3) 奖励以精神鼓励为主，物质奖励为辅。父母要注意不能给男孩过多的物质奖励，让他明白好条件是父母创造的，他其实和其他男孩一样，没有什么高人一等的特别之处。父母要观察男孩的心态和行为表现，发现苗头及时教育，消除其骄傲自大的不良心态。

一般情况下，男孩得到口头表扬后，心理上就会得到满足。过多的物质奖励，更容易使男孩沾沾自喜、高傲自大、忘乎所以，甚至不思进取。要防止男孩被夸奖声和赞许的目光所包围，或获得过多的物质奖励而产生畸形的满足感，从而懒于进取和努力，削弱进取意识。

(4) 以身作则，父母要为男孩树立榜样。榜样的力量是无穷的。父母是男孩的第一任教师，是男孩效仿的最直接的榜样，父母对男孩的示范作用是巨大的。父母应该成为男孩高尚人格的榜样，要谦虚友善，不要在男孩面前表现出骄傲情绪，以免男孩受到不良影响。

犹太人有句名言：“如果自己的内心已由自己占满，就再也不会有留给神住的地方。”所以，一个人要想给知识留下空间，必须不自满。只有虚怀若谷，才能充分地吸收周围的营养。

因此，父母在生活中应有意识地培养男孩谦逊的品格，让男孩不要太骄傲。从小培养男孩谦逊的态度，会使男孩不断进步。帮助男孩养成谦虚的品质，将让他受益终生。

第 19 章 好性格，影响男孩未来生活的幸福指数

性格是指一个人在个体生活过程中所形成的、对现实稳固的态度以及与之相适应的习惯了的行为方式。性格决定命运，命运改变未来。男孩将来步入社会、职场，除了要靠职业技能取得优异的成绩，有个好性格也会有很大的帮助，在很多时候，后者起的作用更大。从小学、中学到大学，学校教师传授给男孩的是技能，而父母则要教育男孩在社会中取得成功所需要的性格特质。

男孩的性格是天生的吗

人们常用“一母生九子，九子各不同”来作为“孩子的性格是天生的”依据，这其实是一个误解。性格的形成是有天生的成分，有遗传的因素，但主要的还是后天的环境影响和教育的结果。

那么，为什么没有两个性格完全一样的人呢？那是因为，没有任何两个人的先天因素和后天环境是完全相同的。

即使是双胞胎的两兄弟，性格也存在着较大的差异。虽然双胞胎的先天因素相似，比如相貌相近，但是，他们的后天经历可能会大相径庭，性格也便迥然不同。这正说明了外貌由先天因素所决定，但性格完全可以通过后天因素来塑造和改变的。在性格中还有一种被称为角色塑造的，比如双胞胎兄弟一出生，一个被认定为哥哥，而另外一个就注定成为弟弟。当兄弟的角色被确定后，一些约定俗成的行为规范或性格因素就会表现出来。比如，哥哥要谦让弟弟，在性格上，哥哥沉稳成熟，弟弟调皮活跃，兄弟俩的性格和脾气会有很大的不同。

人的性格不是一成不变的，但是性格一旦形成便有着相对的稳定性。性格的初步形成始于婴儿时期。

性格形成的关键期是0~3岁，3岁左右的幼儿在性格上已经表现出了明显的个体差异，如果没有足够的外界影响，幼儿的性格会自然而然地沿着原有的方向发展下去。因此，父母一定要在男孩很小的时候甚至是一出生就要注意培养男孩的性格。那种认为“男孩还小，性格培养不必太早”的说法是不对的。

人的性格的起源是婴儿期的生活习惯，而养成某种习惯则取决于抚养人的养育方式。每个家长都会以自己独特的方式，使婴儿在同一情景下做出符合要求的同一反应，这种并存关系经过反复出现即形成了习惯。而每一个习惯统一起来作为一种素质存在，便构成了个体的性格特点。婴儿正是在家庭环境中，由先入为主的生活习惯和固定的行为方式养成了最初的习性，并以此构成其性格组合中的最基本部分。所以，有人说：“行动养成习惯，习惯形成性格，性格决定命运。”这句话是有很深的哲理的。

由此可见，父母对男孩所采取的早期养育方式，对男孩养成各种习惯以及性格形成起着制约和导向的重要作用，这一点目前还未能引起人们足够的重视。成人们多习惯于将男孩的性格尤其是那些不良性格归咎于先天，却没有意识到恰恰是成人自己在无形当中以错误的育儿方式促成了男孩的这些性格缺陷。例如，父母和爷爷奶奶对男孩娇生惯养、过度保护就会使男孩在感情上依赖家长，不肯上幼儿园。年龄稍微大一点儿的表现出独立性不强，依赖别人，对别人的态度也常常比较敏感。而父母对男孩过于溺爱，男孩往往容易形成任性的性格特点。

性格发展的连续性决定了必须从男孩一出世就开始对其进行教育，比如，培养男孩的独立性起步于建立良好的睡眠习惯。西方家庭有让男孩单独睡一室的习惯，在中国则不同，即使有足够的空间，婴儿也要与父母同睡。小则四五岁，大则十几岁。由于男孩习惯了与父母紧密相连的身体接触以及时刻共处的生活方式，所以对父母的依附性较强，自我意识与独立意识均产生得较晚，这对于男孩性格和心理的成长是不利的。

懂得了男孩的性格不是天生的，父母就应该及早注意培养男孩的性格，特别要注意自己那些不良的培养方式给男孩性格塑造带来的不良影响。等到男孩的性格已经形成了之后，再后悔就来不及了，改造起来也很难。

怎样纠正男孩的火爆脾气

男孩和成人一样，有着自己的个性与脾气，但是过于频繁地发脾气，就属于人们常说的“坏脾气”了。

嘉嘉迷上了一种猜字游戏，每当做完功课后，他都会捧着一本厚厚的书来做这些猜字游戏。这种游戏是有一定的难度的，有时候，嘉嘉忙活了半天也猜不出一道题，开始有点儿懊恼。

一天，嘉嘉再次玩起了这种游戏。正在他陷入沉思的时候，邻居家的罗欢过来找他玩。兴许是嘉嘉太入神了，竟然没有注意到罗欢在向自己打招呼。罗欢误以为嘉嘉不理睬自己，便顺手把他手中的书抢了过来：“哟，在研究什么呀？这么痴迷！”

嘉嘉被罗欢吓了一跳，思路被打断了，本来即将思考出来的答案一下子消失得无影无踪。嘉嘉很生气，对着罗欢喊道：“你怎么这样呀！太讨厌了！把书给我！”

罗欢看到嘉嘉如此愤怒的样子，转身跑回了自己家。

妈妈也听到了嘉嘉的叫声，便问道：“怎么了？怎么这样对罗欢说话呀？”

嘉嘉正好有气没处撒，竟然也对着妈妈吼了起来：“怎么了？怎么了？烦死了！”

看着无端发火的儿子，妈妈也很生气，不知道儿子的脾气为什么越来越暴躁。

男孩脾气暴躁的表现是多方面的，不讲理，喜欢跟人吵架，打人，稍有不顺心就哭闹不止，等等。男孩形成暴躁的性格，容易产生暴躁的不良情绪，主要原因有以下几点：

（1）来自家人的溺爱。家人的过分疼爱会使男孩滋生一种以自我为中心的意识。当父母听到男孩的无理要求时，本不想答应，但男孩一发脾气，就立刻满足，这是一种最糟糕的做法。因为男孩从这样的事情中知道，发脾气是满足愿望和要求的最有效的手段，于是就变得更容易发脾气，从而造成恶性循环。

（2）家人意见经常不统一。比如，母亲认为是好事，父亲观点却相反；爷爷同意的事情，奶奶偏要阻拦；今天禁止的事情，明天又鼓励男孩去做。这样就会增加男孩的受挫感，从而导致其烦躁和暴躁。

（3）父母对男孩的要求过于严格。男孩稍有过错或没按要求去做或做得不好，父母就会严加训斥，甚至狠狠地揍男孩一顿。父母的这种做法只会造成不良的结

果，如使男孩感到不满和压抑，这种不满和压抑会在以后的某种场合中表现出来。

此外，疾病和生理条件也是引发男孩脾气暴躁的原因之一。如神经衰弱的男孩特别容易兴奋、发脾气，处于疾病和疲劳状态中的男孩也常常有烦躁不安、易于发火的表现。

很多父母经常会为男孩的暴躁脾气而惊讶，不管怎样，父母必须记住，男孩的脾气不好，往往会影响他的人生发展。如果不去适当控制男孩暴躁的脾气，事情只会变得更糟。那么，父母该如何控制男孩的暴躁脾气呢？

(1) 沟通交流，慢慢开导。男孩的情绪表达往往非常直接，一发起脾气来，就什么话都听不进了。这种情绪的表达往往会伤害别人，所以，父母要让男孩学会控制自己的情绪。父母碰到男孩发脾气时，对男孩的行为不要过多责难，更不要实行体罚，那样做只会适得其反。心理专家认为，心病还需心药医。对男孩的坏脾气，父母只有通过沟通交流，慢慢地开导，才能予以有效化解。

(2) 让男孩认识发脾气的危害。告诉男孩：无故地对别人发脾气，会让友情的距离越来越远。在人际交往中，动不动就发脾气，对别人胡乱发泄，不但会伤害对方的自尊心，而且容易激怒对方，甚至造成误解，不利于彼此的团结。对别人发脾气，就是对对方的不尊重，所以那些容易冲他人大发雷霆的人，也很难获得别人的尊重，甚至会遭到轻视。另外，发脾气也会影响自己的身心健康。父母应培养男孩一个好的性格和脾气。

(3) 帮助男孩提高自控力。当家长发现男孩莫名其妙地大发脾气时，可以采取转移注意力的方法来给男孩“降火”。比如可以让他去找邻居家的同伴，帮助他散心，缓解他的消极和愤怒的情绪。当男孩被别的事情所吸引，心里的怒气渐渐就得到了平息。

(4) 教男孩做个心胸宽广有雅量的男子汉。父母要教育男孩，做人应当有“雅量”，即容人之量。有雅量的人，能尊重他人，理解他人，能够控制自己的情绪，做到心平气和地处理事情。反之，心理容量小的人，往往会为一点儿鸡毛蒜皮的小事而大发雷霆。

(5) 明确告诉男孩你的想法。儿童时期心理活动的一个特点就是存在显著的“自我中心”现象。父母不妨尝试这些方法：向男孩倾诉情感，明确告诉他你的想法。明确告诉男孩，你这样做，我很高兴，你那样做，我会很生气等，并讲清楚为何会产生这种情绪。这不仅能让男孩体会别人的情绪，知道自己的行为会给别人带来欢乐或痛苦，还能学到表达情感的词汇和表达情感的方法。另外，还要教男孩换位思考。比如遇到一个男孩摔倒时，让他回忆自己摔倒时痛苦的感受，从而换位体会他人的情绪。

但是，如果男孩依然情绪激动，父母还可以为男孩创造一个安全的宣泄方式，比如让男孩捶打枕头、撕纸、大吼等；或者放点儿音乐，进行户外运动。这既是一种释放，又能转移男孩的注意力。

(6) 分享男孩的坏情绪。男孩之所以发脾气，最常见的原因就是需求得不到满足。遇到这种情况，有的父母好面子，赶快买东西走人，还有的父母，当场就大打出手。其实两种做法都不合适。喜欢的东西得不到，大人也会心情失落，所以这时男孩发脾气的心情可以得到理解，但不能因此而满足他的不合理要求。否则，会强化他用发脾气来表达情绪，甚至让他感觉只要自己发脾气就会什么事都如愿以偿。

但是，父母当场大打出手或训斥男孩也不妥当。男孩的模仿能力特别强，遇事父母怎么处置，他也会从父母身上学会解决问题的方法。此外，男孩也有自尊心，家长当着别人的面对他进行批评，会损伤他的自尊。

父母可以走过去，用轻柔和同情的语气说："看见你这样，我的心里也不舒服。"就这样分享他的情绪。一开始，男孩可能会拒绝你的关怀，你可以走开，一会儿再回来，仍然用同样的方式跟他说话。用这种方式向男孩表明，你对事情的立场是坚定的，但在情绪方面，你愿意和他分享，因为你理解和在乎他的感受。甚至，你可以告诉男孩，他不开心，你也难过，因为你是很心疼他的。但他的要求不合理，是不可以答应的。不过，如果男孩需求合理，尤其父母曾答应过男孩，就必须满足男孩的要求。

(7) 让男孩学会换位思考。父母和男孩沟通时，可以告诉男孩，让他试着做一回父母，体验一下换位思考。如果男孩在当爸爸的角色中体验到了作为一家之主的辛苦和责任，在妈妈的角色中尝到了爱和付出的滋味，就会变得更加懂事，似乎一下子长大了许多。当男孩学会了换位思考之后，再和父母沟通时，赞成和达成一致的结果就会更多一些，而代沟和叛逆就会减少一些。只有让男孩深刻体会父母的心，了解和感受到父母的想法和爱，他才会明白，如果自己是一个孩子的爸爸妈妈，会怎么想怎么做，因此就可以避免大动肝火。比如：一个男孩和爸爸因意见不统一而大吵，男孩站在爸爸的角度考虑问题，结果问题很快便得到解决。

(8) 帮男孩找一个发泄渠道。作为父母，要有一双敏锐的眼睛，以便随时洞察男孩的情绪变化。当发现他们情绪低落或反常时，引导他们寻找一种好的发泄方式。父母可以试着与男孩进行面对面的交流和疏导；可以带男孩到野外登山，或进行较激烈的体育活动，让其情绪得以释放；父母可以兑现一件男孩久为期盼的承诺，以满足此时不平衡的心理；或是父母主动离家一天，让男孩邀好友来聚会，快乐地玩闹……父母会发现男孩并不会滥用父母给他的自由，相反，父母的理解也许更拉近了父母和男孩之间的距离，彼此相处会更和睦、更愉快。

男孩任性妄为怎么办

当今社会，父母大多过于宠爱男孩。男孩要什么，父母就满足什么，可谓百依百顺。其实，这样很容易使男孩变得任性妄为。面对男孩的任性妄为，父母一定要认真对待，否则男孩一旦走上犯罪道路，就追悔晚矣。

有些男孩，简直是家里的小霸王，一旦任性起来，谁也管不了。这让一些父母很苦恼，不知道该拿男孩怎么办。其实男孩这种性格的形成，跟家庭教育有很大的关系。

牛牛10岁了，长得漂亮可爱，非常乖巧，人见人爱，家里上上下下视他如掌上明珠。牛牛要什么，大人给什么，他的话就是“圣旨”，吃、喝、玩、乐，全家人围着他转。牛牛越来越任性，稍不满意就大哭大闹、满地打滚儿。

后来，牛牛上小学了，有一次考试，他考了个全班倒数第一。可牛牛不但不感到羞愧，反而非常高兴地大声宣布，他考了第一名，倒数的。更令人吃惊的是，大人们看到牛牛的成绩后，不但没有生气，反而被他的幼稚逗得哈哈大笑。就这样，牛牛成了班上学习最差的学生。他不但学习上不用功，而且以稳坐倒数第一名的宝座为荣。再加上爸爸妈妈的过分溺爱，在学习上从不提出要求，牛牛越来越任性霸道，名副其实地成了家长老师眼里的小霸王。

有一天，牛牛在外面回到家跟妈妈告状：“他们用玩具枪打我。”

妈妈说：“打着你了吗?”

牛牛说：“没有，如果打着我，我就拿着我的枪打他们。”

妈妈说：“不行，如果把别的小朋友打伤怎么办?”

牛牛说：“我不打他们了。”

妈妈说：“你把子弹拿出来，再拿枪出去玩。”

牛牛说：“我不打他们，只是拿出去跟他们玩，我打别的东西。”

妈妈担心牛牛拿玩具枪随便打人，就说：“妈妈跟你们一起玩吧。”

牛牛坚决不让妈妈参加自己和小朋友们的游戏，非常生气，结果又哭又闹，还把漂亮的玩具枪摔碎在地。

任何男孩的任性妄为，都是父母惯的。生活中，一些父母过于溺爱、娇惯男孩，凡事唯命是从。一旦没有遂男孩的心愿，男孩就会任性地哭闹，让父母无可奈何。面对被溺爱宠坏了的男孩，如果父母的心稍微软了一些，就会向男孩妥协。而

当男孩一旦被惯坏，就会使用任性撒娇的办法来让父母变得“听话”，对自己“俯首称臣”，以后还会用这种做法来达到自己的目的。久而久之，男孩任性妄为的坏习惯越来越多。

当然随着男孩的年龄增长，他的独立意识日益增强，不希望父母再把自己拴在身边，而是希望做一些显示自己能力的事，这样的男孩是非常有“韧性”的。

父母首先应该不要将男孩的“任性”与“韧性”的含义混淆。“韧性”是意志坚强，是男孩应具备的良好品质，父母应从小培养男孩的坚韧性格。“韧性”就是坚信自己，即使遇到再大的困难也要坚持到底，“韧性”就是一种顽强的精神。而“任性”是一种固执己见，不听劝告、为所欲为，任性的男孩不愿受到任何约束，缺乏自控力。

父母如何防止和纠正男孩任性妄为呢？教育专家建议采取下列几种方法：

(1) 转移注意力。父母面对年龄较小的任性男孩时，可以利用转移其注意力的方法让固执的孩子变得听话。年龄较小的男孩注意力易分散，很容易被新鲜的东西所吸引，所以，当男孩表现得非常任性时，父母可以把男孩的注意力引向新奇、有趣的物品或事情上。

(2) 冷处理法。当男孩由于要求没有得到满足而发脾气或打滚撒泼时，父母采取冷处理法往往最奏效。无论男孩怎么哭闹，父母也要狠下心来不去理睬，不要一看到孩子哭就心软、妥协或纵容，更不能滋长男孩肆意妄为的坏习惯。当无人理睬时，男孩就会自觉无趣，收敛任性的脾气。

(3) 正确诱导。正确诱导的方式有父母可以跟男孩讲一些先进人物的事迹，来激励男孩，从小培养他自强奋进的精神。

每当男孩任性发脾气、不听劝告时，父母不要着急地去打骂孩子，尝试着用谈心的办法真诚地表扬男孩平时的优点，可以转变男孩的情绪。

(4) 别再娇惯。在很多家庭，父母都把男孩当成手心宝，将所有的爱都倾注在男孩的身上，然而，过分的呵护关怀将男孩变成了温室里的小花，经不起任何的摔打，这并不利于男孩的健康成长。再加上父母在管教男孩上态度会不一致，当男孩任性不听话时，往往会出现父亲在一旁管，母亲在一旁护的情景，这样就会导致男孩在父亲面前老实听话，在母亲面前肆意妄为的结果。当男孩任性时，惩罚是必要的，但父母要做到一致，否则会使父母的行为在男孩心中失去权威性，同时也难以改变男孩的任性。

(5) 强化教育。男孩不听话，养成不少坏习惯，父母不能一味地指责孩子，而应该自省，多从自身的言行找原因。面对任性的男孩，父母在说服教育中有必要进行一定的批评或惩罚，但应当注重引导与惩罚的尺度。男孩越是任性，越是难服从

父母的管教，这时如果强行禁止男孩不要任性，是起不到任何效果的。此时，父母要做到坚决不妥协，对男孩不合理的要求置之不理，才能遏止男孩的任性行为。

总之，父母要想改变男孩任性妄为的性格，就要在长期的教育中，细心观察男孩的一言一行，像种植一棵树一样，从小扶正树干，精心修理树枝。

冲动会让男孩失去理智

情绪冲动就会犯错误，做坏事，容易让人失去理智。男孩之所以爱动武争斗，常常是在情绪冲动时发生的，因为和同学发生矛盾、和家长起了争执，都会让男孩难以控制自己的情绪，失去理智，做出极端的行为。

男孩喜欢争强好胜本没有错，但如果因此而失去理智，冲动地做决定甚至反抗叛逆，后果将不堪设想，会严重地影响男孩的身心健康。过度的暴力和动武易使男孩出现性格偏离和行为异常。性情爱冲动、脾气暴躁的男孩，常常会用争斗的方式显示自己比别人强，会用拳头去征服别人。容易冲动的男孩探索欲和占有欲都特别强，只要遇见自己想要的，就不计后果地据为己有。

小学二年级的李强，性格特别爱争强好胜，情绪上也特别容易冲动，不是和这个同学吵架，就是惹那个同学哭，令父母和老师非常头疼。在家里的时候，一旦脾气上来，那些摆放在屋里的陈设就全都成了他的出气筒。

有一次，李强的爸爸接到儿子班主任的电话，说李强在学校里把一个同学的鼻子打出血了。于是，李强的爸爸就急匆匆地赶到学校。

原来，李强和同学做游戏时输了，他不服气，一个拳头朝着同学的脸就挥舞过去，把同学的鼻子打得直流血。

如果家里有一个像故事中的李强这样的孩子，简直让老师担惊受怕，令父母头疼不已。这样动不动就跟人打架的男孩，怎么能让家长放心呢？如果在学校里，老师照顾不到，管理不严，这样的男孩肯定会到处惹祸。其实，并不是所有的男孩都有这种顽劣性格的，一般来说，男孩容易冲动，主要受生理因素和社会因素两大方面影响。

从生理因素来看，男孩的中枢神经系统发育不够完善，特别是大脑皮层兴奋和抑制过程还很不平衡，当遇到紧张刺激的情况时，就会产生动武、冲动、失去理智而难以自控的情绪。比如，三四岁的男孩，神经系统的兴奋过程要优于抑制过程，所以常常会表现出容易兴奋，不能约束自己，也让父母觉得难以管教。

从社会因素来看，父母对男孩百依百顺、过分地“保护”和限制男孩，养成了男孩跋扈、唯我独尊的个性。男孩凡事以自我为中心，一旦不满，就会大打出手。

另外，环境的不良刺激，家庭气氛的紧张，父母对待男孩教育的不一致，疾病或外在的伤害、打击等，都会导致男孩的偏执性格，出现极端行为、逆反和冲动。比如说，有些男孩因为常常受到父母打骂，性格大变，喜怒无常，缺乏自控力，因而会出现冲动行为。

男孩好冲动，除了生理因素和社会因素之外，还有男孩自身的因素。有的男孩情绪变化不稳定，遇到喜欢的事就心情愉快，遇到厌恶的事就满脸不高兴，喜怒全写在脸上，不能有意识地控制和调节自己的情感。有的男孩几分钟前还在大哭大闹，几分钟后就喜笑颜开了，真是“小孩的脸说变就变”。

当男孩因冲动而失去理智时，很多父母会手足无措。对待爱冲动的男孩，父母不妨试用以下几种方式：

(1) 父母应以身作则，做到言传身教，给男孩树立良好的榜样。比如，父母善于调控自己的情绪和举止行为，通过耳濡目染，男孩也就逐渐地学会掌控自己的情绪。

(2) 父母对男孩的教育方法要一致。当男孩情绪不好时，不能父亲在一旁厉声斥责，而母亲在一旁极力呵护，一边严管一边纵容的教育方法并不利于男孩的成长，甚至让辨别力不强的男孩陷入迷茫。因此，父母对男孩的管教一定要一致。父母一方面要给予男孩爱和关心，一方面提出要求来规范他的言行举止，使男孩不可以任性地为所欲为。同时父母要提高自身的修养，不急躁、不愤怒，要用冷静理智的态度来对待男孩，起到言传身教的模范作用。

(3) 耐心引导而不是放任自流。男孩出于好奇心把东西拆得七零八碎，父母如果打骂男孩，硬性地阻止他们的破坏行为，结果可能导致男孩拆毁得更多，并且将此当成乐趣。如果换一种方式，将打骂换作耐心引导，将男孩拆卸东西转化为和他一起探索，可以获得意想不到的成功。在此过程中，父母可以趁机给男孩讲损坏物品的危害，教育男孩学会珍惜，要求他以后做事要细心、认真，这样男孩就会把每一件物品看得很珍贵而加以小心呵护。

(4) 转移注意力。比如，两个男孩正为争抢一个玩具而闹得不可开交时，父母可以用另一种游戏转移男孩的注意力。当男孩融入另一种游戏的快乐中，就会破涕为笑。

(5) 冷处理法。当家里一来客人，有的男孩就会十分兴奋，在客人面前大笑大闹，这种“人来疯”现象很让父母觉得尴尬。父母越管教，男孩闹得越欢，一时难以说服，这时可采取冷处理法，即先不理他，等客人走后，再对他实施适合的

教育。

总之，随着男孩年龄的增长，他的心理和身体逐步成熟起来，会渐渐变得懂事，很少做出冲动行为。再加上父母的正确教育，男孩的自制力会逐步加强。

敌意让男孩好勇斗狠

很多父母都喜欢攀比，觉得别人家的男孩比自己家的男孩强，比自己家的男孩好，比来比去，比得男孩眼里只有敌意和争斗，从而形成了好勇斗狠的性格。

大超在幼儿园学武术，他的运动天赋还比较好，学运动之类的还不错，所以老师教的东西很快就会。

一次他父亲去看大超练武术，孩子们在练侧手翻的时候，另一个小男孩的父亲也来了，一看自己儿子翻得不是很好，再一看大超比他儿子翻得好，劈头就是一句："你真笨，这么简单的东西都做不好，你看别人比你后来都做得那么好了。"

本来那个小男孩看到父母来看自己了想好好表现一把，哪知得到这样的评价，顿时看大超的眼神，充满了不满和气愤。老师再让他翻的时候，他翻得更差了，因为面前有一个高不可攀的标杆，所以他的兴趣都没有了。后来，不知道因为什么，那个小男孩和大超吵了一架，以后每次见面也是充满敌意的眼神。

男孩爱树敌，其实是攀比心理在作祟。当看到别人比自己强，心里就不是滋味，于是便产生了嫉妒心和敌意。上面故事中小男孩见同伴大超练武术的水平比自己好，再加上父亲对自己的成绩很不满，所以才对大超产生了敌意。男孩有权利表达自己的情绪，发泄不满，可以生气或愤怒，但却不能伤害别人或破坏物品。咬人、拳打脚踢、吵架、攻击别人等行为都是不善于控制情绪的表现，应该被制止。父母在教育男孩上，应该注重管理情绪的问题，培养男孩理智地解决问题，而不是冲动地大发脾气。父母要接受并尊重男孩的挫败感，同时还要坚持规范男孩的行为。

现实中，一些父母的行为也直接导致了男孩好勇斗狠。在学校里，同学之间的小冲突是经常发生的。尤其是男孩之间，争吵打架的情况更多。当男孩之间发生争斗时，有的父母不但不去制止，反而拉着自家男孩到对方家去找对方父母论理。比如，有一个男孩不小心把同学的作业本弄脏、弄破了，同学非要让他赔一个新的作业本。男孩连忙道歉说不是故意弄坏的，可同学仍不依不饶，坚决要他赔新的作业本，结果两个小男孩打起架来。男孩委屈地哭着跑回家去，向父母说明了情况。第

二天，男孩的父母来到学校，去找那个小同学“算账”。最后，双方父母调解未成，也互相指责起来。这种教育方式显然是错误的。

如果男孩动手打了别的小朋友，为什么就不问清楚事情的前因后果？为什么不去问问班主任老师呢？冲动的父母不仅让自己失去理智，也会让男孩将来失去理智有了学习的对象。受伤害的男孩这一生将在痛苦和仇恨中度过。

父母以暴制暴，不仅使事情变得更复杂、更严重，而且会给男孩留下极坏的印象：有了争执和敌意，那就用武力来解决！

几乎每个男孩在学校都有可能遇到“坏孩子”，男孩在学校受了委屈，父母要做的是帮助男孩解决问题，化解矛盾，而不是去报复。父母完全可以针对不同的对象采用不同的处理方式，但一定要记住处理事情的一个底线——在生理及心理上都不能伤害那个“坏孩子”，而是像尊重自己的男孩一样，尊重那个“坏同学”。同时要考虑所采用的方式对自己男孩人格行为的影响，以及对他今后人际关系的影响。

总之，爱男孩，就要帮助男孩，他如果性格上比较爱冲动，就要想办法帮助他改正，而不是用打骂的方式让他惧怕。

幽默让男孩与快乐相随

幽默是一种俏皮、含蓄、机智的方法，是一种健康的品质。幽默是智慧的流露、创造的结晶，是激活思维和创造的动力之一。幽默感是人与人之间的润滑剂，通过幽默的表达，可以舒缓紧张情绪，营造出快乐的气氛。

幽默有助于优化男孩的个性品质，有利于培养男孩的高尚情趣。父母给男孩足够的空间，让他寻找自己的生活乐趣，这样，才会培养出一个幽默健康的男孩。

幽默感是“情商”的重要组成部分。具有幽默感的男孩大多开朗活泼，因而往往更讨老师的喜欢，人际关系也要比不具幽默感的男孩好得多。

在实施素质教育的今天，父母要善于发现和培养男孩的幽默感。那么，如何培养男孩的幽默感呢？

（1）创建宽松氛围。养成乐观自信的心态是培养男孩幽默感的前提。宽松氛围，一是指心理上的和谐愉悦。在男孩成长的过程中，如果气氛轻松、愉快，会使男孩体验到快乐，并促使其以快乐的心情来看待周围的人或事物。二是指气氛的感染。幽默的环境最能激发男孩的幽默感。当男孩有幽默的语言或有趣的动作时，父母可以给他一个赞许的眼神、一句鼓励的话语，助其树立自信心。当男孩遇到尴尬

时，做个夸张的表情表示安抚，说句幽默的话表示安慰，有助于男孩感受幽默的魅力。

乐观、积极向上的心态是培养男孩幽默感的心理前提。哲人卡莱尔有一个有趣的说法，他说真正的幽默不是发自头脑，而是发自内心。所以父母要培养男孩良好的情绪，引导男孩看到事物积极的一面，乐观面对现实，不怕失败；教导男孩善于体谅他人，学会雍容大度；让男孩信任自己，对自身的发展充满希望。男孩多一分乐观、豁达、自信，就多一分幽默。

(2) 父母要有幽默素养。父母的幽默素养和行为对男孩有着潜移默化的影响，要让男孩学会幽默，父母就必须懂得幽默。

父母的幽默绝不是油腔滑调，也非嘲笑或讽刺。浮躁夸饰难以幽默，装腔作势难以幽默，低级趣味难以幽默，迟钝笨拙难以幽默，父母只有富有爱心、富有激情、知识渊博、平等对待男孩，才能幽默。在幽默中，让男孩和自己一起获得某种精神上的愉悦、心理上的放松与理智上的启迪，让男孩在会心一笑中获得许多意味深长的感悟，真正感受到幽默之美。

(3) 锻炼敏锐思维。幽默常常需要机智。锻炼男孩的思维能力和理解能力，可以让男孩观察事物时有独特的角度，不因循守旧，对事物有自己的看法，观点新颖。培养男孩深刻的洞察力，可以让男孩迅速地捕捉事物的本质，以恰当的比喻、诙谐的语言，将幽默感淋漓尽致地展现出来。

幽默是一种智慧、博学的表现。幽默感必须建立在丰富的知识和活泼的语言的基础上。一个人只有拥有广博的知识，才能做到谈资丰富，妙言成趣，从而做出恰当的比喻。一个人只有拥有鲜活的语言、丰富的词汇，才能表达幽默的想法，达到幽默的效果。

因此，要培养男孩的幽默感必须让男孩多阅读、多观察、多思考，广泛涉猎，充实自我，使男孩不断从各类书籍中收集幽默的浪花，从名人趣事中撷取幽默的宝石。父母可以多给男孩讲讲幽默故事、机智故事、脑筋急转弯等，训练男孩思维的敏捷性，提高男孩语言的丰富性。学校可以组织有关“幽默故事”写作或讲述的比赛，这对培养男孩的幽默感大有裨益。

(4) 鼓励男孩大胆表现。有一位教师曾讲到她培养儿童幽默能力的做法。讲述、表现是提高儿童幽默能力的法宝。比如，在家庭中父母可以和孩子进行一场亲子幽默互动，在墙上贴上带有不同夸张表情的笑脸图，然后让男孩看图自编幽默情景，可以是小笑话、幽默对话、漫画等，锻炼孩子的幽默感。在学校里，老师可以引导学生组织幽默剧表演、笑话比赛、讲述幽默故事等活动，教孩子们学会分享快乐。男孩们一旦体验到幽默的乐趣，就会争先恐后地讲述他们在书中读到的幽默，

或者听父母讲过的幽默，或者是自己觉得很有趣的事情，通过这样的训练，男孩就会逐渐变得具有幽默感，同时也愿意把快乐带给别人。即使平时性格沉默、不善言辞的男孩，在快乐和幽默中被包围，也会改变性格，开朗活泼起来。所以，从小培养男孩的幽默感，既锻炼了他在公众面前大胆发言的胆量，又锻炼了他的口语表达能力，同时在妙趣横生的幽默中陶冶了情操，完善了人格。

给予男孩幽默的熏陶，不但有利于塑造男孩乐观开朗的性格，让心情保持开心、愉快，还有益于培养和发展人际关系。一个有幽默感的男孩会讨人喜欢，他的笑脸带到哪里都可以让人感到欢乐和愉快。有幽默感的男孩，师生关系比较融洽，同学关系也比较友好和睦，当然家庭氛围也一定幸福和谐。父母在家庭教育中不妨一试，定有裨益。

(5) 引导孩子多鉴赏幽默作品。具有幽默感的男孩往往有较强的幽默领悟力，所以平时引导男孩多欣赏幽默作品，可以提高男孩的幽默领悟力。幽默也有助于愉悦男孩情绪、启迪男孩心智。幽默作品内容丰富、形式多样，有漫画、故事、诗歌、音乐等。适合给孩子读的幽默作品，可以是一些来自男孩生活、为男孩所喜闻乐见的优秀幽默作品。比如著名的幽默漫画《父与子》中有一篇名为《珍珍姑娘》的故事："有个叫珍珍的小姑娘，特别挑食，这也不吃，那也不吃，结果身体长得又瘦又小，蚂蚁都能把她抬走，蚊子的声音都能超过她……"这个幽默故事给男孩们带来了快乐，同时也让男孩们意识到挑食的坏处，在笑声中受到了教育。此外，启发男孩幽默的领悟力，还可以留心收集一些优秀的漫画或挂图引导男孩欣赏。对幽默理解力很强的男孩，一定会被逗得哈哈大笑。

总之，要让男孩有一个好性格，就要注意培养男孩的幽默感，这对男孩的一生是很重要的。

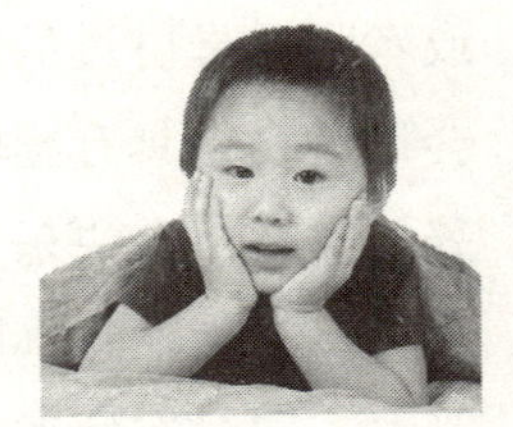

第20章
要"狠"心，让男孩尽早自立自强起来

培养男孩自立自强的意识，对于男孩今后的成长有至关重要的作用。他会在今后的成长过程中摆脱依赖心理，在工作中形成自己的意向，做出自己的决定。做事会更充满信心，不至于陷入孤立无望的境地。

自立自强是培养男孩未来独立性的基础。独立性是一个人非常重要的心理品质，对人一生的发展和成才起着极为重要的作用。

让男孩做力所能及的事

顾名思义，自立就是自己的事情自己做，不会的事情学着做，而且一定要做好，不依赖别人。每个人来到这个世界都要学会自立，因为自立是人在社会上的立足之本，只有学会自立，才能在这个充满竞争的社会上生存下去。

在国外，许多家庭的父母十分重视从小培养男孩的自理、自立能力。在男孩的幼年时期，父母就已经着手锻炼男孩的独立生活能力了，他们还主张教育男孩要"放手不放任"。从童年时期，国外父母就设法给男孩创造各种机会和环境，让他们自我锻炼，以适应不同的环境。

比如，瑞典家庭的男孩在出生后，就开始训练他的独立能力。他们很少会在父母的怀抱里撒娇、哭闹，有自己的小床和活动空间，不会走路时出门用小推车，会走路以后自己行走，完全不用父母带领或抱着。在男孩很小的时候，就已经拥有独立的卧室，不会与父母睡在一起。

德国家庭的男孩基本上是1岁左右开始学走路，在摇摇晃晃的艰难前进中，父母训练他们跌倒了要自己爬起来，一次次地跌倒，再一次次地爬起，从而养成了男

孩坚强的性格。那种一跌倒就赖在地上坚决不起来、大哭不止、一直等大人扶的情况是不存在的。

美国家庭的男孩在1岁左右就已经自己吃饭了。父母将男孩“绑”在儿童座椅上，把食物放在餐桌上，让他们自己用小刀叉吃饭。即便男孩吃得到处都是，脸上沾满了奶油，将饭菜打翻，父母也不急不恼。那种一边哄一边喂饭的情况是不允许的。所以，在美国家庭中，2岁的男孩完全能与父母一块用餐。

美国中学生有一句口号“要花钱自己挣”，上大学要靠自己打工挣学费，在美国新罕布什尔州有77%的高中生打工。

相比之下，我国的许多家庭，特别是在物质条件比较优越的独生子女家庭中，由于父母过度地保护、溺爱，使男孩成长到十几岁仍难以独立生活。处处依赖父母，生活自理能力差，性格上也多脆弱、胆怯。父母应该清楚，自己不可能跟男孩一辈子，也不可能包办一辈子。所以父母要从小锻炼男孩自理自立的能力，培养坚毅顽强的性格，增强适应环境的能力，这样做将使男孩受益终生。

在我国，很多男孩由于从小就生活在蜜罐里，被父母呵护着，独立意识削弱，依赖心增强，缺乏基本的生活自立，“手不能提，肩不能抬”，真成了温室里的花朵，不能经历风吹雨打。有的父母在金钱方面，也过于纵容男孩，要多少就给多少，这样让男孩从小就养成了挥金如土的习惯，认为只要伸手，钱就是可以得到的，根本就不会理解父母挣钱的辛苦。父母这样的教育方式，男孩在将来竞争激烈、复杂多变的社会中，很难轻易找到自己的位置，将会被时代淘汰。父母的这种教育方式，对男孩而言，不是爱，而是一种伤害。

男孩不能自理或者懒惰的习惯，大多都是父母造成的！从小培养男孩的劳动意识，不仅是对男孩生活自立的锻炼，同时也有助于开启男孩的智力，让男孩的人格更加完善。

李刚是家里唯一的男孩，从小时候开始，妈妈就什么都不让他做，他能做的、不能做的事，都被妈妈包了。

李刚长到四五岁了，爷爷、奶奶、外公、外婆都还围在他的身前身后不停转：吃饭有人喂，衣服有人洗，真是“衣来伸手，饭来张口”。

有时候，李刚也想帮着大人们做一点儿事，但都被阻止了，李刚看见奶奶在洗衣服，就走过去想帮奶奶洗袜子，可是奶奶却心疼地说：“不用你洗，到一边玩去吧。”李刚看到妈妈在扫地，就走过去想帮忙。可是妈妈也说：“不用你扫，到屋里看电视去吧。”李刚在屋里屋外转了一圈也没有帮上忙，大人们什么活也不让他干，就这样李刚的每一次想帮助大人做事的愿望都被制止了。后来，渐渐地，李刚把这当成了一种习惯，即使需要帮忙的时候，也懒得去做了。

有时李刚在写作业时，妈妈来到他旁边扫地，他连脚都不抬一下；奶奶叫他帮忙拿东西，即使举手之劳，他也懒得拿。

李刚为什么变得越来越懒惰呢？其实，李刚并不是天生就是个懒男孩，是因为家人从小没有对他的劳动能力进行培养，把一切他能做的事都给代劳了。

有许多事情男孩原本很乐意去积极参与。但是，许多父母却扼杀了男孩的积极性。例如：有的父母为了省掉男孩惹事后要替他善后的麻烦，就对男孩的一切事情都大包大揽，男孩在家里是要什么给什么，养成男孩饭来张口、衣来伸手的恶习，对生活都缺乏了自立。

如果已经意识到了你的孩子，已经被你宠坏了，已经变得很懒惰了，已经丧失了一些自理自立能力，连一些基本的小事都不能做到，那么，建议你赶紧从下面的几个方面来进行临时补救：

(1) 根据男孩的生理发展，逐步对男孩提出要求，从易到难，3岁的男孩可以训练他自我服务的基本本领，如吃饭、刷牙、洗脸；4岁时可以学习整理床铺、打扫卫生以及自己照料生活；5~6岁的男孩可以要求穿衣服时速度要快、整齐，洗脸一定要洗干净，还要会做一些简单的家务劳动，如拖地、洗茶杯等。

(2) 为男孩必要的生活自理创设必要的、合理的条件。如：让他有自己的房间，衣服放置在低矮的橱里，便于男孩取放。

(3) 教会男孩一些基本生活自理的方法和技能。如教男孩洗脸的顺序，把毛巾拧干后，先擦眼睛、脸部、前额，然后再擦耳朵、耳背，最后再擦颈部等。

(4) 反复加强男孩自立的训练。男孩的自立只有在不同的实践中才能做得更好，让男孩养成自觉爱劳动的习惯。如果你的男孩表现得很好，你就要给予表扬。父母爱劳动对男孩是最好的榜样，所以，父母就应该时时注意，要在男孩面前做出好的表率。

父母一定不要再束缚在包办孩子一切的思想中，放手让自己的男孩去做一些力所能及的事，把他看成是一个独立的个体，培养他的自立才是父母应当考虑的首要问题。

曾有研究表明：男孩在成长期，心理活动的主动性都会增加，对自己感兴趣的事情都想去尝试和体验。

从男孩自身发展的角度来说，不给予男孩锻炼的机会，就等于是扼杀了男孩自理能力发展的机会，长此下去，男孩就会忘记了自己的使命，缺乏独立处事的能力。所以每一位父母都要本着“大人放手，孩子动手”的观点来教育男孩，让男孩有能表达和坚持自己观点、有自己说“是”的机会。

自我服务是男孩发自内心所需的。培养男孩的自我服务能力，是为了适应未来

社会的需要。我们要培养男孩成为一个有用的人才，不应该只注重男孩的文化知识，还要让男孩拥有一些基本劳动技能。让男孩在自己事情自己做的过程中，增强自信心，提高独立做事、独立思考、独立解决问题的能力，久而久之，男孩就能形成良好的品质。

我国著名教育专家陈鹤琴先生说："凡是孩子能做的事情都应该让孩子自己做，不要替代他。"引导男孩独立思考的能力，不仅是让男孩能够自己独立去完成某件事，还要让男孩在遇到难题时能够独立去思考。具备独立思考能力的男孩，往往会对新鲜的事物特别好奇。而作为父母，这时就应该尊重男孩的这种好奇心，当男孩提出很幼稚的问题的时候，不要嘲笑男孩，避免男孩的自尊心受到伤害。

为男孩一生的发展打下一个良好的素质基础，这是每一位父母不可推卸的责任。父母是不可能事先全部办妥、代替男孩的未来的。因此，深爱男孩的父母们，放开你们的手，让男孩们去做自己力所能及的事情吧！

培养男孩自立自强的方法

对于许多中国父母来说，他们绝大多数只有一个男孩，所以把那种爱子之心表现得淋漓尽致。

现在父母都把男孩视为最珍贵的宝贝、掌上明珠，总想着要怎么对他好，恨不得能充当他的手脚，一切会"累到"的事情都代替他做了，尽力满足他的一切要求，似乎只有用这样的办法才能表达对男孩足够的爱。其实，父母的责任应该是培养男孩的自立自强，让男孩没有依赖心理，自己的事情自己做。

持有男孩想要天上的星星也恨不得给他摘下来的心态对男孩的成长和成才有好处吗？有些男孩在父母过分的呵护下，心理素质很差，经不起一点点挫折和失败。我们不能说这些男孩一定没有出息，但他们将来走向社会后的抗压能力、接受挑战的能力却值得怀疑。这无论对家庭还是对国家，都不是什么好事情。

父母不可能一辈子都牵着男孩的手。爱与害之间，只隔着一道小溪，过了这道小溪，爱就是害。喜欢溺爱男孩的父母对男孩过分的宠爱会使男孩丧失了锻炼自己、自我独立的机会。父母的溺爱是男孩缺乏自立自强的重要原因。

许多父母错误地认为，对于男孩来说，只有学习才是最重要的，为了让男孩能全身心地投入到学习中去，父母几乎包办了男孩生活方面的一切事物。对于这种观点，也有人不敢苟同，父母包办了一切男孩生活自理的问题，事情虽小，却反映出

一些父母“重智力轻品德、重成才轻成人”的偏颇的教育思想。这种做法，忽视了男孩独立做事、勤劳勇敢等良好品质的养成，无形中使男孩养成了一些好逸恶劳的不良习气，使男孩丧失了最基本的自立自强。这些都是父母对成长中男孩溺爱的表现。

父母怕累着男孩，在家不让男孩学做家务，就算是男孩自己能做的也都不让干；另外，一些父母忽视了男孩正在逐渐长大，不相信男孩的能力，认为男孩永远都是男孩。男孩上学，怕他在途中让车给撞了，因此，做起了男孩的长期“保镖”；怕男孩在上课时不会削铅笔，于是事先在家里给男孩削好两盒铅笔。还有一些父母，从来不听取男孩的意见，一切都是自己说了算，对男孩穿哪件衣服、吃哪种食品、上哪所学校都有明确的规定。这其实也是一种过分保护男孩的表现。

父母对男孩过分溺爱和保护只会给男孩带来心理上和人格上的不健全，使男孩养成脆弱、幼稚、任性、自私、依赖的心理，缺乏自立自强，所以，必须予以纠正，下面是几种培养男孩自立自强的方法，可供父母们参考：

（1）树立正确的自立自强观念。男孩之所以自立自强性差，往往都是出于父母对男孩的过分宠爱。很多父母生怕把男孩累着，大小事物都帮男孩完成了，甚至男孩到了高中，到了大学还是要什么都替男孩做了。父母这样做，其实是在扼杀男孩活动的内驱力，削弱男孩研究外界事物的主动性，产生消极、懒惰心理，做事没有恒心等一些不良现象。父母都要清楚一点，男孩长大后是要独立生活的，绝对不能不自立自强。

（2）教男孩不要嫌麻烦。曾有父母这样说：去花时间教男孩做事，还不如自己替他全部都做完。显然这位父母的观念是有问题，男孩的自立自强与责任心是相连的，如果父母在男孩需要进行自立自强培养的时候，没有采取适当的教育与训练，那么男孩就会缺少这方面的锻炼，导致永远也学不会，无法体会在自己已经具有的经验上对他人的一种责任心。

（3）锻炼男孩的自立自强。父母在训练男孩自立自强的时候，要从小事上培养，要使男孩在自己力所能及的范围内做到自己的事情自己做。按常理来说，男孩对于新的事物总是会特别感兴趣，很乐意去为父母以及他人做一些事情。因此，就要注意从小事上来引导男孩对劳动感兴趣。例如收拾自己的玩具、用具、书包等。

（4）给予男孩肯定与鼓励。由于男孩还处在学习的时候，认识水平不高、经验不足，考虑问题不全面，在做事时，难免会发生一些错误。这时，父母就不应该为此而指责男孩，更不能去打骂男孩，而应该以宽容的心态去看待男孩做错和做对的地方。对于男孩做对的地方父母应给予表扬，有失误的地方，要想办法帮助他认识问题、分析和解决问题，以免下次再发生类似的失误。通过这种方法教育男孩，不

仅可以锻炼男孩在自理方面的能力，而且还可以增强男孩的自信心，对男孩的身心健康都会有很大的作用。

“谁言寸草心，报得三春晖”，父母宠爱男孩，这是人之常情，溺爱只能害了男孩，人生是一个艰难的路程，有时会遭遇困难，有时会遇到挑战，这时，真正能够帮助男孩的只有他自己，能够拯救他的也只有他自己。最关键的是他必须能够自立自强。

要克服男孩的依赖心理

男孩的一些不良表现与父母的教育是分不开的。现在很多的父母，虽然望子成龙，但对男孩过分疼爱，从小让男孩享受着优越的生活，依附在父母身边，不能走出父母的“监管”，没有机会让男孩从琐事中锻炼独立性，这种教育观念有待改正。

据观察发现，随着男孩慢慢长大，他的依赖心理就慢慢显现出来了，很多父母这时候就会很着急。男孩如果有以下一些依赖性行为，父母就应该予以重视了。

(1) 在休息时，只想和父母待在一起，而不想与其他男孩一起玩耍。

(2) 经常向父母请求太多的指示、说明和建议。

(3) 如果父母不坐在旁边、手把手地教他应该怎样参加某项新活动，他就不愿参加。

(4) 当父母没法辅导他作业时，他就不愿独立地完成这些作业。

男孩一旦开始依赖父母时，那父母就要注意了，必须及时地对男孩纠正，首先，要对男孩产生依赖心理的原因进行分析，以此为基础，来对男孩的依赖心理使用一定的策略。

当男孩跨进青春之门的时候，他就开始具备一定的独立意识，但他对别人尤其是父母的依恋常常困扰着自己。依赖，是心理“断乳期”的最大障碍。随着身心的发展，男孩一方面比以前拥有了更多的自由度，另一方面却担负起比以前更多的责任，面对这些责任，有些男孩感到胆怯，觉得自己无法跨越依赖别人的心理障碍。他们容易失去自我，遇到问题的时候，自己不动脑筋，易产生从众心理。依赖别人，意味着放弃对自我的主宰，这样往往不能形成独立的人格。

依赖心理主要表现为缺乏信心，放弃了对自己大脑的支配权。往往表现出没有主见，缺乏自信，总觉得自己能力不足，甘愿置身于从属地位。总认为个人难以独立，时常祈求他人的帮助，处事优柔寡断，遇事希望父母或师长帮自己做决定。

依赖性强的男孩喜欢和独立性强的男孩交朋友，希望在他们那里找到依靠，找到寄托。学习上，喜欢让老师给予细心指导、时时提出要求，否则，他们就像断线的风筝，没有着落，茫然不知所措。在家里，一切都听父母摆布，甚至连穿什么衣服都没有自己的主张和看法。一旦失去了可以依赖的人，他们会常常不知所措。

具有依赖性格的男孩，如果得不到及时纠正，发展下去有可能形成依赖型人格障碍。依赖性过强的人需要独立时，可能对正常的生活、工作都感到很吃力，内心缺乏安全感，时常感到恐惧、焦虑、担心，很容易产生焦虑和抑郁等情绪反应，影响身心健康。

那么，孩子为什么会在对别人的依赖中迷失自己呢？这是因为：依赖的产生同父母的过分照顾或过分专制有关。现在的孩子多为独生子女，父母常常对子女过度保护，一切为子女代劳，他们给予子女的都是现成的东西，孩子头脑中没有问题、没有矛盾、没有解决问题的方法，自然时时处处依靠父母。对子女过度专制的父母还会一味否定孩子的思想，时间一长，孩子容易形成“父母对，自己错”的思维模式，走上社会也觉得“别人对，自己错”。这两种教育方式都剥夺了子女独立思考、独立行动、增长能力、增长经验的机会，妨碍了子女独立性的发展。要克服男孩的依赖心理，可从以下几个方面着手：

(1) 要纠正男孩平时养成的依赖习惯，提高男孩的动手能力。教导男孩多向独立性强的同学或朋友学习，不要什么事情都指望别人，遇到问题要做出属于自己的选择和判断，加强自主性和创造性。

(2) 要帮助男孩在生活中树立行动的勇气，恢复自信心。自己能做的事一定要让男孩自己做，他没做过的事也要让他尝试着去做。

(3) 丰富男孩的生活内容，培养其独立生活能力。让男孩在学校中主动要求担任一些班级工作，以增强主人翁的意识；使男孩有机会去面对问题，能够独立地拿主意、想办法，增强自己独立的信心。在家里，男孩该干的事要让他自己去干，如穿衣、洗碗、打扫卫生等，不要什么都推给父母，自己做个“小地主”。

总之，父母要改变旧观念，要严格要求男孩，让男孩通过自己的劳动去取得成功。在男孩的独立性方面下功夫，放手让男孩大胆去做、去实践、去尝试。

努力培养男孩的独立性

日本思想家福泽谕吉说：“教育就是授人独立自尊之道，并开拓躬行实践之法。”又如陶行知先生所说：出自己的力、流自己的汗、吃自己的饭，这才是英雄汉。然而，不少父母心太软，对男孩的一切大包大揽，进行一条龙“全方位”“系列化”服务，白天接送、晚上陪读，直至填写志愿。“设计”的产物、“包”大的一代，如同温室中的花朵，患了“软骨症”，见不了世面，经不了风雨，结果独生子却难独立，这种现象着实令人担忧。

每位父母都希望自己的男孩能成为矫健的雄鹰，但是想要让雏鹰变成雄鹰，就必须让它学会自己飞，让它具备独立生活的能力。因此，父母要想让男孩成为国家栋梁之才，自立地生活，从小就一定要注重对男孩独立性的培养，提高男孩独立做事的能力。父母可以从下面几点来进行指导：

(1) 从男孩的生活常规教育开始。常规教育即良好的生活卫生习惯和文明行为习惯两大方面。男孩从小就应养成良好的生活卫生习惯，这是最基本的生活需求。比如，从小教给男孩洗手、洗脸、洗脚、洗澡、擦鼻涕，保持个人卫生的整洁；教给男孩自己按时吃饭、睡觉以及如厕的生活习惯；教给男孩做个讲文明懂礼貌的好孩子，具体表现在尊敬长辈、爱护同伴、爱护公物、使用礼貌语言等。

男孩一旦有了独立意识，他们就会主动做事，自己拿勺子吃饭、自己去搬小椅子，自己收拾玩具，自己按时睡觉……伴随着年龄的增长，这种独立性的表现会越来越明显。当男孩渴望独立时，父母一定不要给予否定，要重视、支持、鼓励男孩。比如当男孩想要自己去尝试做一件事时，父母可以鼓励他：“只要是你想做的，相信你一定会做得更好。”

(2) 给男孩创造独立的成长环境。外在环境对孩子的成长具有潜移默化的影响。父母要培养男孩的独立性，首先要给他建立一个身心自由、能够独立活动的成长环境。比如平时把男孩的玩具放在他自己可以拿到的地方，玩具收纳箱放在可以让男孩自由拿取的地方，让男孩养成主动收拾玩具的习惯。男孩做手工游戏时，供他画、剪、钉、编的纸、笔、剪刀、针、线等工具要准备好，训练男孩自己动手的能力。在现代家庭中，父母还专门设立了一个亲子活动区，在室内有一个单独的房间或角落供男孩玩耍游戏，在室外建立一个自由活动场所，让男孩享受户外活动的乐趣。

父母要给男孩一些主动性，给男孩一个表现自己的机会。比如父母在做事的时候，遇到一些简单的家务活，可以请男孩帮忙，比如说“你试一下吧！”给男孩活动空间，男孩会喜欢，也会尽力去做得更好。

(3) 给男孩一个自由成长的空间。传统的清规戒律式教育显然已不适应现代家庭教育的需求，只有给男孩一个自由的成长空间，才有益于他身心的健康发展。我国著名教育学家陶行知先生曾提出，对孩子要实行“六大解放”，即：解放大脑，让孩子自由想象；解放双手，让孩子自食其力；解放双眼，让孩子放宽眼界；解放嘴巴，让孩子畅所欲言；解放空间，让孩子亲近自然，认识社会，开扩眼界，丰富学识；解放时间，让孩子拥有自由和快乐，做自己喜欢做的事。

培养男孩的判断力和决策力，是独立性发展的一个重要方面。提高男孩的判断能力，让男孩做个有主见、擅思考的人，通过自己的判断，来确定怎样玩游戏，玩具该放在哪个位置，和谁一起玩等问题。刚开始让男孩自己做决定时，他可能会面对多种选择一筹莫展，犹疑不定，但是经过几次训练之后，男孩就会在游戏中摸索到了一些“经验”，而逐渐学会了正确的判断和做决定。在和小伙伴一起做游戏过程中，男孩会判断出自己喜欢玩哪种游戏，不喜欢玩哪种游戏，和哪些小朋友一起玩会感到开心，不喜欢和谁玩等。男孩有了自己的判断能力，就不会按照父母的吩咐去指定交朋友了，有时父母不愿意让男孩和某个小朋友一起玩，结果却是男孩和那个小朋友最合得来。这种情况也很常见。所以，男孩在解决和处理自己的事时，父母不要过多地干预，只要帮男孩分析问题，提出自己的见解，引导男孩去做出正确的判断就好。

(4) 让男孩经历磨炼。从男孩学走路开始，父母就需要适时地放开手，让男孩自己去练习走路，体验从跌倒到爬起的过程，而不是男孩一跌倒，父母就忙着扶起。没有体验挫折，就始终无法学会成长，为了男孩，让他自己跌倒自己爬起来！不要担忧男孩身上那些在尝试的过程中留下的伤，那是他们成长的印记，是经历磨砺后的纪念。

父母要告诉他一些相应的技能和知识，即不仅是自己乐意去做事，而且还会自己独立把事做好。父母要教男孩去独立完成自己的学习任务和事情，自己去和伙伴交往，当男孩与伙伴产生矛盾时，指导他，让他自己解决问题。

总之，男孩不应该在父母的影子下成长，跟在父母后面做父母的“尾巴”。努力培养男孩的独立性才是父母重要的功课，让男孩自发地去做，开始没有做好，并不代表以后都不会做好，俗话说：“万事开头难。”作为父母，要陪男孩一起度过开始难走的日子。让男孩集聚能量，有独立面对事情、解决事情的能力。

培养男孩的独立自主能力

虽然男孩现在还有些弱小，但是总归有一天要离开父母，独立地在社会上闯荡、生活，所以独立自主这种将来的立身之本需要从小培养。

心理断乳不是突变的过程，而是男孩对父母的关系从依赖到独立的较长的变化过程。做父母的应该强烈意识到，21世纪社会变化更加剧烈，科技发展更加迅猛，而一个缺乏独立性的男孩是无法适应现代社会需要的，因此一定要将培养男孩的独立自主能力提到重要地位。具体可以从以下几个方面进行培养：

（1）培养男孩初步独立思考的能力。教育家陈鹤琴先生说过："凡是孩子自己能够想的，应当让他自己想。"只有遵循这样的原则教育男孩，才能培养其独立思考的能力。

有的父母很注意丰富男孩的知识，也常常耐心地回答男孩提出的问题，但往往会忽略培养他独立思考问题的能力。例如，父母给男孩讲故事，一页页地讲，一本本地讲，男孩只是静静地听。其实，给男孩讲故事，父母也应适当提出问题让他自己参与，培养男孩独立思考问题的能力。

（2）放手让男孩做力所能及的事。男孩的独立性是在实践中逐步被培养起来的。从2岁开始，随着身体的发育，大小肌肉群的逐步成熟，心理能力的不断提高，男孩已经可以在父母的帮助下，逐步养成自己吃饭、自己穿衣、自己睡觉、自己收拾玩具等良好习惯，逐渐树立独立意识。

在这个过程中，父母要认识到，年幼的男孩总是在反反复复中感受着劳动的乐趣，独立做事的快乐。从不会做到逐步学会做，从做得不像样到逐步像样，这是必然的规律，也是必经的过程，男孩从中也获得了自身的发展。

正因如此，父母就应放手让男孩锻炼，不要怕他做不好，也不能求全责备，更不能包办代替。对于男孩独立去做的事，只要他付出努力，无论结果怎样都要给予认可和赞许，使男孩产生自信。"我行"这种自我感觉很重要，它是男孩独立性得以发展的动力。

男孩自己做事常常做不好甚至失败，在这种情况下，父母应该鼓励男孩再去做，绝不能动辄就说"我说你不行吧，就会逞能"，更不要见男孩做不好就动手代劳。

当男孩执意去做那些难度较大的事时，父母应予以鼓励和帮助。这样会提高他

们的积极性，增强他们的自信心，增加他们的锻炼机会，养成独立做事的习惯。

(3) 培养男孩克服困难的精神。父母在培养男孩的独立性时，往往需要同时培养男孩克服困难的精神和毅力。对于男孩来说，自己穿脱衣服、整理和收拾玩具等，是需要付出很大努力和克服一定困难的。因此，父母所要做的就是对男孩做出的努力给予充分的肯定，并鼓励他们克服困难，尤其是对那些依赖性较强的男孩，父母更要坚持要求。

在家庭中培养男孩独立做事时，最关键的是父母自己要战胜自我。有的父母一见男孩碰到困难，不是鼓励他去克服困难，而是立即代劳。还有的父母明知应要求男孩克服困难，坚持自己去做事，但只要男孩一哭一闹，立即"心软"而"妥协"，依顺男孩，从而前功尽弃。为了男孩的未来，父母应下决心甚至下狠心，培养男孩克服困难的精神和毅力。

(4) 让男孩自己做决定。中国传统家教中十分注意培养男孩的"听话""顺从"，却不注意倾听男孩的意见。小到生活上的事，大到男孩的发展方向，一概由父母决定，男孩缺少自己做决定的机会，这就不能培养他们的抉择能力。自我抉择能力是独立性很重要的一个方面。

随着现代家教观念的更新，有一些父母，不仅注意从小培养男孩独立生活和独立思考的能力，也注意创造机会培养男孩自己做选择和自己处理问题的能力。

记住：未来是属于孩子自己的，男孩未来的路要靠他们自己去走，未来的生活要靠他们自己去创造，这一切都不是父母替代得了的。深爱男孩的父母们，让男孩从小学着自己走路吧！

自己的事情让他自己负责

现在的家庭普遍只有一个男孩，父母们会非常疼爱也是情有可原。加上父母在男孩的教育上普遍存在注重男孩的学习而不重品德培养的问题。因此，导致男孩劳动能力很弱，缺乏劳动精神，进而使男孩的责任感流失，自己的事情自己不负责。

一个14岁的男孩，吃饭过后收拾桌子，桌子擦得不干净；扫地时只扫一些看得见的地方；在学校值日时这里落下一个纸片，那里落下一堆土；做作业时只想早点儿做完，一味地图快，写字不工整，卷面不整洁，错误很多；父母叫他帮忙倒垃圾，垃圾会掉落很多在地上；老师让他帮忙发作业本，他会把作业本直接往教室讲桌上一放，拿出自己的本子就走……

以上种种现象，反映了男孩责任心差，对自己的事情不负责任。责任心是一种难能可贵的品质，在男孩童年时期培养男孩的责任心是非常重要的。而我们现实生活中就有很多男孩缺少这种可贵的责任心，无论是对学校的工作还是家务劳动，无论是对自己的学习还是替人办事，全都是敷衍了事。

男孩出现的这些现象，许多父母还没有引起重视，有的还会替男孩去辩护。说男孩不懂事，太小贪玩，长大后自然就会好的。

有些家庭，父母做事都不负责，对男孩从小就忽略了严格要求。男孩从小看见父母做事只是敷衍了事，那他也就学着做；男孩看见父母扫地时，是东落西落的，那他下次扫地时也就如此；有的父母从小就跟男孩说“做了就不错了”“给你多少钱就做多事”，那么，今天男孩就会对他人交给他的事也持这种态度，自然也就谈不上有责任心了。

责任心是一个人的立身之本。因此，在家庭教育中培养男孩的责任心应当是重点。

男孩的“通病”就是做事坚持性差，父母在教育男孩“自己的事情自己做”时，需要适时给男孩一些鼓励，提高男孩做事的兴趣，让男孩慢慢养成做事有始有终、有责任心的良好习惯。

首先，教男孩养成自己的事情自己做的习惯。做事不能善始善终的男孩，是不会有健全的责任感的。因此，生活中，父母和老师要让男孩自己的事情自己做，不要代办，更不要替男孩对事情负责。要让男孩清楚，哪些事情能做，哪些事情不能做，哪些事情适合自己做，哪些事需要成人的引导才能做。还要让男孩明白，在学校里，自己是班里的一员，就有责任去协助老师和同学完成集体的活动，在家里要尽自己的能力、责任去做一些力所能及的事。

其次，在日常生活中，父母要注意从点滴的小事中引导男孩具有责任感。不管事情的结果怎样，只要是男孩独立完成的，就应当引导并鼓励他对所做事情要敢作敢当，要有责任心。作为父母，也不能把责任都揽到自己身上，这样会给男孩提供一个不负责任的机会，促使男孩淡漠责任感。

另外，男孩能否自觉学习也离不开责任心，父母要引导男孩要读好书，让男孩从精神上获得满足，在无形中让男孩的心里形成一种责任意识。另外，父母还要同男孩一起找一些在身边发生的、有责任感的好人好事加以强化，也是引导男孩责任意识的方法之一。父母还要注意引导男孩具有辨别是非曲直的能力，预防来自社会或其他方面的消极干扰，形成对人、对事真诚负责的态度，从而从中获得成就感，提高责任意识。

责任感是指一个人对他人、对自己、对事情、对家庭、对集体、对社会所采取

的一种自觉承担义务和负责的态度。当一个人自觉地承担责任时，会是一种美好情感的体验。经常有人这样说："现在的孩子真是一代不如一代，一点儿同情心、责任心都没有。"其实，关于这些说法，我们应该两面看待，要分清形成责任感的主观因素。责任感不是单纯在嘴上说就能形成的，而是需要建立在家庭生活、人际交往和社会活动的基础之上，在多种主观因素的共同协作下慢慢形成的。男孩责任感形成的客观因素包括家庭、学校、父母、师长、朋友的言传身教和大众媒体的影响，而男孩的身心发展、认知水平，则是责任感形成的主观因素。因此，培养男孩的责任感必须要建立在认知、情感和行为等多种因素的基础上。

教男孩懂得责任感的道理，创设一些亲身体验，以榜样来促进男孩对责任感的意识。许多男孩认为父母疼爱自己是天经地义的事，而自己怎样去对待父母则要看心情和兴趣。对于男孩的这种心理，父母则理解为是一种很正常的行为，是男孩在成长的过程中必须出现的一种现象，但随着一天天长大就会改变的。还有些父母则认为：我就只有这一个男孩，我不疼他疼谁啊？但是，他们没有想过，一旦这种宠爱让男孩觉得理所当然，养成坏习惯了，男孩就会变得自私，更无从谈责任感。作为父母，不想让你的男孩养成这种习惯，那么最好以榜样的教育来引导他改变观念，让他的学习有动力、有目标。

引导男孩参与行动，要让男孩通过自己的亲身体验产生责任感。例如，在假日里，让男孩做个义务劳动者，让他清理一次住家附近的卫生，作业先认真思考再动笔做。对反面的事物也要思考，反省自己的缺点，父母对男孩多鼓励，多与男孩一起讨论话题、交流看法。学习上遇到问题，多问老师，与老师同学一起想解决的办法。对男孩的错误不要以训斥、打骂的方式处理，要以平和的心态对待，这样男孩在与父母的交流中就不会有隔阂，而会产生一种情感。因为责任感正是建立在情感基础之上的。

父母一定要让男孩了解：一个人做什么事都要有责任心，特别是对自己所做过的事情要负责。自己做错了事都是要靠自己去想办法去处理的，不要希望有人会替你去承担，别人没有理由和义务去替你承担。即便是别人愿意为你分担，那也是需要你付出一定的代价。

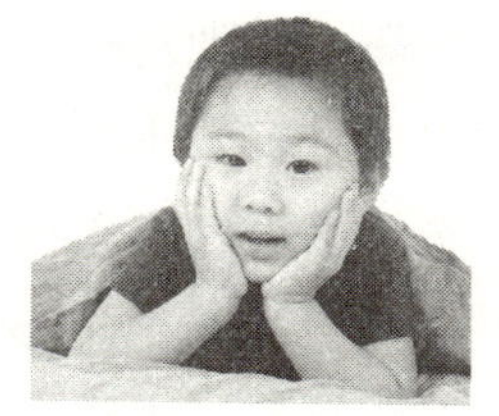

第 21 章 逆商训练，培养男孩的抗挫折能力

苏联教育家苏霍姆林斯基认为：要让孩子知道，人生不仅有快活而且还有悲伤、痛苦和死亡，要使孩子从幼小年龄起，就通过亲身体验体会在生活里有一个叫“困难”的概念。遇到失败或是挫折并不可怕，关键是你如何对待挫折，不能一遇到挫折就心灰意冷、一蹶不振。

挫折往往比经验更深刻

挫折是指个体在从事有目的的活动过程中，遇到障碍或受到干扰，致使个人的动机不能实现、需要不能满足时出现的一种紧张状态与情绪反应。它是一种主观感受，因人而异。因为人的目的和需要不同，同一种活动对于不同的人可能会造成不同的主观感受。

一般认为，挫折给人带来的只有灾难、失意和无情的打击。事实上，挫折对个人来说，也具有利和弊两重性。有利的是它能够引导人不断提高认识能力，增长才干，古人云“吃一堑，长一智”就是这个道理；有弊就是它使人内心痛苦、情绪紊乱、行为偏差，甚至引起种种疾病或轻生的举动。对挫折的两重性的认识，有助于父母教育男孩在挫折面前采取理智的、积极的态度。

产生挫折的原因是多种多样的，对于任何具体的心理挫折，应具体地分析其产生的原因，但就一般而言，可以归纳为客观和主观两大方面。

从客观方面来说，来自自然因素的心理挫折不是主要的，由社会因素而造成的心理挫折往往对人的影响更大。社会因素主要指人在社会生活中所受到的人为因素的限制和阻力，例如同学之间的矛盾、父母和老师的不理解、对某些课程缺乏兴趣

等都是心理挫折产生的社会因素。

男孩处于思想尚未成熟阶段，对于挫折缺乏心理准备，也不具备足够的经验和能力去应对，因此社会因素所致的各种挫折，对男孩行为所发生的影响很大。

例如有个男孩，初中阶段一直是优等生，但上了高中后，尽管自己仍很努力，成绩总是不理想。父母望子成龙，整天没完没了地唠叨，给他施加了很大压力。临近高考时又因报志愿与父母发生了冲突，一气之下离家出走。

这充分说明，来自社会因素所致的各种挫折对于尚未成熟的男孩的心理和行为会产生很大影响。

从主观方面看，由于个人的容貌、身材、体质、能力、知识等条件的限制，使得所追求的目标达不到而产生挫折。

例如有的男孩梦想当飞行员，飞向蓝天，但由于自身条件不够，所以，不能实现自己的愿望。这种心理挫折主要就是由主观原因引起的。另外，每个人心中都有自己的奋斗目标和动机要求，当个人欲望与社会道德标准发生矛盾时，内心也有可能会产生挫折，这种挫折主要也是由主观原因引起的。

男孩在学习、生活过程中，总会遇到各种小的挫折，然而这正是成长的必然过程。在幼儿时期，当男孩摔倒哭泣的时候，如果父母总是立刻赶过去把男孩抱起来哄，甚至抓着男孩的手拍打地面，责怪地面让男孩摔了跤，那么当这个男孩长大后，每每遇到挫折，都倾向于怨天尤人，而不能吸取经验反省自己，从根本上应对和解决问题了。如果男孩跌倒时能获得父母的支持和鼓励，自己从跌倒的地方站起来，那么他不仅掌握了解决“摔跤挫折”的方法，还建立起了对自己的信心。

当今的社会，对人们的要求越来越高。各种操作能力、人际交往能力、解决问题能力等，都应从小锻炼发展。鼓励他的每一点进步，把日后现实生活的巨大压力提前分解和消化，这就是挫折教育。然而现在的许多父母，将学习之外的一切事宜统统包揽下来，让男孩在除了课本还是课本的环境中长大，势必令其在日后的生活中面临挫折而不知所措，将会产生巨大的压力。

父母可以给男孩聪慧的头脑、渊博的知识、健康的身体和出色的外表，却给不了他一颗坚强的心。对于男孩的教育来说，教训往往比经验更深刻，因为他曾体会到失败的痛苦，并在失败中得到成长。教训的意义不仅在于指明行不通的错误路径，更在于能让人得到深刻的体验。

父母要给男孩实践的机会，给他们失败的机会，给他们得到教训的机会。

如今，父母对赏识教育无疑贯彻得非常好，这对培养男孩的自信心确实很有帮助，但却促生了男孩任性和脆弱的性格。专家表示，在男孩的成长过程中，经历挫折非常重要，它能很好地训练男孩的心理承受能力，为以后的社会生活打下良好的基础。所以，只有鲜花和掌声的教育是不完整的教育。

现在的大人，尤其是父母对男孩表现出过多的关心，过分的呵护，从而使男孩不能正确体验挫折的过程，不能正视成功与失败，导致男孩对自身产生较低的自信。自信心是成功的支点，是勇于克服困难的前提。所以，父母要增强男孩的自信心，以培养男孩的耐挫力。

我国教育家陶行知早就提出要解放孩子的手、脚、嘴巴、头脑、时间和空间，为孩子创造一个自由发展的环境。但目前许多父母和老师都不愿男孩玩这个，不敢让男孩干那个，久而久之导致男孩形成性格柔弱、依赖性强的心理缺陷。为避免这种情况的发生，父母或老师都要敢于放手，不过分地保护、过多地限制男孩，让男孩大胆地创造，想象，充分发挥自己的能力，并在这个过程中培养男孩面对困难，克服困难的自信心。

给男孩一个吃苦耐劳的机会

为了让男孩在未来的生活中能多一些顺境、少吃苦，父母应在男孩的成长初期就适当地锻炼他的抗挫能力和吃苦耐劳的精神。为此，父母可以有意识地设计一些训练环境，比如情景式训练等，使男孩适当地吃些苦头，培养他承受挫折的勇气和能力。

只有尽早地体验吃苦的滋味，男孩才有信心面对逆境和挫折，才会对幸福和优越的生活倍加珍惜。只有经历过挫折的磨炼，男孩才能由稚嫩脆弱走向成熟勇敢。很多父母也想把男孩培养成坚强勇敢乐观面对困难的勇士，对男孩经常说得最多的就是要“不畏艰险、勇敢坚强”，但这只是口头说教，一旦当挫折和困境摆在男孩面前时，父母又不忍心看着男孩吃苦受罪，舍不得让男孩独自去承担一切的风雨和苦痛。所以，培养和锻炼男孩抗挫能力，养成坚韧不拔的性格，仅靠说教是不够的，只有让男孩亲自品尝一下苦滋味，亲身经历一下挫折，才有可能超越自己，战胜挫折。因此，父母在生活中要有意识地让男孩多锻炼，不要一味地满足男孩的一切需求，不要让男孩有生长在蜜罐里的优越感。当困难和挫折磨炼的机会来临时，父母要鼓励男孩迎难而上，不惧怕困难，不要被挫折吓倒。在生活中，最简单的挫折训练可以从体育锻炼开始，比如让男孩坚持长跑，参加军训，在家里让男孩适当参与家务劳动等，同样可以有效地培养男孩抗挫折的勇气和能力。

然而在很多时候，我们常常可以会看到，校门口挤满了接男孩的父母。下课铃

声一响，男孩纷纷走出学校，校门口的小摊变得热闹非凡。摊上摆满了零食、玩具等。父母替男孩背书包，男孩则手里拿着大包的零食，边吃边不停地向卖小玩具的小摊里张望，搜罗着自己感兴趣的物品。

虽然给男孩一个天真无邪的童年是必须的，但这样长久下去，男孩过惯了这种生活，没有一点儿吃苦的精神，以后要怎么独立呢？要清楚，男孩童年需要的父母都可以做到，但是，当男孩长大了，工作的需求、家庭的需求等，父母们还能给予吗？

压力如大山，如果没有吃苦耐劳的精神，将会无法解除压力，工作、生活也就会压得他透不过气。因此，为了男孩以后能应对更多的困难，更好地在这个充满竞争的社会上立足，让男孩从小就多吃点儿苦吧！

孟子说："天将降大任于斯人也，必先苦其心志、劳其筋骨、饿其体肤，空乏其身……"可见一个人要想在社会上生存，承担社会责任，就必须要有吃苦耐劳的精神。但是吃苦耐劳的精神不是在短时间就能养成的，它需要父母和老师对男孩的长期督促，这是一个艰巨而又漫长的过程，那么，父母怎样来引导男孩吃苦耐劳呢？

（1）父母要转变观念，不要溺爱男孩。如今，许多的父母有重智轻德的想法，认为只要男孩成绩优秀，一切问题都会得以解决。其实，这种想法存在误区。男孩的学习活动是智力与非智力因素相互作用的。男孩是新世纪的主人，他们将会处在一个充满竞争的社会，非智力因素相对更重要，一个人生存的基本素质就是要有吃苦耐劳、勇于拼搏、顽强不息的精神。同样，这也是一个人走向成长不可缺少的条件之一。因此，父母要注意从根本上转变观念，给予男孩正确的方向，男孩才会健康地成长。

在家里，要求男孩独立完成自己的事情；学习上，培养他们独立思考、独立练习、独立完成的能力；心理上，不要让他有依赖感，让他自己的事情自己做主。

父母一定不要去替男孩思考问题，一定要坚持让男孩自己去独立思考、研究，在男孩发表意见时，不要随便反驳男孩的意见。只有做到这样，男孩才能独立思考问题，有主见，从而为以后做事的自主性打下基础。

（2）鼓励男孩参加社会劳动。一个人的成长离不开生活。男孩学习和掌握一些生活技能，是生存必须具备的一些能力，也是男孩具备吃苦耐劳的前提条件。父母首先要从男孩的生活入手，教会男孩一些基本的生活技能，使他在学习时慢慢形成不怕吃苦、不怕累的良好品质。如：自理能力，教男孩做一些简单的家务，使男孩慢慢地掌握一些做事的基本技能，为男孩能有吃苦耐劳的精神打下坚实的基础。

父母不但要让男孩在家做一些诸如打扫卫生、煮饭、洗碗等家务劳动，最好还

可以让男孩多参加一些社会实践活动，如参加夏令营、到农村体验生活、卖报纸等。但父母切忌不要用有偿的方式来要求男孩做某些事情，否则结果只会适得其反。让男孩在活动中锻炼动手能力，养成爱劳动的习惯，适当给予鼓励，以激发男孩劳动的主动性。

(3) 给男孩提供练习的机会。利用家里和学校的环境，为男孩提供一些练习的机会。家里和学校是男孩最熟悉的地方，父母和老师应多利用学校、家里的环境，让男孩做一些力所能及的事。这些事除了自理之外，也可包括为他人服务。

现在的男孩，很多都没有经历过风雨的磨炼。因此，父母应该有意地让男孩去受点儿苦。如爬山、郊游等形式，让男孩吃点儿苦，磨炼意志。

(4) 父母要主动与男孩一起参加锻炼。由于父母工作忙，与男孩缺少沟通，拉开了父母与男孩之间的距离。怎么去拉近这个距离呢？唯一的办法就只有父母牺牲一点儿工作时间，多陪陪男孩，加强与男孩之间的感情。

早上，父母可以带男孩一起去锻炼，如一起游泳、打球、跑步等；晚上下班，如果时间还早的话，那么可以陪男孩散步，聊聊白天发生的事；假日里，还可以带男孩一起去看电影、逛公园，通过这些来提高男孩的表达能力，有利于沟通感情。这样男孩在锻炼的同时，还能增加与父母沟通的机会。

如果男孩不怕苦，就能比较容易学习好，做事情会更容易成功。不怕吃苦的男孩，遇到困难不容易退缩，就算生活艰苦，也很少会有悲观失望的情绪。这样的男孩才能较快地适应当下这个竞争激烈的社会。

一个人具备吃苦耐劳的精神，是一种基本素质和必备美德的体现，这种好的精神永远都不会过时。希望每位父母都能有计划地多让男孩参与一些劳动实践活动，不要让男孩的生活太过舒适。男孩自己本身也应该端正态度，积极地参与，使自己的意志得到锻炼，吃苦耐劳的精神不断升华，这样对自己、对未来、对社会都有益处。

总之，父母要想把男孩培养成有用的人才，就要讲究运用科学的方法，而不能只把这当成一个愿望。只有把愿望变成行动，把希望变成实践，才能取得成功！

锻炼男孩的心理承受能力

多数父母在对男孩的教育中，重视智力教育而轻视品德教育、重视分数而轻视能力、重视培养男孩的智力开发而轻视非智力的培养，过度保护男孩而轻视对男孩

的锻炼，只重视男孩身体健康而无视男孩心理健康。这些做法对男孩的成长都是非常不利的。世界卫生组织曾对“健康”做出“健康是人的生理、心理和社会适应能力的一种全面状态，不仅仅是有没有病患和虚弱而已……”的明确规定。可见，生理、心理、社会的适应能力是现代的人们健康的准则，而心理健康是最值得家庭教育、学校教育重点注意的问题。

一般来说，经受过多次挫折的人，有坚强意志的人的心理承受能力比较强。而相反，从没受过一点儿挫折，意志薄弱、情绪稳定性较差的人的心理承受能力则比较差。因此，培养男孩的心理承受能力是教育过程中不容忽视的问题。

一个人心理素质的好坏决定心理承受能力的强弱，同时也反映了一个人在遇到困难与挫折时的理智程度、对自己不良情绪的控制能力。男孩的心理承受能力要从小锻炼，否则长大之后，很多方面都定格了，将要去独立生活时，男孩的不足也就显现出来了。

(1) 让男孩多承受一些波折和磨难，从解决困难的过程中吸取一些教训，有了解决困难的经验之后，当男孩再遇到困难时才能从容地应对。

要培养男孩的自信心和好胜心，这是男孩取得成功的基础。自信心的问题在前文中已经讲过，而好胜心需要父母在生活中提高男孩的自尊心和自信心，男孩做好某件事时，给予男孩鼓励、奖励，让男孩体会到成功的喜悦，并让男孩去做一些自己能做的事，有自己探索知识的自由。

在日常生活中给男孩提供挫折情境，一定要适度，否则，耐挫能力不强，男孩容易在生活中经受困难。父母要正确引导，切不可以对男孩过度袒护。

(2) 不要逼男孩，许多父母总是希望男孩“一定要做到这样，一定要做到那样”，如果没有做到，便大动肝火。例如：有一个男孩，上中学时，母亲天天跟他说：“一定要好好学习，不然就考不上好高中，考不上好高中就考不上好大学，上不了好大学就没有出路了。”

有一个男孩曾经在日记里写道：“这些年来，在我心里，‘一定要好，一定要第一’天天都在困扰着我，我真的太累了。”

(3) 培养、独立解决问题的能力。父母应多教育男孩为他人着想，多看他人的长处，多站在他人的立场来想想。研究证明，心理承受能力差主要表现在：缺乏独立意识、缺乏自信心、勇气和能力。因此，作为父母，应放手让男孩去决定和处理自己的事。只要是好事，只要男孩有能力做到，就让他们独立去拿主意，独立去完成。

(4) 赞扬要适当。很多的男孩都是在夸奖的环境下长大的。即便是男孩做了一件本该做的事，父母都会对他大加夸奖；男孩做错了事，父母过于溺爱而护短。这

样男孩就会变得很自私、任性，有时会因为一件小事而大闹不停。这样的男孩也就没有应对成长道路上的困难和挫折的能力。

(5) 对男孩进行心理辅导。男孩在成长的过程中。不可避免会遇到一些失意的事，如成绩不好、被他人打骂、父母离异等。这时，父母就要对男孩进行一些心理辅导，让男孩对挫折有一个新的认识，从而增强男孩的心理承受能力。

另外，让男孩多交朋友。朋友多了，男孩在遇到问题时，就会有交流的对象，通过与人交流，男孩的疑惑和苦恼就能自然地化解了，避免了男孩因心理压力过重而走向极端。

(6) 对男孩进行心理训练。身体锻炼只要通过一定的劳动就能促进健康，而心理训练则不同。在进行心理训练时，“挫折教育”或“耐挫教育”非常重要。在男孩取得优秀的成绩时给他们出点儿难题，让他们感到一点儿心理压力。在他们失意时，就多给予鼓励，教育他们无论是生活还是在竞争都要以平和的心态去面对，这样在以后的路上才会经得起挫折。

总之，心理承受能力的补救，应该以良好的行为习惯做基础，以心理健康教育为重要的对象，慢慢地开展起来。

教男孩勇敢面对挫折

如今的男孩大多在家为骄子，衣食无忧，父母只问学习，老师只管教书，处于成长期的男孩的思想教育成为无人过问的薄弱地带。

受到挫折的男孩常常表现出烦躁不安、厌食、失眠、健忘、喜怒无常等情况，伴有恐惧和不安的表现。

受到挫折的男孩会对着引起挫折的人或物直接发起攻击，如怒目而视、开口骂、动手打，以解心头之恨。

受到挫折的男孩喜欢撕本子、摔文具或在同学中间无端地发泄，把攻击目标指向了与产生心理挫折毫不相关的人或物上，寻找“替罪羊”。

正在成长中的男孩，由于知识阅历各方面的欠缺，特别是处于顺境的男孩，一旦在学习生活中遭遇一点点挫折，常常显得惊慌失措，失意、灰心随之而来。

父母在平时生活和学习中，应关心男孩的思想成长，让男孩从小就懂得艰苦、懂得磨难，知道困难、挫折既然是人生无法避免的，就应该积极面对，以微笑去迎接、以进取的心态去战胜，而不是缺乏自信，选择逃避。教会男孩应对困难挫折，

培养良好的学习、生活态度，这些都是男孩成长中必不可少的。

(1) 与男孩分享自己的挫折，找到彼此的共鸣点。父母可以将自己的挫折故事讲给男孩听，不但能帮助男孩认识到挫折在所难免，还能让男孩将自己的挫折感受以及原因向父母倾诉，达到沟通的目的。男孩能够清楚地了解到：每个人由于自己能力和客观条件的限制，做任何事情都不可能总是成功的，挫折是在所难免的。因此，当男孩遇到挫折的时候，要让他懂得不要怨天尤人，也不要自怜自惜，更不要认为自己一无是处，这样便不会在遇到挫折的时候，垂头丧气、一蹶不振。

在日常生活与学习中，男孩最好的直接榜样就是父母。“身教胜于言传”，父母对待挫折的态度和行为会潜移默化地影响男孩的态度和行为。父母和老师也可以常常向男孩讲述一些名人在挫折中成长并获得成功的事例，希望男孩以这些名人做榜样，不畏挫折。

男孩也可以成为自己的榜样。比如，对男孩战胜挫折的经历，父母老师应指导男孩将其记录下来，或写日记，或建立成长记录袋。这样，当男孩以后又面临挫折时，可以提醒他看看这些记录，向自己学习。当然，树立男孩做自己榜样的形式绝不是仅此一种，父母和男孩可以结合实际创造适合自己家庭的特殊形式。

(2) 弄清男孩受挫的原因再考虑怎么办。现在不少男孩身上存在害怕困难、承受挫折的心理能力差等弱点。近年来，这一问题已经引起了全社会的广泛关注，对孩子进行挫折教育的呼声也日益强烈。心理学家、教育家、父母、教师等纷纷呼吁“今天的男孩需要挫折教育”。

当男孩遇到挫折的时候，重要的就是帮助他学会理清思路，分析失败的原因。找到了失败的原因之后就要考虑下一步怎么办，然后重整旗鼓，为下一次挑战做准备。

(3) 鼓励男孩正确地评价自我。男孩受挫折的时候，自身很痛苦，这时候父母不要只是一味地否定男孩，特别是不要用“你真笨”这几个字来否定男孩，因为这三个字对男孩的自信心来说，无疑是一个致命的打击。任何人都有不懂的问题，即使再有学问的人，也会有不知道的东西。要记住：凡事尽力皆无悔！只要男孩尽力了，就可以了。

每个男孩都有自己的长处与不足，父母应有客观的评价，并据此对男孩的成长提出合理的期望，激励男孩向恰当的发展目标努力。

如果父母只看到男孩的优点而无视他的缺点，男孩就会对自身的不足缺乏认识而骄傲自满，不能接受失败；如果父母对男孩抱有不切实际的过高期望，就会增加男孩的心理压力，使男孩不敢面对失败。

当然，父母如果总是挑男孩的毛病，贬低男孩，对男孩不抱期望，也同样会伤

害男孩的自尊。这样的男孩缺乏自信，会逃避困难以求避免挫折。

因此，父母不仅要教育男孩能看到自己的优点，还要找出自己的缺点，让男孩能够正确地评价自我。

（4）找一些简单的事情让男孩做。当发现男孩因为其件事情受到挫折的时候，让男孩去做一些他力所能及且能完成得很好的事情，并注意对男孩进行鼓励和赞美，从而恢复他的自信心，让他有信心战胜挫折。

一个男孩如果总是遇到失败和挫折，这无疑对他的自信心是一个沉重的打击。这就需要父母尽可能有意识地挖掘男孩的潜能，这样就会为男孩的成功打下良好的基础。而每一次成功的体验，不管大的抑或小的，都会增强男孩的信心，这样男孩就会愿意去尝试更具挑战性的事情，在更为激烈的竞争中和更为困难的情况下，锻炼和提高自己的能力，于是就形成了一个良性循环。而成功的体验和较强的能力使男孩在面对挫折时就不至于不知所措、灰心丧气，失去希望和进行努力与尝试的信心。

（5）增强男孩的心理耐受力。男孩要具备积极的心理耐受力，即认准一个目标就要长期坚持向这一目标努力。告诉男孩挫折也是好的事情，因为在对诺贝尔文学奖的得主进行调查之后，结果发现，他们中间有50%以上的人都有过坎坷不幸的童年。爱迪生曾经说过："伟大人物最明显的标志就是他坚强的意志，不管环境变换到何种地步，他的初衷与希望仍不会有任何改变，而终于克服障碍达到所期望的目的。"

总之，实际上，对男孩进行抗挫折教育，是男孩成长过程中不可缺少的。只有这样，男孩才能得以茁壮成长。

别忽视对男孩意志力的培养

如果仔细观察，会发现，现在很多男孩特别脆弱，动不动就哭，做什么事情也是没有耐心，不高兴就不做了，这都是没有意志力的表现。

人的意志力是在克服困难中锻炼出来的，坚强的意志往往包括克服一系列内部的困难（胆怯、无信心、懒惰、畏惧、经验不足、身体不佳等）和外部的困难（环境不好、其他人带来的压力、学习条件差等）。而一个人意志坚强的程度，正是以困难的大小和克服困难的能力来衡量的。越能克服各种来自心理、生理的和外部的困难，就越能显示出一个人意志的力量。

培养男孩具有坚强的意志，经得住各种失败的打击，以健康的心态对待各种挫折，是当今父母在家庭教育中最值得重视的一个问题。

当前，很多父母缺乏对男孩意志力的培养，对男孩采取放任自流，百般迁就的态度。他们对男孩不合理的要求也尽力予以满足，对不正确的行为予以庇护。不少家庭，舍不得让男孩吃一点儿苦、经受一点儿磨难。男孩遇到一点点困难，父母便心痛得不得了，刮风怕吹着，下雨怕淋着，冬天怕冻着，夏天怕晒着。长此以往，造成了男孩任性、固执、我行我素、意志薄弱的个性。

从小就培养男孩具有良好的意志品质，对男孩形成完备的个性、健康的心理具有重大意义。男孩只有拥有坚韧不拔的意志、艰苦奋斗的精神，才能增强适应社会生活的能力。

要想培养男孩的意志力，要做好以下几个方面：

(1) 让男孩学会克服困难。在学习、生活中，父母不能把一切都给男孩准备妥当，有些问题要让他们自己想办法去解决，通过自己的努力去完成。激励男孩要有克服困难的勇气、决心和信心，当男孩每取得一次成功的时候，父母要给予适当的表扬，以增强他们的信心和毅力。

有关资料介绍，日本一些家庭在教育男孩上大多利用“挫折教育”。比如在男孩很小的时候，让他置身条件艰苦的环境中去体验，去感受，从小培养坚韧不拔的意志和毅力。冬天男孩们在风雪严寒中赤膊锻炼，即使浑身冻得瑟瑟发抖，父母也要求他们坚持到底。

而在大城市中生活的一些大学生，会到偏远的山区、村寨接受艰苦的生活训练。一位多年开办散打训练班的教练说：学生们取得比赛胜利的关键不是成绩，而是具备坚强的意志。在训练中，他把每次恶劣的天气当成一次机遇。无论严寒酷暑还是刮风下雨，他都把学生带到户外进行“挫折训练”。他们还有一个口号：“战胜自然，战胜自我。”

事实表明，男孩的天性并不拒绝磨炼，而是愿意接受磨炼，磨炼越多，意志越坚强。

(2) 男孩的一言一行要从小严格要求。说到做到，当行则行，当止则止，是对男孩的基本要求。要培养男孩的意志，必须从小对他们严格要求，以养成约束自己行为的能力和遵守行为要求的习惯。比如，严格要求遵守时间、生活制度、课堂纪律等。没有严格的要求，不可能有坚强的意志。

(3) 要给男孩树立坚强的榜样。要经常给男孩讲解伟人、科学家、革命前辈为了追求理想，百折不挠、不畏失败与挫折的经历以及一些有益的故事，激励男孩不断为具备坚强的意志而努力。

比如，讲一讲这个故事：

一位将军打了败仗，逃到山洞里要自杀，看到一个蜘蛛在织网。网刚织好一半，忽然一阵风吹坏了网，那蜘蛛从头开始编织，反复几次终于织成。将军见后受到了启发，冲出山洞，重新组织起队伍，历经千难万险，最后打败了敌人，取得了胜利。

(4) 意志培养要讲求方式方法。男孩在学习、生活中，常常会遇到各种困难、挫折。在男孩的困难、挫折面前，很多父母不是增加男孩的信心和战胜困难的决心，而是采取讽刺、挖苦的态度。考试成绩不理想，就嘲笑、训斥甚至一阵毒打，这样会使男孩的意志更加薄弱。在挫折失败面前，要帮助男孩找出原因，重新找回自信，做一个不畏惧挫折和失败的坚强男孩。

在哪里跌倒就从哪里爬起来

有一对澳洲来的夫妇带着4岁的男孩到某购物中心玩，小孩因地滑摔倒了，但这对夫妇都不去帮忙扶起来。男孩摔第一、第二、第三跤时还并未引起他人的注意，但当看到男孩摔第四、第五跤的时候，就有人向这对夫妇提出了问题：“为什么小孩跌倒了，大人不去扶起来？”这对夫妇的回答是：“这对他是一种好的教育方法，让他在哪里跌倒就从哪里爬起来，从小就养成独立生活能力。这样有三种好处：一是让他知道跌倒是自己不小心，今后多注意不要再跌倒了；二是他跌倒了，他自己支撑起来，可以锻炼小孩的毅力；三是他跌倒了，让他自己爬起来，不娇惯他，能养成他独立生活的态度和能力。”

一位美国儿童心理卫生专家说：“有十分幸福童年的人常有不幸的成年。”意思是说，男孩在幼年时期如果很少遇到过挫折，生活得一帆风顺，在将来长大后很可能会适应不了社会，面对挫折和困境会难以应对，不堪一击。很少遭受挫折的男孩，当他长大后会面临各种激烈竞争，面对复杂多变的社会，自然会深感痛苦。为了培养和锻炼男孩乐观坚强的品质和性格，一种旨在提高男孩的抗挫能力的教育已在世界多个国家兴起并发展起来。这种教育的目的和核心，就是培养男孩内在的自信和乐观。

西方有一个颇为流行的观点：幸福既是一种感觉，也是一种内在的品质。幸福感是短暂的，给男孩一件新玩具，他会高兴得手舞足蹈，但这种幸福感很可能会被其他的事物所影响，很快就会消失。但幸福的品质却是十分稳定的，因为幸福是一

种长久而乐观的心态，是一种良好的心理素质。西方教育界和心理卫生专家几乎公认，乐观地面对挫折，是一个人从童年到长大成人经历不断受挫和解决困难的过程中练就的。在培养男孩幸福品质上，可以说父母和老师的教育起着重要的作用。

每一个父母都应清醒地认识到，男孩终有一天要长大成人，独立地面对生活。他们不可能一辈子呵护男孩，男孩最终要靠自己的力量和本事行走社会，接受考验，学会为人处世，建立广泛的人际关系。在人情来往上，男孩会受到成人的耳濡目染，他们的人际关系是建立在孩子与父母的人际关系以及父母与他人交往的基础之上的，比如，父母热情好客、待人诚恳、宽容，男孩也一定热情好客，诚恳待人。物质条件的优厚并不与内心的幸福感成正比。所以，父母在为男孩创造优越的物质生活条件的基础上，培养男孩的幸福心态最为重要。

西方教育专家认为，过度溺爱，满足男孩的物质需求，对男孩的成长是极为不利的。在西方曾流行这样一句话叫作“幸福的人过着一种平衡的生活”。许多西方教育家强调在“挫折教育”中应培养男孩从多方面获得幸福的能力。如果只把幸福看作一种物质追求，那么最终的结果往往是痛苦。同样，有些男孩因父亲不让玩电子游戏而整天闷闷不乐，而另一些男孩却会很快地从另一种游戏中找到欢乐。这就是让孩子自己去获得幸福和快乐的能力。可见，爱好广泛和灵活调整目标，就可以让孩子在挫折中找到幸福感。

西方“挫折教育”的另一重要内容就是培养男孩对受挫的恢复力。乐观的男孩不是没有痛苦，而是能很快从痛苦中解脱出来，重新振奋。父母应认真培养男孩在逆境中看到希望的自信心和技巧。

此外，西方专家一致认为，父母对生活的态度在很大程度上影响了男孩的人生观。患得患失、斤斤计较、悲悲戚戚的父母带给男孩的也是消极悲观、郁郁寡欢的。

西方教育界人士说，“挫折教育”简单来说，就是使男孩不仅能从别人或外界的给予中得到幸福，而且能从内心深处激发出一种自我寻找幸福的能力。这样，当他面对任何挫折和逆境时，都能处之泰然，永远积极乐观。

大声告诉男孩：“我能行!”

美国男孩和中国男孩有什么不同？美国男孩的表现：遇事积极乐观、好奇心强、敢尝试、能吃苦、肯动脑；中国男孩的表现：遇事等待观望、缺乏兴趣、不敢

尝试、不能吃苦、不肯动脑筋。为什么会这样呢？

第一，美国父母对男孩鼓励多于对其保护。在美国家庭教育中，美国父母常常鼓励男孩进行各种尝试，一边做一边学，一边实践一边练习，在此过程中男孩的能力、兴趣都有了极大的提高，而且最重要的是树立了自信心。而中国的父母则是过度宠爱和保护男孩，造成男孩对父母有强烈的依赖性，缺乏独立自主能力，不相信自己，对自己不能做出正确的认识和评价，凡事习惯等待父母帮忙做。中国父母不赞同男孩的冒险，担心男孩会受伤、受欺，对于危险性较强的活动往往禁止男孩参加。

第二，美国父母对男孩引导多于灌输。美国父母与男孩谈话时多用商量、尊重、平等的态度和语气，比如会说“我觉得……会好些”“我的建议是……”“你愿意听听我的看法吗”等。而中国父母与男孩谈话时多用权威、命令、灌输的语气，比如会说“你还小，听妈的”“告诉你这样做怎么不听”“错了吧，你看不听老人言，吃亏在眼前”等。很显然，引导的方式会启发男孩思考，并在此基础上做出判断，而灌输法对男孩来讲只需被动接受，会束缚男孩的创新力和自信心。

所以，中国父母要想不伤害男孩的自尊和自信，在教育男孩上千万不要说这样的话：“真笨，这你都不会。”“你看谁家的男孩就比你强。”“告诉你多少遍了，就是记不住。”“念书去，别的都别管。”“我们为了你付出那么多，你怎么能这样。”“你能把书念好，就是对父母最好的报答。”

“我能行”与“我不行”只有一字之差，内涵却有着本质的不同。“我能行”是成功者必须具备的心理素质，它使人扬起自信的风帆；而“我不行”则是失败者的主要内因，因为它会让人失去成功的重要支柱——自信。

面对困难和挫折，最难战胜的不是别人，而正是自己。当男孩能自觉地用“我能行”来鞭策自己的时候，他会发现已经自己长大了许多，懂事了许多。而当“我能行”这三个字成为一种信念，牢牢地刻在男孩心中的时候，将为他未来的成功之路打下坚实的基础。素质教育是面大旗，“我能行”是教育改革的一面旗帜。父母要做的是鼓励男孩“能行”，而不是打击男孩“不行”。

（1）培养男孩自信心的前提是父母从男孩很小的时候，就把他当作一个独立的个体来平等地看待，给男孩应有的尊重和理解。自信是男孩自立、学会对自己负责的心理基础。

当男孩打算做力所能及的事情或者跳一跳就可够到的事情时，不要吝啬你的鼓励，“你能行”也许就是最好的催化剂。

（2）减少或杜绝对男孩说“你不行”。对男孩进行教育，要提倡说“行”，反对说“不”，因为一个“不”字，往往会传达给男孩这样一个信号：我做什么都做不

好，都不行。

父母要为男孩创造一个“你能行”的良好环境。因为男孩从“不行”到“行”需要一个实践的过程，对于男孩来说，这种实践显得尤为重要。事情无论大小，父母都要放手让男孩去实践，让男孩亲自体验做事过程中成败的甘苦，让男孩觉得“我能行”，自己能把事情办好。

(3) 父母对男孩的期望过高、过多、过急、过早，是说男孩“不行”的根源，不切实际地拔苗助长、急于求成，只能事与愿违。“男孩，你能行”应作为家庭教育的主旋律，无论对男孩的学习、生活，还是交往、做事，父母都要经常向男孩发出“你能行，你一定能行”的正面信息，去鼓励男孩。但是也要注意，不要在任何时候，对男孩的任何要求都说“行”，那样会“惯”坏了男孩。

(4) 父母要转变观念，让男孩认识到挫折并不可怕。父母应首先排除对挫折的害怕心理，不要总是担心男孩会不会出事，不要限制男孩在学校的活动量。要敢于让男孩面对形形色色的挫折，并鼓励男孩有意识地在挫折中磨炼自己，珍惜自己每一个微小的进步，拥有自信心，提高其心理耐挫力。

挫折具有两面性，一方面可以使人感到失望、忧郁、痛苦，另一方面，也可以使人变得聪明、坚强、成熟。关键在于自己能否从挫折中学到点儿什么。英国作家萨克雷有句名言：“生活是一面镜子，你对它笑，它就对你笑，你对它哭，它也对你哭。”

(5) 教育男孩积极地对待挫折，在活动中穿插挫折教育。告诉男孩，遭受挫折时不要死盯着它不放。挫折已经发生，就应该冷静、积极地面对它，分析它，解决它，摆脱它。如果始终深陷其中，用苛求的眼光看待自己努力的结果，就会因挫折而懊恼、悔恨、沮丧、痛苦，那滋味犹如陷入泥泞的沼泽地，你越是不能很快从中脱身，它就会让你越陷越深，以致磨掉前进的信心、勇气和热情。

“吃一堑，长一智”，人生不可能永远是充满欢乐的筵席，难免会碰上各种困难，甚至摔跤。定期让男孩参与一些旅游活动、野外生存与拓展训练，开展自救训练，设置模拟情境，提高男孩对困难的解决能力和生存发展能力。让男孩走进一些教育基地、工厂、社区，走到田间地头参加农业生产实践、植树种草，让他真正体验一下劳动的艰辛和快乐，培养吃苦耐劳的精神和克服困难的毅力。

(6) 发挥榜样的无穷力量。榜样的力量是无穷的，在具体榜样形象的感染下，男孩能加深对挫折的认识，激起内在的上进热情，提高把挫折转化为自我锻炼和成长的自学意识和行为。可用古今中外名人志士的百折不挠、英勇不屈的事迹来感染男孩，当男孩以这些英雄人物为榜样，并以他们的事迹作为测量自己的尺度时，其挫折就会成为新的努力的起点、新的成功的台阶。

另外，在父母把握大方向的前提下，尽可能给男孩更多的选择，而不应事事以自己的喜恶去强求一致。尽管有时男孩的选择是痛苦的，但他却可从中“悟”出很多道理。

培养男孩的勇气与冒险精神

男孩的胆量生来是不一样的。有些男孩天生不爱说话，害怕生人，不敢表现自己，父母可以把这看成是男孩的性格特点，而不要简单地看成是缺点。有些男孩胆小，父母也有责任。父母安全意识过强，老是吓唬男孩，男孩干什么父母都说“危险”；久而久之，男孩就会总结出一条经验，最可靠的办法是什么也别摸、什么也别干。这在成年人看来，自然就是胆小怕事。

现在的男孩在上幼儿园之前，很少有与同龄人交往的经验，在家里受到所有人的保护，这种生活使他们根本不具备应付挫折和压力的能力。

进入幼儿园后，有的男孩本身先天适应能力较差，面对新的环境感到特别拘谨，面对这么多不再护着自己的小朋友和老师，他们会从内心感到害怕和孤独。这时，如果父母忽略了对男孩适应新环境的教育，忽视了安慰和鼓励男孩，男孩就很容易变得胆小怕事、退缩，当他们面对种种压力时，由于不知道怎样奋起反抗，只有退缩到自己的内在世界里以躲避外在世界的伤害。

有的父母整天把男孩关在家里，不准男孩与其他人玩耍，或者对男孩过分迁就、溺爱，也是使男孩不能适应新环境的原因之一。男孩因缺乏与同龄人交往的技巧，只好采取逃避的行为。有的男孩由于自身存在某种缺陷，如口吃、长相不好等，在新环境中受到了极大的伤害，从此失去自信心，慢慢地就变得再也不敢当众发言、大声说话了，生怕被别人注意到，恨不得躲到没人的地方。

勇气是一个人生存和发展必不可少的内在素养，父母应该有意识地培养男孩的勇气，锻炼男孩勇敢的性格品质。培养男孩的勇气，教育专家给父母们的建议是：

(1) 别刺伤了男孩的自尊心。有的父母老是指责男孩：“你看人家，口齿伶俐，你再看看自己，像木头疙瘩似的。”这种“定位”式的批评特别容易刺伤男孩的自尊心和自信心，正好强化其怯懦性格。

(2) 少批评男孩，对男孩要有耐心。要鼓励男孩经常和小朋友一起游戏、交往，教给一些与同龄人交往的技巧，培养他对新事物的兴趣，养成热情、活泼的性格。要对男孩存在的能力缺陷及时加以训练和培养，如男孩本来说话表达不清，母

亲可以和男孩一起每天坚持表达训练。父母应注意发现男孩的闪光点，对其优点经常加以鼓励，使男孩从中获得尊严。当男孩要面对新环境时，父母应给他详细描绘新环境的情况，教给男孩适应新环境的方法，并教会男孩勇敢地去面对。

(3) 学会欣赏男孩。应该告诉男孩自己喜欢他，欣赏他的所作所为，哪怕是一点点小事，如男孩懂得体贴大人、知道关心别人等，这样男孩就会更自信。经常鼓励男孩，让男孩觉得父母永远都支持他，当他遇到困难和挫折时，可以向父母寻求帮助。如每天晚上花10分钟时间倾听男孩的谈话，对男孩的自信心就是极大的鼓励。对男孩的每一点进步加以赞扬和欣赏，是使胆小怕事的男孩得到发展的一个有效方法。让男孩帮着做一些力所能及的事，如买东西、摆桌子、寄信等，通过这些活动，胆小的男孩会逐渐认识到自己是有能力的，胆子便会逐渐变大。

(4) 鼓励男孩大胆地说话。父母应尽量给男孩一个独立思考并表达自己意见的机会。如果男孩的意见正确，父母就应该大大地赞许，使男孩增加自信和勇气。

有勇气的男孩才敢于冒险，冒险行为就像性格特点一样，常常会持续到青少年时期，但是，对于那些感到一步一步走近急诊室的父母来说，好消息还是有的，那就是，随着男孩一次一次地承受他们危险行动的后果，他们会最终从错误中学会谨慎。

现在的男孩多是独生子女，是长辈“疼”着长大的，平常过惯了“衣来伸手，饭来张口”的生活，自立精神普遍不足，心理素质也不如父辈。有些小男孩十几岁了还不敢独自睡，怕黑、怕打雷、怕闪电，遇到困难习惯于求援，不肯下功夫去设法解决；而家庭普遍注重的也是培养男孩的智力因素，只要有益于提高男孩的文化素质和艺术素质，就非常舍得投资，说到什么营养品有益于改善智力，价钱再高也舍得买，总以为就这么一个男孩，为了他的成长，下再大的本钱也值得。父母偏偏忽视了男孩冒险习惯的培养，总是怕男孩不安全，有时候学校组织“踏青”，父母也要陪伴着前行；学校要组织学生爬山，有的父母借口男孩身体不舒服，干脆请假。

其实，缺乏冒险意识的男孩，长大了很可能性格消极、依赖性强、意志薄弱、责任感差，“温室长大的花朵经不起风雨”，男孩很可能输在意志薄弱的起跑线上。培养男孩的冒险精神，一定要从小做起。不要怕男孩会摔跤，爬起来的男孩脚步更稳健；不要过分担心男孩的冒险，经历风霜苗儿更茁壮。父母作为男孩的效仿对象，也要在男孩面前多展示坚强的一面，让冒险精神陪伴在男孩的左右。

总之，男孩的成长绝对不应该是一帆风顺的，应该是勇气与冒险并存，在这样的环境中锻炼出来的男孩，社会适应能力才更强。

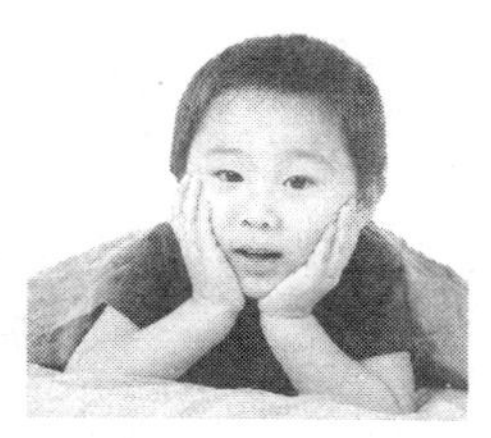

第22章 爱学习会学习，让男孩有超强的学习能力

有的父母为了让男孩不落后于别的孩子，一天到晚让男孩学习各种知识，认为男孩学得越多，就会比别的孩子越优秀。对男孩知识的培养虽然重要，但是不能一天到晚进行知识的灌输，中国有句古话：授人以鱼，不如授人以渔。在教育孩子时同样要加以借鉴。会学习的男孩才是有潜力的男孩。男孩学习能力的强弱会决定他在学习过程中掌握各种知识的成效，从而影响学习效率的高低。

父母不应该替男孩定爱好

如何对待男孩的爱好呢？是包办还是量材选择呢？有的父母是以自己的愿望来代替男孩的爱好。

现实生活中，帮男孩定爱好的事情常常发生。男孩爱学武术，父母却非要他放弃武术学钢琴；男孩喜欢文科，父母却以“学好数理化，走遍天下都不怕”为借口，为他选择理科……一个人做不愿做的事情是痛苦的，对此，父母应该感受最深。同样，男孩也是人，也有七情六欲，强迫他去做不愿做的事情，也会使他难过万分。

男孩的爱好与父母的愿望一致固然好。但如果男孩的爱好不符合父母的愿望，那么，作为父母也应努力为男孩创造一片属于他自己的天地，让他在自己所喜爱的领域里各显其能。父母不要替孩子选择爱好，否则不利于男孩的健康成长。

当然，父母这样“难为”男孩，是望子成龙心切，是善意的。但是，这种“善意”有可能带来“恶果”，因为，这等于抑制男孩的长处，扬男孩的短处，有时可能弄得男孩对自己的长处与短处感到迷茫，什么事情都做不好，得不偿失。

有的父母认为，男孩不仅是自己生命的延续，还拥有继承自己的事业的权利，所以常常将自己未实现的理想寄予在自家男孩身上，让男孩帮助自己梦想成真，可是，男孩却有着自己的个性和想法，他觉得，命运是掌握在自己手中的，这样父母与男孩的意见相左，于是两代人之间便形成了代沟。其实，父母应该明白，从男孩呱呱坠地的那一刻起，父母不仅给了男孩生命，也给了他作为一个独立的个体存在于这个世界的权利。当男孩学会自主选择规划未来时，即使他的选择不合父母的意见，父母也应该先肯定他的这种独立意识，然后心平气和地帮助男孩分析最适合他发展的方向在哪里。

男孩有自己的爱好是好事，非常可贵。“小荷才露尖尖角”，千万不要连根拔起。爱好是一把开启成功之门的钥匙，每个人都愿意做自己爱好的事，因为爱好和兴趣能把潜能发挥得淋漓尽致。如果父母坚决反对男孩所做的事，不理解男孩的选择，男孩就会产生逆反心理或勉强顺从，消极应付或公开对抗。做偏离爱好、自己不喜欢的事，不但缺乏激情，不利于创造力的发挥，也会影响事业的成功。对待男孩的爱好和才能，父母不妨参考以下几点建议：

(1) 要善于发现男孩的爱好。男孩一般都是有好奇心的，而好奇心往往是爱好和才能的先导。许多男孩天才的闪光就蕴藏在他们的好奇心之中。

在日常生活中，我们常会发现，昔日的“淘气包”“低能儿”会变成今日的能工巧匠、各路英才。他们的贡献和成绩，就连那些当年凌驾于他们之上的“好学生”都感到吃惊和惭愧。因此，父母应公平地对待男孩，尤其是要正确对待自己“不争气””的男孩，既不可施行“棍棒底下出孝子”的古训，也不可放弃信心而让其放任自流，而要善于发现，顺其自然，诱导男孩成才。

每个男孩都蕴藏着自己的爱好，关键在于发现它。钢琴前的笨蛋也许是画布前专心操作的小学徒，数学课上的迟钝者也许是手工方面的小能人……因此，发现了每个男孩的爱好，就不必仿照攀比，非要把他培养成音乐家、科学家不可。

(2) 父母要善于引导男孩的爱好和才能。发现男孩的爱好仅仅是开始，关键在于引导和培养。一旦确认了男孩某方面的爱好，就应引导他将爱好发挥出来，并制定长远规划，一步一步提高，使其不断发展。

父母要在男孩全面发展的基础上，尽量发挥男孩的爱好，帮助他实现自己的目标。例如，有一个男孩，大大咧咧，好像什么都不在乎，却整天要纸要笔画画。犯了错误后被打骂、批评都不在乎，但要说不让他画画就会很伤心地哭起来。父母根

据他的兴趣和爱好，让他进了绘画班。结果在教师的指导下，他的绘画水平果然进步很大。所以，父母应根据男孩的爱好，因势利导，扬长避短地引导、培养男孩。

(3) 要善于培养男孩的爱好和才能。父母要利用男孩可塑性大的特点，有意识地培养他正当的爱好和能力。要充分发挥男孩的主观能动性，帮助他端正学习态度，形成正确的学习动机，提高学习爱好，自觉地、勤奋地学习。

人的智力才能的发展是不平衡的，每个人的智力都有强点与弱点，假如能充分发挥其优势，就能取得最佳的成绩。从某种意义上说，世上几乎无废人，就看能否选准其最佳爱好。因此，父母要在男孩成长道路的起点帮助其选准爱好最佳点，千万别埋没男孩的爱好优势，这对男孩将来能否成才起着至关重要的作用。如果父母的思想里只有文艺、体育行业，眼光的确有些狭隘。若父母拿不准男孩的潜力是什么，不妨请求心理学家帮助鉴定一下。他们的建议或许有积极作用。

(4) 要善于保护男孩的爱好。一是不能捧，有的父母，把男孩的一点特长当成资本，经常到大庭广众中去炫耀，这样容易诱发男孩某些消极品质，滋长自高自大、求名求利等不良思想。因此，对有一定特长的男孩，更应注意德育。二是不能加压。有的父母认为男孩的智力发展快，就要求过高，急于求成。学习上逐渐加码，结果造成学习疲劳，影响男孩的身心健康。

(5) 培养男孩的爱好要尊重男孩的意愿。培养男孩的什么爱好，要从男孩的实际出发，“强拧的瓜不甜”。如果置男孩的爱好于不顾，一味强人就己，势必影响男孩的成长。尽管父母与男孩关系密切，男孩的爱好会受到父母的影响，比如有音乐世家、文学世家、医学世家等，但是必须看到，社会影响总要大于家庭影响，尤其是现在，男孩很小就进入托儿所、幼儿园、学校，习惯了集体生活，加上书籍、广播电视等传播媒介的影响，保育员、教师的引导，男孩的视野更广阔，知识面更宽，因而兴趣、爱好也更广泛。作为父母，应该努力为男孩创造一片驰骋的天地，让男孩在自己所喜爱的领域内充分发挥才能，绝不可越俎代庖。那样，不但不利于男孩的健康成长，反而会使他的智慧幼芽刚一出土就遭到破坏，在男孩心灵上留下创伤。

在男孩兴趣、爱好还未形成的时候，父母应给予指导，但不必过早为男孩定向，可以先培养他广泛的兴趣。父母首先要鼓励男孩学好各门功课。小学阶段是打基础的阶段，德、智、体、美、劳都要重视，不能有所偏废，否则对进一步发展爱好极为不利；其次要鼓励男孩积极参加学校举办的各种兴趣小组，诸如编织、电子、绘画、音乐、航空航海模型等小组，并从男孩的学习和活动中仔细观察和发现男孩的爱好，然后进行定向培养。

虽然“条条道路通罗马”，成功的路有千万条，但是，在男孩的爱好方面，父

母还是要顺其自然，让男孩自己选择较好。

该怎样对待男孩的考试分数

有的父母文化水平不高，便把希望完全寄托在男孩身上，指望男孩将来能够考上大学，最好能考上个名牌大学，希望男孩能有个好前途。在这种心态驱使下，父母对男孩的考试分数看得比什么都重要，有的男孩考试的分数因没达到父母的要求而常遭毒打。

一个不满10岁的男孩，尽管他聪明好学，学习成绩优秀，一直是学校的三好学生，是一个老师和同学都喜欢的好男孩。但是他的母亲仍因他考试的分数没有达到自己的要求而经常打骂他。一个聪明可爱的男孩，竟成了分数至上的牺牲品。

一般来说，分数能反映男孩的一些学习情况，父母关心男孩的分数也是应该的。但是，有的父母望子成龙用心良苦，把学习成绩看得太重，逼着男孩去争高分，殊不知会给男孩带来许多不良的后果。

首先，过分看重分数，造成男孩与父母的对立。小学生的认识很直观，没有完全具备透过现象看本质的本领。特别是低年级的男孩，他不知道父母注重分数是要他好好学习，出发点是好的，是爱他的。他只知道自己没有得到满分，被父母训斥、打骂了；而得了满分，受到父母的表扬、奖励，他也不会认为父母这是喜欢他，而是喜欢高分。父母与男孩间的纯真感情被这分数离间了。

其次，过分看重分数，损伤男孩的自尊心。小学里的男孩，都是天真纯洁的，都有积极向上的愿望。即使是学习差的男孩，他内心深处也有争第一的愿望。有时，男孩偶尔得低分，父母不问青红皂白，轻则辱骂一番，重则毒打一顿，会使男孩感到委屈，自尊心受到伤害。久而久之，很容易使男孩自暴自弃，造成男孩对学习的反感。一个即便是很聪明、学习也很用功的男孩，学习成绩也不可能都是一百分。把分数看得至高无上的父母，对男孩的成绩总是要求好了还要更好，希望都是满分，事实上这又是不可能做到的。

再次，过分看重分数，导致男孩惧怕考试。有的男孩平时学习很好，但一临近考试就紧张，担心考不好。越害怕就越容易出错，也就越考不好。而父母并不注意这一点，一味地在考前给男孩施加压力，造成了男孩心理上的恶性循环，从而影响了男孩的健康成长。

因此，对待男孩的学习，过于注重分数有很大坏处。考试的分数不能代表男孩

学习质量的全部，考卷也不能决定一个人的价值。父母应体谅一下那些因为分数不好而愁容满面的男孩，使男孩不要成为分数的奴隶。那么该怎样看待男孩的分数呢？

（1）孤立的一个考试分数不能说明问题，关键是要看男孩的分数在班级内的位置。学校的类别不同，年级不同，科目不同，分数的标准也就不相同。小学一年级语文、数学得满分是常事，五六年级得满分就很困难了。所以，只有在比较中才能发现男孩的真实情况。

（2）一般说来，分数的高低同考题的难易，男孩的基础、能力等多种因素有关。从考题的难易上讲，考题的难度较大，取得高分就不容易；考题的难度小，取得高分就容易些。如果不考虑考题内容，规定男孩都要考在95分以上显然是不切实际的。例如，有的学校片面追求升学率，为应付统考，平时出题往往超出教学大纲的范围，学生考及格就不错了。“水涨船高”，题简单得高分；题难，得60分就了不起，50分就能属于中等。

（3）一次考试分数中所反映的不仅仅是男孩的基础知识，还包括基本技能等。做父母的要从男孩原有的基础出发，判定男孩进步与否，同时找出问题的症结所在，加以指导和帮助。男孩知识基础比较薄，想让他大幅度提高成绩也是不可能的，应该是一点一点地进步。有时，老师为了提高学生的学习兴趣，鼓励差生，考题出得比较容易，在这种情况下，男孩可能得高分或满分。尽管男孩考试分数显著提高，但还不是他的学习有明显进步，这应引起父母注意。

（4）男孩既要重视分数，而又不把分数当作唯一标准。男孩的学习主要从学习成绩上反映出来，但并不是说分数决定一切，分数高不能说明男孩就聪明。思想品德、活动能力、表达能力等在分数中是无法体现的。

因此，父母既要关心男孩的学习，重视男孩的学习成绩，又要教育男孩不要满足于现有的成绩，积极鼓励男孩更多地掌握知识。当男孩取得好成绩时，父母不要过分夸耀，以免男孩滋长傲气，对学习产生惰性。如果男孩的成绩由于某种原因下降时，父母不要大动肝火，打骂一通，应耐心帮助男孩分析受挫的原因，提醒男孩今后注意，争取下一次考得好一些。如果男孩在一段时间内学习成绩一直下降，父母必须引起注意，及时与老师联系，适当加强学习辅导。如果男孩学习一直较差，父母则应严格要求，热情辅导，鼓励男孩克服学习上的困难，设法培养男孩的学习兴趣，只要男孩在学习上有一点儿进步，父母就应予以表扬，强化男孩的学习积极性。这样男孩的学习成绩自然会持续提高的。

总之，男孩的父母要记住，分数不是衡量男孩成绩好坏、能力高低的唯一标准。分数低，并不完全说明男孩愚笨，将来没有出息。

对男孩的期望要把握好“度”

赞美其实是一种艺术的体现，父母要想演绎好这门艺术，首先要有一双善于发现的眼睛。

10岁的小杰是家里唯一的男孩。他的父母希望他能够在各个方面都表现得非常出色。

为此，他的父母在学习上给小杰提出了高标准要求：不但学校里组织的各类学习活动要力争优先外，课外辅导和课余活动也要独占鳌头，比如小提琴比赛、体操比赛以及其他活动比赛等都不能落在别人后面。父母要求他的所有活动项目必须达到最优秀的标准，而小杰也十分争气，各门功课和各项校内外活动竞赛都是全赢，令同学们和家长非常羡慕。在大家眼里，小杰被认为是难得的优秀男孩。但是，生活中的小杰表现如何呢？原来，虽然在学习成绩上小杰不输别人，但在性格和日常行为上却很难受欢迎。他对别人的评价非常敏感，稍有不满便不高兴，行为上经常会有神经质的异常表现。另外，他也不像其他同龄男孩那样课余时间尽兴地说笑和玩闹，总是带着一副压抑的神情……

从上面的小故事中，可以看出小杰虽然学习优秀，但却不快乐，原因之一就是小杰的父母对小杰期望值过高。功课门门要第一，比赛样样拿冠军，大小活动全不落，校内校外都优秀，这种过高的期望对孩子来说是一种巨大的压力和挑战，即便他有能力或者通过努力达到了某项标准，在内心里也一定是疲惫不堪、苦不堪言的。给孩子抱有过高的期望值，在孩子的内心就形成了一种强烈的愿望，即要用自己最好的表现来获得父母的愿望，只有获得第一，才能让他们高兴。只有他达到了父母的要求，在父母的眼里才有地位，才会变得重要。但是，父母没有意识到的是，过高的期望值会失去男孩所应该享有的天真和无忧无虑的生活。这一点值得每一位父母深思！

当今社会，父母望子成龙、望女成凤的心情非常迫切，父母对子女期望值过高已成了一种特殊的社会病态。父母对男孩期望值过高的现象非常普遍。不可否认，父母这样做无疑是出于对男孩的爱，父母对男孩寄予期望也是情理之中，是可以理解的。但是，父母要把握对男孩期望标准的度，一旦父母的期望标准脱离了实际，违背了男孩身心发展的内在规律，让男孩觉得目标可望而不可即时，就会严重影响男孩的性格发展和身心健康。

所以，父母对男孩的期望要把握好“度”。那么，作为父母，又该如何正确把握对男孩的期望呢？

（1）善于鼓励男孩的进步。对男孩高标准要求的父母，通常都对男孩抱有很大的期望，管教严苛，甚至吹毛求疵，不让男孩犯一点儿小错误。父母一边寄予男孩很高的期望，一边不断地指责挑错，时间长了必定会挫伤男孩的自尊、自信和勇气。这些父母很少能够发现男孩的进步，更忽视他身上的闪光点和优势，用苛求和越权剥夺男孩的权利，漠视男孩的心理感受，这与男孩的成长是不相适应的。相反，如果父母对男孩的每一点进步及时加以鼓励，就会使男孩充满活力，具有自信，在进取中获得快乐。

（2）激发男孩的动机。如果父母要使期望成为现实，就必须让男孩把期望化为自身发展的内在动力。如今的男孩大都养尊处优，在家里受尽父母的宠爱，不知不觉地养成了一种被动的习性，凡事依赖父母，缺乏主见，从来不知道自己想要什么，更缺乏学习的动力和目标。在这种成长环境下，男孩的主动性与创造性降低。有时处理不好甚至还会产生逆反心理。这样的期望，不但不能对男孩产生积极作用，反而起了反作用。

（3）降低期望值，给男孩设定合理而实际的学习目标。作为父母，严格要求男孩是必要的，因为男孩毕竟自我管理能力差，表现被动，需要设定学习目标以督促他积极进取。但是，这种要求和期望应该符合现实，如果男孩的基础较差，父母就不要定过高的目标。目标差距太大，会使男孩丧失信心，产生自卑。一般而言，给男孩树立一个可望也可即的目标是最合适的。教育心理学家认为，对男孩提出恰当的期待和要求，才能产生良好的“期待效应”。

父母都希望自己的男孩健康快乐地成长，所以，父母要有平和的心态，适当降低对男孩的期望值，给男孩减少压力，根据实际情况和男孩一起制定合适的奋斗目标。“因为我是菊花，所以请别让我在夏天开放；因为我是白杨，所以请别指望从我身上摘下松子。”这反映了大多男孩的心声。

尊重了解男孩，不随便将成人的意愿强加给男孩。男孩是个独立的、完整的个体，其身心发展有着他们特有的规律和特点。如2岁左右的男孩开始有了自我意识，出现了第一个心理反抗期，什么事都要自己做，有时甚至会毫不留情地将成人为其做好的事情推翻重来。成人若不了解男孩这一特点，就会认为男孩执拗，不听话，其实成人此时不但不该责备男孩，还应对男孩的这种自主性的表现给予鼓励和赞赏，并为男孩提供锻炼的机会。

父母不应该只注重结果，而应多关注男孩努力的过程。如男孩在绘画时的专注神情、玩玩具时的丰富想象、游戏中的相互协作、表演时的乐观真诚等无一不是值

得父母欣赏的。如父母非要给好孩子和坏孩子设定界限，就很可能看不到孩子的闪光之处。尽管有些男孩的行为会给父母带来无穷的麻烦，但他们通常是为体验过程而去做某些事情的，这也正是男孩们的可爱之处。

男孩学习偏科怎么办

男孩偏科似乎没有什么智能和德行上的大问题，但是却有很大的杀伤力，使男孩无可奈何地输在水平线上。

随着年龄的增长，男孩的自主性和自我意识逐渐凸显出来，他们渴望能按照自己的想法去学习、了解这个世界。所以，对于喜欢的课程，他们会表现出较强的求知欲；而对不喜欢的课程，则会表现出较大的反感。他们对部分课程从没兴趣到不喜欢，再到反感……最终成为知识上的“跛脚者”。

偏科有能力结构的问题，但更主要的是被心理因素所困挠。一开始，男孩出于本能对熟悉的知识是感兴趣的，而疏远那些不怎么喜欢的知识，但是到了考试时这种疏远导致的严重后果却凸现出来了，成绩显然会比较差。于是父母就会来检查、指责甚至辱骂，男孩便会产生讨厌、生气或者自责的情绪。这样的事情发生多了，男孩就对不喜欢、没有感觉的课程产生了心理阻抗。

男孩会抵触这些课程，父母和老师会因此而批评自己，自己也找不到好感觉，心理上也因为焦虑产生负面的暗示：自己是学不好这门课了。或者，自己对父母和某任课老师不满，以此作为对抗的手段；或者，自己希望以此作为引起师长关注的事件，因为自己感到很寂寞。

鼓励男孩对不平衡的能力结构“扬长不避短”，保持优势并集中精力攻克短处。假如男孩难以把短处变成长处，能够做到把特点和优势强化，把弱点上升到一般，也是成长的好谋略。

生活中有个关于木桶原理的故事。一个木桶能装下多少水，关键的不是那块最长的木板，而取决于那块最短的木板。尽管说“术业有专攻”“条条大路通罗马”，有一技之长，也可以努力在社会上生活得很好。但是，就目前的环境来说，没有一个男孩可以只凭擅长的一两门功课，就能在社会中立足。偏科会给自己将来的生存和发展带来很大的障碍。毕竟，天才型的男孩还是少数。

目前男孩的偏科现象经常出现，主要有以下两个方面的原因：

第一，兴趣导致偏科。一个人的兴趣发展与家庭、学校、社会环境的关系密不

可分。通常情况下，“体育世家”的男孩喜欢体育，“音乐世家”的男孩偏好音乐等；在学校中，教师的教学艺术及人格魅力也可能使男孩偏科。在现实生活中，有些男孩喜欢数理化，而对语文、历史、地理等学科一筹莫展，这类男孩抽象思维能力较强，而具体形象思维能力较弱，而有些男孩则恰恰相反。

第二，对学科的重视程度不平衡。在中学阶段，一些男孩将中学所学科目分为所谓的“主科”和“副科”，凡升学考试和高考的必考科目为“主科”，其余则统统为“副科”，重视“主科”，轻视甚至忽视“副科”。更为严重的是一些父母还积极支持男孩这种偏科学习。

男孩学习偏科不利于男孩的发展。那么，父母应该怎样帮助男孩纠正学习偏科的问题呢？

(1) 要向男孩阐明学习偏科的危害。属于基础教育的中小学阶段，是男孩日后成才坚实的基础。各年级开设的各门学科，都是经过科学论证和实践检验而设立的，各门学科齐头并进，有利于男孩的全面发展，如果偏科，就犹如修建高楼大厦时缺少支柱，会影响整体成绩的提高和全面进步。未来社会是需要复合型人才的社会，将来每个人的工作都将是综合性的。

完成一项工作、解决一个问题，往往要用到许多领域的知识。培养复合型人才已成为国内外教育界一个公认的目标。要让男孩认识到，即使数理化学习非常好，但如果缺少坚实的语文功底，没有艺术细胞和丰富的想象力，也是不行的。除了具有广博的专业知识以外，还要有相当高的文学修养、艺术修养。

(2) 越偏科越要学好，激发男孩对“非优势学科”的兴趣。如果男孩在理科学习方面取得了成绩，而文科不足，此时可鼓励男孩：“你数学学得这么好，语文能不能也学得这么好呢？试试看。”父母可以在平时多陪读，帮助男孩提高对不喜欢的学科的兴趣。比如，男孩在语文学习上可能基础知识非常过硬，却作文水平不高。父母可和男孩分析某一篇课文的写作特点，和男孩一起探讨语文方面的问题。许多男孩都不太喜欢写作文，父母可鼓励男孩写日记，阅读一些名人名家的作品、文学名著、文学报刊等课外资料，这对积累作文素材非常有帮助。对于有一定的写作水平的男孩，可以鼓励他多向报社、杂志社投稿，参加一些写作比赛，就可以逐渐提高男孩学习语文的兴趣。

(3) 要有耐心地帮助男孩从偏科实现门门功课优秀。父母要热情地辅导男孩的“非优势学科”，善于发现男孩的点滴进步，并给予肯定和鼓励。这样男孩就会对该学科逐渐地产生浓厚的兴趣，自信心也会增强。长期坚持下去，男孩就不为偏科的问题而愁眉紧缩。

(4) 男孩偏科，千万不能矫枉过正。在抓男孩其他基础课的学习时，不仅不应

限制他们对所擅长科目的学习，还应帮助他充分发挥自己的优势。俗话说，不怕千门会，就怕一门灵。说得就是这个意思。

总之，有缺必有满，有特别的弱点就会有超人的强项。人的能力也呈现舍小处集大成的特点。父母要告诉男孩，面对弱点在心理上应不回避、不害怕，要正视它们并自我鼓励，从而战胜它们。

激发男孩的学习动机

男孩是否积极学习，为什么学习，乐意学什么，学得怎么样，都跟他的学习动机直接相关。有了动机，学习也就有了动力。学习动机强烈，在任何环境下都能够集中精力学习。动机和学习二者的关系密不可分，相辅相成，学习能产生动机，动机又能促进学习。如果男孩的学习动机不明确，他就容易产生厌学情绪，认为学习又苦又累；而如果怀着明确的动机去学习，学习就不是一件苦差事，而是一件快乐轻松的事。

心理学家认为，一个人的学习成绩主要受智力、动机和勤奋三方面因素的影响。用公式表示，即：学习成绩=智力+动机+勤奋。其中，动机对学习成绩起着决定性的影响。那么，动机是如何影响学习成绩的呢？

(1) 学习动机引发学习行为。众所周知，求知欲望是学习活动的源泉和动力。但是当求知欲没有被激发时，男孩就不会有想学习的想法，只有当求知的欲望被激活，形成学习动机时，男孩才会主动学习。这就像一个饥饿的动物，虽有补充食物的需要，但是如果它本身没有觅食的动机，仍不会有觅食的行为。

(2) 学习动机可以调节学习强度。动机对学习强度的调节表现在三个方面：第一，学习动机越强烈，学习强度越大，学习热情也就越高、积极性强，干劲十足。反之，学习强度就小，学习情绪低落，甚至厌学弃学。第二，学习目标一经确定，学习动机便成为学习行为的支配力量。只要目标坚持如一，学习动机始终都与学习行为保持同步顺利进行。第三，当男孩失去了学习目标，变得不想学习时，其学习动机也随着消失，这时也就不会表现出学习行为。

(3) 学习动机指引学习活动朝着一定方向进行。学习动机不仅引发学习行为，还对学习行为的方向有着指引作用。比如，男孩从小就渴望当作家、当科学家，那他的学习活动就会围绕着这一方向进行。等他长大后，从小学上到中学，再到大学毕业，他的主要学习活动也基本上以阅读大量中外著作，研究写作方法与技巧为主；当别人看电影、电视时，他却在奋笔疾书，构思谋篇，埋头书案等。总之，他的一切学习活动都沿着作家之路进行，因为这是他的学习动机。

学习行为对学习动机也有反作用。美国心理学家奥苏伯尔说："动机与学习的关系是典型的相辅相成的关系，绝非一种单向性的关系。"就是说持续的学习可以强化动机，即学习效果的好坏与学习动机有关。比如，孩子上初中就立志当作家，如果在学习过程中，不断地发表文章作品，而且深受读者的欢迎和好评，那么他对作家之路的信心和决心就会进一步增强，甚至笃定不移。反之，如果屡遭退稿，那么他可能就会动摇自己的目标，学习动机也会越来越弱。

所以说，强烈的学习动机来自于对目标的指引和正确的自我认知，同时，父母还根据男孩学习情况的反馈来刺激他的学习动机，让男孩保持一定的学习强度，激发上进心和自信心，这样男孩就会越来越爱上学习。

(4) 快乐学习到的东西记得比较牢固。有位心理学者做了一项"学习达成度"的测验，分两组进行：一组是学习的时候，安排一些游戏，让学习者快乐地学习；另一组是填鸭式的学习。学习完毕，测验的结果，两组并没有什么差别。但经过一个礼拜后再测验，快乐学习的那一组成绩要优越很多。这是因为人的大脑有"尽早忘掉会联想到不愉快的事情"的防卫作用产生的结果。很多父母只是强迫男孩"坐在书桌前面就行"，却不去关心孩子是否在认真学习，虽然人坐在书桌前，心思却早已飞到其他地方了，这样仍旧学不好。

把学习和快乐结合起来，善于给男孩制造一个轻松的气氛。比如每天早晨充满活力地起床，用手推开窗户，深深地呼吸一口新鲜空气，让身体沐浴在朝阳中，他的愉快情绪会从心里升起。俗话说"一日之计在于晨"，当他将学习看作是一件真正使自己愉快的事，带着这样的心情去学习的时候，他的一天就有了一个良好的开端。而良好的开端就是成功的一半，就是处在学习的一种最佳状态，学习使他感到轻松愉快，那么他的学习动机就会被激活，使他在这整天里都能保持积极的状态。

告诉男孩最佳的语文学习方法

有些男孩的父母很苦恼，男孩的语文成绩一直提不上来。语文知识本身包容着以文史哲为主的各科知识。语文学科，又是学习其他各个学科的工具学科、基础学科。谁都知道，其他学科的定义、概念的叙述和诠释，判断、结论的演绎和推理，都要依托语文来完成。没有语文这个工具和基础，任何学科都无法站立起来，只不

过统统是一盘散沙。因此父母要交给男孩学习语文的方法，具体有以下几个方法：

(1) 厚积薄发学习语文的方法。众所周知，语文水平非一朝一夕或短期内就能得到提高，靠的是长期的积累和广泛的接触。

厚积薄发的学习方法需要做到：男孩在读书学习的时候，要在书上及时写下自己的心得体会和疑问，在认为重要的地方做自己特定的符号；读书之后要做笔记，记录或者摘录下来对你来说最有用的东西；平时要随时记下自己的想法、信息等；最重要的是，要努力使之成为一种习惯。

语文是基础学科之一，也是中小学的必修课，想要学好语文其实是不容易的。中国文化博大精深，从汉字到语言，从句读到语法，从诗词到典故，体系博大，内容浩繁，可以说融思想、知识与艺术为一体，集历史、哲学、文学之智慧，并非仅仅是语文考试取得高分就意味着学好了语文，其中深厚的文化底蕴、文学知识的积累以及文化素养的积淀，更为深刻和有意义。所以，学习语文并非易事。但在中小学阶段的语文课学习，一般只需要练习和提高扎实的文字、语言功底，良好的阅读习惯和顺畅的口头与书面表达能力，考试也是围绕基本常识为主，所以在语文科目的学习上，还是有方法和窍门可循的。这里，首先需要端正一个认识，即语文成绩的提高有赖于语文素养的增强，是一个循序渐进、潜移默化的过程。由于语文知识的丰富性，学习不能急于求成，比如想提高阅读能力和作文水平，也并非只靠一些所谓的提分宝典、高分作文速成等训练手段来达到的，关键在于语文基础扎实，将其作为一项立身处世的本领努力学习下去。

(2) 广泛阅读学习语文法。阅读和写作是体现一个人语文能力的主要标志，也是语文学习中的两大精髓。阅读是语文材料的主要来源，所以男孩从小学高年级开始，父母就应该有意识地给男孩选择一些课外阅读书籍来看，比如对一些名家名作进行有计划的阅读，能够不断扩展男孩的知识面，增强阅读水平。到了高中阶段，男孩已具有较强的自学能力，可以根据有关的阅读书目制订自己的读书计划，分门别类地进行阅读学习。学习语文不能光依靠书本知识，还要涉猎当今报刊、杂志和精妙时文，关心时事新闻，从文章、文字中认识社会、参悟人生。

在语文学习中，最重要的内容是读书。要学好语文，光读几册教材是远远不够的，必须要大量地阅读课外书籍，从书中获取丰富的精神养料。勤奋读书，必须做到珍惜时间，抓紧分分秒秒。欧阳修善于利用“三上”的时间读书，即“马上、枕上、厕上”；郑板桥则利用“舟中、马上、被底”的零星时间读书背诵。父母可以借用古人勤奋读书的精神，鼓励男孩学好语文。

(3) 语文学习的勤加练笔法。作文是语文学习的重要组成部分，很多男孩一写作文就头疼，一考语文就被作文拉下不少分数，觉得十分烦恼。其实，提高作文能

力也不是难事。提高作文能力除了多读之外，多练笔也是一种主要途径。其中，写日记就是最好的方法。

日记就是把自己一天的所言所行、所见所闻、所思所感有选择、有重点地记录下来。日记对积累写作材料、储存知识的作用也是显而易见的。日记不但形式十分灵活，可长可短，可叙可议，可描写，可抒情，可说明，而且内容也非常广泛，可以海阔天空，无所不谈。日记是写给自己看的，自己想什么就写什么，不必进行过多的加工。最初可能写得很简单，语言也不一定通畅，坚持写下去就会逐渐提高。写日记主要是为了练笔，练习对客观事物的表现力和对自己思想感情的表达能力。

长期写日记，对作文水平的提高有很大的帮助。此外，男孩也可以找一些和自己写作风格比较相近的范文，学习它们的长处。

因此，只要有利于练笔的都可以写。写日记要注意把观察能力的训练和感受能力、思考能力的训练结合起来。日记写的往往是身边的琐事，但要注意从这些琐事中表达出自己的思想感受，反映出自己的观点、看法。许多好的日记就是把一些不引人注意的小事、琐事写得具体、生动，并能从中揭示出一定的道理而被人称颂。写日记一定要坚持写真事、说真话、抒真情，真正做到“我手写我心”。

良好的学习习惯的养成要有坚强的毅力，要持久地有意识地培养。只要有决心，良好的习惯就一定能养成。这对人的一生将是一笔巨大的财富，终身享用不尽。

(4) 语文的朗读背诵法。朗读背诵是中国传统的学习语文的重要方法，是积累语言、培养语感的重要途径。

学习语文，朗读和背诵仍然是最基本的方法。学校里的早自习让大家朗读、背诵课文，凡是认真朗读和背诵的学生，他的语感也一定不会差。但朗读、背诵不能是小和尚念经，有口无心，朗读要做到吐字清晰，音准气足，节奏停顿合理，要有抑扬顿挫的韵律美，准确地体现出作者的情感。朗读人物的对话，要力求模拟出人物的心情、口吻，使人物形象活生生地站立在听者面前。朗读诗歌要铿锵悦耳，语势错落有致，节奏抑扬回环，具有音乐美。通过琅琅地朗读，文章的内容、情感，文句的优美，汉语音的韵律，也都能体会出来了。

另外，背诵的方法也层出不穷，这需要男孩去发挥自己的聪明才智，主动地去寻找。

(5) 勤做读书笔记学语文。读书必须学会圈点勾画，学会做读书笔记，养成不动笔墨不读书的习惯。写读书笔记有助于培养勤于思考的习惯，提高思维的条理性和深刻性，有助于加深对读物的理解、记忆。积累资料的方法因人而异，但最基本和常用的，莫过于做笔记。笔记可不拘体例、不限长短，内容庞杂，形式多样，主

要是这样四种方式：摘录式、提要式、心得式、索引式。这四种做笔记的方法，可视各人的爱好、条件而定。至于书写格式，记在笔记本、活页纸、卡片、纸条上均可。如果是自己的课本、书刊，那么写在天头、地脚、篇末、段尾都行，也可在书中做些符号或标记。总之，各种方式均有所长，但从使用价值来看，采取做资料卡片的形式更好些。

(6) 触景生情学语文。男孩可能会有这样的体会：以前学过的课程，许多课堂的细节可能都已经忘了，但是对自己因病或因故所缺的课，却往往留有深刻的印象，可以记住是哪篇课文自己没有学到，甚至可以记住其中的生字有哪些。这是因为男孩融入了自己的感情。他因为生病而延误课程，从而会格外珍惜没有学到的知识，等到健康痊愈后会对这部分内容记忆犹深。这就是感情的作用。用情绪来感染所要记的资料，可以使自己强化对所要记忆问题的印象。

(7) 抄抄写写学语文。自古至今，不论什么年代，写文章都不是件容易的事。但有句老话说“熟读唐诗三百首，不会作诗也会吟”。抄写可以提高写作水平。有的孩子甚至读到中学，作文仍十分困难，病句错字还不少。尝试着用抄写范文的方法，可以提高作文水平。有的学生作文已相当不错，但还希望写得更好些，同样也可以用这个办法来练习。选材要恰当，要选自己所喜爱又确实适宜学习的文章来抄写，这样才会收到显著效果。

这个方法也适用于提高文言文阅读能力方面。抄写学过的文言课文，会更深入地理解内容，对常用词认知的准确度会大大提高。

但是，抄写课文时也要注意，抄写课文不是为了在本子上重复相同的文字，也不是为了练习写字的速度，而是在抄写过程中认真体会经典范文中的精彩之处，学习好句子、好段落，为自己的作文积累文字素材和写作方法。所以，抄写课文要一边抄写一边思考，不要埋头机械地抄文字，否则是没有效果的。要想使抄写收到实效，还必须有明确的训练规范，必须加强具体指导。比如，先诵读后抄写，整句整句地抄写，而不可看一个字抄一个字，这对保证效果也至关重要。

(8) 做读书札记学语文。札记往往不限于所读的书，可以所闻即录，所见即记，有感即发，不拘形式，也是一种片断性的练笔方法。

札记要选准目标，定向积累，最好结合自己的主攻方向，养成习惯，持之以恒。“一日一根线，十年织成缎。”札记要经常翻阅复习，“温故而知新”，还要善于运用、举一反三、有所创新。

读书札记是读书笔记中最灵活的一种。它是在读完一本书或者是一篇文章之后，把书中、文中的相关材料摘抄下来，以表明自己读书后的心得、体会或者是感想、质疑。读书札记既可以对全书的内容发表感想，又可以考证或注释名篇佳句。

因此读书札记与读书摘要有着明显的区别，它既能鲜明地反映出作者的观点和认识，同时又能将自己摘引的材料保存其中。

读书札记不仅内容灵活，而且形式多样。读书札记可多可少，有话则长，无话则短。札记虽然没有固定格式，但其类型大致可分为两种：一类是治学札记。一般是作者在治学过程中对某些小问题的新的发现和认知，一般不涉及学术研究中的重大课题；作者的见解可以用论断的方式来表述，也可以用假设、推想、质疑等方式启发读者自己去探究问题的结论。另一类是读书札记。它一般不涉及学术性问题，而只是谈论古今世事、社会沧桑、思想道德修养等，目的在于用具体的事理启发读者，使读者能明辨是非，知所行止。父母想提高孩子的语文学习能力，可以选择读书札记。

既然是利用读书札记法学习，那么重点就是怎样写好读书札记。写读书札记贵在评论。既然要评论，就要善于领悟文章的意义，善于发挥自己的想象力和创造力，善于质疑。这三条是写好读书札记的前提条件。做到了这几点，会大大提高写作水平。

总之，语文是百科之源，学好语文，学习其他学科就会省许多工夫。

告诉男孩最佳的英语学习窍门

英语是一门国际语言，它是一扇能给男孩打开更广阔世界的窗口。但是，遗憾的是，大多数男孩与女孩相比，英语学得都比较差。其实，任何语言的学习都没有捷径可走，不管怎么学都要付出艰苦的劳动，必须要脚踏实地地刻苦努力。学习语言没有早晚之分，只要男孩努力，再加上正确的方法，他就会成为出色的人才。

英语学习没有捷径，却有窍门。学习英语的窍门，就是要创造环境，每天坚持一定时间的学习，因为它是一个实践性极强的学科。具体的窍门如下：

（1）英语的逆向学习窍门。英语的逆向学习法就是先听录音，然后写出自己听到的句子，再学习其发音，朗读并进行背诵，最后对自己的学习进行归纳总结。这样就和传统学习英语的程序相反，所以称之为逆向法。

逆向法是一种“以迂为直”的学习方法。有点儿违背正常思维，在刚开始逆向学习时，可能遇到的困难会比较多，短期的收效可能不如“正向学习”来得“立竿见影”，但长期坚持可以收到“正向学习”所达不到的效果。逆向学习的具体做法包括“听、写、说、背、想”五个步骤。

(2) 广播学习英语法。学习英语的方法、途径虽然多种多样，但绝大多数学习英语的人却苦于缺乏一个地道、真实、立体的学习环境。而利用收音机学习英语恰好可以弥补这一不足，大大提高英语学习的效率和水平。利用广播学习英语具有如下优点：①语言地道、准确。②时效性强。③信息量大，具有选择性和开放性。

(3) 联想法学英语。所谓联想，就是由当前感知或思考的事物想起有关的另一事物。心理学认为，联想实际上反映了客观事物之间的联系，它在促进人的记忆、想象、思维等的心理活动中，占有重要的地位，成为了人思维的一种形式，成为学习的一种方法。学习的一种主要机能就是在有关经验中建立联系，思维中的联想越活跃，经验的联系越牢固。经常地形成联想和运用联想，可以增强学习效率。

在男孩学习外语的过程中，联想更是一种重要的方法，它可以使男孩避免那些枯燥的语法，生硬绕口的发音，极大地提高效率，达到事半功倍的效果。前人总结的比较有效的联想方法有：①比较联想。②近邻联想。③情景联想。④趣味联想。⑤语言联想。

熟练掌握联想的学习方法，可以达到深刻理解、快速记忆、熟练应用的效果，使学习者事半功倍，是一种值得借鉴和采用的学习方法。

(4) 卡片记忆学英语。卡片记忆法在学习语言的时候效果尤其显著。英语学习中有大量的单词，且易遗忘，这里就以记忆英语单词为例具体讲述一下利用卡片记忆的一般方法和步骤。

男孩学会了一个新单词，一般来说是记不住的，需要反复的复习和体会才能掌握。很多人学英语就是看书，遇到生词查词典，过后顶多复习一次，写几遍就扔到一边了。直到下次再遇到这个单词，又去查词典，总是这样一个程序。使用这种方法的人一定会发现，那些出现概率多的单词就记得牢，而出现概率少的则记不住。卡片法实际上是用最科学和系统的办法来完成这一过程。

利用卡片记忆学习英语，不断反复，日益积累，久而久之，男孩的记忆量和记忆能力就得到大幅度提升了。

(5) 滚雪球记忆法。有些男孩小时候大概都玩过堆雪球的游戏，先团一个很小的雪球，然后让它在雪地上不停地滚动，雪球就会越变越大，一直大到超过用手所能堆成的最大的雪球。这正是巧妙地利用了雪球本身的连带与扩散作用，最后产生了意想不到的效果。在记忆学习中也可以利用这个原理。我们称之为“滚雪球”记忆法，即在记住了某个对象之后，以此为基础，根据对象之间固有的联系使认识向外扩展，以记忆更复杂的对象的记忆方法。这种方法可用于各门知识的学习。

男孩对任何知识的学习都要以已有的知识为基础，都要有一个从少到多、从简单到复杂的过程。运用“滚雪球”记忆法，可自觉地利用这个规律，把对新知识的

学习和记忆同已掌握的知识有机地联系起来，在已有知识的基础上不断前进，就如同滚雪球一样，从而大大提高了学习效果。

（6）口语突破是关键。语音、语调是否正确，口齿是否清楚；流利程度；语法是否正确，用词是否恰当，是否符合英语表达习惯；内容是否充实，逻辑是否清楚。这些是衡量会话能力的主要标准。针对以上标准，我们可以采取相应的训练方法。

俗话说“熟能生巧”，“熟练”是与人会话的前提，只有熟练，在会话时才能流利。熟练的标准就是要达到不假思索地脱口而出。而英语口语要做到熟练，有两大步骤不能忽视：一是要学会模仿，二就是要学会复述。

（7）英语复习要准备三个本子。一个本记英语词汇，一个本记英语语法，一个本记考试错题。这一方法的确有独到之处。

最后，记下的且需时常复习的，理应是最基础、最常用的，有的男孩手很勤，将课本来个大搬家，抄上一大本，那样做费力不说，效果也未必好。

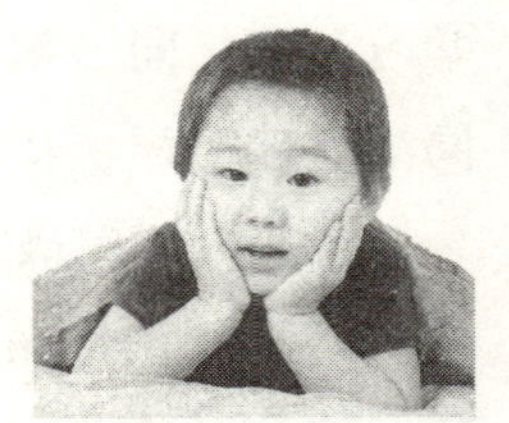

第 23 章
尽量少限制，培养杰出男孩的创造力

创造能力是一个人成才、成功必不可少的才能。创新意识、创新精神、创新能力不是天生的，它虽然和人的天赋有一定联系，但基本上是后天培养和教育的结果。对男孩又打又骂，只能扼杀男孩的创造力，失去成功的条件。

每个男孩都是贪玩的

男孩贪玩是绝大多数家父母最头疼的事情。贪玩不仅影响男孩学习，同时还会使男孩染上撒谎、旷课等坏毛病，甚至走上犯罪的道路。

相信许多父母都为自家贪玩的男孩伤过神：他们整天贪玩，对学习毫无兴趣，不能自觉学习，即使是在有监督的情况下，也总是心不在焉、左顾右盼。如果男孩玩得过分，玩得沉迷，这就有害而无益了。

但是采取非打即骂的方式让男孩少玩和不玩，都是不可取的。记住：玩是孩子的天性，每个男孩都是贪玩的。父母也需要正确认识贪玩这种行为，有时候，贪玩并不是不听话，而恰恰是男孩与众不同的个性或者创造力的表现。所以，要想培养男孩杰出的创造力，应该注意以下几点：

(1) 不要再想尽办法不让男孩玩。有的父母为了杜绝男孩看电视、玩电脑，想了各种各样的办法和对策，不是藏键盘，就是拔电源板，但办法想尽了，似乎也不能把问题解决好。

说到底，问题不在于让不让男孩玩上，而在于如何让男孩玩，解决玩和学习的矛盾。

达尔文喜欢动植物，最后玩出了《物种起源》；爱迪生喜欢玩孵小鸡，结果玩

出了一个又一个发明。当然不是所有的玩都能玩出名堂，即便如此，玩至少能让男孩得到愉悦的感觉，调整情绪。只不过是有的男孩玩得过于沉迷，很多父母朋友更是“闻玩色变”。但谁都知道，玩是根本不可能被限制和禁止的。玩是人类生活的组成部分，对于男孩来说，玩不仅是生活的需要，也应该是被允许享有的权利。

(2) 把玩的快乐贯穿到学习当中。首先要认识到，男孩子喜欢玩是再正常不过的事情了，只是父母应该如何引导的问题。男孩玩游戏的劲头总是让人感叹不已。而且现代教育方法也注重寓教于乐，让孩子在快乐中学习和成长。

在生活中，处处体现着人类的智慧，所以一些益智类游戏，如象棋、围棋、电脑游戏等，始终是男孩们最爱。益智游戏不但给男孩带来很大的乐趣，还有益于健脑益智，是有益健康的游戏。

父母就要善于帮助男孩把学习、观察、记忆当作一个非常有趣味的事情来做，在玩中学，使学习变得快乐。运用游戏的各种法则来引导男孩学习，是一件需要父母动脑筋的事情。

(3) 让玩和学习统一起来。玩和学习不光是对立的，其实完全是可以统一的，光会学习是不能成长的，玩可以使男孩眼界开阔，使男孩学会交流、协作，使男孩的思维能力得到训练发展。

父母就应该帮助男孩协调好学习与玩的关系。如果在玩的方面，错误地安排，把玩当成是工具，粗暴地阻断玩和学习的关系是最大的弊端。

有人在闲的时候把看字典当作休闲和娱乐，有人在脑子累的时候会把洗衣服当作放松。玩是正常学习生活的积极补充，玩不好，学习也不会好。但是有些男孩不能控制自己，玩得过度就是不合适的玩，对学习就会有不良的影响。其实对玩的认识和感觉本应该是严肃的，聪明的人有聪明的玩法，而不是瞎玩、乱玩、任性地玩。

总之，父母不要再整天大呼小叫地禁止男孩做游戏，聪明孩子都是玩出来的，男孩的创造力也多源于平时的游戏，为了男孩美好的明天，还是放开手让男孩去玩吧，只要不太过分就可以了。

尊重男孩的兴趣和爱好很重要

在现实生活中，有很多父母对男孩的兴趣和爱好都比较关注。有的甚至到了干涉男孩的兴趣和爱好的地步，这样无疑会给男孩带来一定的伤害。

父母对男孩兴趣的过分干涉会使男孩对自己的爱好产生片面的认识，认为自己没有眼光、没有本事，从而否定自己对事物的判断能力，变得没有自信。

父母不尊重男孩的兴趣和爱好，不听男孩的解释，不从男孩的爱好出发去了解男孩真正喜欢和感兴趣的东西，这样做不仅不能满足男孩的需要，还会使男孩觉得父母不能理解、尊重他，从而产生逆反心理。这对男孩的成长是非常不利的。

我们常常说："兴趣是最好的老师。"有了兴趣，男孩就会学得轻松快乐，主动地去做自己喜欢做的事，而且乐此不疲。如果不考虑男孩的爱好兴趣，而是强加一些不喜欢学的课程，容易使男孩产生厌烦心理，甚至与父母对抗。比如，有些男孩本来对音乐不感兴趣，父母却每天"逼迫"着他练琴，不但琴练不好，而且降低了孩子的积极性和学习热情。于是，父母开始斥责甚至打骂男孩，抱怨恨铁不成钢。久而久之，男孩不但自己心里难受，产生逆反心理，而且会变得自卑甚至有自闭倾向，男孩的积极性和创造力更是荡然无存。

所以，父母应认识到尊重男孩爱好的重要性，然而很多父母不愿意承认男孩具有独特的兴趣与爱好。当然，有的父母也想尊重男孩的兴趣和爱好，却往往不知道该如何去做。作为父母，可以参考以下几种做法：

（1）善于发现男孩的兴趣和爱好，为男孩创造发展的条件。父母要善于发现男孩的兴趣和爱好，并试着引导男孩将兴趣转化为长处和优势，尽可能地为男孩创造机会、创造条件，让男孩自由施展才华，展现兴趣和爱好，这样可以减轻学习压力。善于发现男孩的兴趣和爱好，会激发男孩最大的潜能，从而在某一领域取得突出成就。

要发现男孩有什么兴趣爱好并不难。首先，父母可以认真地观察男孩，如果男孩对阅读、绘画、音乐、体育等中的某一项活动很痴迷，那么这项活动就是男孩最大的爱好和兴趣。其次，父母应该与男孩平等沟通，倾听男孩的内心想法，可以询问男孩的理想、对未来的憧憬等，还可以了解男孩在兴趣爱好上是发生过变化，还是始终坚持自己的目标，或许父母从男孩的回答里就可以发现男孩的兴趣所在。

（2）尊重男孩的爱好和兴趣，让男孩做自己喜欢的事情。父母要尊重男孩的兴趣和爱好，即使男孩的爱好可能与父母的期望有差距，但只要是男孩所向往和坚持的，并且对人生有积极的作用，父母就应该予以尊重和支持。男孩在做自己喜欢的事情时，他的创造力和潜力才有可能得到充分的发挥，专注、认真、持之以恒的习惯和意志品质也可以得到锻炼，这有利于其成长。

（3）培养男孩的爱好和兴趣，切记不可盲目跟风。现在的父母都希望自己的男孩能够掌握多种技能，能够有一个美好的前程。但是很多时候父母并没有考虑男孩的真正爱好是什么，而是为男孩安排好一切，有时甚至盲目跟风，看现在别的男孩都在学什么，就让自己家的男孩去学什么。

男孩就这样在父母的安排下一次又一次地被动接受，男孩的爱好得不到满足，特长得不到发挥，导致厌学并把这种情绪发泄到其他学科上，这对男孩的成长是有害的。

(4) 对男孩的爱好也不能听之任之，而是要给予适当的引导和帮助。如果男孩因为沉浸在某个爱好中，影响了正常的学习、生活，父母还是应该适当加以干预的，应教会男孩正确地对待两者之间的关系，合理安排时间，但要用男孩可以接受的方式进行，切不可简单地制止。

其实，男孩的兴趣爱好可能不止一种，这些爱好会使男孩的人生变得丰富多彩，充满乐趣和期待，对其一生都是有积极作用的。值得注意的是，在男孩选择爱好时，固然需要父母的引导，但父母绝不可以代替男孩选择。

赏识男孩的好奇心与冒险精神

成人在考虑问题时，常要受到许多潜在因素的限制。但男孩却不同，在好奇心的促使下，可以让思维插上翅膀自由地飞翔，做出很多出乎意料的事情，这是很可贵的。

小宋是个生活刻板严谨的人，作息极有规律，无论发生什么事，作息时间从不改变，但是她却有一个不安分的儿子——明亮。

明亮是个好奇心强的男孩，成天都在不停地动，不知疲倦地做游戏、玩闹，发出种种声响。他与母亲是两个极端，因此母子之间的战争一天之中不知要发生多少次。

有一次，明亮把奶奶刚送给他的万花筒拆开了，想看看里面究竟藏了些什么，这自然招致母亲的愤怒。拆东西可以说是明亮最大的爱好了，凡是让他感到好奇的东西，都逃不过被拆的命运，当然他也逃不过挨罚的命运。可是无论母亲怎样罚他，他的这个毛病始终也改不了。

还有一次，明亮竟然把一件古老的挂钟给拆开了，要知道这座挂钟是明亮故去的祖父留下来的遗物，小宋一直很珍惜。现在这座钟被大卸八块，零件散落了一地。小宋被气得暴跳如雷，不由自主打了明亮。

当家里有一个一分钟都闲不住的男孩，父母该怎么办？除了时时提防男孩会受伤外，父母还会一直担心，男孩到底什么时候才会老实一点儿呢，更糟的是，3~4

岁的男孩比原来跑得更快，攀得更高，跌得也更重。

其实，这些男孩不是存心跟父母捣蛋的，是他们天生具有强烈的好奇心，天生就喜欢刺激和冒险的行为。男孩喜欢冒险的另一个原因是他们还尚未成熟，常常“好了伤疤忘了痛”，即使刚刚接受父母的教训，转眼就忘在脑后，继续淘气。比如，虽然男孩也明白在公路上打闹很危险，但放学后仍和同伴们互相追逐，在来往车辆间穿梭。男孩的这种冒险常常会持续到青春期。

其实，缺乏好奇心和冒险意识的男孩，长大了很可能性格消极、依赖性强、意志薄弱、责任感差，“温室里长大的花朵经不起风雨”，男孩很可能输在意志薄弱的起跑线上。赏识男孩的好奇心和冒险精神，就要从小做起。父母如何才能做到赏识男孩可贵的好奇心和冒险精神呢？

（1）转变父母的育儿观念。真正关心男孩成才的父母，必然会考虑如何转变育儿观念，尊重男孩，给男孩足够的自由空间，鼓励他发表自己的意见，不过分约束，帮助男孩由被迫“听话”变为自愿听从父母。鼓励男孩勇敢，积极发挥想象力，不断挖掘男孩的好奇心，培养男孩学会创造。

父母要有充分的心理准备，从容对待男孩的一般冒险心理或行动。如男孩很想知道电和火的威力，父母可以与男孩一起做实验，男孩就能得到冒险的满足感，同时也懂得了更多的知识。

（2）珍惜男孩的好奇心。父母在培养男孩的创造力的过程中，要特别珍惜男孩的好奇心并鼓励他进行大胆地思考。历史上许多发明家的事例告诉我们，男孩的创造潜能是需要不断地培养、挖掘出来的，一方面需要父母给男孩创造宽松的、开放的成才环境，另一方面在男孩需要帮助时给予指导，善于引导他正确的思路，在创造中享受成功。

如果纠正过多，管教过严，男孩在考虑问题时就会瞻前顾后，犹豫不决，久而久之，就会对自己失去信心，而一味地等待父母的安排和做决定。没有了自信心、自尊心和创新精神，创造能力也难以发展。

正确的做法是，父母以积极肯定的态度鼓励男孩大胆思考，勤于提问，勇敢探索。即便是很荒诞可笑的想法和建议，父母也要给予鼓励，因为重要的是男孩的思考过程。而培养男孩灵活思考的思维能力，也是父母教育男孩过程中重要的任务之一。

（3）培养男孩勤学好问，不要对男孩的提问感到不耐烦。好奇、喜欢提问是男孩的天性。男孩年龄小，知识有限，面对大千世界，他会产生强烈的好奇心和求知欲。因此，在生活和学习中，男孩常常会向大人提问：“这是为什么？”“那是为什么？”男孩的好奇心正是他产生创造力的源泉。所以，父母要正确对待男孩的好

奇心，不要阻止男孩的求知欲，正如“星星之火，可以燎原”，父母要做男孩好奇心的“助燃剂”，而不是“水龙头”，激发他们的探索欲，保护男孩的好奇心和求知欲，妥善解决他们心中的问号。

一天，一位妈妈给儿子讲掩耳盗铃的故事。

妈妈讲道：古时候，有一个小偷，用手捂住自己的耳朵去偷人家门上的铃铛。他自己听不见铃响，就以为别人也听不见铃响……”

还没等妈妈说出故事的引申义，儿子迫不及待地问：“妈妈，小偷是用一只手捂住耳朵还是用两只手捂住耳朵?”

妈妈顺口说：“当然是两只手了。”

男孩疑惑地望着妈妈说：“既然是两只手捂着耳朵，那他怎么去摘铃铛呢?”

做父母的听到男孩提出这样的问题，应该感到高兴。因为男孩正在进行富有创造力的思考。

(4) 要让男孩了解冒险行为的性质。探索是人类的第二才能，一些心理学家认为，探索和冒险是人类的天性。但父母大多怕男孩去冒险，如何解决这个矛盾呢？

有些危险性较小的冒险活动，在父母的陪伴和指导下是可以进行的；但是对一些危险性较大的活动，父母可以劝阻男孩不要轻易冒险，如果想要挑战和尝试，可以等到年龄大一些再参加也不迟。还应该告诉男孩，冒险有理智的和盲目的两种，盲目的冒险很可能会给自己造成伤害。

父母应让男孩知道，有些活动或事情是不适合孩子参加的，比如登山、航天、探险，参加这些活动的人员都是需要经过特殊训练的。如果男孩确实对这方面感兴趣，可以教导他，现在先好好学习，练好身体，培养起良好的心理素质，将来才有可能从事这样的事业或活动。正确引导男孩的冒险行为，也是送给男孩的宝贵的精神财富。

为男孩插上想象力的翅膀

父母是男孩的第一任老师。然而许多的父母望子成龙心切，过早地用成人的观点教育男孩，常常否认甚至耻笑男孩爱想象。

男孩从进入幼儿园开始，就要学习许多所谓的规范知识。进入学校之后，更是受到各种规则制度的约束，进行统一化管理和教育。而这种模式化的教育方式却成了男孩天性释放的障碍。

在课堂上，老师要求怎么做，男孩就要怎么做，在考卷上，老师要求怎么答题，就一定要怎么答题，并且用规范统一的答案评判成绩的高低。这样做可以说限制了男孩思维的发展，扼杀了男孩的想象力，不利于男孩创造能力的培养。

男孩都是充满想象力的，正因为有了想象力，才会有梦想，有了对美好事物的憧憬和愿望。想象力是动力的源泉，在实现理想的过程中，通过不断探索、不断失败又不断进步的周而复始的循环过程，形成了宝贵的经验。为提高男孩的想象力，父母要做以下工作：

(1) 指导男孩积累生活素材。生活是想象的基础，如果男孩在头脑中有了更多对生活的认识和感知，也就有更多的想象的资源。在日常生活中，要启发男孩多观察、多记忆形象具体的东西。去博物馆参观，到郊区游览，参加各种公益活动，走亲访友等，都可以记住许许多多的有关自然、场景、人情等。为了加深男孩的记忆，父母可以与男孩相互描述，还可以通过写日记，把头脑中的记忆写下来。

鼓励男孩多阅读文学作品、欣赏艺术品、看电影、看电视等，可以从中积累各种生活素材，让男孩有意识地留心各种各样的人物形象和景物形象，有利于发挥想象力。

(2) 指导男孩积累语言文字材料。当需要用口头语言或书面文字将想象的内容表述出来时，文字材料将会起到重要作用。因此，要让男孩增加语言文字的积累。比如，背诵课文，摘抄文学名句、名段，收集好的文章，阅读有益身心的美文，并利用休闲时间巩固复习。这样可以拓宽想象力，让孩子重视细节的作用，从而促进想象力的发展。

(3) 鼓励男孩自己编故事、讲故事。男孩在小时候，喜欢编故事、讲故事，有时讲给小朋友听，有时讲给父母听，有时还自言自语。父母应该看到这既是锻炼表达能力的好机会，又能够促进想象力的发展。

父母可以引导男孩按照某个主题去编讲故事，适时地给以赞扬，指出不足。好的故事，让男孩用笔记录下来，不断修改。天长日久，男孩的想象能力会越来越强。

(4) 鼓励男孩参加课外活动。课外活动是驰骋想象的广阔天地。不论是音乐、舞蹈、美术、体育、书法，还是天文、地理、生物、化学、航模、舰模、电脑，每一种兴趣小组活动都需要进行创造性的想象才能完成任务。这对于提高男孩的想象力十分有益。当男孩们的兴趣小组成果得到展示或者获得表彰奖励时，他们的积极性会更高，想象力会突飞猛进地发展。

总之，想象是创造的基本要素。人类思想的进步、科学事业的发展以及丰富多彩的现代文明和社会文化等，这一切都离不开人类的想象。男孩想象力丰富是一件

值得高兴的事情，有想象力的男孩更具有创造力。所以，父母不要扼杀男孩的想象力，要保护男孩的想象力，甚至为男孩的想象力插上翅膀，让男孩的想象力飞得更远。

培养男孩观察力的好方法

俄国生物学家巴甫洛夫说："观察，观察，再观察。"培养观察力是培养创造力的前提。在现实生活中，有许多父母不注意培养男孩的观察力，没有把观察力的培养放在应有的位置上，这样最大的弊病就是抑制了男孩思考能力的提高。

要想提高观察能力，达到准确无误的标准，就需要透过现象看到事物的本质。比如，艺术家的眼光比较敏锐和独到，在多数人看来墙壁应是白色的，而艺术家可以将墙壁装饰得五颜六色。博物学家通过敏锐的观察力，能够一眼分辨出动物、植物的种类，善于观察的检测员能从建筑物的外形上识别其不同的结构。当顾客买到一件自认为完美无缺的商品时，商品质检员一眼就能看出它是精品还是赝品。

父母在鼓励男孩勤于观察的同时，还要注意帮助男孩善于观察。根据著名哲学家黑格尔的观点，培养男孩观察力的最好方法是教他们在万物中寻求事物的"异中之同，或同中之异"。这里给出以下几点建议：

（1）爱观察的男孩见识多。观察力的高低与男孩视野是否开阔有关。孤陋寡闻的男孩，缺少实践的机会，观察力必然会受到影响。面对同样一种现象，有的男孩能说出许多，有的男孩却说不上几句，这是为什么呢？这与男孩知识学习的情况有关。知识学得扎实，道理融会贯通，观察问题就比较深刻。可以说，观察力基于知识与经验，而知识与经验的丰富和提高又会反过来促进男孩观察力的发展。

（2）让男孩明确观察目的。男孩对观察目标的态度直接影响观察的效果。观察目标越明确，男孩的注意力就越集中，观察得也就越细致深入，观察的效果也就越好。男孩在观察中，有无明确的观察目标，得到的观察结果是不相同的。比如，父母带男孩去公园，如果男孩只是漫无目的地东张西望，他还是记不住自己看到了哪些事物。如果父母要求男孩去观察公园里的小鸟，那么男孩就会把注意力集中在小鸟上，会对小鸟的形状、羽毛的颜色、眼睛的大小、声音的高低等记忆深刻。这样有目的地训练男孩的观察力，有的放矢，男孩就会从中获得更多的观察和收获。

（3）教男孩正确的观察方法。光知道让男孩观察的目的还不够，还要使男孩学会正确的观察方法。正确的观察方法主要有以下几种：

对比观察法：简单说就是让孩子学会在不同事物或同类事物中进行比较，通过比较来鉴别其优劣、特点和差异等。运用对比观察法，可以提高男孩的观察能力。比如，让男孩观察其他孩子的绘画作品，并同自己的作品进行比较，这样他就会从中看出自己与别的同学的差距，肯定自己的优势，弥补自己的不足。

动静观察法：动态观察法是指按先后顺序或方向位置观察物体的变化；静态观察法指按物体的颜色、形状等进行观察。父母要指导男孩学会动静观察法，有利于培养男孩的逻辑思维能力以及对物品的辨识能力。

顺序观察法：事物的发展都是按照一定的顺序进行的，如植物的生长。顺序观察法让男孩认识一个事物发展的全部过程，建立一个完整的概念，使男孩养成按顺序观察的好习惯。让男孩学会顺序观察法，可以锻炼他思路清晰、言之有序和逻辑思维能力。顺序观察法可以由近及远或由远及近，从上而下或从下而上，从左到右或从右到左，先中间后四周或先四周后中间，由表及里或由里及表等，通过这种方法可以培养男孩的空间辨识能力。

重点观察法：教男孩学会观察重点，学会有主有次地看问题，可以增强记忆。比如，在自然课上，可以指导男孩观察植物的生长过程。而在植物完整的发展过程中，必定有一个环节是最主要的，如植物的生长环节，是其从生到死的过程中最主要的环节，这时就可以引导男孩将植物的生长环节作为重点观察对象。

反复观察法：如果男孩对一个事物记忆不深或者没弄明白，父母可以对于某一事物让男孩进行反复观察，这样，就能形成男孩对事物的整体认识，对复杂的原理或结构有更深层的了解和学习。

综合观察法：综合观察法即先局部后整体或先整体后局部的观察方法，以达到对观察对象有全面正确的认识。

(4) 鼓励男孩边观察边思考。不要总认为男孩无知，大脑空空，不同年龄的男孩常常会向父母提出不同难度的问题，如“为什么天会下雨”“人为什么会死”，等等，这些都是他们观察得来的结果。

当男孩提问时，正是男孩求知欲较强的时候。鼓励男孩提问，就是为了培养他对周围事物的观察与思考的能力，提高对自然事物的热情、兴趣和积极性。当男孩每提出一个问题时，父母不一定就要立即答复，可以告诉他先观察，看看能不能通过观察而有新的发现，让答案自现。

总之，培养男孩的观察力，对发展男孩的智力是十分重要的。男孩杰出的创造力也离不开敏锐的观察力。

男孩可以不照你说的去做

自古以来，男孩跟父母“犟嘴”，在中国的家庭里是不允许的。男孩对父母的话只能是“服从”。男孩只有“服从”的义务，没有辩驳的权利，就是父母说错了，也不能不听。

有的父母经常用这样的话训斥男孩：“我说的话你也不听？”“就按我说的做！”“你是我生的，就得听我的。”有的父母甚至还拿起棍棒逼迫男孩就范。

在这些父母的头脑里，存在这样一个概念：父母总是对的，男孩反驳就是错的。这样教育男孩是最容易的，但是，最容易的往往不是最好的方法。

男孩也是有思想、有判断力的，采取压制的方式粗暴地对待男孩，他会觉得自己受到了不公正的待遇，如果老是采取这样的方式，一旦男孩养成执拗的个性，也许就不听父母的了，至少男孩的内心是不服的。

很多父母认为对男孩严格要求，这是对孩子负责任的表现，随着年龄的增长，男孩逐渐形成自己的人格和价值观、人生观，如果受到不良影响，就可能使人生目标偏离方向。因此，从这个角度来说，父母对男孩严格要求无可厚非。

但是过度的严格就等于专制。父母与子女的关系，不应是征服者和被征服者的关系。教育男孩，让男孩变得听话，服从自己，但是要让男孩心服口服。服从有两种，一种是自愿服从，一种是被迫服从。

显然，让男孩自愿服从才是可取的教育之道。只有男孩主动愿意听从父母的话，他才会表现出积极性和热情，不会觉得自己是在被压制和接受“专制”。正确的做法是，父母应在和男孩共同商量的前提下，告诉他哪些事情不能做，哪些事情可以做。当男孩表示反对或任性时，绝不要用强硬的口气命令男孩，必须这样做或不要那样做。首先要弄清他反对的原因和理由，如果男孩提出不合理的要求，父母要耐心疏导，做到以理服人。如果有必要，父母还可以坐下来同男孩一起讨论。父母应该注意的是，大多数孩子都不喜欢包办代替，如果凡事都由父母做主，只能增强男孩的逆反心理。

每个人都有自己的兴趣和爱好，男孩也一样。如果父母经常用自己的标准去要求男孩，男孩会认为自己的愿望和兴趣得不到父母的重视，从而会表现出情绪低落、不满或反感。如果男孩的正当要求总是得不到满足，或其积极性得不到重视，他的情绪就会处在经常压抑的状态，这对男孩的身心发展是不利的。男孩渴望独

立，希望自己被大人重视，如果总是按照父母的标准去做事，男孩会渐渐变得消极被动，对事物的热情和兴趣降低，甚至走向叛逆的极端。如果性格偏内向的男孩，自己的意愿无法得到满足，时间长了就会变得沉默寡言，不愿意与父母沟通。因此，父母不能按自己的标准去看待男孩，更不要把自己的想法强加给男孩。

有对父母带男孩去买玩具卡车，男孩看中了塑料的，父母却看中了铁的，因为铁的结实，不易摔坏。于是父母不顾男孩的要求买了铁的卡车，结果是父母花了钱，但是男孩不高兴。这样的结果与给男孩买玩具的初衷发生了背离。

所以，父母应设身处地为男孩着想，充分理解男孩的心情，对男孩的正确想法和要求尽量予以满足。当然，这并不是说父母对男孩所有要求都有求必应，而是说父母在做决定时应和男孩一起商量，无论是赞同还是不赞同男孩的要求，一定要向男孩讲明自己赞同或反对的理由，让男孩自己意识到他提出的某些要求并不合理，这样男孩才能心甘情愿地接受父母的意见，听从父母的安排。这样做，可以加强亲子间的情感交流，使男孩健康地成长。

当男孩在某件事上发表了与父母不同的看法时，父母要高兴才是，这证明他非常有想法。绝对不要压制他，不要用诸如“你懂什么”的话斥责男孩，更不能将自己的观点强加给男孩。

随着年龄的增长，男孩会产生发表自己的观点、意见和表达感情的强烈欲望，这时父母可以坐下来耐心倾听，了解男孩的内心在想什么，需要什么，有什么心愿等。如果觉得男孩的观点和看法确实不成熟，那就设法帮助男孩调整思路，总之，要以朋友的形式来交流。在家庭教育上，那些教条主义、板起面孔来引经据典的教训的方式是最不受男孩欢迎的，要根据自家男孩的爱好和个性来选择适当的教育方法。有些道理和原则一定要告诉男孩，如偷盗和撒谎的行为可耻，坚决不能做，而有些事情可以灵活掌握，不能死搬硬套。

随着男孩阅历的增长，他学到的知识越来越多。有时候会出现，父母出现错误，男孩立即指正的情况。有的父母认为被男孩指出了错误，会影响自己的形象和威信，就使出父母的权威，错了就照错的办。

其实，父母要敢于承认错误。当男孩抱怨父母处理事情不当或者有误时，父母应该放下架子认真反思和敢于向男孩承认错误，这不仅不会降低自己在男孩心目中的形象或使父母失去威信，反而会加强父母与男孩的感情联系，增加男孩对父母的信任感。

父母的一言一行，都在潜移默化地教育着男孩，光让男孩学会如何做人，而自己却不做出示范和表率，是收不到良好的教育效果的。父母要培养和教育男孩从小养成诚实的作风和品质，实事求是的精神，要坚持真理，勇于改正错误。

“你必须照着我说的去做”，这是很多父母让孩子变听话最常用的方式，总是对父母言听计从的男孩，并不利于个性的发展。父母教育男孩，应做到民主，少一些压制，多一些疏导。其实，男孩真的可以不照父母说的去做。

给男孩点儿时间，让他自己做主

现如今，很多父母怕男孩输在起跑线上，总是把男孩的时间安排得满满的。其实，随着男孩年龄的增长，男孩对许多事情都已经有了自己的打算和想法，应该给他一点儿属于他自己的时间。

对于父母满满的安排，男孩或抱怨，或沉默，在父母觉得平静或很正常的表象下，其实已积蓄了男孩的叛逆心理。课余时间任由父母支配，剥夺了男孩的自主支配权，实际是对男孩的不尊重。教男孩如何尊重别人，而身为父母却对男孩不给予尊重，父母这样的言行不一，如何有利于男孩的身心健康？父母最好不要干涉男孩的正当活动，这是父母和男孩在权利和义务方面互相尊重的体现。

不过，自主并非意味着毫无目的、随心所欲、无拘无束。自主支配课余时间指的是男孩在课余时间里能够自己确定活动目标、制订活动计划，在活动中对自己的行为做自我监控、自我调节、自我评价。给男孩点儿时间，让男孩自己做主，好处是显而易见的。

创造力是一个民族兴旺发达的不竭动力。男孩是国家未来的建设者，青少年时期是培养创造力的关键时期，而创造力的培养必须有一个较为宽松的环境。如果父母和老师课内课外都把男孩盯死，事事时时都为男孩制订各种严密的计划，男孩一旦有不同声音就给一闷棍，这样的教育环境怎能造就一代新人？

男孩如果长期习惯听命于教师和父母的安排，不学习安排自己的时间，将按部就班，畏首畏尾，缺乏自主意识、独立思考能力和创新精神。

伟大的生物学家达尔文，小时候放了学就奔向大自然，观察鸟兽美丽的羽毛，聆听昆虫动听的歌声，思考动物种类之间的关系。成年后他根据自己的发现，大胆地提出进化论，否定了特创论、目的论和物种不变论，开辟了生物学和人类学的新纪元。

男孩能否对自己的行为进行自我计划、自我监控是判别真自主与伪自主的重要依据。现今中国的男孩特别是城市的学生，大部分出生在优裕的环境中，再加上父母们的高期望，一些男孩出生后，就被纳入了一整套的“精英教育计划”中，课内

被“满堂灌”折磨个半死不活，课后还要参加父母安排的名目繁多的奥赛班、钢琴班、舞蹈班、书画班……他们没有自己的主见，似乎是为他人而活，从不考虑给自己做个计划，养成依赖的坏习惯，失去了独立的生活能力，有的碰到一点儿挫折就想到轻生。

如果父母还给男孩自主支配课余时间的权利，给他们锻炼自立自强的机会，可让他们日后能更快适应新的生活，接受各种各样的挑战，把命运牢牢掌握在自己手中。这其实是对男孩负责，是对人的生命的尊重，是人性的回归。

男孩在课余时间里按兴趣选择活动，获得轻松与愉悦，再以良好的状态回到学习中去，能得到最好的效果。况且娱乐并不等于玩物丧志，娱乐可以是阅读，可以是游戏，可以是打球、练乐器，这些都能促进学生身心健康地成长。在课余时间里，男孩可以根据自己的兴趣与爱好选择娱乐、学习、休息等自己需要的活动，这是减轻其学习负担的好方法。

让男孩自主支配课余时间，是对人内在本质特征的尊重。由父母支配男孩课余时间的恶果也许短时内还难表现出来，真正的危机发生在他们成人之后。当不再有人要求他们做什么时，当他们真正需要主宰自己的行动时，他们开始手足无措，显然，他们已养成了依赖别人的习惯，已缺乏自己做事的欲望、勇气与能力了。这是为男孩定下小时候看父母和老师眼色办事，长大后看领导脸色办事的规则，如此无主见的人生，就像雄鹰被拔掉了羽毛，又何谈高飞呢？

爱因斯坦说，“人的差异产生在业余时间”。达尔文说，“我从来不认为半小时是我微不足道的很小的一段时间”。从这两位大科学家的话里，就可以看出他们是多么重视时间、珍惜时间，同时他们也都是运用时间的能手。作为父母，应该重视培养男孩安排时间、运用时间的能力。

所以，请父母把属于男孩的时间还给他们，让他们自己做主，这样才有利于男孩创造力的培养。

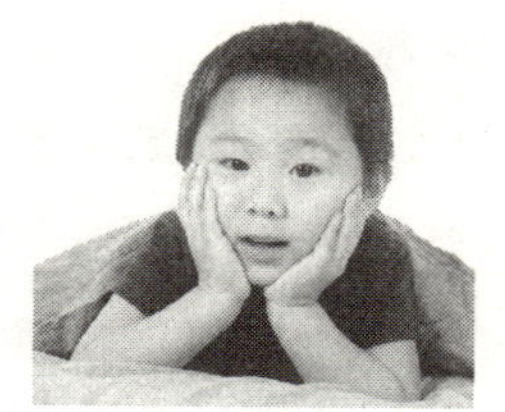

第 24 章
多多鼓励，培养男孩杰出的领导才能

领导能力在男人的一生中占据着十分重要的位置。如果男孩拥有领导能力，就会善于发现问题，能够通过思考解决问题，在任何方面都会做得更好。男孩长大后，因为有极强的领导能力，他的视角会比别人宽广，思维也会更加缜密。因此，具有领导能力的男孩，将比其他男孩有更多的机遇，更容易拥有成功的生活和事业。

从小培养男孩的领导能力

领导能力不是天生的，关键在于后天的培养。那些管理机构、领导社团和带领体育运动队的领导，都是他们的父母有意遵照一些简单的规则而培养出来的。在男孩们很小的时候，父母就应该培养他们的领导意识、坚强的精神和独立的思维。不从小开始培养男孩的领导意识，就不会有以后的领导能力。

是否能够在自己所管的4~5岁的男孩们中间，辨别出哪些是领头的男孩？答案是绝对的。这些男孩都比较自信，尊重成年人和与自己一般大的其他同伴，乐意让别的男孩和自己一块儿玩玩具，有幽默感，表现出较强的创新精神和好奇心。他们总是最先开始做某件事情，其他的男孩们则在一旁观望，然后在他们的带领下跟着做。而且最为重要的是，他们的热情极具感染力。

那么，父母应该怎样培养男孩的领导能力呢？

(1) 让男孩越来越自信。在平时父母要注意培养男孩的自信心和团队领袖能力。帮助男孩树立自信心和给予充分的鼓励。男孩如果失败了，要安慰和继续激励；如果成功了，要加以肯定和赞赏。这样男孩从此就会非常有信心，领导能力越

来越强。

冬冬心里一直有个愿望：就是自己能当上班干部。可是，从入学到小学毕业，老师从来没有任命过冬冬担任过任何职务。这让冬冬心里一直很郁闷。

升入初中，新学期开学。班里面公开投票选择班干部，冬冬竟然被意外地推举为数学课代表了。他欣喜万分，比当了班长的同学还要高兴。他觉得自己的努力终于得到了同学和老师的认可了。

放学后，冬冬迫不及待地把这一消息告诉了妈妈："妈妈，我太高兴了，我当领导了！"

妈妈笑着问："你考了100分吗？这么高兴？"

冬冬摇摇头说："妈妈，你怎么整天只关心分数呢？我今天被同学们投票选举为班里的数学课代表！"

妈妈并没有被冬冬的喜悦感染，反而冷冷地说："我还以为是什么大喜事呢？不就是一个课代表吗？当个课代表有什么好的，整天操心不说，多耽误时间啊！"

被妈妈这么一说，冬冬的兴奋一扫而光，心里既难过又悲伤。

上面这位妈妈的做法是不可取的。男孩渴望当上班干部，这是一种很正常的心态。最后通过自己的努力被同学们选为课代表，心里面有很多的兴奋和高兴，想与妈妈分享。可是，男孩心中特别珍惜和倍感骄傲的事情，在妈妈眼里却如此不值一提，甚至还遭到妈妈的刻意贬低，男孩如同被当头打了一棒，热情的火焰迅速被熄灭，信心也会迅速坍塌。这会对男孩的成长造成非常不好的影响。

男孩的自信心首先来自于父母的鼓励。从男孩开始迈出第一步的时候，父母就应树立男孩的自信心。当男孩蹒跚地走到父母的怀抱中时，他就赢得了人生路上的第一个胜利；而父母对他的紧紧拥抱，就会让他体验到成功的欢乐。当这些形成良性循环的时候，他也就会接连不断地取得成功。

(2) 让男孩用心去考虑怎样才能成功。"可能性思考"是领导能力的一种重要体现。那些能够认真地思考问题，并把想出来的解决之法告诉大家的人，无疑将成为大家的领导者。男孩一旦具备勤于思考、善于推测的能力，往往很容易成为同龄人中的领头羊。

所以，父母要多引导男孩想想如何去取得成功，而不要为成功路上可能会遇到的坎坷过多地担忧。相信自己能够取得成功的人，才能够成为一位激励他人追随自己的领导者。

(3) 让男孩积极探索下去，给予积极的肯定。有杰出领导能力的人都有一种积极探索的精神，所以，父母要注意保护男孩的探索精神，不能总是给男孩泼冷水。

一个小男孩，在自家院内的泥坑里使劲儿地挖着一块石头。当他费力地把那块

石头挖出来后，拿着它高兴地跑到了爸爸跟前。

“爸爸！你快看看，我挖出了一块非常漂亮的石头。”他激动地对爸爸说。

他的爸爸漫不经心地看了一眼，很随便地说道：“你只是挖到了一块带着泥巴的普通石头。”

小男孩听爸爸这么一说，满脸的兴奋转眼间不见了。他把手中的那块石头扔掉，然后垂头丧气地走进屋内。

这位做爸爸的应该高兴地对儿子说：“的确是一块很棒的石头。”这位做爸爸的应该知道：石头上的泥土很容易被洗掉；然而，他对男孩探索精神和想象力所造成的创伤，却是短时间内无法愈合的。

那些勇于探索、敢于迎接挑战的人更容易成功，其实男孩都很钦佩这样的人，并乐意学习他们。然而，大多数时候，父母却教男孩循规蹈矩，不要冒险，这严重扼杀了男孩积极探索的精神，也让他离成功越来越远。

(4) 做男孩竞选活动的支持者。当班级中竞选学生干部时，男孩希望能够当选。遇到这种情况，父母应该主动做男孩竞选活动的支持者，并为男孩竞选出谋划策。比如，当男孩想竞选班干部时，父母告诉他一条秘诀：每天到学校刚一见到班上的同学，就热情地打个招呼，向他们友好地微笑。

久而久之，他的人缘就会很好，就能够团结班上的许多同学，这样一来，他在竞选班干部时也就有了较好的群众基础。那些不仅对自己圈内的朋友热情相待，而且也对其他同学表示友好的男孩们，是很容易得到大家认可的，也很快能够成为大家的领导者。

(5) 领导才能需要在实践中不断磨炼。父母要鼓励男孩出面组织一些集体活动。支持男孩在班上竞选班干部，在运动队中担任负责人，因为这些都可以给男孩提供展示自己领导能力的机会。如果男孩能够成为校学生会或团支部的成员，那么他同样拥有锻炼并展示自己领导才能的良好机会。

应当让男孩在他自己感兴趣的领域，争取成为领导者。有些男孩乐意做运动场上的领头羊，另一些男孩则对当班干部情有独钟。并不是每个男孩都能够成为班长，或者都想成为班长。但写作方面才华横溢的男孩，可以成为校报的编辑；擅长下象棋的男孩，则可以力争成为学校象棋俱乐部的部长。男孩们在自己所擅长的领域统领别人，有助于他们树立信心，而信心又是领导能力的基础所在。

(6) 没有天生的领导者，只有后天造就的领导者。那些掌管着某一组织、负责着某一居民区及带领着某一运动队的男人与女人，都是尽心尽责的父母所培养出的领头人：这些父母无不遵循了用于培养领导者素质——智力与独立思考的能力——的简单准则。他们的男孩不会人云亦云、随波逐流；他们会坚持自己的信念，拿出

自己的解决办法。

领导能力无论是在目前，还是在将来，都能让人受益匪浅。如果男孩能在班里及课外活动中表现出较强的领导能力，那么这要比他表现出较高的智力或考出较高的分数，更准确地预示出男孩成年时的成功。

(7) 真正能够对男孩起作用的，是父母的言传身教。如果父母整日对着邻居或同事说三道四，就无法指望孩子尊重他人；如果父母偷税漏税，那么父母也无颜教育男孩承担自己应该承担的责任。对领导者进行的研究表明，他们的父母也展示出了领导素质，尽管他们时常是以一种并没有为众人意识到的方式来展示的。他们把社区服务看得很重要；他们乐于助人；他们梦想着自己的家人能够养成高尚的品德，而不是获得丰厚的物质财富。在现实生活中，他们时常展示出能够让全家摆脱困境的内在力量。

总之，父母对男孩的关爱与引导，可以让男孩获得那种能够转化为领导才能的内在力量与信心。

指导男孩树立惜时观念

能够成为领导的人都是时间观念非常强的人，但是年幼的男孩，不善于将时间和成功联系起来，以致办事拖拉磨蹭，久而久之形成一种习惯。

时间是悄无声息地流逝的。在每一段时间里，男孩所做的事情并不都是有意义的。有些甚至是在浪费时间和生命。浪费时间，是男孩的大敌。许多男孩不懂得珍惜时间，这与父母对男孩的娇惯有很大关系。有的男孩爱睡懒觉，每天早上父母一遍又一遍地叫，直耗到不起床上学就迟到的时候，才匆忙起来，而父母还得给他穿衣服、收拾书包、叠被子……这样做不但不利于培养男孩的时间观念，反而会助长男孩依赖父母的坏习惯。

合理地利用和分配时间是个大学问，没有父母的指导，男孩是不会自发掌握的，也不能自主支配时间。因此，父母应有意识地培养男孩养成从小珍惜时间的行为习惯。下面给父母一些建议：

(1) 多教男孩一些“惜时”名言。父母要让男孩意识到“时间”是每个人最易拥有也是最易失去的个人资源，而把握时间最重要的就是要珍惜时间。

中国人说：“一寸光阴一寸金，寸金难买寸光阴。”莎士比亚警示世人说：“抛弃时间的人，时间也抛弃他。”所以，鲁迅先生说：“时间就像海绵里的水，只

要愿挤，总还是有的。”平日里，父母要经常向男孩灌输一些这样的名言，让男孩对时间的重要性先有个认识。

（2）利用好男孩的“大脑兴奋时段”。每个人的大脑都有一个兴奋时段，这个兴奋时段是因人而异的。比如有的学生喜欢挑灯夜战，有的学生喜欢晨读，有的学生通宵写作也乐此不疲。有的人晚上记忆力最强，有的人清晨头脑最清晰，总之，把握好大脑兴奋时段，就可以实现最大效率的学习。父母如果开始找不准男孩的大脑兴奋时段，可以通过定期与男孩交流，看看在哪一段时间内男孩最爱学习，记忆力最好，大脑思维最活跃，那么这段时间就可以作为男孩的大脑兴奋时段。准确掌握大脑兴奋时段，一天中比较重要的学习任务就可以在这一时段完成，不但效果最佳，效率也最高。这样花较少的时间完成较多的学习任务，时间得以高效利用，男孩就会获得学习的快乐和成就感。反之，昼夜不停、有张无弛、疲劳突击地学习，只会导致神经衰弱，影响身体健康，学习成绩也难以提高。

与此同时，有意识地将男孩“玩”的时间放在大脑非兴奋时段，这样在大脑细胞非活跃状态下，男孩玩的情绪会降低，甚至出现可以玩的时候也产生不想玩的念头。这种办法在一定程度上可以起到减少因贪玩而浪费时间的作用。培根说得好：“合理安排时间，就等于节约时间。”长此以往，可以培养男孩一种高效利用时间的好习惯。

（3）提醒男孩严格遵守作息时间表。生活最忌信马由缰、放任自流，成功往往来源于长期的坚持不懈。生活不是一朝一夕的事，应打“持久战”，就像马拉松长跑，不能随时随刻都用全力去拼。通盘策划，方为胜算。这与古人所说的“文武之道，一张一弛”是同样的道理。

运用在家庭教育中，父母可以根据自家男孩的实际情况，配合学校的老师教育，帮助男孩共同进步和提高。在充分尊重和给男孩适当玩的时间的基础上，为其制订出一份合理的时间表，并适时提醒男孩遵守。这样做可以培养男孩遵守时间、树立“守时”的意识，养成惜时的好习惯。

“守时”是做事有成的重要环节。从小养成守时的习惯，不仅到时就能自然地安心学习，提高学习自觉性和学习效率，而且有利于将来更好地适应社会生活。

（4）引导男孩学会按照事情的轻重缓急来做事。即使课业太多、时间太少，也用不着紧张和苦恼，父母可以引导男孩首先冷静地想想：先做哪些事，后做哪些事，把最难攻破的任务放在最后一起解决，这样有条不紊地做事，结果就会又快又好。比如：男孩面前摆着一大堆学习任务无从下手，各科期末考试复习资料，当天的各科作业，以及课外辅导班要求的学习题目，这些事情压得男孩喘不过气，父母面对这些情况时，该怎么办？父母可以告诉男孩，先不要着急做题、写作业，而是

把这些事情记在一张纸上，然后根据每一项任务的轻重缓急来逐步完成，不要一会儿翻这本书看看，一会儿做几道数学题，让自己陷入混乱状态。

通过培养男孩按照问题轻重缓急的顺序来做事，学会将问题按照不同类型分类并逐一解决的能力，可以让男孩学会掌控时间，管理时间，在男孩心中树立起做时间的主人的意识，这样在面对繁杂的学习任务时，男孩就不会手忙脚乱，而是轻松应对了。利用时间的心理优势，懂得珍惜时间，是一种良好的学习习惯。

(5) 不浪费时间，尽量赢得更多的时间。马克思说："任何节约归根结底都是时间的节约。"培养男孩节约时间，就是让他学会珍惜时间，不把时间浪费在无意义的事情上。比如，告诫男孩，即使有的任务没有完成也不要有太长时间的内疚和不安，更不要把时间浪费在后悔、失败的事情上。同时逐步养成一种习惯，那就是努力让自己不要去浪费别人的时间，从而也为自己节约时间。

另外，将男孩的手表拨快几分钟，以使其每天都能赶在时间的前面。

(6) 善于利用零碎时间。不要小看那些零碎的时间，如果把一些零碎时间积累起来，也具有极大的利用价值。如果连续不停地学习几个小时，容易导致精神疲劳，学习效率低下，而抓住零碎时间学习，能保持大脑的兴奋状态，效果极佳。利用零碎时间，适合学习一些必须熟记的生词、公式、规则等，有利于反复记忆，加深印象。

利用零碎时间的技巧有很多。比如，父母可以为男孩准备一个可随身携带的小本子，记上要背的知识点，有空就读一遍；在起床、洗脸、刷牙、就餐等活动场所的墙上，钉上一个和视线等高的小夹子，夹上一张卡片，写上当天要背的单词、公式等；还可运用录音机，把要背的知识内容录下来，吃饭、洗脚的时候都可以听。

(7) 父母做好言传身教的榜样，让男孩学会"把握现在，立即行动"。父母的言行习惯对男孩具有深远的影响。所以，当男孩面对一个目标犹豫不决或踟蹰不前时，父母可以给孩子做榜样，教给男孩要抓住机会，立即行动，才能获得成功。男孩通过耳濡目染，就会意识到：要想达到目标，就要立即行动，也才能真正把握今天和现在。这样可以让男孩对时间产生一种紧迫感，养成做事高效、不拖沓的好习惯。时间一去不复返，如果不及时抓住机会，就会错过很多成功。

俄国著名作家列夫·托尔斯泰说："记住：只有一个时间是最重要的，那就是现在！"所以父母应该告诉男孩，如果你决心珍惜时间并想对社会和人生有所贡献，那么现在就行动起来吧！

总之，要想让男孩将来走上成功之路，父母就要指导男孩树立"时间就是生命"的惜时观念，教育和帮助男孩合理安排和利用时间。

培养男孩独立思考的能力

一个优秀的领导，必然有很强的独立思考能力。但是男孩小的时候，习惯了依赖父母，这种能力是很欠缺的。男孩缺乏独立思考能力，主要表现为：遇到问题，直接询问他人或者搁置不理；遇到麻烦的事情，不经深思熟虑就冲动地解决；迷信权威，对于比自己强大的人的建议或者说法，深信不疑，或者喜欢盲从他们的言行。

现在的男孩，之所以这么没有主见，独立思考能力差，跟父母的教育有很大的关系，现在有很多父母，习惯于给男孩指路，事事替男孩包办，男孩有什么问题，总是迫不及待地帮助他去解决，这样就剥夺了男孩独立思考的权利。

男孩养成了依赖父母的习惯后，就不知道什么是思考，也不会去想如何解决问题，一切只等待着父母给自己出主意、想办法。这样的男孩长大后，没有创新精神，只会人云亦云，不会有什么大的作为。

独立思考是在强烈的求新、创造意识之下改组已有经验获取新知识的一种非常复杂的心理智能活动，它是发现、突破、创新的前提。

其实，独立思考能力的意义远不止于此，它更是男孩走上成功之路必备的一种素质。因为一个人如果不能独立思考，他就不会辨别是非、对错，就只能听令于人。这样，对于男孩领导能力的培养，只有百害而无一利。因此，培养男孩的独立思考能力迫在眉睫，主要有以下几个方法：

(1) 不要直接告诉男孩问题的答案。男孩年龄小，遇到疑难问题时，总是希望在父母的帮助下不劳而获。这时父母一定不要助长男孩的这种偷懒习惯，当男孩遇到困惑时，不要为了心疼孩子就直接替孩子做出回答或者直接告诉孩子答案，而要给孩子一个独立思考的过程。比如有的父母替孩子做作业，这样时间长了就会形成男孩对父母的依赖心理。自己不动脑思考，遇到问题只等着父母给答案，就难以养成独立思考的习惯，这对提高男孩的智力水平和思考能力都无益。

面对男孩的提问，父母不应该直接告诉男孩答案，而应该教给男孩解决问题的方法，让男孩从中学会独立思考。

如果男孩太小，暂时无法独立解决问题，父母可以示范，通过查阅资料、反复思考等方法，让男孩学习思考的方法，这对培养男孩独立思考问题的能力非常有益。

(2) 主动提出问题和男孩一起讨论。问题是思考的源泉。男孩的脑子里总会有很多千奇百怪的问题，每当男孩向父母提出问题时，父母最好和男孩一起讨论、思考，耐心地向男孩解释，然后共同解决问题。

父母不要只习惯于解答孩子的提问，也可以经常给男孩提问，让男孩的大脑经常处于活跃状态，锻炼男孩的思维能力。父母要让男孩学会主动思考，可以列举出一些准备提问的问题，激发起男孩的兴趣，男孩也会为了找到问题的答案而不断思考。

男孩在思考的过程中，父母要善于提出开放性的题目，比如水的不同用途等，还可以用如何解决突发事件，如“如果陌生人想把你领走你怎么办”等类似问题来引导男孩思考。

父母利用这样的方法，让男孩从全面和新颖的角度思考，让男孩勇于突破常规的想法，提出自己独到的见解。

(3) 鼓励男孩发表自己的意见。父母要给男孩创设民主和谐的家庭氛围，男孩在这样的家庭环境中，思维会更加活跃，敢于发表自己的意见。反之，凡事习惯听父母安排的男孩，会缺乏主见，人云亦云，不爱动脑思考，一切听从父母的命令，这样不利于锻炼男孩独立思考的能力。

父母应鼓励男孩有自己的见解，做个有主见的人。当男孩发表意见时，哪怕是错误的，也要鼓励男孩把话说完，然后再给予分析和适当的指导。对于男孩的正确意见，父母应该积极肯定和表扬，增加男孩主动表达的自信心。

男孩发表自己的意见，调动自己的思维能力，用合适的方法将自己的想法告诉他人，这是男孩独立思考能力的重要体现，因为男孩会对自己的问题和表达方法进行缜密的思考。

(4) 讲一些益智故事，玩一些益智类的游戏。益智类的故事和资料很多，真人真事和寓言故事都有涉及。父母通过给男孩讲这些故事，互相讨论感兴趣的话题，对培养男孩的思维能力也是大有裨益的。

生活是教育男孩的最好课堂。生活中，男孩一般都喜欢游戏，如果父母在游戏中注入益智因素，就可以促进男孩思维力的发展。父母经常和男孩玩一些益智类的游戏，既能沟通亲子感情，又能促进男孩思考能力的发展。如父母利用节假日的时候，举行一些智力竞赛之类的游戏，可以邀请男孩的一些朋友一起参加。

在游戏中，父母要教男孩学会思考，运用推理、比较、概括的方法，去促进思维的发展。要鼓励男孩多动手、多动口，全面促进和训练男孩的思维。

(5) 不要随便否定男孩，允许男孩标新立异。男孩有新奇的想法，父母不要随便否定男孩，要允许男孩标新立异，因为标新立异是培养思维能力的重要表现。

当遇到难以解决的问题时，父母要引导男孩换种考虑问题的思路和角度，经过合理的分析和整理、归纳，设想新颖的解决问题的方法，这对于提高男孩的思维能力很有帮助。

总之，每一个领导者都是思考力超强的人，任何困境中，他都能马上开动脑筋思考，寻找最佳解决之道。生活中，男孩具备了独立思考能力，就能在困境面前，给大家一个好的建议，久而久之，男孩的领导能力就得到了锻炼。

注意培养男孩的应变能力

所谓应变能力，也就是能适应瞬息万变的世界，面对与原本想象的情况完全不同、已经发生了巨大变化的情况还能适应的能力。男孩小时候遇到的变化可能会比较少，但当他长大成人走上社会后，就会遇到越来越多的情况变化。如果到那个时候再去学习就已经晚了，父母需要从男孩小时候就进行有意识的培养，而不应该眼睛只盯着男孩的学习成绩。那种认为男孩学习好将来什么就都不缺了的父母，不仅观念陈旧，可能还会因此对男孩造成无法弥补的伤害。

父母应该从只注重男孩的成绩转向多方面、多角度地对男孩进行培养，特别要注意培养男孩的应变能力，这样对男孩才是负责的，对男孩将来的发展才是有益的。具体要做好以下几点：

(1) 让男孩懂得计划是会发展变化的。父母应当告诉男孩事情变化的可能性，让男孩对突然出现的情况有一个心理准备。例如，本来准备周六带男孩去中国科学技术馆，父母在与男孩商量这件事时，就应当这样说："如果没有什么特殊情况，我们周六去中国科学技术馆好吗?"

(2) 培养男孩对突发事件的处理能力。男孩对生活中很多事情都不能辨别得特别清楚，这就需要父母进行引导与教育。只有这样，男孩才能在突发事件来临时做出正确的判断。

例如，父母可以告诉男孩：放学回家时如果发现钥匙不见了，先别着慌，如果家和学校距离不远，可以返回学校寻找，看看钥匙是不是忘在了课桌里；如果家和学校之间距离比较远，那么就应当及时与父母取得联系；如果与父母联系不上，可以先到亲戚或邻居家做作业，并且要将亲戚或邻居家的联系电话告诉自己的班主任。这样父母就获得了男孩的所在地点等信息。

另外，父母平时要有意识地给男孩讲一些社会中的不良事件，让男孩知道哪些

人是坏人，不可相信。同时要教会男孩遇到类似事件时应沉着应对，做到随机应变，以增加男孩处理突发事件的能力。

(3) 让男孩多参加一些具有挑战性的活动。有意识地让男孩去做一些有难度的事情，或者参与到富有挑战性的活动中去，这样男孩在实际的操作中，通过自己的积极思考和动手实践，应变能力就会在不知不觉中得到锻炼与加强。

父母可以经常带男孩去参加一些具有挑战性的活动，让男孩在活动中增强动脑、动手的能力，必要时给予男孩正确的引导，锻炼的次数多了，男孩的应变能力就得到了培养和加强。

(4) 与男孩共同分析可能出现的新情况。父母在平时就应当将可能出现的情况告诉男孩。例如，年龄较小的男孩如果单独在门外玩耍，或者在放学回家的路上，这时，父母就应当告诉男孩：不要跟不认识的人走、不要吃别人给的东西、不要将家庭住址和电话号码告诉不认识的人、不要四处乱跑，要和小朋友们一起做游戏，放学后立即回家，等等。这种教育可以培养男孩的生活自理能力，增强男孩的自我防范意识。

总之，应变能力是父母教育孩子立足于社会的基本能力之一。拥有了应变能力，男孩才会保护自己，变得勇敢而坚强。

消除男孩对失败的恐惧心理

但凡是成功人士，多数都经历过很多的失败，但都能够很快从失败中站起来。任何人都希望得到成功，但同时又怀着对失败的恐惧。而凡事积极的人追求成绩的意愿远胜过对失败的恐惧，他们敢于面对问题的挑战而奋斗不懈。

主动性比较差的男孩，除了追求成功的意愿较弱外，更糟的是，对失败的不安感过于强烈。虽然心中想着："我真想尝试看看，如果顺利成功，就可以得到父母的夸奖，那将是件令人高兴的事。"当此念头一出现，马上又想着："万一失败了一定会挨骂，反正我做的事从来没有成功过……"还没动手就已经认输，当然尝试的欲望就会萎缩起来，因而始终裹足不前。

当男孩畏缩的心理出现后，就不愿向新事物挑战，为了避免失败，将会越来越消极，这就是所谓的"多做多错，不做不错"。即使被他人强迫或催促做事时，也是心不甘、情不愿的，所想的只是如何避免遭遇失败。

积极主动的男孩，为了追求成功，将尽力避免失败；而消极被动的男孩，避免

失败的原因，只是因为不愿挨骂，二者的基本动机有差异。因此，只要被动的男孩，每次总想着："没有办法，只有姑且一试，但是不知有没有不必尝到失败滋味的方法呢？"还没做即想避免失败，所立下的目标，将会低于能力水准。

追求本人能力差距过大的理想时，无论太高或是太低，都会从失败中产生保护自己的想法，而不会具有认真积极的意志，能力无法获得伸展，也就无从体会"成就感"的滋味了。同时，失败逐渐累积的结果是，将会对失败怀有更强烈的恐惧感，因而陷入消极的循环中，仿佛一场永不停止的梦魇，困扰终生。要想培养男孩的领导能力，就要消除男孩对失败的恐惧。

男孩不是一生下来就可体会"挫折感"，因为幼儿尚没有判断成功与失败的能力。"挫折感"的获得，主要来自于周围人们的反应，亦即受到赞美夸奖就是"成功"，而被指责嘲笑则是"失败"。

尤其孩子的心理都极其单纯，受到赞赏时，就会高兴得手舞足蹈，而挨骂时，就会灰心失望，难过到了极点。例如，当男孩玩折纸游戏时，若父母对他说："折得真像，真聪明啊！"男孩就会高兴得连折许多个；反之，如果对他说："折得四不像，丑死了。"或是"为什么这么简单都折不好呢？"男孩将因为被责骂和被瞧不起而产生"我不折了"的想法。

因此，父母对害怕失败的男孩应该多采取鼓励的方式。当男孩遭遇失败时，不要总对他冷嘲热讽，如"你真笨！"或"你还能做好什么事！这么简单的事都办不好"等，而应鼓励男孩。如果换成下面这种说法，男孩会因为父母的鼓励而变得信心十足。"你有足够的能力，就是不够努力，而且方法不当才会导致失败的，只要下次认真努力做，我们相信你一定可以成功。"

例如，当男孩练习倒立姿势无论怎么努力也不成功时，父母不要说："你根本不是练体育的料。"或者："真笨！这么简单的动作都学不会。"而应该这样说："双手更用力些，再稍加练习，一定可以学会。"给男孩具体的方法指导和建议，帮助男孩降低目标，就会增强男孩的自信。

当男孩遭遇失败时，父母不要将责任归咎他人。例如，男孩钢琴弹得不好，父母不但不鼓励男孩认真学习，却抱怨是钢琴老师教得不好造成的。这样男孩就找到了学不好钢琴的理由，产生逃避责任的想法。一旦遇到稍难一些的曲子，男孩更是振振有词地辩解："这首曲子本来就很难。"这样男孩就不会主动自觉地学习，甚至越来越变得对自己不负责任，把责任全都推在老师身上或功课太难。

错误的教导方式，将影响男孩一生的做事态度。如果父母一味地对男孩进行挫折教育，男孩将会变得消极颓废；而如果父母过分地溺爱、保护男孩，从不让男孩遭受挫折，又会养成男孩胆小怕事、懦弱脆弱的性格，甚至将失败的责任归咎他

人。因此，父母教导男孩正确面对挫折，确实是很重要的问题。

有些男孩每当面临考试或比赛时，心中都会因紧张而怯场。造成怯场的原因，有的是由于男孩天性腼腆，容易紧张；有的则是因为遭遇失败次数过多而产生恐惧心理。所以，对于心理素质较低的男孩，到了考试之际，周围的人最好不要再给他压力，否则影响临场发挥。

例如，当男孩参加高考时，父母在男孩进入考场前不要说：“成败就在今天了，一定要好好考。”也许在父母看来，这只是临考前善意的嘱咐和祝愿，但却不知道，男孩这时其实比父母更意识到此次考试的重要性。那些心理素质稍差的男孩，心中已经充满了“万一失败怎么办”的焦虑，再听到父母如此说，无形中心理压力更大，更加紧张惶恐。于是，很多情况只是发挥正常实力即能通过的考试，却因为过度紧张和心理压力过大而发挥失常。因此，在考试期间，父母要做的应该是让男孩放松心情，以坦然的态度面对一切，男孩轻松上阵，才能充分发挥自己的能力，甚至还可能超常发挥。

根据调查，如果父母对男孩的惩罚多于赞赏，那么男孩就会对失败充满恐惧，整天胆战心惊，因为他害怕自己挨打挨骂。在家庭教育上，如果过多地打骂男孩，甚至让男孩面壁思过，会打击男孩的自尊心和自信心。

实践表明，只要父母不加深男孩的挫折感，不过分处罚男孩，在男孩成长的过程中，帮助他树立适当的目标和信心，男孩就会少一些心理压力，变得积极进取。

总之，父母不正确的态度是男孩惧怕失败的重要原因，惧怕失败的男孩往往根据父母对他的评价来进行自我评价。解铃还须系铃人，男孩自信的获得大都要靠父母。

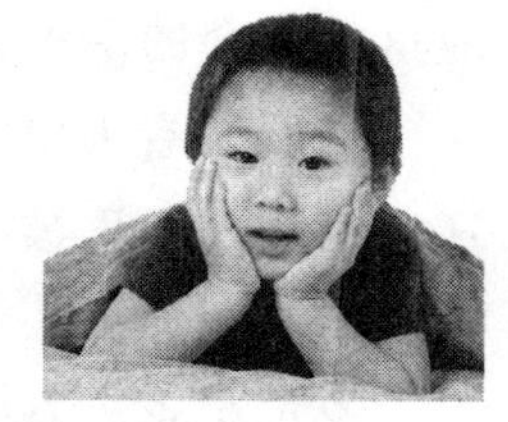

第 25 章 寻找男孩的天赋，积极挖掘男孩的潜能

从潜能多样性角度看，每个男孩都是天才，或者可以说，每个男孩都可能成为天才。无论是父母还是男孩本身，都必须改变对天才的看法，也只有这样，才能造就真正的天才。遗憾的是，在现实生活中，因为父母的粗心大意，男孩天赋潜能的火花无声无息地被熄灭了。

每个男孩都是有天赋的

每个男孩都是有天赋的，只是缺少发现男孩天赋的眼睛，抑或者是阻碍天赋发展的障碍。

要造就天才，就应该让男孩的兴趣和热情自然发展。凡是仔细观察过男孩的人都会发觉，小男孩极易对事物产生兴趣和热情。也就是说，小男孩天生就具有对某些方面或某一方面的强烈热情，他一旦对某一方面或者某些事情入了迷，便会以惊人的勤奋和毅力去从事。一旦他步入这一轨道，就会得到惊人的发展。实际上，天才就是这样产生的。

天下的父母除了要认识到爱护和激发男孩的兴趣十分重要外，而且还必须明白男孩越大就越难以具备强烈的兴趣和热情。

这是因为，在男孩的成长过程中，他的兴趣的幼芽可能会一再遭到践踏，这样，年龄越大，兴趣和热情被践踏得越厉害。因此，实施早期教育的必要性就在于此。男孩越大，不仅在性格上越难以具有对事物的兴趣和热情，而且他的潜在能力、天赋得以发挥的余地也会越来越小。

每一个男孩都具备独特的潜能，只要方法得当、教育及时，男孩都可以具备适

应这个社会的多种天赋。

当然，有天赋不仅是学习优良、考试得高分和能记忆许多具体事项，事实上，还有很多显示男孩的天赋的方式——通过艺术、音乐、体育、认识自然、感情以及怎样与人相处等。

多少年来，专家学者经常用IQ（智商）测试来辨识人们的天赋高低。人们在测试中要解答数学问题、详细说明某些字词、做设计、根据记忆重复一些数字并完成其他一些任务。

很多人认为IQ测试是度量男孩天赋的最好方法。然而，IQ测试绝非完美，有许多东西它们无法给出。它们不能预测男孩长大之后会干什么，或男孩一生能取得何等成就。测试的问题也常常反映了出题人的偏爱或个人观点。此外，没有哪种测试能测试每件事情。提的问题并不总能给男孩最佳机会来表现自己的各项天赋。IQ测试通常把注意力集中于语言文字或数学天赋，而忽略了其他重要事项，例如音乐、艺术、自然界和处理社会问题的能力。

所以，发现男孩的天赋潜能，就要综合多方面因素，要看男孩的具体表现。

有的男孩具有惊人的绘画才能，就可能会创作出精美绝伦的艺术作品；有的男孩具有较强的运动天赋，就能够轻松而优雅地完成复杂的身体动作；有的男孩具备音乐天赋，他弹奏的曲子以至于扣人心弦；有的男孩酷爱数学，他有可能因为计算出某个精确的结果而欣喜若狂；有的男孩痴迷大自然，他只对花花草草情有独钟；有的男孩热爱写作，当他看到自己的故事或诗歌出版时会兴奋不已；有的男孩是天生的领导者，具备非凡的领导才能，不但成为同学们学习的榜样，也是赢得大家拥护的管理者；还有的男孩有着较强的洞察事物的能力，他会在追求人生目标时，对于自己所追求的目标具有敏锐的洞察力。在以上所提到的男孩中，谁更具潜力？这个问题很难回答，因为上述这些范例代表了具有不同潜力的男孩。

加德纳曾提出了多元智力理论，并在这一理论中强调了他关于人类认知具有跨文化特色的观点。智力就是所有人都在使用的代码，并且部分地受到个体所处文化的影响。智力是个体毕生用以学习、解决问题和进行创造的工具。

多数人在某一特定的领域内具有创造性，却并非在所有的领域内都具有创造性。例如，尽管爱因斯坦具有数学和科学天赋，但他在语言、动觉和人际关系方面却未能展示出同样的天赋。多数人似乎只在某一种或两种智力领域表现杰出。

一开始，父母可能不知道自己的男孩在哪方面具有天赋潜能，这个时候就要仔细分辨。一般来说，人类具备的天赋潜能主要包括以下几种：语言天赋，音乐天赋，逻辑—数学天赋，空间天赋，身体—运动天赋，人际关系天赋，内心天赋，自然主义天赋。

为了让各位父母容易理解，下面使用简单的语言来描述这八种具体的天赋。

（1）语言天赋。该天赋包括用语词思维、用语言表达及洞察复杂内涵的能力。作家、诗人、记者、演讲家、新闻广播员都展现出高水平的语言天赋。

如果男孩喜欢语言文字以及它们在阅读、写作和谈话方面的应用，喜欢有关文字的游戏、外语、讲故事、拼写、写作或阅读，那么男孩可能有这方面的天赋。

（2）音乐天赋。该天赋在那些对音调、旋律、节奏和音色具有敏感性的人身上表现显著。那些能够表现出较高音乐智力的人包括作曲家、指挥家、音乐家、音乐评论家、乐器制造者及对音乐敏感的听众。

如果男孩喜欢欣赏声音中的音乐、韵律、旋律和模式，能分辨音调和音高，可能欣赏各种不同的音乐，喜欢参加类似唱歌、弹奏乐器、听CD或音乐会之类的活动，那么男孩可能具有这方面的天赋。

（3）逻辑—数学天赋。该天赋是指计算、量化、思考命题和假设及进行复杂的数学运算的能力。科学家、会计师、工程师、计算机程序设计员都显示了较强的逻辑—数理智力。

如果男孩喜欢做计算，理解数字和数学概念，喜欢寻找模式，对于科学感兴趣，喜欢解谜、出谜、解难题、操作计算机、编创自己的密码或做科学实验，那么男孩可能具有这方面的天赋。

（4）空间天赋。该天赋是指人们以三维的方式进行思维的能力，如航海家、飞行员、雕刻家、画家和建筑师都具有较强的视觉—空间智力。空间智力使人们能够感知外部的和内部的形象，能够再造、转换或改变表象，能够使自己和物体驰骋于一定的空间，并且能够形成和解译图形信息。

如果男孩喜欢观察周围世界、寻找其中有趣的图形，能在头脑中想象各种事物，能通过艺术、设计、照相、建筑或发明把自己所看到的和自己所想象的展示给别人，那么男孩可能具有这方面的天赋。

（5）身体—运动天赋。如果男孩身材优美，运用自如，会利用身体来学习新的技能，或利用身体来表达自己的各种情绪，善于运动，或善于艺术舞蹈或艺术表演，对做手工更感兴趣，喜欢参加手工艺、制作模型或修理器具的活动，那么说明男孩可能具有这方面的天赋。

（6）人际关系天赋。该天赋是指能够有效地理解他人并有效地与他人交往的能力。这种天赋在成功的父母、社会工作者、演员或政治家身上表现明显。如果男孩性格开朗，喜欢与人接触，并能处理好彼此之间的关系，走到哪里多是受人欢迎的，说明男孩可能具有这方面的天赋。

（7）内心天赋。该天赋是指人们建构准确的自我感知以及应用这种知识规划和

指导自己生活的能力。神学家、心理学家和哲学家是具有较强的自知自省智力的典范。

如果男孩了解、理解自己的感情、自己的擅长以及有待改进的领域，对自己的了解经常比别人对男孩的了解更准确，还喜欢记日记、为将来做计划、反省过去或设置目标，那么男孩可能具有这方面的天赋。

(8) 自然主义天赋。该天赋包括观察自然界中的各种形态，对物体进行识别和分类以及认识自然系统和人造系统的能力。熟练的自然观察者包括农民、植物学家、猎人、生态学家和园艺设计家。

如果男孩善于观察，喜欢分辨植物、动物或岩石并为之分类（如果男孩生活在城市，男孩会把其他如激光唱盘、同学的穿着之类的事物分类)，喜欢户外活动，对花园、照顾宠物、烹调或生态事业感兴趣，那么男孩可能具有这方面的天赋。

清楚了以上几点，能够帮助父母确认男孩的优势是什么。父母可以根据这几类智力形式判断自己的男孩具有哪方面的特长，例如，一些男孩可能由于是熟练的演讲家而在语言方面具有天赋，而另一些男孩则可能具有写作特长。

总之，世界上没有不具有天赋潜能的男孩，只要父母和老师学会以正确方法教育引导他，男孩都能够在适合他发展的领域取得突出的成就。

培养男孩才能过程中的提醒

要想成功地生活和工作，每个人都需要依靠一种或多种智力。遗传、环境和文化都会影响男孩的智力偏好。父母教育男孩的方法可能依靠一种或多种智力，父母使用哪种智力进行教学的倾向可能是由个人偏好决定的。

父母要想真正让自己的男孩成才，首先要学会反思：男孩在日常生活与职业生活中所使用的智力是否存在差异？是否还有其他可以发展的智力？在孩提时代以及成人时代如何培养智力的优势领域？你将如何着手发展你所感兴趣的其他智力？你能建立一个时间表吗？你觉察到你的男孩有哪些智力？你认为一般而言，哪种智力在自己身上得到了高度的发展？父母如能对这些问题有所思考，一方面可以加深对自己独特能力的认识，另一方面也容易看到自家男孩具有的优秀能力，并由此挖掘和开拓其他潜藏在深处的能力，使男孩在多种领域内都表现得出类拔萃。

对自己而言，不仅辨认心理、身体系统的智力很重要，而且认识到创设积极的学习和生活环境也很重要。新的关于“分布式认知”的研究表明智力超越了个体，

且能通过个人与他人的交往，通过书籍以及用于思考、学习和解决问题的工具，如笔、纸、笔记本、日记、计算器和电脑等获得提高。

父母要经常反思自己的教育理念。男孩在学校中是否有充分的与其他同学相互交往的机会？是否有足够的形式多样的资料，包括书籍、杂志、商业性出版物、布告栏、艺术作品、海报、电脑、资料库、网络等？在日常生活中，父母可以找到一些建议用以创设能够促进男孩智力发展的环境。

一些著名的神经心理学家已经发现，学习和经验能够导致大脑发生结构性和功能性变化，这一变化可能更好，也可能更糟。置身于积极的、具有教育性的、富含刺激和交往的环境中，让男孩可以在生活中不断发展和提高自己的心理能力。

男孩的父母，在培养男孩才能的过程中，以下几点需要特别注意：

(1) 所有的才能都是不同的，但都是同等重要的。没有哪种智能比另一种更重要。

(2) 不管在某种智能方面男孩的能力怎样，男孩都能培养、开拓和发展这种智能。无论男孩是在拼写方面有困难，还是男孩的写作才能突出，男孩都能继续改善自己的语言文字才能。这只是一个例子，但男孩能懂得其中的道理。

(3) 男孩可能有某方面的特长，但这并不意味着男孩局限于这一种智能。也许男孩具有身体协调才能，但不要仅仅因为阅读利用的是另一种才能，而让身体协调才能阻碍男孩享受阅读的乐趣。

(4) 每种才能也有各种表现方式。例如男孩具有语言文字才能，男孩可能发现自己是个杰出的演说家，但写作却不怎么样。又比如在身体协调才能方面，男孩可能发现自己足球不是很行，但却是游泳高手。下一些功夫，男孩就能发展自己的强项，改善自己的弱点。

(5) 几乎每件事情都需要在多种才能共同起作用下才能完成。例如，学习绘画能力，需要运用身体的大脑、感官、手等多种器官的协调作用，才能熟练掌握各种画笔技术；需要多观察自然，才能逐渐提高男孩观察细节的能力，需要不断地增强自我认识，才能获得绘画的灵感。大部分活动都是依靠多种才能完成的，并非是表现最突出的那一种才能。所以，绘画需要的不只是对图形、对色彩具有好的感受力，通常做任何事情也都需要不止一种才能——无论是表演、写作，还是体育运动或计算机操作。

(6) 多种智能对于各种文化、各个年龄段都有效。所以不管男孩是谁，男孩在哪里——不管男孩的年龄和背景——男孩都以某种形式具有所有这些智能。能否尽量发展自己的每种才能就取决于男孩自己。

实际上，在一个充满多元智能的时代，也反映着人类大脑思维智能的提高和飞

跃发展。在生活中，我们随处可见多元智能正在起作用。比如，邻居家的小姐姐把小花园装饰得十分美丽，男孩就可以由此判断，邻居家的小姐姐拥有园艺才能；当男孩看到他的同桌写的作文非常优秀时，他会认为同桌具有很强的文字表达能力。当然，男孩可以从音乐才能较高的母亲那里学习唱歌，可以向擅长逻辑思维的老师学习数学。如果一个人很擅长人际关系，那么他一定具有较强的学习社会科学的能力和适应社会的能力；如果身边有会变魔术的朋友，那么他的身体协调能力一定很强。再比如，男孩每天坐公交车上下学的路上，可以了解到公交车司机灵活驾驶车辆的能力和身体协调能力；男孩去超市买东西，可以从店员身上看到他与顾客之间良好的语言沟通能力。不同职业、不同领域内的人们，总会表现出他最突出擅长的那一项能力。在不同的地点和环境，如家里、教室或公众场所，我们也都能看到不同的智能在起作用。

当男孩充分利用自己的全部智能（以自己唯一的独特方式）时，男孩将给世界留下一首美妙的、别人无法取代的歌曲。但这一过程中少不了父母的帮助和鼓励。

根据男孩的个性特点进行培养

自男孩进入学校之后，就会以同样的方式学习同样的科目，并以同样的方式进行评估。乍一看，这似乎很公平：没有男孩享受特别的优待。然而，稍一思考，我们就会发现这种统一化在实质上的不平等。统一化的前提假设是所有男孩都是一样的，因此要以同样的方式平等和公正地对待每一个男孩。但是，很明显所有的男孩都不一样，男孩有着不同的个性和气质。最重要的是，男孩具有不同的智力结构。

有时候人们忽视了男孩彼此之间的差异是因为茫然不知；有时人们忽视它们不是因为父母对这些差异感到心灰意冷，就是因为他们相信男孩接受更相似的教育后就更有可能成为集体中的一员。但这些教育者忽视这些差异的行为本身就是不公平的，他们在学校中主要培养语言、逻辑智力。

在一定程度上说，如果男孩和父母共同享有对语言和逻辑智力的关注，那么男孩会做得很棒，同时认为自己很聪明；但如果男孩拥有完全不同的智力特征，他很可能会感到自己愚不可及，至少在学校中情况是如此。

如果学校的统一化教育让男孩学习到的是基础知识，那么父母为了男孩将来的发展，还可以多费一些心，尝试一些个性化教育。比如，如果孩子喜欢学习数学，则可以着重培养他数学知识方面的才能，将来有可能成为数学小天才。其他，如外

语、物理等，只要孩子某一方面成绩优秀，出类拔萃，父母认真培养，就可以让自家的男孩卓越非凡，在同等条件下的同龄孩子中脱颖而出。所以，个体差异性的教育，简单来说，就是根据不同智商水平的差异来量身定做适当的教育手段，让男孩的才能和天赋充分发挥。因为每个孩子在智力发展上都有可能造就天才的奇迹。个体差异性的教育和普通的学校基础教育有所区别，它根据每个孩子不同的发展情况采取“一对一”式的训练，教育目标也和学校设定的不同。比如专业课、实验课，奥数竞赛、棋艺、某一领域的特长生等，这种教育方式可以深层挖掘男孩的潜质和智能，从而培养更优秀、更专业的人才。如果父母想把自己的孩子培养成某一方面的天才，其中最关键的要素就是要了解孩子的智力特征，要了解他的强项、兴趣、偏好、渴望的目标、积累的经验水平，根据自己孩子的个人条件和能力去选择适合的教育方案。

(1) 了解男孩的智力第一步。智慧的父母，无论他们有什么样的教育哲学，都会努力了解自己的男孩。这些父母很少使用正式的评估工具来认识男孩的个人特征；他们观察、反思，与男孩及他们周围的人交谈。就像很多专家所指出的那样，科学的智力理论之所以有用是因为它是一个优秀的最初组织者。如果父母想好好了解自己的男孩，用一套描述男孩强项和弱项的分类列表是很有用的，但要记住此处的提醒——不能贴标签。

(2) 根据所获得的信息来确定教育方案和评估方法。父母可以在自己控制的范围内设计一些能尊重男孩特定的智力特征的主题、方法、硬件、软件和评估的方法。进行个性化差异教育不能与学校的必修课程相脱节，因为即使是数学天才或物理能手，也应该学习历史、生物等知识，当然对一些必修课程的基础知识，每个孩子可以有自己的学习方法，而父母考察和衡量学习结果的方式也要因人而异。

(3) 利用好科学的智力教育理论。科学的智力教育理论鼓励父母采取个性化差异教育，在了解男孩的基础上为孩子选择学习课程、规划学习目标和方向，以及制定评估学习成绩的标准。不同的男孩可以选择不同的教育方式，如给所有男孩制定不同的学习课程，进行不同的成绩评估；让一部分男孩用同一种方式学习和评估，另一部分男孩用另一种方式学习和评估；也可以针对一个男孩，用适合他的方式来进行学习和评估。在一些教育活动中，个人艺术培训或体育训练、学习辅导班等常常会选择个性化差异教育的方法来提高不同男孩的学习能力和智商。那些针对学习困难或身体残疾的男孩还可以采取“特殊教育”，即对不同的男孩区别对待。因为这些男孩在学习过程中会存在障碍，比如阅读困难、智障、对数学反应迟钝等，这样就不能去学校与同学们一起学习功课，进行统一式教育和管理，这时个性化差异教育就是一种良好的选择。比如智障儿童经过训练，完全可以成为一个音乐天才。

这样的例子在生活中屡见不鲜。所以说，无论男孩的智商水平如何，无论是天生聪颖还是天性愚钝，父母都不应该放弃对男孩的教育和学习。只要选择恰当的教育方法，每个男孩都是优等生。但我们现在所提倡的是，父母需要调动男孩被忽略的智力，以便男孩能进行有效的学习、能以对他们来说有意义的方式证明这种学习的效果。

(4) 采取一切可能的策略。尽可能多地收集关于某个男孩如何学习以及他如何与老师、同伴分享知识的事实。男孩随着年龄的增长，可以提供更多的信息，并对自己进行反思。

有的父母一旦听说有很管用的学习捷径、窍门和方法，甚至迅速提高学习成绩的复习法宝，就全部收集起来，或给孩子买大量类似的书籍，让他们多学习。其实这种盲目的教育方法只能让男孩背负更加沉重的学习压力。如果学习成绩不见起色，父母反而会说，“我给他准备了许多的学习资料和方法，但他就是不会学”。相反，发现适合每个男孩学习每门课的方法，也许更加有效，在设计未来工作时也将有的放矢，不会无所适从。

总之，要想将来男孩有所成就，就不能忽视对男孩的个性化教育，这是每个男孩的父母都应该尽早提上日程的事。

用“诱导法”开发男孩的智力

为了更好地开发男孩的智力，挖掘男孩的内在潜力，称职的父母必须学会运用适当的智力开发的教育方法，培养、开发自己的男孩，使他们成为真正的人才。

父母要善于运用“诱导法”开发男孩的兴趣和智力。所谓“诱导法”就是在男孩没有戒备心理的状态下，父母为男孩设置一个经过努力可以达到的奋斗目标，并借用某种间接的方式对男孩的心理和行为产生影响，从而使男孩按照一定的要求去行动的方法。

父母们在教育男孩的时候都有这样的体会：如果男孩觉察到你在说服或改变他的思想和行为时，往往会在心理上竖起一道屏障，出现逆反的心理，当他和你存在情绪障碍时，直接的教育方式常会使他进行抵制，出现抵触情绪而达不到预期的教育效果。“诱导法”不失为一种良好的家教方式。父母在运用“诱导法”开发男孩智力时，要注意以下几点：

(1) 设置适中可行的奋斗目标。父母在家庭教育中可给男孩设置一个具体的奋

斗目标，如果目标设定得过高，男孩经过努力也很难达到，就会失去学习的兴趣和信心；而如果目标设定得过低，轻易就可达到，也起不到激励的作用。

所以，只有设定适中可行的奋斗目标，既可以让男孩经过努力达到，又可以给他体验成功的喜悦和满足感的机会，这种喜悦和满足感会增强男孩的自信心，从而主动情愿地去完成父母提出的下一个奋斗目标。

当然，对男孩来说，不一定只给他设定学习目标，也可以设定生活目标，比如好习惯养成计划、每天进步一点点等阶梯式目标；还可以是每星期改正一个缺点、每天学做一项家务、每年学习一门技艺等，促进男孩全方面发展。当男孩在完成其他目标中获得了成功感和快乐，再面对学习目标时，就不会显得那么吃力了。

(2) 巧用多种诱导方式诱导男孩。父母在诱导男孩时，要注意巧用多种诱导方式。

一是环境诱导，即通过环境间接地让男孩接受你的思想或改变他的行为。“孟母三迁”就是孟母慎选住址、巧用环境诱导教育孟子自幼热爱读书的典型例子。父母也可人为地设计环境来达到诱导的作用，如在书桌前贴上与学习密切相关的名言警句等。

二是语言诱导，即通过含蓄、间接的语言，向男孩传递你的思想，促使他按你的意图行事。

三是行为诱导，即通过自己或家人的行为潜移默化地影响男孩、教育男孩。当男孩做作业时，父母在一边安静地看书读报，比监督他学习效果更好。在许多时候行为诱导比语言诱导更为有效。

(3) 多表扬和鼓励，少批评和责备。男孩听到表扬的话，做事的意愿会大大提高，尤其是受到自己所信赖的人，如受到父母的褒奖，男孩会更加用功努力。一般人都会有这样一种心理，受到褒奖会觉得愉快，也更能发挥自己的能力。因此，父母要给男孩多一点儿表扬和鼓励。如果男孩取得了好成绩，父母应适度地表示自己的欣喜：“真不错！好好努力一定会更好。”一句鼓励的话会产生一颗上进的心。

当男孩一时学习碰到了困难或成绩暂时不理想时，父母可能会责备男孩“你怎么这样笨”或者间接批评男孩“我家儿子学习很努力，就是马虎”。但如果父母总是有意无意地这样评价自己的男孩，那么就会使男孩把这些评价看成是某种提示，并产生消极诱导的教育效果。父母应该多表扬和鼓励男孩，这表示了父母对男孩的信心，也是他从幼稚走向成熟的催化剂。

(4) 引导男孩参加实践活动，能满足男孩的好奇心和求知欲。在实践中培养动手能力，帮助男孩找到自己动手成功的兴奋点，使男孩能在实践中增长知识，这样经过多次实践，取得一次又一次的成功，会增强男孩追求知识的兴趣和自信心。兴

趣是求知的老师，是发展智力非常重要的内动力，自信心是获得成功的必要条件。

父母是男孩的第一任老师（启蒙老师），当“老师”的要具备更新的知识、有广阔的知识面，才能肩负起教育男孩的职责，解答男孩提出的各种问题，帮助男孩解决在实践中遇到的种种困难。

父母要耐心地解答男孩因对事物的好奇而在头脑里产生的许许多多的问题，这种现象表明男孩在动脑、在思考，父母帮助男孩解开了谜底，使男孩的求知欲和好奇心得到满足，这有利于智力开发。

父母在男孩动手实践过程中碰到困难时，应适当地给予指导，帮助男孩获得成功。当男孩出于好奇拆坏了某物时，父母切不可采取打骂等方法教训男孩，这会挫伤男孩的好奇心，打击男孩的求知欲。

只有在实践中学习知识才能学得主动，学得生动，学得扎实。

(5) 善于运用仿生思维法。以生物为参照，模仿其原型进行思维的一种方法称之为仿生思维法。这种思维能增强男孩的智力。

父母面对男孩提出的各种问题，要进行循循善诱的引导，这要求父母必须掌握一些生物学的知识。一般具有中学程度的父母就受过这方面的教育，有了一定的基础。为了扩大知识面，父母还必须博览群书，订一些生物学的杂志，关心生物学的科研成果，不断地充实自己。

(6) 用游戏诱导开发男孩的智力。男孩天生就爱玩，父母可以根据男孩的年龄特点设计游戏。父母在跟自己的男孩做游戏之前，首先根据男孩的知识水平不同设计一下游戏的形式、内容。对于男孩来说，太难或太简单的游戏都唤不起他的兴趣。

在男孩较小的时候，父母可以和他做“猜猜这是什么形状”“谁大谁小”的游戏，让他初步认识物体的形状、大小；稍大一些，父母就可以通过做游戏让他认识“1~10”的数字。再大一些，父母就可以和男孩玩扑克牌，比较数字大小……当然，每个男孩的智能、接受能力不同，父母可以根据男孩的特点，设计出适合他的游戏，让男孩在娱乐中学习，促进他的智能发展。

在游戏活动中，只要父母愿意做有心人，就能让男孩和游戏结下不解之缘，就会使他的智力得到开发。

总之，恰当地使用“诱导法”，对开发男孩的智力能起到一个有效的作用。

培养男孩的记忆能力

每一个健康的人都有一定的记忆力，有了记忆就有了思维，有了记忆为基础，想象力才能充分发挥。所以，人不能没有记忆，没有记忆，大脑的思维活动也即将停止。因为记忆的存在，我们才能在不断地认识世界和改造世界中学习经验、积累经验和运用经验。因为记忆的存在，我们才能通过追忆过去来展望未来，记住曾经的苦痛、挫折和经验，走向进步和成功。通过对历史的记忆，可以让我们更清楚、更全面地认识当今社会和世界，也通过一个个的记忆碎片，连缀成了岁月和时代。所以，没有记忆，就没有发展；没有记忆，就没有进步。无论是成人还是孩子，都需要通过记忆丰富自己的知识，提高认知能力，形成各自的个性心理特征。可以说，记忆是人类认知能力不可或缺的核动力。

生活中，总是能听到有的父母这样在抱怨："为什么我的儿子老是丢三落四？""为什么我教他念的儿歌，他总是背不出？""我的儿子记性不好怎么办？"

当然，我们不否认，记忆力正如观察力、思考力、注意力、创造力等其他诸种智力类型一样，存在个人天赋的不同。但更重要的是：几乎所有的人，都具有相当了不起的记忆力，而且只要运用得当，这种记忆力可以维持到年迈。

有的父母认为：男孩头脑的存储容量有限，如果记了太多的东西，就会像水从玻璃杯溢出来一样，不能再被存入脑中了。还有的认为男孩记忆力差是天生如此，不可改变。

其实，记忆能力不是天生的，它可以通过后天的学习和训练而获得提升。大脑的容量几乎是无限的，人人都有巨大的开发潜力。大脑是不会出现像"由于饮食过量，再也吃不进任何东西了"那种情形的，所以我们可以放心地去记忆任何想要记住的事物。

当然，我们也不否认，有的人天生记性好。一般来讲，记性好的男孩反应比较快，也比较聪明。因为他们常常能较快地把所见、所听、所做、所想的事情，储存映记在大脑里并加以巩固，日后所需时，迅速地从大脑里提取（回忆）已有的知识经验，进行分析思考、判断推理、解决问题。所以，记忆力发展的好坏也确实影响着男孩的智力水平。

对于3岁以上的男孩来讲，随着口语表达能力的不断提高、知识经验的日积月累、具体形象思维的迅速发展，记忆也已逐渐开始从无意记忆向着有意记忆方向发

展。在这个发展过程中，为了让男孩拥有“超人”的记忆力，即能记得更快、记得更牢、记得更准，父母应该做好以下几点：

(1) 在日常生活中，培养男孩记忆的有意性。双休日外出游玩之后，可同男孩一起回忆：“到过哪些地方？”“见到过谁？”“哪件事最有趣？”刚开始，如果男孩回想不起来，家长可以用语言提醒、暗示男孩，如“猴山上小猴子在抢什么”“小猴子什么地方红红的”“你不是给猴子吃什么了吗？”等，帮助男孩回忆，提高男孩记忆的准确性。有时，在外出之前，也可以向男孩提出要求，让他把所见到的事情、最开心的事情回来后告诉其他家人；在看动画片之前，要求他把看到的故事告诉大家……慢慢地，男孩的记忆便更有目的性、自觉性了。由此，记忆的有意性也大大地提高了。

(2) 利用游戏的形式提高男孩记忆的积极性。游戏是男孩最喜欢的活动形式，只有在游戏中记忆，男孩才不会感到枯燥乏味；在游戏中记忆，男孩能记得更牢、更深。因此，可以采用“看谁记得多”的比赛形式，让男孩观察、记忆、寻找“什么玩具换了地方”；也可以采用“接龙念儿歌（讲故事）”的方法与男孩一起复习、巩固所学的儿歌或故事。

(3) 在理解的基础上强化男孩的记忆力。在知识的记忆过程中，有些知识经验是必须靠强化才能记牢的，但这并不是指死记硬背。死记硬背的做法只能降低男孩学习的兴趣，使记忆力滞缓发展。由于在3~6岁男孩的记忆中，机械记忆仍占主要地位（意义记忆在逐渐发展中），幼儿的记忆往往是不完整、不精确的。所以，当男孩在学一首古诗、一则寓言或一个故事时，家长可以运用看看图画、做做动作、画画贴贴等方式，让男孩在生动形象的思维活动中，在愉快的动作体验中，在自主的动手操作中，真正地理解所学的内容。许多研究均已表明，在理解基础上的记忆，学习效果最好。理解越深、越透，男孩也记得越久、越牢。所以，要让男孩拥有“超人”的记忆力，一定要注意在理解的基础上进行强化记忆的训练。

总之，记忆力虽然有天生的因素，但是后天的培养训练更为重要，要想让男孩有一个好的前程，记忆力的培养是不可或缺的。

男孩艺术天赋的发现与提升

教育学家研究证实，5岁是男孩的特殊时期，有些男孩在5岁的时候会在某一方面表现出一种特殊的敏感和强烈的好奇。

这个时候，父母如果可以及时地捕捉到男孩的爱好，然后进行细心的培养和引导，将会有意外的收获。

世界著名钢琴家肖邦，从小深受父母的影响，因为父母热爱音乐，所以肖邦小时候就对音乐有着惊人的天赋。刚开始，父母并不赞同肖邦去学音乐。但是，当他们看到小肖邦因为音乐停止而哭泣，刚满4岁就要姐姐教他钢琴时，父母就意识到这男孩有音乐的天赋。

因此，在肖邦4岁的时候，父母就决定让他正式从师学习钢琴，成为了一名音乐神童。肖邦19岁时创作了《钢琴协奏曲》，从此一鸣惊人。

如果说每一个家庭的父母都能像肖邦的父母那样，能够迅速及时地捕捉住男孩的天赋，因势利导，因材施教，那么每一个孩子都有可能成为非凡的天才。

当男孩看到荧幕上出现碧绿的田野，牧童骑在牛背上悠闲地吹着笛子时，伴随着画面的变换，听着优美动听的音乐，定能感受到牧童的愉悦心情，陶醉在美妙的乡村景色中，禁不住伴着音乐晃动身体。

作为父母，让男孩和艺术结缘，将使他受用无穷。但遗憾的是，在现实生活中，有的男孩因为父母的漠不关心，艺术的火花无声无息地被湮灭了；另外有一些父母则希望男孩成名成家，为自己捞来滚滚的财源，使男孩的艺术天赋扭曲了，变形了。

如果已经确定男孩具有艺术天赋，那么，父母就应该为培养男孩的艺术天赋做些努力。

（1）关心男孩的各种兴趣，进行积极的指导。当男孩对某一事物感兴趣时，也是挖掘其天赋和潜能最有效果的时候，一旦错过这一时机，男孩可能就会由出类拔萃变得平凡无奇。日本教育家井深大先生指出：人的脑细胞在出生后需要被不断地刺激，才能逐步发展与完善，在最初阶段，脑细胞处于休眠状态，所以一些才能和天赋是潜藏着的。当脑细胞被激活，将潜能被挖掘出来，人就会显示出惊人的力量和非凡的技艺。所以，如果不抓住机会，发现男孩的兴趣，开发他的潜能，他很可能就会一生碌碌无为。

尽早开发男孩的大脑，培养他广泛的兴趣爱好，就是对这种潜在的脑细胞给予有效的刺激。如果这种刺激持续而强烈，兴趣就会使细胞增加。儿童期的大脑细胞需要多种刺激，从而为具备多种功能做准备。孩子随着年龄的增长，兴趣会越来越多，也会发生变化，这是好事，这意味着男孩具备了多种方面的才能。所以，当男孩想知道事物的名称，或者想叫父母给他念书讲故事时，父母不应该找借口拒绝。

（2）尽量为男孩创造艺术学习的机会。如果父母对男孩的教育时而关心，时而漠视，没有严格的标准，也没有科学合理的教育方法，对孩子的未来缺乏长远的打

算，那么就不会产生有培养孩子艺术才能的意识。

父母应该抓住机会，不失时机地给男孩进行科学的指导。比如，男孩1岁时就可以握笔“涂鸦”了，父母可以将笔和纸交给男孩，教给他认识颜色，教他正确握笔、画画的方法等。这样做不仅能使男孩增强画画的兴趣，也能促进男孩视觉的发育，锻炼手指的灵活能力。父母不应该因为男孩撕破了纸或把颜色涂得到处都是而斥责孩子，无论男孩的成果是好还是坏，父母都应该多给孩子一些赞赏和鼓励，不让孩子扫兴。如果男孩因为一个图形没有画好，色彩涂得不对，就斥责孩子，那么长大后他很可能会对画画不再感兴趣，甚至出现厌学情绪。

(3) 对男孩才能的培养不要过于性急，要让男孩自发产生兴趣。父母想培养男孩某个方面的艺术才能，不要过于性急，否则会适得其反。一旦男孩对某一项兴趣彻底失望和放弃，那么父母的一切努力将前功尽弃。父母急于求成的结果就是导致男孩逃避、放弃和厌学，超负荷的训练，繁重的、强迫的学习任务，只会给男孩带来压力。

(4) 切忌嘲笑男孩，让男孩多体会进步的快乐和成就感。在培养男孩的艺术天分，挖掘“艺术细胞”时，要注意不要让失败和不足之处降低男孩的积极性。父母要对男孩每一次完成的任务和获得的成功给予肯定和支持，即使是进步缓慢，也不忘表扬孩子。有时男孩提出的问题对大人来说也许不算难题，但如果父母能做到重视和关心，承认男孩付出的努力，男孩就会信心大增，进一步提高对才艺学习的热情。

可见，父母在培养男孩艺术才能的过程中起着至关重要的作用。男孩学习能力的强弱、智商水平等客观因素是一方面，而另一方面关键在于父母要理解与尊重男孩，只有亲子间做好良好互动，才能既让孩子提高学习的兴趣，体验训练中的乐趣，享受成功的成就感，又能让父母少费力。父母要站在男孩的立场上看问题，和男孩一起发现兴趣、启发认知、引导学习、挖掘艺术潜能，不要埋怨自己的男孩不如别人，也不要给男孩施加压力，否则会让男孩产生自暴自弃的念头。当男孩的成绩不尽如人意时，父母不能一味地怪罪孩子，应该从自己身上多反思，寻找教育效果不佳的原因，积极承担起教育失败的责任，并主动改进教育男孩的方法。

总之，做父母的要善于从男孩平时的语言、动作、眼神或所提出的问题中捕捉敏感区，以帮助男孩找到成才之路。

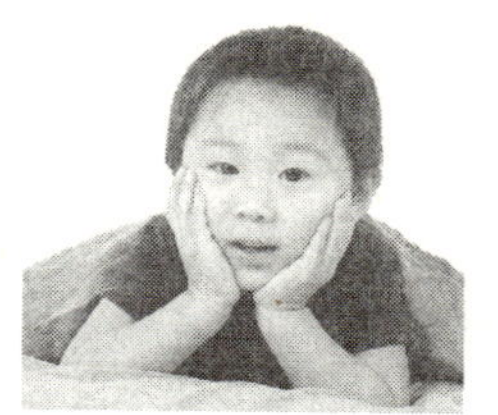

第26章 教男孩为人处世，做一个人见人爱的“小大人”

会为人处世的人，能够融洽地与人合作，表现出较强的社会适应性，也因此更容易实现自己的潜能。男孩终将会离开父母，走向社会。如何教会男孩与人相处，这是父母必须面对的一个问题。

助人为乐，乐于分享

现在的男孩绝大多数是独生子女，他们在家中随时随地都处于被照顾的地位，很少有机会去关心、照顾别人，甚至他们很少想到别人，除非他们需要别人的帮助。这一切看来是自然的、顺理成章的。然而，这对男孩的成长都是十分不利的，它不利于男孩人际交往的良性循环；不利于男孩长大进入社会与人共处，它会妨碍一个人学习与事业上的成功。

乐于助人是一种高尚的品质。对于一个年幼的男孩来说，他也许尚无明确的认识，不懂得他的社会意义。可是他极富同情心，这是培养他乐于助人精神的基础。

培养男孩乐于助人的习惯，要从小事做起。例如，妈妈蹲着洗菜，爸爸就可以启发男孩注意到，并让他送去小板凳；奶奶生病卧床，妈妈让男孩给递水、送药。走在路上，看到老人手中的报纸或其他较小的东西掉在地上，让男孩帮助拾起。

教男孩乐于助人，还要注意启发男孩的同情心。男孩的行为绝大多数是由感情冲动引起的，而且行为过程带有很浓的感情色彩。那么，在让男孩做某件事情时，最好从启发他的情感入手，例如，“你看那位老爷爷弯腰多吃力呀！你去帮助他把

报纸捡起来好不好”这样的问话要比直接地命令男孩“你应该帮助老人”的效果更好。

培养男孩乐于助人的习惯，还有赖于父母的榜样作用。通常说孩子是父母的一面镜子，父母的行为常在孩子的身上得以反映出来。因此，如果父母间互相关心，与邻里间和睦相处、互相帮助，孩子也自然而然地养成乐于助人的好品质。

父母对男孩的行为持何种态度，也是起重要作用的。对于男孩热心帮助他人的做法，父母要予以肯定、支持。万万不可教育男孩“少管闲事”。甚至男孩因帮助了别人还挨批评，父母的态度对男孩的成长有着重要的影响，甚至可以说决定着男孩的未来。父母在对男孩助人为乐的行为给予支持和赞赏时，还可逐渐地向男孩讲明助人为乐的意义和好处，这样有利于帮助男孩确立人生观和价值观，提高道德素质。

助人为乐和乐于分享都是一种美好的品质，但在生活中，我们经常会听到，“这些都是我的”“你们不准碰”……男孩总是喜欢“独霸”他所喜欢的东西。当男孩开始认识到“我”“我的东西”“我要”的时候，你会发现很难从他手中拿走东西，他会把食物或者玩具紧紧地攥在自己的小手里，眼睛则非常警惕地盯着你，如果你试图从他手中拿走东西或者不满足他的需要时，他会号啕大哭以示抗议，弄得你不知所措。

为什么会这样？还是因为现在独生子女比较多，男孩从小都是生活在小家庭里，社会交往减少了很多，再加上长辈对男孩的溺爱，男孩的占有欲特别强，不愿与他人分享东西。上了幼儿园以后，在和小朋友的交往当中这一点显得尤其明显，他们不愿与其他的小朋友分享玩具，使得与小朋友之间关系渐渐疏远，甚至会越来越孤僻，这些都影响了男孩的成长。所以，父母要尽力给男孩创造一个与他人沟通和分享的环境，帮助男孩在成长的过程中有自己的朋友，并且学会一些与人交往的技能。

作为父母，千万不要因为担心男孩被欺负而禁止男孩与同伴相处，要看到同伴带给男孩积极的力量和益处。原因有两点，其一，同龄人之间在身心发展上的程度都是相近的，男孩喜欢和自己年龄相仿的同伴一起玩和学习，是因为他和同伴间有共同的话题，有着相似的兴趣和爱好，甚至性格也相似，所以同龄的孩子最容易沟通，相处也比较融洽。其二，孩子在与人相处中也会有摩擦、争斗，时而会在一起开心打闹，喜悦无比，时而会被同伴惹哭激怒，但不论怎样，男孩在和同伴交往的日子里，会有心灵的碰撞与启发，从中还学会了分辩、争取，学会了妥协、合作，学会了分享快乐。

让男孩改掉“独占欲”，让他们学会助人为乐和乐于分享，就要从根源出发，

对症下药。

在日常生活中父母关心别人、帮助别人，自然给男孩留下记忆。做了好吃的点心分给邻居尝尝，毫不吝惜地借给别人需用的物品。父母要为培养男孩分享意识起表率作用。父母要做与人分享的模范，经常主动地关心和帮助别人，如关心帮助贫病和孤寡老人等，这些行为都无声地告诉男孩应该分享。

很多男孩愿意在别人家玩人家的玩具，但是让他们拿出自己的玩具，他们就不乐意了。如果是这种情况，父母应该在客人到来之前，让男孩挑选几样他愿意让别人玩的玩具，告诉他不要担心玩具被弄坏。这样当他无条件地与别人分享东西时，他能感到自己对这些东西仍有控制力，它们还是属于他的。当许多男孩在一起玩时，可让大家把自己心爱的玩具拿出共同分享，让男孩体验玩别人玩具的快乐，使男孩明白分享并不等于失掉自己拥有的东西。

父母要让男孩懂得人际交往的基本规则。实践证明，那些喜欢助人为乐和乐于分享的男孩在人际交往方面更具有优势。

要有礼貌，但不虚伪客套

生活中有这样的情况，父母带着男孩在路上遇到熟人，于是让男孩叫“阿姨”“叔叔”等。如果男孩甜甜地叫“阿姨好”“叔叔好”，父母会觉得很高兴，对方也会表扬男孩懂礼貌。但也有的男孩在遇到熟人时，表现为害羞、躲闪，不爱讲话。无论父母怎么提醒男孩要有礼貌，男孩就是躲在身后一言不发，弄得父母非常尴尬。于是，父母每次带男孩出门的时候，都会千叮咛万嘱咐：“出门遇到熟人，记得要问好，做个有礼貌的好孩子。不然以后就不带你出门。”而当再一次遇到孩子见人不打招呼的情况时，父母也只好无可奈何地抱怨说“这孩子就是不爱招呼人”，或者责骂男孩“没出息”。

生活中常见到一些男孩毫无规矩、十分任性，个别的言谈举止甚至令人生厌。如对长辈没有礼貌、对小朋友随意欺侮、说话粗俗蛮横等。即使别人是好心，他也会当作恶意，天长日久，就不会有那么多人自讨没趣了。其实，只有接受爱，才能鉴别爱、表达爱、回报爱、享受爱，那么，怎样让男孩接受别人的好意，接受爱呢？专家们建议父母们从以下几个方面予以教导：

(1) 父母要从自身做起，做好示范。父母要以身作则，对上一代的付出表达感激之情。“其身正，不令而行。”父母应该以自己的言行为男孩塑造榜样。如果自

己都不知道感恩，就很容易形成“上梁不正下梁歪”的恶性循环。正如一则电视广告，妈妈给奶奶洗脚，男孩也就给妈妈洗脚。再如，父母先做表率，妈妈帮爸爸做事时，爸爸会大声说：“谢谢!”妈妈接受爸爸的帮助，也会说一声：“谢谢!”起初，男孩可能会觉得怪怪的，后来慢慢地他便会习惯了。在这种氛围中，他渐渐懂得了接受爱，并且会向父母道谢。

(2) 信任是人与人之间必修的课程。因为人与人之间只有互相信任，才会有良性的交往，才会有助人、感人的好事发生。由此，作为父母，在日常生活中应该教会男孩学会相信别人。如果总是告诉他社会多么险恶，他还怎么去相信他人呢？没有信任这个前提，又怎么能接受别人的好意、别人的爱呢？没有爱的世界一片荒芜，缺少爱的男孩郁郁寡欢。

(3) 培养男孩鉴别爱的能力。许多父母在教育男孩的时候，习惯用命令式的口吻说：“别老跟别人说话!”“见到陌生人赶紧走开!”“别人给的东西千万别吃!”殊不知，这种不加分析的强制性管理，往往会缩小男孩的交际圈子，往往会让男孩习惯性地拒绝他人的好意。

正确的做法是，欲培养男孩接受爱的能力，首先要心平气和、耐心地与他讲明道理。告诉他什么是可以接受的，什么是应该拒绝的，什么是必须远离的。培养男孩鉴别爱的能力，才能让男孩获得更多的爱而不至于伤害了他人的好意。

虽然有礼貌的男孩招人喜欢，但是也要注意不能太过了，所有的礼貌要建立在真心实意的基础之上，否则就会流于虚情假意的客套。

在生活中，我们经常听到诸如“谢谢您”“多谢关照”“劳驾”“拜托”之类的客套话。这样的客套话可以向别人表示感谢，能沟通人与人之间的情感，建立融洽的人际关系。但是有些人却把客套话说得没水平，让人一听就感觉很虚伪。

真诚的赞美和虚伪的客套话之间最大的区别在于是否发自内心。真诚的赞美起源于内心深处的一种欣赏和认可，它反映了一个人对另一个人的肯定：外表漂亮，言谈合自己的口味，行动敏捷，品格高尚……即在两个人之中，其中一个人在另一个人身上发现了符合自己理想或价值标准的可贵之处。当我们对一个人有好感的时候，往往也会有一种无形的力量促使自己要去赞美他的一些优点。

但是虚伪的客套话却不同，它不是发自内心地对另一个人的认可和钦佩，而是基于内心的一种目的。过分的虚伪客套是缺乏诚意的，只能令人反感。

男孩是最善于模仿的，如果大人经常说一些虚伪的客套话或不恰当的言语，男孩都会记在心里，也会学着说虚伪的话，这样就失去了男孩的纯真本性。

为人真诚表现在与朋友交往中，就是以诚相待，说实话、办实事、做老实人，对朋友不可虚情假意，也不可口是心非，切忌对朋友使小心眼，耍小聪明。一个不

以一颗真诚的心对待这个世界的人，就会失去别人的信任。因此，父母应该教育男孩，对人要有礼貌，为人要真诚，真诚地与别人交往，关心别人，爱护别人。

男孩要有一颗宽容之心

人与人能和谐相处，最重要的是自己要先有一颗宽容之心。学会宽容他人，对处理好人际关系至关重要。在日常生活中，难免会发生冲突、出现误会、受到误解，甚至被无理侮辱，因此，能做到宽容他人，也不是那么容易的。

男孩的人际交往虽然不像大人那样广泛，但是从小就要培养男孩的胸襟，遗憾的是有些父母太护着自己的孩子，不能让男孩学着去宽容别人。在生活中，有的男孩与别人的男孩打架受了气，作为父母想劝男孩宽容对方，但又怕这样显得太软弱了。今后男孩的性格变得懦弱了怎么办？长大参加工作总吃亏怎么办？于是告诉男孩别怕事，谁欺负你，你就欺负谁，甚至双倍奉还。其实，这是非常不对的。

古人早就提倡做人要宽容为怀，但凡成功的人士都有博大的胸怀，做到宽以待人。男孩要想在将来立足社会，就不可避免地要接触和吸收大量的信息，要接触形形色色的人，而要想有所作为，与人和谐相处，就需要宽容，有一颗包容他人的心。宽容的气度和博大的胸襟对男孩来说是一种不可多得的优秀品质，而等到男孩长大成人，宽容也可以伴随他的一生，成为他的人格魅力和成功的基石。所以，父母应该教育男孩做个懂得宽容的人，远离那些愚昧狭隘的人，在交友时不斤斤计较，不嫉妒别人，更不能因为一点儿小事就大动干戈。

真正的强者都是善于宽容别人的人。父母应教育男孩，从小做个胸怀宽广的人，更容易受到欢迎，也会交到更多的朋友。男孩如果小肚鸡肠、鼠目寸光，是不受欢迎的。只有胸怀宽广，宽容别人，才能与人和谐相处，品尝到人生的快乐。

教男孩学会宽容，就是让男孩做到心中有他人。作为男孩，没有一颗宽容之心是不行的。培养男孩的胸襟和气度，可以通过角色互换的方法，让男孩意识到宽容的美好。当男孩心中做到容忍他人，就会逐渐摆脱以自我为中心的习惯，摒弃孤傲、自私、狭隘的不良性格，变成一个谦逊、大方、受欢迎之人。男孩在游戏、学习的活动中难免会与同学、同伴发生摩擦，父母要教给男孩学会处理摩擦和矛盾的技巧和方法，让男孩与其他小朋友少一点儿争执，多一点儿忍让，少一些挑剔，多一分关心。宽容待人，别人也会宽容待己。当男孩处处替别人着想，学会了宽容，也会赢得别人的宽容和体谅。实际上，男孩学会了宽容，也就懂得了真正的交友之

道。赢得朋友，拥有朋友，男孩才会真正体会到友谊的珍贵，才能健康快乐地成长。

宽容是人的一种美德，是做人的一种风度和境界。宽容，能使人性情随和，能使心灵有回旋的余地，能使人消除许多无谓的争执。宽容的人，时时刻刻都会受到人们的拥戴，因而他们更容易处理好各种人际关系，能够很快地适应各种不同的环境，能够融洽地与人合作，充分挖掘自己的潜能。

教男孩学会宽容，不仅是为男孩今天的人际关系，而且也是为男孩将来的幸福奠定基础。宽容的种子往往需要父母去播种，在一位母亲让男孩亲亲那位与男孩有过不愉快的姐姐时，宽容的种子就已深深地植入男孩幼小的心灵了。有教育家说过："推动摇篮的手，也就推动了整个世界！"父母的素质有多高，男孩就会飞多高。

一位社会学家曾经说过："真诚待人、宽宏大量，是健康人格的必备素质，也是处理好人际关系、沟通彼此心灵的重要条件。"

培养男孩理解与宽容的品质，父母首先要从自身做起。父母应改正种种不良习惯，为男孩做出表率，在男孩心目中树立一个豁达大度、宽宏大量的形象。同时，还特别要注意从以下几方面加以引导，让男孩幼小、纯洁的心灵自然地建立起一种"人格优势"。

(1) 要让男孩学会忘记。一位著名的心理学家曾经说过：善忘，是人生的一种佳境。作为父母，要注意引导男孩摒弃前嫌，尽快忘记他人的得罪、挑剔，忘却遭遇的苦闷、挫折，忘却心头的误解、怨恨……把不愉快的事情尽早抛之脑后，大踏步走入这种人生佳境。如果男孩跟别的小朋友发生了冲突，父母不要有事没事就提起，让这件事情得以强化，让男孩始终记恨，而是应该让男孩学会忘记生活中的不愉快。

(2) 要引导男孩学会忍让。男孩们没有成年人那种复杂沉重的心理障碍，他们的内心世界是纯洁无瑕的，即使出现了矛盾和隔阂，也非常容易自行解脱或缓和。作为父母，不能有意无意地把自己的不良心理行为强加于男孩，给他们纯洁的心灵留下阴影，而是要以实际行动来培养男孩的宽容之心，教育男孩要具有豁达的胸襟。懂得忍让的男孩在人际交往中才会更受欢迎。

(3) 引导男孩主动道歉，乐于帮助他人。每位父母都应从小培养男孩辨别是非的能力，教育他们"勿以恶小而为之，勿以善小而不为"，对于自己所犯的错误要勇于承认、勇于改正，要学会向别人道歉。

另外，父母应协助老师一起树立男孩的集体观念，注重培养男孩同情人、帮助人的意识，鼓励其多与朋友、同学进行真诚、平等的沟通交流，使男孩完全融入到周围的群体中去，养成助人为乐的良好习惯。即使对那些曾经伤害过男孩的人，也要让男孩学会去原谅，甚至去帮助他们。

总之，父母要通过自身实践和多方位的引导，让男孩真正领会理解与宽容的深刻含义，真正认识到：豁达的人心胸宽广，有海纳百川的胸怀和气度。豁达的人无论是站在生活的巅峰还是处在生活的低谷，都会从容淡定，波澜不惊。

培养男孩与他人合作的能力

男孩终有一天会走上社会，人在社会上，如果缺乏与他人合作的精神和合作的能力，那么，他不仅在事业上不会有所建树，就连适应社会都很困难。

在21世纪竞争激烈的时代，一个人的合作能力要比他的知识水平更重要。懂得与人合作才能在事业中安身立命，才能在团队合作中完善自己、提升自己，相信是很多人在人生道路上总结出来的成功经验。而对于孩子来说，尤其是男孩，尽管年龄还小，但也有必要让他学会与人合作，帮助他建立团队协作的意识，和他一起体验和分享与人合作的快乐和成果。无论是在快乐下成长的童年，还是顺应未来的社会生活，具备良好的合作能力是男孩成长的必备条件和技能。奥地利心理学家阿德勒说：“如果一个儿童未曾学会合作，他必然走向孤僻，并产生牢固的自卑情绪。”

如今的家庭，男孩多是独生子女，在家里处处表现以自我为中心，获得父母的宠爱。然而，未来社会是充满竞争和挑战的，缺乏社会历练的男孩在涉世之初将无所适从。如果父母想尽到教子的责任，就应该摒弃“树大自然直”的想法，做到未雨绸缪，有必要提前让男孩了解社会，接触人群。

现代社会在要求人们进行激烈竞争的同时，又需要人们进行广泛的多方面的合作。其实，这两点并不矛盾。从男孩懂事时起，父母就要有意识地培养其与他人合作的精神和能力。那么，如何培养男孩的合作能力呢？

（1）让男孩学会与人分享。如果男孩凡事都自私自利、斤斤计较，那么他就很难做到友善待人，与人和睦相处，更很少与人合作。因此，父母有必要让男孩学着做个慷慨大方的人，懂得与他人分享。父母在教育男孩时要注意讲究原则和技巧，比如要让自己的男孩和别的男孩分享他所喜爱的玩具，应该用商量温和的口气对男孩说话，不要用强迫和空洞的说教。

父母可以经常这样跟男孩说：“你玩一会儿滑梯，也让别的小朋友玩一会儿滑梯，这样两个人都很开心，不是很好吗？”适当地引导和鼓励男孩，让他感到分享并不意味着从他那里拿走了东西或者食物，而是获得快乐和友谊的方法，与别人一起分享要比一个人独享更快乐。从孩子小时候起，父母不妨有意识地培养男孩喜欢

分享的品质。比如，当男孩手中拿着画册时，父母可拿着一个玩具，然后温柔地与孩子手中的画册进行交换。这样通过反复训练，男孩便能学会分享与信任。

(2) 让男孩学会悦纳别人，接纳别人的缺点。让孩子从小养成宽容别人、善于接纳别人的良好品德，对他的成长有着重要的意义和促进作用。让男孩从内心深处真正地愿意接受别人，喜欢别人，而不是和自己喜欢的小朋友一起玩，而疏远自己不喜欢的小朋友。等男孩长大后，父母也应该鼓励男孩和不同性格的同学、朋友相处，互相取长补短，共同进步。因此，只有相互认识到了对方的长处，欣赏对方的长处，才能更好地与人交往和合作。

金无足赤，人无完人。父母要让男孩知道，每个人都不是完美的，都有优点和缺点。不能因为别人有缺点或毛病就嫌弃、疏远甚至嘲笑对方。父母要教育男孩善于发现别人的优点，真诚地加以赞美，而不是疏远、树敌。父母自己平时在工作和生活中，也应坚持以这种态度来对待他人，为男孩做出表率。

(3) 让男孩学会宽容他人。要教育男孩摆正自己在家庭中的位置，让其懂得自己只是家庭中的普通一员。不能对其娇惯，不能无限度地满足其愿望，不能给其特殊权利，让其高高在上。

平时要不断提醒男孩心中有他人，不要总是以自我为中心，一切只顾自己。必要时让男孩有一些吃亏让步的体验，以锻炼其自我克制能力。

多给男孩与同伴交往的机会，使之从中得到锻炼。让男孩在发生矛盾的后果中体味到只有团结友爱、宽容谦让，才能享受共同玩耍的快乐。

要教育男孩理解和尊重自己的长辈，体谅长辈的辛苦，珍惜长辈的劳动成果和对自己的爱护。

家庭成员间要友爱宽容，让男孩从小就生活在一个温馨、和谐、友爱宽容的家庭环境中，使其在潜移默化的影响中，逐步形成稳定的宽容忍让的良好品质。

(4) 让男孩多参加一些活动。由于父母的溺爱、娇惯，往往使他们处处以自我为中心，任性、攻击性行为较多，不愿与人合作。还有的男孩受父母不良教育思想的影响对小朋友不友善，如父母告诉男孩别人打你，你就打他，使男孩在与人合作中处处逞强、霸道，所以，一旦发现男孩在这方面存在问题，就要及时采取恰当的方法，配合纠正男孩的不良习惯。

父母可以让男孩玩一些共同搭积木、拼图等需要协作的活动，还要鼓励男孩参与足球、篮球、排球、跳绳等体育活动。这些活动既体现出团体之间的对抗与竞争，又体现出团体合作的巨大力量，有利于培养男孩的团队合作精神。

总之，交往合作能力是现代人必备的性格特点，对男孩加强合作性的训练，是形成一个健康向上的集体的必要条件，也为男孩良好人格的形成打下了坚实基础。

第 27 章 让男孩多与人交往，培养男孩的社交能力

家有独生男孩，家人每天都会悉心照顾着他，给他足够多的爱、温暖、关怀，尽量使他过着既安全又快乐的生活。但是，男孩终究要走向社会这个大集体。因此，从上幼儿园起，家长就要鼓励男孩多与人交往，打下良好的社交基础。

鼓励提高男孩与人相处能力

世界级哲学大师西格蒙特·弗洛伊德的学生哈里·苏利万非常重视人际关系对男孩性格发育的重要性。他认为男孩的性格发育与他的人际关系总和是相等的。当然，男孩的人际关系首先开始于与父母的相处，同时也包括同龄人对他的深远影响。

男孩对自己的认识总是以他人为镜，需要通过与他人进行比较，把自己的形象反射出来而加以认识。男孩在与人交往的过程中，往往以同龄人为参照系，吸取更多的信息，以便更清楚地确定自我形象。积极的交往活动是男孩个性发展和完善的必要条件。

然而，现在的男孩大多是独生子女，要么太“独”而不利于与人交往，要么缺乏一定的社交锻炼而不会主动与人交往。这就给男孩今后的生活与发展带来很大的障碍。

经常有报道说某男孩经过多年的努力考上了名牌大学，但是却因为在学校不能和同学友好相处，出现了严重的人际交往障碍。可见提高男孩的人际交往能力是一

个多么刻不容缓的问题。

与人相处的能力，可以考察一个男孩的一种综合能力，它包括很多种因素。比如和小朋友在一起，他要考虑应该怎样和人家说话，怎样才能够清楚表达自己的意思，怎么样做小朋友才不会疏远自己，不但要求有语言表达能力，还要懂得方法以及接纳他人的能力。所以说，父母如果重视男孩的人际交往能力，就要想办法鼓励和提高与人相处能力。

家庭是男孩成长的第一个很重要的环境，父母给予男孩什么样的家教，男孩就可能成为什么样的人。要想让男孩成为一个心理健康、性格开朗的人，那就必须重视引导男孩与同伴交往。

(1) 创造平等和谐的交往氛围。父母不能严格阻止男孩的交友权利，要给男孩多一些与人交往的机会。父母在外出时，可以适当地带男孩进入自己的社交圈，比如去朋友家做客时，尽可能带男孩参加；如果家中有客人来，可以让男孩参与接待，锻炼他的日常接待礼仪。

(2) 鼓励男孩走出家门。交往能力只有在与人接触和相处的过程中才能得到锻炼和提高。所以，父母应该尽可能地为男孩营造广阔的交际空间，鼓励男孩走出家门，广交朋友，如参加一些“亲子家园”活动，可以培训男孩的交际能力。当男孩体验到了与人交往的乐趣之后，就会主动要求去找小伙伴玩，还会邀请邻居家的小男孩、同学来家里做客。心理学家指出，训练儿童掌握社交技能，塑造乐观开朗的性格，同伴起着不可忽视的特殊作用，因为孩子在和同伴的交往、学习和做游戏的过程中，就可以得到成长、锻炼，能够学到父母教不到的一些经验和规则，从而获得和谐的友谊。

(3) 教给男孩基本的交往技能。男孩的交往技能，如分享、轮流、协商、合作等，需要父母在潜移默化中传授给男孩。一位品学兼优的男孩说：小时候妈妈给他讲的一个故事会让他终身不忘。以下是一些基本的交往技能，父母很有必要了解一下：

①基本的交往技能——寒暄。寒暄就是见面打招呼，如朋友重逢、“相逢开口笑”、嘘寒问暖、问候致意等，都属于寒暄。父母应该教育男孩，出门见到熟人要懂得打招呼，要礼貌问好，学会向别人介绍自己，在公众场合要使用礼貌语言等。

②理解别人的交往技能——倾听。倾听是使我们了解别人、把握双方心理感受的最有效的手段。父母应该教育男孩，做一个认真的倾听者，如当别人说话时不要三心二意，要认真听别人谈话，目光专注，用点头或摇头来回应等。

③人际交往的综合能力和素养——交谈。交谈是使彼此建立联系最快、最直接的方式，良好的交谈、愉快的聊天都会加深彼此的印象，增进双方的信任与好感。

父母在教育男孩时，可以先从锻炼他的交谈能力开始，教给他如何向别人提问题、怎样说服别人、怎样拒绝别人的不合理请求等技巧。

④人际交往深化与发展的技能——合作。与人合作的能力对男孩来说十分重要，大家齐心协力地合作完成一件事，会让男孩更加开心和更有成就感。同时在与人合作中，男孩会不知不觉养成一些优秀的品质，比如增强毅力、变得坚强、增强责任感、学会真诚待人等，从这个过程中，男孩也学会了认识自己、欣赏别人。这一切都会比父母空洞的言辞说教更有效。

（4）要重视心理素质的培养。交往需要良好的心理品质和人格素养，例如，善良、守信、真诚、开朗、诚实等，这就需要父母在日常生活中有意识地加以培养。多关注男孩的言行，养成良好的交往习惯。比如，串门时要有礼貌、不乱拿别人的东西、不抢玩具、离开时整理好玩具等。

（5）鼓励和信任男孩的交往能力。当男孩遇到交往中的问题时，鼓励男孩与别人交朋友，给男孩一些时间和空间，通过他自己的努力去改变事情的状况，而不是让男孩能忍则忍或是以牙还牙。

应该通过鼓励和信任男孩的交往能力来赏识男孩，能够激励男孩更加注意与小伙伴们的交往方式，促使男孩学会交流并快速融入到集体中去，拥有一个开放的心态，从而有利于男孩人格的健全和学习的进步。

让男孩多参加一些集体活动

有一个小男孩被选为班干部，这是老师、同学对他的信任，也是对他在班里学习、表现的肯定。男孩高高兴兴地回到家向父母诉说了这一好消息。父母听到这个消息不但没有笑容，而且很反感，认为当了班干部，班里会有很多事情落在男孩的肩上，会影响男孩学习，于是对男孩说：“你傻啊，只要学习好什么都行。哪天我去找你们班主任，把你这个官辞了。”

其实，持这种认识的父母并不少见。这反映了父母缺少集体观念，而父母的这种认识又影响到了男孩，其结果使男孩的集体观念淡薄，增强了利己心理。

在现代社会，人们总是在不断享受着集体或他人所给予的利益，作为集体中的一员，应该懂得如何关心、爱护这个集体，并为它做贡献。对于孩子，父母要从小培养男孩的集体主义精神，这样做能够让男孩将来更快地融入社会，懂得团队合作的意义和重要性。

马特洛索夫说："人活着应该让别人因为你活着而得到益处。"应该帮助男孩克服自私的心理，让男孩走出狭隘的自我空间，多参加团体活动，那样，他会得到更多。

首先，鼓励男孩多参加集体活动，可以扩大男孩的交往空间。如果父母总是把男孩关在家里，不让他们接触外界，那么男孩交往活动的空间一定会非常狭小，这势必会影响男孩的交往能力。那些经常躲在家里不出门的男孩往往见人会认生、害羞。而相比在幼儿园生活的孩子，活动空间明显增大，与人交往能力明显增强，他们能和其他的小朋友相处融洽，友好合作。

其次，让男孩过一段集体生活，可以纠正男孩的不良习惯。许多男孩在家里娇生惯养，享受父母的极大宠爱，养成了许多坏习惯，如任性、挑食、赖床、随地大小便、不会用杯子喝水、不会用勺吃饭、不会自己穿衣服、不会系鞋带等，在情绪上也表现得十分脆弱，如爱哭、发脾气、胆怯、害羞、孤僻等。而当男孩参与集体生活后，在老师的引导下和受其他小伙伴的影响，以上这些问题都可以逐步得到改变。集体生活给男孩提供了互相学习的环境，而在同龄人的耳濡目染之下，孩子一般会主动自觉地改正以往的习惯。男孩在老师、父母的教育下学习是被动的，而孩子间的互相学习、互相影响则是主动的，这种学习方式在很大程度上能促进男孩的发展。同时，集体生活也有利于人际关系的融洽，培养男孩的团队合作能力。比如男孩在家里不爱吃胡萝卜，但当他在幼儿园里看到小朋友们都吃胡萝卜并且吃得津津有味时，他也会有滋有味地吃起来，从此也变得爱吃胡萝卜了。这就是集体的力量。

一般来说，从小生活在集体中的男孩，对于新环境的适应能力较强，在表达能力、行为举止方面也更显得突出，思维的发展水平也相对较高。受过集体生活锻炼的男孩，他的交往能力要比在家里娇生惯养的男孩更强，性格也更加开朗活泼。

男孩天生是群居动物，生性成群，在群体中学会社交，学会爱，学会生活，学会责任感和道德观，并找到自己的归属。男孩向往拥有一个能让自己放松、能给自己任务、能让自己感到自豪的集体。所以，男孩的父母，应该鼓励男孩多参加一些集体活动，培养集体主义精神，而不是从自私的角度出发，不让男孩参加相关的集体活动。

(1) 父母应该鼓励男孩参加团体活动或游戏，在活动中，鼓励男孩担任团体领导，锻炼男孩的组织能力和统筹能力。男孩在和小朋友合作游戏的时候，往往要体现出很大的与人相处的能力，以及对人际关系局面的控制能力。多让男孩和其他小朋友一起玩，不但能够在游戏中锻炼他的团体合作意识，还能够训练男孩对人际关系的协调处理能力，男孩的性格也会变得开朗活泼，容易与人相处。

让男孩参与多种多样的文娱、体育活动，拓宽兴趣范围。在丰富多彩的活动中，让他感受到生活的美好，增强审美情趣，陶冶性情，净化心灵；在健康向上的氛围中，增强精神寄托，丰富心理内容，塑造良好的宽容品质。

(2) 要使男孩关心班集体、关心学校、理解老师、关心同学，可以通过经常和男孩谈话向男孩询问班集体、学校、同学的情况，指导男孩尽自己应尽的义务。比如，搞教室里的卫生、维护集体荣誉等。让男孩担任小组长、班干部是培养男孩关心集体、关心他人、培训管理能力的最好途径，要鼓励男孩干好课代表、小组长、班长等工作，并不断帮助他解决担任职务工作中出现的困难，使他的工作能力不断加强，为班集体更好地开展工作。

(3) 指导男孩识别他人的情绪。识别他人情绪的能力又叫移情，即能够通过他人发出的细微信号，敏锐地感受他人的需求和欲望。要让男孩学会利用察言观色等手段，洞悉、辨别、评价别人的情绪，这是理解他人，与他人沟通并建立良好人际关系的前提。

在感知、觉察他人情绪、想法和感受的基础上，培养男孩理解他人情绪的能力，即建立同情心，使男孩能够设身处地地为别人着想，体会他人投射给自己的情绪并产生共鸣。理解是正常交往的前提。仅从“我”的角度看待他人的行为，这是现代男孩教育的一大弱点，因此要帮助男孩养成一种换位思考的习惯。

(4) 教男孩学会关心体谅他人。人际关系是人际彼此相互作用的结果。若希望得到别人的关心，首先就应关心别人。父母应注意培养男孩乐于了解他人、乐于帮助他人的品质，使男孩在助人的过程中获得愉快的情感体验，获得自我肯定后的自信感和乐趣。

当男孩发现朋友的缺点而产生矛盾心理时，父母应帮助他分析朋友的特点和自身的优缺点，使他懂得“金无足赤、人无完人”的道理，还应让他懂得友情的可贵，使他珍惜已培养起来的友情，在不违反做人原则的基础上接受对方的缺点，伸出友谊之手帮助对方改掉缺点。

(5) 教男孩学会既往不咎。这绝不意味着完全忘却别人对自己的伤害，也不是卑怯懦弱的表现。虽然忘却有时也是一种逃避心灵的危险做法，但是一旦男孩有了宽容的表示，那么忘却便是一种健康的征兆。能放手时则放手，得饶人处且饶人，这才是心胸豁达、雍容雅量的成功者所应具备的高贵品质。

如果男孩总是计较别人的缺点，憎恶别人的优秀，顾虑同伴的争抢，那么，他就永远也无法体会到集体生活的快乐。

怎样让男孩交到更多的朋友

男孩在小的时候都会非常依赖父母，父母亲在男孩的心里就是无所不能的超人。遇到不懂的问题，父母帮助解决；有不会做的事情，父母替自己做好；一切都听父母的话，听从父母的安排，等等，所以男孩从小听从父母的教育是顺理成章的事。然而，到了青春期，男孩会突然发生巨大的变化，包括身体上和心理上的变化，让大多数父母无所适从。青春期的男孩变得渴望独立和成熟，他不愿意再像以往那样依赖于父母。不仅如此，他还常常通过反抗、叛逆的方式来摆脱父母的控制。

实际上，青春期的所谓独立和成熟并非真正的独立和成熟，当面对错综复杂的社会问题时，男孩的判断力和解决处理问题的能力是有限的，由于生活经验不足，很多事情都无法独立应付。所以，青春期男孩在心理上是矛盾的，一方面不愿依赖父母，想要独立和成熟；另一方面在面对问题时又会显得青涩稚嫩。于是，就像离开了母乳却不能离开蛋白质、维生素、脂肪等其他营养物质一样，男孩开始注重发展与同龄人的关系，所以交朋友成为他生活中的重要内容，朋友间的友谊在他心中甚至无可替代。青春期的男孩之所以喜欢和朋友在一起，是因为在同龄人之间有着同样的发展和变化，经历着同样的感受，体验着同样的需求，和朋友们一起可以无话不谈，可以轻松自如。他会觉得，朋友之间心灵相通，都和自己一样渴望独立，喜欢自由，不喜欢被父母所约束，这些共同的感受和需求让同龄人之间成为了知音，成为了默契的知己。和朋友们一同感受成长的烦恼和快乐，是他最开心的事。所以，男孩和朋友们会非常看重彼此的友谊，会为了彼此同甘共苦，“两肋插刀”，互帮互助，他会认为没有什么能够阻挡和诋毁“兄弟间的情谊”。于是，他视朋友比任何人都重要，对友谊无比忠诚。和朋友们在一起，似乎有说不完的话题；为了朋友，甚至敢和父母对抗。他还常常以朋友或同学做自己生活中的参谋和标准，比如会说“我们同学都是这样做的”，“某某买了一件这样的衣服，我也想买一件”，等等。尽管在父母们看来这些道理显得很幼稚甚至荒唐，实际上在青春期的男孩看来，朋友和同学们的行为准则就是自己的行为准则。

友谊是男孩心理“断乳期”的精神食粮，千万别加以剥夺或者进行阻碍，除非父母想让男孩一辈子停留在童年。可以说，没有密切的同龄人关系，没有在一定程度上的与父母的疏离，男孩的青春期就是有缺憾的，从童年到青年的过渡就是不完美的。如果男孩基本没有朋友，那绝对是一件值得重视的事情，父母应当帮助他找到原因，补上这青春期的重要一课。

男孩的父母要因势利导，正确地引导和帮助男孩建立纯真的友谊，交到更多的朋友。

(1) 让男孩明白什么是朋友。父母要有意识地对男孩进行择友引导。比如革命老人谢觉哉在《交朋友中的道理》一文中就提出过这样的忠告："要交'益友'，不交'损友'。"就是要和正直的人、诚实的人、爱集体的人交朋友，不能与品德低劣、染有恶习的人交往。这样就让男孩在交友时有了一个大的原则和方向，不与那些品质低劣的人交往，从而避免陷入交往误区。

(2) 培养男孩的交友信心。在现实生活中我们不难发现，当男孩在某些方面有了特长，就会为他结识新朋友提供机会，在交往中增强自信心。托马斯·伯恩特说："友谊建立在共同兴趣的基础上。如果你的孩子朋友不多，那么就努力培养他的多种兴趣。这样，孩子在参加共同活动中，可以逐步建立朋友之间的友谊。"

(3) 指导男孩与人交友。在男孩交朋友的过程中，父母要不断地进行指导：对待朋友要真诚坦率，以诚相待，严以律己，宽以待人；要努力做到热情、关心、彬彬有礼；处事要宽宏大量，不计较个人得失。每个人的性格、情趣各有不同，交往中就要尽量尊重朋友的意愿，主动寻找双方都感兴趣的话题进行交谈。

另外，由于每个朋友的心理还都有心理敏感区，那就要在平时说话、玩笑里，尽量避免刺激朋友心理敏感点，不要刺痛他心灵的"疮疤"。还要告诉男孩，在与朋友相交时，要特别讲究信用，凡自己不容易办到的事情，且不要轻易答应，说话也要留有余地。但凡自己能办到的和答应办的事，那就要千方百计尽力去办。如果遇到意外，事情没办成，就应主动向朋友说明情况，以取得对方的谅解。

(4) 尊重男孩的交友意愿。在与男孩交往的过程中，尽管需要父母的指导，但父母也要尊重他的意愿，让他有一定的自主权。在选择朋友方面，父母和男孩的意见常常会不一致，只要对方不是品行太差，还是尽量先尊重男孩的意见，然后在与他交往的过程中，进行积极的引导和帮助。

父母最好少发这样的议论："你为什么要与某某来往？他是一个坏孩子。"为什么这样说呢，主要有以下几点：

首先，这是十分不公平的，大多数青春期的男孩还未定型，随便地给他们贴上"坏孩子"的标签太轻率了。

其次，男孩选择朋友有他自己的标准，可能某个男孩确实有这样那样的毛病，但更可能具有父母所不知道的某种可贵之处，而那正是自家男孩极为珍视和需要的：或许他们有共同的爱好——足球、集邮，或许他们在性格上互补——一个内向

谨慎，一个开朗泼辣。

另外，少男少女的友谊往往比成人纯洁得多，用成人世界中或多或少的功利甚至势利的经验来评判，本身是对他们美好情谊的亵渎。

社会心理学常识也告诉我们，每个人都是从他人的眼中认识自己的，因此，如果父母希望男孩具有健康的自我意识，那么就要鼓励他去结交朋友，他在与同龄人的交往中会获得建立准确的自我概念所需要的各种信息，在团体活动中体验自我价值。

正确对待男孩的那些朋友

身处社会，每个人都不可能离群索居地生活，再加上现代社会信息交流频繁，父母应鼓励男孩多了解社会，增长社会经验。如果父母限制男孩与社会的接触，在对待男女情感之间的问题上完全禁止，进行封闭式教育，那么孩子长大后也难以适应社会，在人际关系方面也显得不成熟。所以，父母应该鼓励和正确引导男孩与他人交往，无论是同龄人、异性朋友还是忘年交，多交些有益的朋友对孩子的成长有着深远的影响，良好的友谊能够促进彼此进步。

男孩进入青春期之后，就会对父母渐渐地不再依赖，而渴望有属于自己的独立空间，形成独立的人格。这时的男孩喜欢结交朋友，喜欢和朋友们在一起。他们在交友中，逐渐学会了欣赏别人的优点，接纳别人的不足，懂得了宽以待人；在交友过程中，男孩会选择和自己的个性特征合得来的朋友交往。为了减少人际矛盾，他们会疏远那些兴趣、爱好、性格等不相容的人。父母在了解自家男孩的同时也应该多了解和关心一下孩子的朋友，与男孩的同学、朋友保持密切的联系，请孩子的朋友同学常到家里来玩，这样有利于孩子增进友谊和人格的塑造。因此，父母只有通过正确的导向，让男孩在与他人的交往中寻求知己，才能建立真正的友谊，以在学习上互相激励，携手并进。

男孩与朋友之间利用节假日聚在一起，谈谈心里话，这没有什么可指责的。根据许多教育学家和心理学家的研究，孩子智力的开发，道德品质的形成，性格、兴趣等个性的发展，除了家庭环境的影响，学校老师的指导外，另一个重要方面就是社会熏陶，同辈群体的活动。人际交往是培养语言能力和处事能力的重要途径。

尽量让男孩自己选择自己的朋友。只是在交往前，要叮嘱他们哪些事是不能做的，其余的就不必过多干涉了。父母要知道：每一个男孩都有长处，善于发现并引

导、利用这些长处，为我所用，就能为自己创造出一个新的环境，能使生活变得更愉快。

男孩和女孩之间交朋友，是友谊的一种特殊表现形式。只要是出于正当的纯洁的友情，就没有必要担心和阻止这种友谊的发展，但是适当的提醒还是有必要的。

进入青春期的青少年，性生理上的急剧变化引起了心理上的一系列微妙而复杂的反应。异性间的相互交往及由相互吸引而产生的愉悦的情绪体验是一种良好的、积极的情绪体验，它不仅对身体健康十分有益，而且对整个心理活动都会产生良好的生理效应，它可激发人的潜能，使人敏捷活跃而奋发向上。

当然要跟男孩说不要跟异性过分亲昵，那样不仅会使自己显得太轻佻，引起别人的反感，而且还容易造成不必要的误会，即使是有一定亲缘关系或非常熟悉的异性同学之间也不要随意流露热情和过分亲昵。比如，在异性同学面前忸怩作态、举止轻浮，或异性同学之间拉手、拍肩，更有甚者，与异性同学进行亲吻、拥抱等。

男孩的父母要支持男孩的社会交往，尊重男孩的朋友，这样不仅可以让男孩感觉到父母对他的尊重而更加信赖父母，而且还可以促进男孩之间的友谊和交往，促使他们互相帮助、互相学习，可以培养男孩的社会适应和交际能力。

父母可以通过赏识男孩朋友的优点，让男孩在与朋友的交往中主动学习，克服自己的缺点。

鼓励男孩在与朋友的交往中培养群体意识，可以克服男孩过强的个体意识。朋友之间的群体生活可以克服男孩以自我为中心的毛病，让他遵从群体活动规则，认识到每个人的权利和义务。如果只顾自己，就会受到朋友们的排斥，其他男孩就会看不起他，不跟他接触，将会促使男孩最终向群体规范“投降”。“合群”是人的重要品质和能力，这是父母无法口授给男孩的。

因此，父母应该鼓励男孩交朋友，当男孩有了朋友之后，应该给予赏识和尊重，促进男孩之间的交往。

如果男孩已经交上了朋友，父母要及时给予肯定，比如对男孩说：“真高兴你有了自己的朋友，听说你的朋友很棒，你们应该互相关心、互相帮助。”或者说：“听说你交的朋友很出色，我很想见见他，你看可以吗？”

如果男孩还没有朋友，则应积极帮男孩寻找。比如鼓励男孩与家附近的男孩一起玩，与同事或同学的男孩一起玩，并适时和男孩讨论他们交往的情况，帮助男孩分析并做出选择。

扩大交往范围，提高交往能力

有些父母喜欢把男孩圈在家里，禁止让他与外界接触，这样虽然少受外界信息的干扰，却也让男孩感觉越来越孤单。特别是居住在楼房里的家庭，楼层住得越高，孩子与外界沟通的机会就越少。父母为此还找到更多的理由，工作忙，家务多，没时间带男孩出门；让孩子自己出门，又担心男孩在外面会着凉中暑，会把衣服弄脏，担心被别人欺负，等等。总之，他们有充足的理由把男孩圈在家里，这也是很多孩子很少了解外面的世界，很少与同伴交流、游戏的原因之一。

也许有的父母会说，男孩还小，等长大了自然会走向社会，了解外界信息的。事实上，孩子年龄越小，智力发展越快，这时应该让孩子到大自然中去了解和探索，让孩子到户外去参加活动，主动结交小朋友，更有利于孩子的身心发展。而错过了这个时机，孩子从年幼到成熟的过程会变得缓慢甚至麻烦重重。举个例子来说，狼孩回到人间后，虽然经过精心的照料与教育，4年才学会6个单词，6年才学会直立行走，就是最好的证明。

让男孩尽量多接触、了解外界事物，接收外界信息，对他的发展，特别是智力的发展是十分必要的。现代社会提倡的素质教育也要求让孩子多接触自然，多了解社会。

人们认识事物的过程总是由感性发展到理性的，通过认识、了解才能引发思考。对于男孩来说更是如此，父母应该从小就培养男孩对事物的感知、认知能力。因为男孩年龄小，缺少生活经验，男孩的思维过程也只是形象思维，对事物的本质缺乏分析、比较的能力和判断力。所以，一些见多识广的男孩看上去显得比较聪明，而“什么都不懂”的男孩会被父母称为反应迟钝的笨孩子。

走出居室，让男孩更广泛、更深入了解周围世界，接受各种信息，丰富他们的视野，丰富感性认识，才是促进男孩发展的有效途径。

鼓励男孩到户外去，去积极与他人交往，有助于从小培养良好的人际关系。对于激烈的社会竞争，阅历丰富的男孩往往会脱颖而出。而营造良好的人际关系，首先就要培养男孩的交往能力。

可是面对一些男孩交往能力的不足，需要采取以下措施进行补救：

(1) 创造平等和谐的交往氛围。家庭是男孩培养交往能力的重要场所之一。平时父母经常会有同事、亲友来做客，男孩的朋友也有可能经常来玩，或者老师

来家访。

此时，父母不能摆出“长者尊严”的面孔教育男孩，不能说“大人在说正事，小孩子一边待着去”或“大人在说话，小孩少插嘴”之类的，而是应该有选择地让男孩在一边旁听，或者让他端茶倒水，在耳濡目染和实际行动中，学习与人交往的礼仪与技巧。

(2) 加强男孩与人交往的欲望。有些男孩不擅长与人交往，是因为他们不想与人交往，认为没有与人交往的必要。所以，父母和老师要想培养学生的交往能力，就必须加强男孩与人交往的欲望。比如，男孩遇到难题，做父母的不再像以前那样主动询问他，或直接替他把问题解决了，而要把与人交往当作鼓励、夸奖男孩的一个手段。

当男孩意识到与人交往的好处时，自然会萌发积极与人交往的欲望。因此，要想培养男孩的交往能力，帮助他们建立良好的人际关系，父母和老师就必须加强男孩与人交往的欲望。

人际交往在男孩的成长中占据重要因素，尤其是“关键期”——男孩的青少年时期，亲子关系、师生关系、同学关系的紧张与疏远，都会直接影响到男孩性格的发展和品质的形成。因此，我们不能不重视培养男孩驾驭生活、完善自我的人际交往能力。

(3) 鼓励男孩走出去，结识朋友。交往技能只有在与人交往的实践中才能学会。所以，父母应该尽可能地为男孩开拓生活空间，鼓励男孩走出家门，结识新朋友。心理学家指出，同伴对指导或者训练男孩掌握社会交往技能、帮助男孩走出孤独，具有特殊作用。因为这种技能，以男孩当时的智商与阅历，是无法在成年人那里学到的。因此，父母应该鼓励男孩结交新同学、新伙伴，比如让男孩去找伙伴玩，带男孩参加一些同龄人的活动与组织。

此外，多让男孩接触陌生人并且学会主动和陌生人打招呼也非常重要。因为有时男孩可以在家人、朋友面前谈笑风生，却在陌生人面前唯唯诺诺。父母可以经常带男孩去人群聚集的地方，指导男孩与陌生人（可以先从父母熟识、男孩陌生的人练习起）打招呼、交流。当男孩接触的人多了，自然就能无师自通，培养出优异的交往技能。

(4) 培养男孩良好的性格。性格好的人，容易交到朋友，也能与朋友保持良好的关系；相反，如果性格不好，尤其是非常霸道、轻率任性的性格，就很让人厌恶，大多数人不愿与其交往。

所以，父母应该有意识地培养男孩热情大方、谦虚有礼、互相帮助、开朗大度的性格，注意纠正男孩自私、蛮横、骄傲、自大等不良性格。

(5) 教给男孩基本的交往技能。男孩的交往技能包括分享、协商、合作等。男孩与人交往时，肯定会出现方方面面的问题，此时父母应该放下架子，主动与男孩沟通，甚至给男孩支招。经过一件事，男孩以后就会举一反三地解决类似问题。

如果父母只关心男孩的学习，从不过问男孩的人际交往，男孩可能会因此走很多弯路而父母却一无所知。

此外，父母还可以利用各种场合，教给男孩一些交往礼节。比如做客前，告诉男孩拜访对象的一些基本情况，包括他的家庭成员怎么称呼；提出一些做客应该遵守的基本行为规范，如拜访时主动与客人家里的成员打招呼、未经允许不能乱拿人家的东西等。

(6) 在教育男孩时，父母的身教更有意义。因为语言是空的，语言所表达出来的内容，有时男孩很难感受到。所以在教育男孩时，父母除了要言传，更要注重身教。

试想，如果父母本身就很少与朋友来往，男孩怎么可能体会得到朋友的重要？如果父母本身就慷慨大方，男孩自然也会学着与人分享；如果父母经常打架吵闹，男孩可能就容易冲动粗暴。

因而，父母要注意时刻检查自己的教养方式与态度，避免因自身行为方式的偏激影响到男孩的性格，从而进一步影响到他的人际关系，甚至令他缺乏交往能力。

因此，父母和老师极有必要通过各种途径，言传身教地培养男孩的交往能力，帮助男孩积极投身于社会，结识新的朋友。

心胸要宽广，做人要慷慨

心胸狭窄的毛病在当今的独生子女中相当普遍。父母都希望自己的男孩能有一颗宽容的心，与他人友好相处，但他们不当的教育方式却经常使他们的愿望难以实现。

在现代家庭中，男孩就是一切，爷爷奶奶、爸爸妈妈整天围着一个男孩转，男孩就是“小太阳”，男孩的要求从不会被拒绝，“只知付出，不图回报”。长此以往，男孩就形成了一种错误的观念：我是最好的，谁都不如我。因此当男孩走出家门，面对更广阔的交际空间时，会难以接受别人比自己强的现实。另外，有的父母本身就爱斤斤计较，不能吃一点儿亏，这也会给男孩造成消极影响。

心胸狭窄不但会影响男孩的人际关系，还会损害其身心健康，甚至会阻碍其将

来事业的发展。父母必须帮助男孩纠正心胸狭窄的坏习惯，让男孩拥有一颗宽容的心，使他快乐地成长，因此，建议父母做到以下几点，让男孩的心胸宽广起来。

（1）多创造机会，让男孩多与同龄人接触。独生子女心胸狭窄的一个重要原因就是从小和同龄人接触得太少，父母处处对他们忍让，他们从来不能站在别人的角度考虑问题，完全以自我为中心。因此，父母应多提供机会，让男孩经常与小伙伴交往，让他在交往中学会宽容、体谅他人，提高人际交往能力及社会适应能力，养成良好的性格。

（2）不可袒护，帮助男孩正确评价自己。当男孩在交往中遇到矛盾和纠纷时，父母不可偏袒自己的男孩，可适当给予抚慰，并帮助男孩分析事情发生的原因，找出自己或别人的不对之处，客观地认识自己。总之，要教育男孩在明辨是非后，妥善处理生活中的矛盾和纠纷。

（3）转移矛盾，自己错了要道歉，别人错了尽量原谅。心胸狭窄的男孩经常为一点儿小事耿耿于怀，进而影响自己的情绪。父母应引导男孩反思起因，检讨自己的过失，宽容伙伴的缺点与失误行为。这样，由矛盾引起的不快很快就会消失。

父母要让男孩知道，即使是别人错了，也应该原谅对方，原谅对方就是给对方改正的机会，使其更珍惜彼此的友谊，更明白宽容忍让有利于增进友谊。

父母要让男孩认识到：不会原谅别人的人，也得不到别人的原谅。如果养成霸道、蛮横、自私、无情的坏习惯，容易被孤立，今后走入社会就会吃大亏。

（4）言传身教，父母要有博大的胸怀。男孩的父母，在遇到矛盾或冲突时，要宽宏大量，不计较得失，能够高姿态，不怕吃亏。“得饶人处且饶人”，以此使男孩受到熏陶与教育，男孩才能在相应的时候做到原谅别人。必要时，让男孩体验一下心胸狭窄的坏处：总是与人斤斤计较，毫不容人，别人就会害怕或不喜欢与男孩做朋友。

男孩不仅要心胸宽广，而且要为人慷慨大方。有着良好美德的男孩会与他人一起分享快乐，帮助别人排忧解难，对自己拥有的物质上的东西从不吝啬，乐善好施，对那些需要帮助的人施与爱心、懂得感恩等。慷慨大方是心灵美的体现，更是一个人热爱社会、热爱生活、理解他人的一种良好品德。因此，父母从小就要教育男孩做个慷慨大方的人。

俗话说“滴酒百人尝”，意思就是说一滴酒要让一百人来共分享，这说明了慷慨大方是做人不可或缺的。所以，父母应教育男孩，让他懂得珍惜和善待身边的每一个人，学会同情和怜悯身边不幸的人，做一个心中有爱、有温情的好男孩。

教育男孩做个慷慨大方的人，就是教育他在为人处世时，要宽以待人，不吝啬

自己的财物、知识、热情等，学会分享。“慷慨”的反义词是“吝啬”。凡是吝啬的人，自己拥有的事物、财物从不愿意拿出来与人分享，更不懂得帮助他人，爱财如命，贪婪自私，也就是人们常说的“吝啬鬼”。所以，父母在教育男孩时，应该把宽容作为人生的第一课。与吝啬的人相比，那些慷慨大方的人不会处处以自我为中心，心里只有自己，而是懂得分享和奉献。那些能够宽以待人、慷慨大方的男孩，往往与伙伴、同学相处融洽，受人欢迎，而当他长大成人之后也一定会受到尊敬，赢得拥护，获得好的人缘。

总之，父母要让男孩成为一个慷慨大方、对他人有爱心的人。心胸宽广、慷慨大方的男孩给予自己和社会的都会更多，也能更容易得到社会和他人的认可，在人际交往中会更胜一筹。

第四篇

不打不骂

——做合格好父母

第 28 章 控制情绪，盛怒之时要淡定

在我国，父母情绪不好时，往往喜欢拿孩子出气，如工作不顺，身体不适，或处于更年期，更容易对孩子发火。对男孩发火，不仅无法纠正男孩错误的行为，反而会使男孩在生理、心理上产生消极的应激状态。所以，父母要想帮助男孩改正错误，避免对抗，父母首先要学会控制、调节自己的情绪。

视心情好坏对待男孩缺乏理智

有的父母一心想把男孩教育好，但是却没有很好运用现代教育理念，经常感情用事，忽冷忽热，情绪不是很稳定。心情不好时便对男孩没有好气，即使一点儿小事，也会暴跳如雷，甚至大动干戈；心情好的时候，就对男孩和颜悦色，溺爱无比，男孩有什么要求都充分满足，父母这样喜怒无常，总会弄得男孩无所适从。

如果是遇到爱吵架的夫妻，喜欢拿男孩出气，成了最常见的情况。当然，这是最不可取的。父母爱吵架，无疑给男孩造成心理阴影，这样父母再管教男孩时就会失去威信，男孩也变得越来越不听话。父母一旦在孩子面前没有了威信，再管孩子就会变得困难了。

男孩的父母要想教育好男孩，一定要有理智、讲方法。爱男孩要讲分寸，严厉也要有尺度。例如，当男孩已经认识到错误时，就不应再批评或是惩罚他。

有一个小男孩，平时很调皮。父母要打他时，他总是流泪讨饶，但是父母却照打不误。后来，无论父母怎样打他，他也不哭不喊，连眼泪也不流了，只是用怨恨的目光瞪着父母。要知道，男孩子天生就是淘气的，就是精力旺盛的。如果他一淘气你就打他，那势必对男孩的身心造成影响。有些父母也知道这些道理，但是自己

脾气不好，一旦情绪上来的时候，想控制都控制不住。

不少父母，平时对男孩百依百顺，但是，一旦男孩违反了自己的意愿，或是不尽如人意的时候，特别是学习成绩不好的时候，便气不打一处来，即使男孩有自己的特殊原因，父母也照样拳脚相加，没有半点儿宽容之意。当男孩明白，在父母面前解释、求饶是没有用的时，也就不再解释，不再流泪，父母要发怒的时候，就等着父母的打骂，但是却已经产生了逆反心理。

培根说："幸福的家庭，父母靠情感当家。"教育男孩是一门学问，要学会抓住教育时机去获得教育的最佳效果。教育男孩不应该感情用事，而应抓住教育时机，动之以情，晓之以理，帮助男孩去成长。

一些父母因为性格喜怒无常，善感情用事，在对待男孩上也时而严格要求，时而放纵溺爱。一位美国学者曾这样评价中国的家庭教育："中国父母在向孩子表达爱时，往往不在乎他们内心里想些什么，头脑里有什么困惑，是否觉得不安，而更多的是问孩子吃得饱不饱、穿得暖不暖。"也许中国的父母从来没有意识到心理教育对孩子健康成长的重要性，虽然为男孩提供了优越的物质生活，却从不关心孩子的心灵世界。他们可以节衣缩食给男孩买钢琴，也可以因为男孩钢琴练得不好而拳脚相加。

许多男孩在这种畸形的教育方式下，不但不能成"龙"，甚至成人也难。他们一方面厌倦父母的精神枷锁；另一方面，当他们脱离了父母的羽翼时，又感到无所适从。每个当父母的都应该反省一下，这种不理智、不智慧的教育让男孩怎么健康成长！简单地采取胡萝卜加大棒的方式是不能培养出优秀人才的。

有位年轻的母亲脾气很不好，喜欢感情用事，乱发脾气。一次，她的儿子饭后帮助大人扫地，哪知偏遇上这位母亲跟自己的婆婆怄气，见儿子拿着扫把在厅中舞弄，不分青红皂白上去就是一巴掌，打得男孩哇哇哭，不知道自己错在哪里，以前自己帮着扫地的时候，妈妈总是夸奖的。

可怜男孩莫名其妙地挨了揍，他以后还肯拿扫把吗？男孩不拿扫把还不要紧，可怕的是男孩将来不懂得分清是非，遇事同样感情用事，那就麻烦了。另外，如此管教男孩，等男孩渐渐长大懂得些道理了，便会感到委屈而且不服气，天长日久，对父母的尊敬也会一落千丈，那时自食其果的还是父母。

所以，男孩的父母不要感情用事地对待男孩，更不要拿男孩出气。男孩的确比女孩更淘气，当他犯了严重错误，对他进行批评教育是必要的，至少可以使他深刻地记住下一次不可重犯。但是现实生活中却经常是这样，不少男孩挨揍并不跟他犯的错误大小有关，而是和父母的情绪好坏有很大关系。有的父母心情舒畅时，无论男孩犯了多大的错误，都能睁一只眼睛、闭一只眼睛地不了了之。可是一旦心情不

好时，哪怕男孩犯一丁点儿错误，就开始大发雷霆。

感情用事对待男孩，反映出了父母自身的素质问题。因此，要改变感情用事的毛病，做父母的就应不断地学习，提高自己当父母的水平。多学习一些心理学、教育学的知识，懂得感情用事会给男孩带来不良的影响。加强自身修养，善于克制自己的感情，少一点儿感情用事，多一点儿冷静思考，增强自己的育儿责任感，唯有如此，才能提高教育男孩的效果。

记住，男孩也是一个独立的个体，他也有自己的独立人格，做父母的应充分尊重他，这样才能培养出人格健全的男孩。感情用事对待男孩，是对男孩人格的不尊重，其危害是比较大的。不尊重男孩的人格，也是对自己的不尊重。试想，如果父母对男孩经常是感情用事，一开始，男孩可能会慑于父母的地位和权威服从父母。时间一长，男孩会由无所适从变为不理不睬，以致到最后男孩也会与父母反抗，与父母犟嘴，对父母不尊重。此时，父母再怎么管教，男孩都不会听话。

所以，父母不要再以自己的心情好坏去决定怎么对待男孩，要考虑男孩的特性，考虑男孩的内心感受，做一个理智的父母。

无原则地随意乱发脾气不可取

从来不发脾气的人肯定少之又少，面对整天上蹿下跳、精力旺盛的男孩，一次脾气都未曾发过的父母肯定也少见。所以，一概否定、排斥“发脾气”是不现实的。更何况，从某种意义上说，如果男孩每天都沉浸在父母的甜言蜜语中，就会变得娇气和软弱无力，日后长大，他会受不得别人的批评，这样对男孩的成长也是不利的。

可见，在教子问题上，可以允许父母偶尔发脾气，以严肃认真的态度对待男孩。尤其是当男孩屡教不改、故意捣乱的时候，父母更应该严肃对待，让男孩在错误面前懂得反省自己。

但是，父母无原则地随意乱发脾气就不可取了，因为这样会伤害男孩的自尊心。有的父母生起气来暴跳如雷，火冒三丈，对待男孩痛骂痛打，完全不顾自己的威信和形象，只顾发泄怒气，这样的管教方式是有失分寸的。有时过于粗暴和无理，言行过激，不但不就事论事，反而会拿孩子当出气筒。特别是有一些父母因为一件小事不顺心而大发雷霆，冲着孩子发脾气，使男孩受委屈，这是错误的教育方式。

如果男孩犯了错，父母一定要严加管教，要注意以下几个问题：

（1）以理服人比横加指责更重要。当男孩犯错时，父母应该明确地提醒男孩错在了什么地方以及批评他的原因，而不是劈头盖脸地先大骂一通，如“笨蛋”“废物”“真后悔当初不应该生你”“你走吧，我再也不想看见你了”等，这些不得体的语言只能伤害男孩的自尊心。有的男孩往往被挨打骂过后，仍然不知道自己究竟做错了什么。

（2）再愤怒也不能伤害男孩的自尊心。如果对待男孩要严厉管教，就要就事论事，少发脾气，更不能因为其他事情不顺心就迁怒于男孩。

男孩受到父母无意的言语伤害，并不意味着父母不爱他了，而是亲子之间的沟通出现了障碍或者误区。因此，父母要多爱孩子一点儿，赞美比批评更有效，爱心比打骂更重要，要使男孩感受到父母的需要、尊重和欣赏，而不是厌烦、冷漠甚至虐待。据研究，过度惩罚、过分苛求、父母操纵男孩，是影响男孩心理健康的重要因素。

（3）父母的话对男孩影响很大。心理学家建议，父母用另外一套字眼跟男孩讲话和交谈，最好还是不发脾气。不要只管肆意对男孩吼叫、发命令、提意见、横加干涉，想到什么便说什么，时常说得不准确、不清楚，也说得不对。其中有些字眼可能会伤害男孩的心灵，因为父母发火时往往听不到自己的嗓音和语气，不讲究说话的技巧和礼貌。

一些父母对男孩讲话可能是令人气馁的、令人羞愧难堪的。尽管有时父母自己是仁慈的和好心的，但即使是称赞男孩的时候也会适得其反，这就是因为父母没有很好地注意自己的语言。

和男孩说话要用爱的语言，应该用产生爱的语言，用减少争议而非打破愿望的语言，用令人生气勃勃而非挫人锐气的语言。既不伤害感情，也不挑剔别人的行为。

（4）发脾气的目的除了为使男孩明白自己所犯的错误，主要目的还是要让他了解到父母因为他的错误感到伤心、不满。这样，他情绪上就会受到很大压力，知道父母对他不满，从而产生愧疚感，并努力去改正自己的错误。

所以，如果父母经常爱发脾气，对待教育男孩便会没有什么耐心。就要认真考虑一下，加强自己的修养。否则，对男孩的性格有很大的影响，妨碍男孩的健康发展。

父母应学会调节自己的情绪

人们常说“小孩子的脸就像六月的天，说变就变”。的确，不高兴了就哭，高兴了就笑。这正是他们天真无邪的表现。如果一个大人，时刻把情绪挂在脸上，那就太不成熟了。

情绪是心理活动的核心，对身心健康有着重大的影响。因此，父母要学会自觉地调节和控制情绪，这是心理保健的重要内容，也跟教育好男孩息息相关。

我们在日常生活和学习过程中，无论做什么事都带有情感色彩：当考试取得好成绩时，会感到喜悦；失去珍贵的东西时，会感到惋惜；愿望一再受妨碍而达不到时，会失望甚至愤怒；进入一个陌生的环境时，会感到局促不安甚至产生恐惧等。喜悦、悲哀、愤怒、恐惧等情绪活动，都会引起身体一系列的生理变化。

据科学研究表明，愉快、欢乐、适度的紧张等积极的情绪有益人体健康，对心脑血管健康有好处，可以促进血液循环，有振奋精神、提高大脑工作能力的作用。反之，伤心、悲痛、愤怒、焦虑等消极情绪则有害身体健康，会阻碍人体的正常代谢，引起一些对身体不利的生理变化。如果长期处于不良情绪的影响，往往会引起多种疾病的发生，如高血压、胃溃疡以及心理障碍等。因此，父母应该懂得情绪在保护心理健康中所起的重要作用，并学会进行自我调节和控制情绪。

遗憾的是，有的父母教育男孩时，常常为自己的情绪所左右。父母高兴时，教育男孩能注意方式方法，不高兴时就简单粗暴，甚至无事找事，把男孩当作出气筒，动不动就打骂训斥、讽刺挖苦等。这种因父母情绪的好坏而出现的教子尺度不一，其害处是无穷的。

父母情绪不稳定往往会使男孩不知自己到底应该怎样做，既不利于男孩不良行为的及时纠正，又不利于男孩良好行为习惯的养成。

父母情绪不稳定容易使男孩养成看父母脸色行事的坏毛病，并且不利于父母及时、准确地把握男孩的真实情况，不利于父母教育的针对性、实效性。

父母的不良情绪直接影响着男孩的心境，特别是因不良情绪而导致的父母教育男孩方式方法上的简单粗暴，往往会使男孩同时遭到“体罚”与“心罚”的双重伤害，这不仅严重地影响着男孩身心的健康发展，甚至会对男孩的一生带来重大伤害。

父母的不良情绪还会使父母在男孩心目中的威信大大降低，这种威信的“降

低”，往往又会对以后的家庭教育人为地制造种种障碍。比如，有些父母所说的“男孩大了，反而越来越不听话”，就与这种“障碍”有关。

所以，要教育好男孩，父母应学会调节自己的情绪，扫除不良情绪影响自己对男孩的教育，具体要做到以下几点：

(1) 要有乐观的生活态度。在生活中，要以乐观的、积极的态度去面对困难和挫折，任何问题都会有相应的解决办法，所以父母要勇敢地面对现实，努力进取，永不悲观失望，对前途充满信心和希望。如果父母持这样的乐观态度，孩子往往也会产生积极的情绪，形成乐观开朗的性格。

(2) 适当地发泄不良情绪。人都是有情绪的，如果不良情绪一直积压着，找不到发泄的出口，最后可能会像火山爆发一样喷涌而出，如果这股火喷在了男孩身上，就会灼伤男孩的心灵。所以，父母要注意适当发泄自己的不良情绪，平时可以向知己倾诉自己的苦恼和忧伤等。这样有助于消除心中的烦恼、压抑，从而达到心平气和的状态。

(3) 做到张弛有度。有些父母因为工作不好或生活不好，经常对男孩发脾气。其实，父母在生活和工作中存在压力是正常现象，既要做到心情放松，也应该保持适当的紧张情绪。适度的紧张情绪运用到学习或者工作上，有助于维持和提高学习、工作效率，使大脑功能达到最高效率的状态。平时工作或做某件事，也需要保持适当的紧张。张弛调节适度，就会使生活更有节奏和情趣，这样才能以正常的态度对待男孩。

(4) 善于理智地控制自己。世界上没有救世主，父母的种种要求和愿望，都应以符合社会道德和规范为前提，否则就是不理智的行为。父母在家庭教育中，不能苛求男孩时刻满足自己的愿望，也不要把自己的意愿强加给孩子。这样做对维持心理平衡、培养健康情绪十分有益，父母能够做到理智地控制情绪，也就等同于理智地教育男孩。

总之，父母应该通过不断加强心理品质的修养，使自己保持良好的情绪，因为父母的方式方法和情绪态度将带给男孩潜移默化的影响。

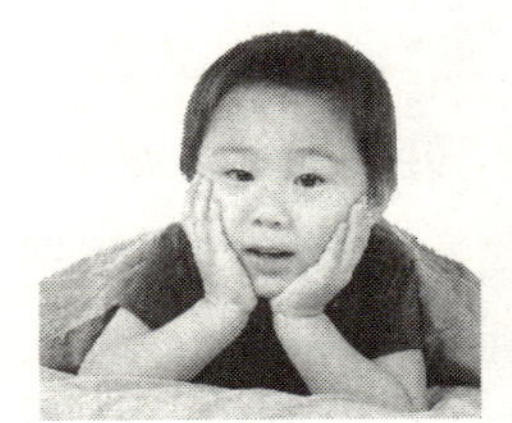

第 29 章
言传身教，做男孩人生路上的好榜样

当男孩一生下来，父母就对男孩有着很高的期许。然而，通常父母会希望有个既懂事又聪明的男孩，却疏于反问自己如何做个好的父亲或母亲。父母不仅将男孩带到这个世界，让他吃饱穿暖，而且给他树立了学习的榜样，于潜移默化中影响着男孩的一生。

家有男孩，父亲的榜样作用很重要

在生活中，父亲和男孩之间似乎更有默契，有共同语言。父子之间可以不分长幼地打闹嬉戏，在情感上亲密无间。行为学家表示，父亲与男孩在做游戏中，如果多一些身体接触，比如拥抱、击掌、“骑马”游戏等，可以促进亲子沟通。

正是由于父子间这种无距离、无障碍的深层次沟通，男孩才会产生一个将来要成为一个像父亲一样的男人的愿望。因此，在父亲身上，男孩能看到自己的未来，会自觉地以父亲为榜样。

母爱细腻、温柔，在母爱中，男孩能得到满足感；而父爱博大、粗犷，在父爱中，男孩能找到模仿的方向。

当然，如果一个小男孩长时间接触不到父亲，或者感受不到父爱，他会产生强烈的不安全感，进而会迷失方向。研究发现，长期接触不到父亲的男孩会产生女性化倾向。

另外，还有很重要的一点，在长期感受不到父爱的情况下，很多小男孩为了使自己有机会与父亲进行深层次的沟通，常常会用一些坏行为，如撒谎、偷盗、打架等行为，来吸引父亲的眼球。当然，还有很多小男孩甚至不惜伤害自己，以赢得父

亲的关注。

总之，男孩是需要父亲的，他需要从父亲身上看到自己的定位，需要模仿父亲的行为来使自己成长为男子汉。所以，为了男孩的健康成长，父亲千万不要以“工作忙”为理由而忽视了对男孩的关注。

当然，父亲还应该注意自己的言行，父亲的言行、语言以及思想每时每刻都在影响着男孩的成长，男孩会在不知不觉中主动模仿父亲的行为，他不自觉地把父亲当成了自己的榜样。

但并不是所有的父亲都能成功地承担“榜样”这一角色。很多父亲就常常在无意识之间，把错误的思想和行为传达给了男孩。

父亲的言行可以说无时无刻不在影响着男孩。在生活中，如果父亲很少帮母亲做家务，那么当母亲要求男孩帮自己做家务时，男孩就会有理由拒绝：父亲不做家务，我也不做。因为父亲不做家务的行为在男孩的头脑中就会形成这样的想法：做家务是女人的事情，我是男孩，不需要做家务。这些想法可能是父亲无意中传给男孩的，也可能是男孩从父亲的表现中学来的。

男孩的成长是需要榜样的力量的，然而，父亲要想做好男孩的榜样也并非易事，因为在男孩渐渐长大时，他心中的榜样很可能会发生变化。

男孩天生是讲究规则的。如果男孩在每一个成长阶段，在进入新的环境之前，不了解其中的规则，那么男孩就会产生极大的不安全感。其实，父亲与男孩相处的过程，就是向他传授各种人生规则和成长经验的过程。由于受体内睾丸素的影响，男孩喜欢搞破坏、冒险，喜欢参加格斗类游戏，喜欢攻击别人、打架，常常令父母苦恼不已。如果父母对男孩的这种淘气顽皮的性格听之任之，不加管教，男孩就会更加肆无忌惮，最终让父母束手无策。但是如果父母强行禁止男孩的这种破坏性和攻击性，男孩天生的探索欲和创造能力将会受限，甚至被磨灭。

所以，最好的教育办法就是，告诉男孩，在人的成长过程中是需要很多规则的，要遵守规则，才能成为乖巧懂事、人人喜欢的好孩子。而这个任务最好由父亲来完成。因为父亲经常会与男孩在一起打打闹闹，无形中就会让男孩懂得打闹也是有规则的——不要伤害到别人，不能拳打脚踢，不能打小朋友，不要和同学打架等。这样男孩就会明白，可以和小朋友和同学玩摔跤游戏，却不可以无故地将别人推倒，更不能拉扯、厮打。这样当男孩以后再与别人打闹时，就会自觉把握好打闹的“度”，遵守游戏规则。

随着男孩的长大，学会了顶撞别人、争辩和抗拒。比如，有时候男孩会向母亲发起“挑战”，在这时如果父亲对男孩说：“不许你这样同母亲说话，否则，我真的要管管你了……”男孩意识到触犯了父亲的这种“规则”，从此就不敢再向母亲

“挑战”了。

所以，我们经常看到男孩在母亲面前会任性撒娇、肆无忌惮，而一看到父亲就立刻变得老实听话，表现完全不同了。他可以和父亲打闹，但他绝不敢在父亲面前胡闹。所以，父亲的威严让男孩明白，父亲所制定的规则是不可冒犯的。

对于男孩来讲，父亲是权威的，他有权制定规则。当然，如果这些规则能够让男孩心生敬佩，深入人心，男孩更会对父亲的规则严格遵守，并且对父亲非常信任和崇拜。

在一些男孩的眼中，父亲不仅是一种权威，而且还象征着一种力量，正是因为这种力量的存在，男孩才不会去做坏事，才不会变坏。

进入了青春期的男孩会表现出抗拒、叛逆，变得不听话，并不是说母亲的力量变弱了，而是男孩的“翅膀”变硬了。在这个时候，父亲更应该给男孩约束的力量和规则，并指引他朝着好的方向发展。所以，在男孩的青春叛逆期阶段，男孩是否会变“坏”，父亲的教育有着很大的影响。

对于青春期的男孩来讲，父亲就像一股道德的力量，他在时刻束缚着孩子的行为。其实，这在生物学上也是有一定依据的。

家有男孩，母爱对男孩的影响非常大

在家有男孩的家庭里，每位母亲都会对孩子给予无微不至的照顾，对孩子关怀备至，呵护他的成长，规划他的未来。因此，可以说母亲是与孩子接触最多的人，母爱对孩子的成长、生活习惯、性格的形成有着最深远的影响。

母爱是伟大的，即使是那些年过半百的中年男人也难免会有恋母情结。其实，如果我们仔细研究就会发现，男人对母爱的那种追随并不是迷恋，而是寻求一种精神的寄托和心理的支持，而这种力量的给予者只能是母亲。

男孩都是喜欢调皮和冒险的，所以在男孩小时候，母爱的最大体现就是保证男孩的人身安全。

对于那些幼小的男孩来说，他们根本就不具备保护自己的能力，根本不懂得一辆正在向他飞驰而来的车辆存在着巨大的危险。因此，在男孩还没有形成保护自己的意识之前，母亲最主要的任务就是要保证男孩生活平安。

保证男孩的生命安全绝对不是母亲的全部任务。心理学家表示，对于正在成长中的男孩来说，母亲除了要保护他不受外界的伤害之外，还有教育他长大成人的职

责，当然这一切都源自男孩母亲心中满满的爱意，因为在对待孩子上，任何母亲都无怨无悔。

科学研究证明，男孩比女孩更加依赖母亲，更多需要母亲的爱，如果他发现母亲不在身旁，就会产生极强的不安全感，会哭闹不休。如果男孩从小到大长时间缺乏母爱，这种不安全感就会伴随他的一生。

可是在生活中，很多母亲并不了解男孩的这种心理需求，在男孩刚出生不久，就会以工作为由把男孩交给保姆来照顾；有时，为了保持身材，甚至拒绝母乳喂养……

事实上，母亲的这些做法对男孩的心理健康会产生极大的影响。当男婴在母亲体内时，母子之间通过脐带联系在一起。当男孩出生之后，尽管他的身体已经脱离了母体，但在心理上仍然紧密相连。所以，如果母亲从小就对男孩疏远，就会给男孩带来极大的不安全感。

人是哺乳动物，在母亲哺乳的过程中，母亲与男孩之间亲密的肌肤接触可以使男孩的心理需求得到满足。即使男孩长大不再需要吃奶，母亲也应该和男孩多接触，多一些陪伴和关爱，因为断奶后的男孩仍然需要母亲的关注。随着男孩的成长，他与母亲之间的这种心理脐带才会自然脱落。

教育学家研究发现，3岁之前，是男孩智力发展的关键期。如果在这一关键期，父母没能及时地对男孩进行智力引导和开发，那男孩智力开发的潜能就会逐渐递减，甚至还会出现萎缩现象。而在此期间，男孩最依赖的就是母亲。

所以，在男孩的智力开发方面，母亲的作用是极其重大的。如果在男孩生命的头几年，母亲没有在旁边呵护其成长，那么男孩的智力发展将会遇到很大的问题。

男孩小时候会无所顾忌地享受母亲的亲吻和拥抱。母亲的关注和爱护，是男孩身心健康发育以及智力发展的基础。如果在男孩生命的早期，母亲就忽视他，或者常常使他感觉到不舒服，那么男孩的智力发展就很可能会出现障碍。

不管男孩到了什么年龄，在母亲面前，他们都希望自己是个小男孩，都希望自己能够得到母亲的关心和爱护。所以，即使男孩开始拒绝母亲的拥抱和亲吻了，母亲也应该从别的方面让男孩感受到对他的爱。

由此可见，母爱对男孩的影响是巨大的，就像是给男孩的一剂强心剂，它会给予男孩十足的安全感，促使男孩去面对一切困难和挑战。

以身垂范，好父母胜过好老师

不光是父亲要做好男孩的榜样，父母都要注意自己的言行。因为父母的言行对男孩有潜移默化的作用，它会影响男孩今后的成长。如果父母的榜样出现了偏差，男孩的思想行为就会出现偏差，在今后的生活中他就会放松自律，做出有损社会公德的事情，从而也使他失去了社会性人格的发展机会。

父母是男孩一生的老师，明智的父母都应该以身垂范，给男孩做个好的人生榜样。

有一对夫妻经常抱怨他家的男孩“贪玩”“不听话”“不好好学习”。有一次，因为儿子考试两门功课不及格，夫妻俩就开始“收拾”男孩，打得男孩哇哇大哭。邻居见了，实在忍不住了，就过去批评他们：“你们整天让男孩好好学习，你们好好做爹妈了吗？你们整天打麻将打到半夜，却让男孩好好做作业，他能做得下去吗？”

俗话说，榜样的力量是无穷的，对于男孩成长来讲，这一点尤其重要。

正如俄国伟大的文学家托尔斯泰所说：“教育孩子的实质在于教育自己，而自我教育则是父母影响孩子的最有力的方法。”

男孩最早接触的生活环境主要是家庭，而父母是男孩的第一任教师，要以身垂范，做好男孩的榜样。

作为男孩的启蒙老师，对男孩的影响最深远。父母若想成功地教育男孩，则必须以身垂范，做男孩的好榜样。

在家庭教育中，父母经常会对男孩颐指气使，以此来规范男孩的言行和习惯，可是这种空洞的说教往往收效甚微，甚至适得其反。实际上，父母的言行举止，男孩都会看在眼里、记在心上，父母良好的行为规范会让男孩心生崇敬，并且会以父母为榜样模仿。所以，在日常生活中，父母要做好孩子的表率，做到谨言慎行，以身示教，凡是要求男孩做到的，自己必须首先做到。

父母对男孩的影响是无时不在的，尽管经常给男孩讲道理，但其行为却会对男孩产生更深的影响。

如果父母对待他人友好和善，男孩也会善待他人；如果父母心胸狭窄、自私自利，男孩也同样会冷漠高傲、目中无人。如果父母找理由推掉不愿参加的约会，或者因为不想接电话而让男孩告诉对方自己不在家时，就会给男孩的心中留下父母爱撒谎的印象，受到这种不良影响的男孩渐渐地就学会了骗别人。如果父母对顺手牵羊的事不以为然的话，那么男孩也会觉得偷窃不是错事。如果父母在孩子面前难露笑脸或漠不关心，那么男孩也会缺少爱心，冷漠待人。

父母是什么样的人要比父母说什么样的话更有力量。父母做出了率直的榜样，男孩就会诚实；父母用爱环绕着他，男孩就会去爱；父母善于谅解，男孩就会宽容；父母对体育显示出兴趣，男孩就会在绿茵场叱咤风云；父母用微笑和闪烁的眼睛对待生活，男孩就会懂得幽默；父母感谢生活的祝愿，男孩就会对生活满怀欣慰；父母表示出友好，男孩就会变得和善；父母的言辞充满进取的意志，男孩就会振奋他人；父母勇敢地面对挫折、失败和不幸，男孩就能学会顽强地去生活；父母的人生肯定了其对于生命长久而深沉的信念，男孩将不再迷惘；父母用真善美维护着男孩，男孩将会发现生存的真谛；父母的行为像个英雄，男孩就会成为勇士。

此外，父母在对男孩的教育中，在深化男孩道德行为的同时，既要关注行为结果，又要关注行为过程的合理性和适当性，给男孩营造一个诚信、激励、乐观向上的好环境，以确保他在生活中不至于偏离社会轨道。

所以，男孩的父母，应该认识到，父母在男孩的眼里就是模范和表率，父母的一举一动、一言一行都在潜移默化地影响着男孩。身为父母应注意自己的品德修养，无形之中，也会深深地影响男孩的言行，促进男孩的求知欲，使男孩在耳濡目染中养成刻苦钻研、执着追求的优良品质。

父母要拿捏好爱男孩的“分寸”

父母自然都爱自己的孩子，但是要拿捏好爱孩子的分寸。总是处于父母的娇惯下的男孩，不好好学习不说，还会时常逃学，老师一说他，他会横加顶撞。男孩的坏习惯一旦形成，想要纠正谈何容易！

一般来说，刚出生的男孩有理由得到格外多的关怀，比如吃喝拉撒、父母的怀抱、没有病痛等。但是随着年龄的增长，男孩会越来越摸透父母的习惯和脾气，会用撒娇或哭闹的方式来满足自己的愿望。比如，男孩一哭闹，父母就会马上跑过来嘘寒问暖。也就从这时开始，父母就已经从养育转为溺爱了。很多年轻父母一遇到孩子哭闹就慌忙抱起来哄，即使是在半夜里，也丝毫不敢怠慢；或者每过几分钟就跑去照顾男孩、陪他做游戏，等等。长此以往，男孩就会习惯了在家里享受的这种优待，稍一不满意就大哭大闹，任性撒娇。而父母在无奈中也习惯了对男孩百依百顺。

现在的父母比以前的父母更易宠溺自己的男孩。产生这一现象的一个很自然的原因就是，现在大多数的家庭只有一个男孩，父母及其他家庭成员把全部的精力和注意力都放在男孩身上，并很自然地认为，反正只有这么一个男孩，就应该对他好。

有些父母因为自己小时候被父母管教得特别严厉或者生活不是很富裕，所以当他们自己有了男孩的时候，往往会走入另一个极端，对男孩完全放任自由，予取予求，并认为自家男孩的生活比自己小时候好是理所当然的。

有一些父母出于工作等原因，不能经常陪伴男孩，常觉得为此而愧疚。于是，他们便常常无止境地为男孩购买贵重的玩具，满足他的任何要求，以此来弥补他们无法经常陪伴男孩的遗憾。

对于那些身有残疾或者父母离婚的男孩，父母总会觉得对男孩有亏欠，觉得对不起男孩，为了补偿他，这些父母常常会特别溺爱男孩。

在那些溺爱男孩的家庭里，常常会看到类似的场面。许多父母都会为自己辩护说："我只是希望让孩子得到最好的。"事实上，过多的爱只会害了男孩。专家有时将父母对男孩的溺爱称之为"甜毒品"，虽然表面上香甜可口，但其实它就像毒品一样，会对男孩的成长造成不良影响。

当然，不溺爱男孩，并不代表没有爱和无原则的苛求。比如，在男孩生日时，父母可以满足孩子多一点的愿望；或者在某些特定的情况下，满足男孩梦寐以求的心愿。关键的问题在于，父母要让男孩知道，每一次的"特殊优待"都有着特别的原因。

不溺爱男孩并不意味着可以打骂男孩。据美国的一项问卷调查显示，有7%的父母认为打骂是管教男孩的最佳方式，有40%的父母觉得打骂之后，男孩的表现还是一样。有经验的父母会发现，打骂一开始的确会收到立竿见影的效果，可是长久下来，男孩并没有变得比较好，有的甚至更坏了，尤其是只用打骂这一种方式来管教男孩，更是效果奇差。

因为打骂只会使男孩不再在你的面前表现出你不喜欢的一面，并非真的改正了错误，而是躲到你背后，在你看不到的地方继续淘气，继续学坏。打骂只是让他学会了逃避被打，而没有学会什么是应该、什么是不应该的是非善恶观念。如此一来，你还觉得拿出棍子打男孩是很管用的管教方式吗？而且即使男孩真的犯错，他也不会心甘情愿被打，他的内心会充满怨恨和不满，并会渐渐失去自尊、自爱和自信，同时他更学会了用打人来解决问题的模式。

那么，难道父母就只能眼睁睁地看男孩犯错，任他为所欲为了吗？不，我们只是说打骂不是唯一的管教方式，不要用体罚来解决问题，因为那样做的效果只是暂时的、表面的而已。男孩犯了错误是要受到适当的处罚的。

父母爱自己的男孩，这是人之常情，但是要拿捏好爱男孩的分寸。它对男孩的健康成长起着很大的促进作用。

（1）爱男孩要有理智。也就是说，在爱男孩的过程中，要能自觉地控制自己的感情，克制那些无益的激情和冲动。苏联著名教育家马卡连柯在《父母必读》一书中的序言有这样一段话："子女固然由于父母方面的爱的不足而感受痛苦，可是，他们也会由于那种过分洋溢的伟大的爱的感觉而腐化堕落。理智应当成为家庭教育中常备的节制器，否则男孩们就要在父母最好的动机下养成最坏的缺点和行为了。"这段话讲得十分深刻。

然而，有些相对年轻的父母，在对待男孩上，往往把握不好爱的分寸。他们对待男孩常常是毫无原则，过分溺爱，有的父母对男孩姑息迁就，自由放任；有的父母只会千方百计满足男孩的吃穿住，却从不关心男孩的心理发展和思想情绪的变化。以上这些做法很容易会把男孩惯坏、宠坏。这种爱是不理智的，是有害的。

（2）爱男孩要严格要求。爱男孩就要严格要求男孩，这也是爱男孩的一种体现。俗话说"爱之深，责之切"，意思就是说，正是出于对男孩深切的爱，所以才对他严格要求。所以，父母应该学会理智地爱孩子，要做到"严"中有"爱"，"爱"中有"严"。当然，严格要求孩子并不是对男孩进行训斥、打骂，而是要做到以理服人，态度耐心，循循善诱地说服男孩。

平日里，父母对男孩严格要求是很有必要的，因为男孩往往缺乏经验，有时还是非界限不清，而且对自己的情感和行为往往也不善于独立控制。如果父母对他不严格要求，他往往还不能主动地、自觉地学习和按道德标准来行动。因而，这就更需要父母对男孩的思想和行为有严格的要求，使他养成良好的思想和行为习惯。仅有爱不见得能教育和培养出优秀的男孩来，只有把爱和严格要求结合起来，效果才会更好。

（3）爱男孩不意味着不管。采取"暂时的隔离"的处罚方式，可以使男孩真正地改过向善，又不留下后遗症。"暂时的隔离"就是在男孩犯错时让他暂时不和别人接触，让他坐在角落的一张椅子上，以"一岁一分钟"为原则。不过，切不可把男孩关进厕所或单独留在一个房间里，那会造成男孩的恐惧心理，影响极坏。处罚的同时要让男孩明白自己做错了什么，因为男孩如果不明白自己为何受罚，那么处罚就没有意义了。

总之，父母爱男孩一定要把握理智、严格、适当的原则，千万不要溺爱姑息男孩、过分地迁就男孩与宠爱男孩。爱男孩要拿捏好分寸。只有这样，才能把男孩培养成为有良好个性品行的优秀人才。

教育男孩父母态度要一致

父母对男孩具有强烈的暗示和感染力量。父母不仅是一种权威，而且是男孩言行举止标准的提供者，父母的表现在很多情况下会成为男孩的参照。父母要使男孩的言行有所遵循，切不可言行不一，言行相悖比对男孩放任自流影响更坏。古人云："以教人者教己。"即要求男孩要具备的良好的品质和习惯，父母应自己首先具备。

当然，要想让青春期的男孩认同父母的教育，父亲必须要和母亲达成统一的战线。并且，在这一过程中，父亲的态度一定要是真诚的。如果父亲并不是想帮助母亲，而是逢场作戏式地教育男孩，那男孩就会越来越不尊重母亲，甚至还会越来越多地向母亲的权力发出挑战。

男孩的教育中，父母的角色很重要。如果父母扮演的角色不对，则会影响教育的效果，有时是事倍功半。

中国习惯上说"严父慈母"，父亲和母亲双方在家庭中各自所扮演的角色性格总是有所不同。不同的角色性格以及体现这种性格的言行毫无疑问地要对男孩的成长发生不同的影响。一般说来，在中国，来自父亲一方的影响往往是尊严、果敢、进取和责任感；来自母亲一方的影响往往是温顺、宽容、体贴和义务感。父母双方面的影响是互补的，合起来形成一个相对完整和谐的教育影响环境，对男孩性格的各方面产生一系列微妙但却又实实在在的影响。从男孩心灵发育的角度看，这种双方面的影响是不可相互替代的，反而呈现出相互烘托、相互加强的态势。父亲的威严更加衬托出母亲的爱心；母亲的知足和温顺又更加突出严父的进取精神和责任意识。在这样的环境中成长的男孩的人格也肯定会获得相对完整和谐的发展。这正是家庭教育所应达到的结果。

一些父母认为，要管教男孩，必须是一个要"严"，另一个要"慈"；一个"唱红脸"，一个"唱白脸"；或叫作"父严母慈"。以为只有"一严一慈""一软一硬"，相互配合，"软硬兼施"，才能教育好男孩。这种说法，乍一听，似乎有一番道理，好像这是家庭教育最好的搭配和组合。所以一旦男孩出现问题时，都是父亲先打骂，母亲来庇护；有的家庭是父母严格管理，祖父母阻拦。

多数时候是父亲对男孩比较容易严厉，母亲对男孩比较容易溺爱。这都造成了主观和客观上的教育态度的不一致。

其实，"一严一慈""一软一硬"这种方式是不可取的，这是一种不良的教育

方式。如果一个父母对男孩较严厉、苛刻，另一个父母过于温和、宽容；或者一个要求特别严格，另一个又特别迁就、姑息、放任，不难想象，就会出现下列情形：男孩在严厉父母的面前，很老实，战战兢兢，唯唯诺诺，有话也不敢说，有理也不敢申辩，有事也不敢做。而当着温和的父母的面，则像换了一个人似的，言行放肆，为所欲为，一点儿规矩也没有。这样的家庭教育，肯定造成男孩心理上的不正常状态，养成不良习惯。比如欺软怕硬，见风使舵，看人脸色行事，容易形成当面一套、背后一套的两面作风等。

父母态度不一致，还可使男孩学会钻空子，谁能答应他的要求他就去请求谁，并且把父母分成谁好谁坏。一些男孩就是在这种搭配组合中钻空子，出了事只告诉护着的一方，使父母在教育时采取迁就的态度。长此以往，男孩在家里找到了保护伞，以致家庭教育失去了约束力。而且，父母教育男孩态度不一致，也很容易造成家庭矛盾和彼此间的不信任。

一个周末，一家三口逛商店，男孩看中了一个玩具枪，非要买，爸爸不给买，男孩就开始哭闹，爸爸给他讲道理讲不通，男孩就躺在地上哭闹不起来。于是妈妈赶紧过来哄，爸爸气得要打，妈妈心疼得马上要给男孩买，爸爸不同意，于是夫妻二人吵了起来。结果男孩没管好，夫妻俩倒弄了一肚子气。

可见，父母对男孩的态度不一致，不仅会影响夫妻之间的感情，也会影响到父母在男孩心目中的威信。

另外，有老人的家庭或是老人带男孩的家庭，最容易出现老人袒护男孩的情况，老人常常阻挠男孩的父母管教男孩，这也许是“隔代亲”的缘故，这就造成了两辈人在男孩教育问题上的不一致。

实际上，老人惯男孩，父母也是有责任的，这是因为老人和男孩的父母之间缺乏沟通所致。如果从男孩小的时候父母与老人就都很关心男孩，经常探讨教育方法，也不至于使老人一味地娇宠男孩。等到男孩长大了，出现了一些毛病，才发现老人带男孩的方法不当，这就说明父母在男孩小时候对老人的教育方式是不够关心的。

如果真的出现老人太惯着男孩的情况，男孩的父母就要与老人沟通，讲清道理，耐心开导，使老人心悦诚服，同心协力把男孩教育好。

一般来说，老人与男孩的父母发生分歧，有几种情况：一是老人的旧思想太多，给男孩施加不好的影响，如教男孩撒谎、骂人等；二是老人的教育方式不当，如无止境地满足男孩的一切要求；三是老人分担的家务重，对男孩撒手不管。具体事情应具体分析，然后耐心帮助。帮助老人要讲究方法，避免出现婆媳或丈母娘与女婿不和的局面。

和谐的家庭环境往往形成和谐的人格，而残缺的家庭环境往往形成偏执的人格。在家庭教育中，父母双方的角色性格都应发挥其本来的教育影响力。一方的缺失或一方的疏忽都会破坏家庭教育环境的完整与和谐。单亲家庭对男孩教育的困难之一就是这种和谐性丧失带来的。父亲或母亲要发挥另一方的角色性格影响几乎是不可能的。双方家庭中若有一方因为工作关系或认识问题不能使自己所担负的角色性格发挥应有的影响，则亦有可能造成和谐性的缺失。

父母双方都对男孩负有不可推卸的教育责任，这是一个常识。父母双方也都对男孩发生各自特殊的教育影响，一味地把男孩赶到母亲或父亲身边的做法隐藏着很大的教育危险性。父母都应该担负起自己应有的教育责任。

夫妻之间一定要注意维护彼此的威信，绝不能为了提高自己的威信而故意贬低另一方。即使是一方对男孩的要求不合理，也不能自己单方面出面更正，而是应该与对方交换意见，由他自己出面更正。这样，既有利于男孩改正错误，也有利于维护父母的威信。

如果父母教育男孩时，总是出现矛盾，母亲这样说，父亲那样说，男孩就无所适从。男孩分不清谁是对的，不知道应该听谁的，干脆谁的也不听，也就用无所谓的态度对待自己所做的错事。

如果父母教育男孩态度不一致，就会影响男孩的心理健康。调查表明：在有心理问题的儿童中，父母采用“态度不一致”的方式的比例明显高于正常儿童父母所采取该教育方式的比例，所以父母要在子女教育中扮演好角色，并不是说两者的角色不能一样。相反，父母也好，祖父母也好，教育态度必须步调一致，互相合作，否则就是无效的。

所以，父母双方教育男孩的态度要一致，要严都严，不该严，就都不严。需要严的时候严得起来，需要慈的时候能真正有慈。每位父母都应该是有严有慈，集严慈于一身。

言而有信，别给男孩开“空头支票”

父母一旦答应了男孩某事，就一定要兑现，若一件事兑现起来有困难，则不要轻易许诺。如果父母经常说话不算话，就会降低在男孩心目中的可信度，男孩对父母的崇信、敬仰与爱戴，就会随父母失信次数的增加而递减，男孩甚至会下意识地效仿父母，养成说话不负责任的不良习惯。

生活中，有的父母经常向男孩许诺，也许父母的许诺出发点是没错的，是希望给男孩进步增添一点儿刺激，使之有动力。然而，有很多父母却很难兑现自己的承诺，不能兑现的时候就开始为自己的“爽约”寻找理由，使承诺带来的正面刺激一步步消失。假若父母总是为自己的“爽约”寻找客观理由，那么男孩将来也会为自己做不到的事寻找各种借口，而不从自身寻找原因，不肯道歉及反省自我。这将会给男孩带来一种很严重的后果。

如果父母的做法习以为常，孩子也会学着父母的样子变得言而无信，爱撒谎，不会去遵守自己许下的承诺。当父母因为各种原因而无法兑现承诺，男孩就会觉得父母口是心非，再也不愿意相信父母了。久而久之，不但会严重影响亲子间的和谐关系，也会让父母在孩子面前大失威信。

没有信任就没有威信，父母失信于男孩，害处是相当大的。所以，作为父母一定要做到说话算数，切不可为了达到某种暂时的目的而欺骗男孩，对男孩撒谎。

父母应像与成人的交往一样认真对待与男孩之间的相互承诺。它不仅是与男孩交流的一种合理形式，也是培养男孩健康人格的一种有效手段。当男孩认识到自己答应了的事情就必须做到时，便有了责任感，从而学会履行责任，养成良好的道德习惯。

那么，作为男孩的父母怎样才能正确地向男孩许诺，在男孩心目中树立起言而有信的形象呢？专家们建议父母，许诺时要注意以下几个方面的问题：

(1) 尊重男孩，做到言而有信。父母要尊重男孩，不要以为男孩年龄小、不懂事，就不重视对男孩许下的诺言，无论能否兑现都不在意。在男孩的眼里，守信用是最重要的。男孩有时会抱怨大人说话不算数，那是因为他希望自己的愿望得到满足。

(2) 把握许诺的次数，莫胡乱许诺。许诺应随着男孩年龄的增长逐渐减少。年龄小的男孩，控制能力差，许诺可以多些，随着男孩年龄的增长，有较好的自控能力，许诺次数可以逐渐减少。

父母的承诺必须有利于男孩的健康成长，使其起到正面教育的作用。不要在男孩面前夸口，胡乱许诺。承诺太多而又不能兑现，将使父母在男孩心目中的地位大大降低。还要提醒父母的是，如果男孩提出一些不当要求，这时父母要有自己的原则和底线，即要把握一个“度”，要清楚地告诉男孩那是不可以的。这样就会让男孩渐渐懂得在生活中还有“可以”“不许”“应该”等一些概念，从而是非分明，促进男孩心理健康发展。

(3) 应增加精神许诺的比重。许诺包括物质许诺和精神许诺。适当的物质许诺是可行的，但不能过度，否则会滋长男孩虚荣、自私等不良习性。可尽量多地使许

诺与有意义的活动相连，如许诺给男孩买书籍，带男孩去看画展、旅游等，既能调动男孩做事的积极性，又能丰富男孩的精神世界，开阔男孩的视野。

(4) 诺言不能兑现要积极处理。当父母因为工作等原因无法兑现承诺，使男孩感到失望、委屈时，父母不可强迫男孩接受自己食言的结果，而应主动并诚恳地向男孩道歉，说清楚自己没有遵守承诺的原因，这样更容易取得男孩的谅解。如果在以后寻找到兑现自己曾经没有实现的诺言的机会，应尽量弥补。如果男孩暂时无法谅解，也不能用呵斥、教训的方式对待男孩。很多情况，男孩只是因为已经把父母给自己的许诺告诉了同学和朋友，一旦没有兑现就会觉得没有面子而生气，所以父母要理解孩子的过激言行和不满情绪。美国儿童心理学家罗达·邓尼说过：“父母犯错或者违背自己许下的诺言时，如果能向孩子道歉，说一声‘对不起’，就可以重新建立起孩子的自尊和信任，同时也让孩子懂得尊重他人。”

总之，父母最好做到言而有信、以诚相待，这样男孩才会信任父母，也才愿意和父母谈心。父母是男孩接触最多的人，也是男孩的榜样，所以父母只有说话算话，才能在男孩心目中树立威信。

第30章 和谐家庭，给男孩创造良好的成长环境

研究表明，男孩在咿呀学语之前就能感觉到周围的情绪和氛围，尽管当时他还不能用语言来表达。可以预见，一个充满了敌意甚至暴力的家庭，绝对培养不出开朗乐观的男孩。瑞典教育家爱伦·凯指出：环境对一个人的成长起着非常重要的作用，良好的环境是孩子形成正确思想和优秀人格的基础。家庭的气氛、家庭成员之间的关系，在很大程度上会影响男孩性格的形成。

别忽视家庭环境对男孩的影响

过去，中国人很讲究门第，婚姻也求门当户对，除了经济和政治的原因，很大程度上是出于环境对子女成长环境的考虑。古人言："近朱者赤，近墨者黑。"意思是说客观环境对人的成长有着深远的影响和作用。环境对男孩的成长至关重要。

在社会发生急剧变化的时候，男孩成长的环境与父母的环境是迥然不同的。然而，父母往往习惯于以自己的儿童时代作为榜样，全然不知其中许多方面业已过时，老一套标准已经不再适用。男孩也认为，父母的旧传统再也不能给他提供合适的行动指南了。因此，父母要适应时代的变化，跟上时代的潮流。

家庭教育是靠优良的环境条件对男孩进行熏陶，通过耳濡目染，使男孩拥有良好的性格和道德品质，因此家庭教育不同于社会教育和学校教育，也不拘泥于知识性和专业性的学习，更多的是对男孩情商和人格的塑造。这也是"家庭"和"学校"的本质区别。

古今中外，优良的家庭环境造就出类拔萃的男孩的例子不胜枚举。现在的家庭大多都是独生子女，而父母也是不惜重金大力培养孩子全面发展，钢琴、电脑、舞

蹈，请家教、报辅导班，样样不落。这些只为了一个目的——给孩子学习和成长创造最好的条件。父母的这种爱子之心并没有错，也是社会进步的表现。但是教育孩子不能太过盲目，动辄几万、几十万地为孩子花费。比如，想让孩子学钢琴，目标是为了让孩子热爱音乐，成为一个出色的艺术人才，而不能光凭自己的喜好和意愿去强求孩子学钢琴。

目前，盲目地为孩子创造物质环境的倾向已成为一种潮流，以为那些“家”就是靠物质和财富催起来的。父母如果把成才看得像栽棵树那么容易，只要肥足就能开花结果，是片面的，不科学的。

不忽视家庭环境对男孩的影响，就要给男孩以良好的家庭环境，当今的问题是，不少做父母的（包括爷爷奶奶们）误以为环境就是物质条件，男孩有了物质条件就能成长得好。这也不能说不对，但却是片面的。没有物质保证，家庭教育无法进行，但太充裕的条件，也会使男孩走向极端，使家庭教育成了产生纨绔子弟的温床，这种教训也是不鲜见的。物质当然重要，但精神方面同样重要，对于多数父母而言，更应该注重培养孩子的情商和好的性格。父母至少要做到以下几点：

(1) 保证和睦友爱的家庭氛围。这是一个家庭成立的基础，夫妻之间、亲子之间如果没有感受到亲情和温暖，那么孩子的心灵必受损害。曾经有一对夫妻，结婚40年，打了40年的架，结果男孩处处担惊受怕，整日生活在恐惧和忧虑之中。所以，父母即使产生了家庭矛盾，也不要当着男孩的面吵嘴打架。

(2) 父母要给男孩树立道德上的榜样。男孩时刻在模仿大人，父母的一言一行都印在他心里。所以，父母不要以为自己的言行对男孩不重要，应该以良好的道德品质以身作则，做男孩的榜样和模范，才能让男孩心生崇拜和尊敬。

(3) 用自身良好的习惯去影响男孩。有一对夫妻，丈夫喜欢跳舞，妻子着迷麻将。总是将男孩留在家里自己做功课，还认为是给男孩创造安静良好的学习环境，让他专心学习。可是，夫妻二人经常半夜三更才回来，孩子吃不好，睡不好，当然更没有心情和精力学习。

(4) 父母要给男孩传导积极向上的正能量。即使生活压力大，心情不好，父母也不要对着男孩发牢骚和不满，在男孩面前更要少说泄气的话。如“上什么大学呀，现在大学生还不如门口卖菜的”。慢慢地，男孩就会产生厌学念头，变得不学无术。

所以，作为父母，千万不要忽视家庭教育环境对男孩的影响。据调查，少年儿童犯罪，十有八九和家庭的环境有关。家庭和社会是息息相关的，因为家庭是社会的一部分。

环境对孩子的影响是巨大的。当然也有的家长认为自己的孩子“出污泥而不

染”，但这只是个别的特例，绝不是普遍现象，如果我们把男孩任意放逐，而不重视建立家庭环境，这种试验是危险的。当然，这也并不等同于对男孩进行挫折教育。

所以，父母要想提高家庭教育水平，必须先提高自身的素质，重视家庭文化氛围，给孩子创造一个良好的身心健康发展的条件。

给男孩创建良好的成长环境

《三字经》中有“昔孟母，择邻处；子不学，断机杼”的传诵名句，孟母的“三迁择邻”“断机教子”等脍炙人口的故事，成为千百年来中国妇孺皆知的历史佳话，成为天下父母教育子女的样板故事。

孟子小的时候非常调皮，他的妈妈为了让他受到好的教育，花了极大的心思。当时他们住在墓地旁边，孟子就和邻居的小孩一起学着大人跪拜、哭号的样子，玩起办理丧事的游戏。

孟子的妈妈看到了，就皱起眉头说：“不行！我不能让我的男孩住在这里了！”孟子的妈妈就带着孟子搬到市集旁边去住。

到了市集，孟子又和邻居的小孩学起商人做生意的样子，一会儿鞠躬欢迎客人，一会儿招待客人，一会儿和客人讨价还价，表演得像极了！

孟子的妈妈知道了，又皱了皱眉头说：“这个地方也不适合我的男孩居住！”于是，他们又搬家了。

这一次，他们搬到了学校附近。孟子开始模仿祭祀、打躬作揖、进退朝堂的礼仪。这个时候，孟子的妈妈很满意地点着头说：“这才是我儿子应该住的地方呀！”

“孟母三迁”的故事虽然具有很强的时代性，但是它揭示出的教育环境对教育结果有着密切关系这一道理，至今仍然适用！

天下的父母大多爱护自己的子女，这已经成为人人接受的不容置疑的真理了。然而，实际上许多父母无形中对子女进行了精神虐待，只是他们自己全然不知罢了。美国的一些精神病学者和儿科医生认为，父母在无意中对子女进行的精神虐待可归纳为三种：

一是故作冷漠。有些父母为了严格要求男孩，故意喜怒不形于色，还有些父母为了让男孩学会独立自主，对他们的一切故意装作不闻不问。

殊不知，父母这样做不但没有帮助男孩更好成长，反而使男孩失去安全感，觉

得父母不爱自己而渐渐疏远，甚至不再对他们敞开心扉。

二是夸大指责。当男孩犯了错误，有些父母习惯用“总是”“从来不”之类的字眼去批评男孩，甚至夸大男孩的错误，否定男孩的过去。比如指责男孩缺少责任感，不主动认错等。还有些父母由于望子成龙心切，习惯用成人的标准去要求男孩。有时，一些男孩做的事情和取得的成绩已经很了不起了，但他们的父母用成人的眼光一衡量，就变得无足轻重、微乎其微、不值一提了。这样做给男孩带来的精神刺激是可想而知的。其后果可能会挫伤男孩进取向上的积极性，促使他养成胆小怕事、自卑无能的性格。

三是爱的束缚。有些父母出自对男孩的爱，常用威胁恐吓的办法来束缚他，欲使他变得听话。如果父母利用男孩对自己的信任，让他终日神经紧张、提心吊胆，这就是残酷的精神虐待！

生活在精神虐待中的男孩，怎么可能快乐健康地成长呢？环境具有强大的影响力，它给男孩耳濡目染、潜移默化的力量，环境是立体化的、从头到尾的“三维教材”。就像青蛙在不同的环境中会改变不同的体色，男孩在不同的环境中会形成不同的个性。

那么父母该如何给男孩建设一个良好的成长环境呢？

（1）良好的人际交往环境。男孩是家庭中平等的一员，父母既不要娇宠溺爱，也不要冷落他。父母和孩子应做到互相关爱，互相支持和鼓励，遇事和孩子沟通商量，共同享受生活的乐趣；父母要多赞美孩子良好的行为表现，运用礼貌语言和幽默，有助于提高男孩的自信心和品质的培养；可以经常开朗诵会、故事会、运动会，表演各种节目，还可请亲戚、朋友、小伙伴来家里玩，尽情享受亲情和友情，这些都对男孩的人际关系培养有益。

（2）良好的智力开发环境。父母可以从孩子小的时候起就准备好小书桌、小书柜、玩具柜、地图、地球仪等工具，多方面促进孩子的智商。生活环境要整洁优美，男孩的生活环境要有色彩鲜艳的图案、美丽的风景画、优美的书法作品，“好男孩表扬榜”对男孩有积极的鼓励作用，父母可以帮助孩子建立一个好的环境，以增强孩子的积极进取心。当然，男孩还需要有一个锻炼身体的环境，如在房间的一角或阳台上吊上一个小沙包让男孩锻炼。

（3）良好的意志培养环境。父母可以和男孩一起制定良好的作息时间，如起床时间、锻炼时间、就餐时间、学习时间、游戏时间等，制定作息时间表有利于男孩养成规律的生活习惯。男孩养成按时吃饭、洗漱、排便、睡眠、劳动、看电视的习惯，父母就不用催促、提醒，既培养男孩的责任感和坚持力，也让自己更省心。男孩看电视或者进行其他娱乐项目，父母可以陪着男孩一起看或玩，尽量选择适合儿

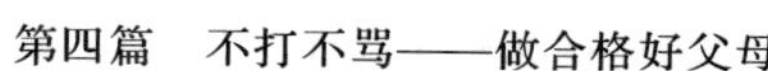

童的电视节目和娱乐项目，并且要把握好时间。这样男孩就不会整天沉迷电视和游戏，学习也会更专心致志。3岁以前的男孩每天看10分钟为宜，3岁以后每天可以看20~30分钟。

总之，现代社会所需要的不是书呆子，要创造良好的教育环境，让男孩拥有更多创造的自由，激发男孩的创造力和学习欲望，让男孩自己渴望成龙，这样男孩才能自觉求知，最终真正成长为一个出色的男人。